金融法学文库

刘志云 主编

本书系贵州大学学术著作出版基金项目、贵州大学引进人才科研项目（贵大人基合2023006号）资助出版

FINANCIAL LAW

证券法律责任制度的功能协调研究

刘博涵 著

法律出版社 | 北京

图书在版编目(CIP)数据

证券法律责任制度的功能协调研究 / 刘博涵著. --
北京 : 法律出版社, 2024
(金融法学文库)
ISBN 978 -7 -5197 -9171 -1

Ⅰ. ①证… Ⅱ. ①刘… Ⅲ. ①证券法-研究-中国
Ⅳ. ①D922.287.4

中国国家版本馆 CIP 数据核字(2024)第 105893 号

证券法律责任制度的功能协调研究
ZHENGQUAN FALÜ ZEREN ZHIDU DE GONGNENG XIETIAO YANJIU

刘博涵 著

责任编辑 屈 瑶
装帧设计 臧晓飞

出版发行 法律出版社
编辑统筹 学术·对外出版分社
责任校对 晁明慧
责任印制 胡晓雅 宋万春
经 销 新华书店

开本 710 毫米×1000 毫米 1/16
印张 19.25 **字数** 285 千
版本 2024 年 9 月第 1 版
印次 2024 年 9 月第 1 次印刷
印刷 北京新生代彩印制版有限公司

地址:北京市丰台区莲花池西里 7 号(100073)
网址:www.lawpress.com.cn
投稿邮箱:info@lawpress.com.cn
举报盗版邮箱:jbwq@lawpress.com.cn

销售电话:010-83938349
客服电话:010-83938350
咨询电话:010-63939796

书号:ISBN 978 -7 -5197 -9171 -1
定价:79.00 元

凡购买本社图书,如有印装错误,我社负责退换。电话:010-83938349

总 序

金融作为现代经济的核心,具有优化资源配置、调节经济运行之功效,其资本运作的良善甚至关乎社会稳定的实现。基于此,金融业的发展成为各国政府关注的重中之重,而通过制度供给促进金融业的良好发展也成为普遍并可行的路径。在此背景下,金融法研究趁势而起,成为“近世之显学”。其兴起虽晚,却生机勃勃,在深入汲取相关部门法的理论积淀的同时,也广泛容纳各种跨学科知识与方法,并探求自身内省之品格,最终成就了如今这个底蕴深厚、逻辑自洽的新兴学科体系。

我国金融法的产生和发展伴随着改革开放的推进,经济体制的转型,以及中国金融法治变迁之现实。虽然西方先验逻辑提供的立法技术素不匮乏,但我们真正要面对的,是如何让成熟的技术契合本国的现实国情,发挥其应有的功效。内生金融交易秩序的制度根基的缺乏,曾使中国金融法治在本土化复归的路途中一再迷失。同时,全球化的推进,又要求我国必须及时完成经济转型,早日实现我国金融市场与国际金融市场的有效对接,这更加剧了国内金融法制的发展困境。对于从事金融法研究的学者而言,任重而道远。当然,恰逢这一转型之历史路口的吾辈,能直面历史之转折,兢兢业业,矢志科研;鉴前世之兴衰,考当今之得失;博观而约取,厚积而薄发。从另一个视角观之,这也是一种幸运。

"千淘万漉虽辛苦,吹尽狂沙始到金。"厦门大学法学院是全国较早开展金融法教学和科研的单位之一。早在2005年,厦门大学法学院便开始挂靠其他专业博士点招收"金融法"方向的博士研究生;2006年,厦门大学在获得法学一级学科硕士、博士学位授予权的基础上,设立经济法博士点,金融法学研究方向成为主要招生方向之一;2010年12月,厦门大学法学院正式成立金融法研究中心。近年来,厦门大学金融法研究中心的学术团队承担了大量国家级与省部级科研项目,并相继出版与发表了大量学术专著与专业论文,在国内开始产生一定的影响力。而今,厦门大学金融法研究中心日益壮大,已经形成一支"老中青结合"的优秀学术团队,并成为我国金融法高层次专门人才的重要培养基地之一。

"非学无以广才,非志无以成学。"为进一步推动厦门大学金融法研究中心的学科建设以及促进国内金融法研究的繁荣发展,2014年,我们决定编辑出版连续性的"厦门大学金融法学文库",期以"前沿意识、精品理念"为指导,以系列学术专著、译著的形式,集中展现我国金融法领域的专题研究成果,促进学术繁荣和理论争鸣。"盖文章,经国之大业,不朽之盛事。年寿有时而尽,荣乐止乎其身,二者必至之常期,未若文章之无穷。是以古之作者,寄身于翰墨,见意于篇籍,不假良史之名,不托飞驰之势,而声名自传于后。"诚如斯言,我们期以本文库作为思想传播之媒介,学术交流之平台,博学审问,慎思笃行,自由争辩,自察自省,通过严肃认真的学术讨论和学术批评,推动金融法研究的不断创新。

在法律出版社的支持下,2016年伊始,"厦门大学金融法学文库"正式更名为包容性更大的"金融法学文库"。本文库稿件来源不限于厦门大学金融法研究中心的学者、校友,而以最大的诚意广泛征集海内外金融法专著、译著。当然,我们亦知,就整个金融法学研究而言,本文库仅为沧海一粟。庙廊之才,非一木之枝,希望能与学界同人相濡相闻,砥砺共进。

是为序。

刘志云
2016年7月22日

自　序

以本人博士学位论文为基础的专著即将出版，没有邀请名家作序。“非不为也，实不能也。”除了在硕士、博士阶段两位对我恩重如山的授业导师，我在相当大程度上还是一个“学术个体户”。刘志云老师在接纳我跟从他攻读博士学位之初，便要求我发挥自己硕士阶段的学术积累和学术专长，拓展金融犯罪、金融刑法方面的研究。然则待我真正进入这个领域之后，才发现刑法学者在这方面的研究已十分精深，似乎没有我“置喙”的空间。经过阅读金融法领域的文献，我发现自 2008 年国际金融危机以来，“金融消费者保护”成为金融法学界十分重要的命题。鉴于经济法学在“独立性论争”时期与行政法学早有交锋，加之证券监管部门的行政执法是《证券法》最为重要的实施方式，证券民事赔偿与行政执法衔接、协调方面的研究并不鲜见，而刑法学者在此守好自己的“一亩三分地”，并无“逾矩”。作为两种重要的公法责任，行政执法与刑事司法衔接、行政处罚与刑事制裁协调也有学者进行专门研究，民事赔偿责任则成为被遗忘的角落。正因为学界这种有意或者无意的“忽视”，为本书留下了学术增长空间。

作为一项跨学科的综合研究，本书论题的研究着实存在不小难度，在学科属性上也容易落入“四不像”的窘境。好在民法学、行政法学和刑法学深厚的学术积淀为本书的研究提供了丰富的养分，以问题为导向、兼容并蓄是经济法学的学科底色，我最终完成博士毕业论文写作，在经济法学科点通过答辩。本书的初稿完成于2021年年底，至今虽然仅有两年多的时间跨度，但不断改进的证券法司法、执法实践一方面部分地冲击着本书的立论基础，另一方面也使学者的“鼓与呼”部分地“照进”现实：先是2022年最高人民法院出台的《关于审理证券市场虚假陈述侵权民事赔偿案件的若干规定》正式废除了在我国施行近20年的“公法处置前置程序”，国务院、证监会、财政部等部门颁布的《证券期货行政执法当事人承诺制度实施办法》《证券期货行政执法当事人承诺制度实施规定》《证券期货行政执法当事人承诺金管理办法》，在我国正式建立起证券行政执法当事人承诺制度，在证券行政执法程序中通过行政当事人的“认罪认罚”促进了民事赔偿责任的优先实现。2022年7月，证监会、财政部再度联合出台《关于证券违法行为人财产优先用于承担民事赔偿责任有关事项的规定》，细化了受害投资者申请“退还”行政罚款用于民事赔偿的操作流程。除此之外，“证券特别代表人诉讼第一案”“证券普通代表人诉讼第一案”“中国证券集体诉讼和解第一案”先后出炉，使民事赔偿责任在我国呈爆炸式发展，证券民事责任处于薄弱、跛足，止于纸面、象征的状态在很大程度上得到了改善。

本书的出版没有将最新的实践动态添加进去，实在是偷懒的做法，然则实践的进步正好部分地印证了本书在“解决问题”层面的贡献。对于法学研究而言，纯粹的理论研究亘古恒常，制度研究则常改常新。本书对旧制度的批评和新制度的构想避免不了不合时宜、落后于时代的“宿命”。然而，制度的深处住着理论主张，本书对理论基础的挖掘、制度建立的学理分析和阐释进路或许能够为将来以问题为导向的跨学科研究提供某种参照，因此而拥有更长的生命力。我的博士学位论文《证券法律责任制度的功能协调研究》在盲审和答辩阶段受到了专家的垂青和抬爱，后被母校厦门大学推荐获评2022年福建省研究生优秀学位论文。以该论文为基础，结合最新立法、司法动态拓展而来的论文《证券民事赔偿的公法激励：行政执法和解与恢复性刑事司法的应用》和《在救济与惩罚之间：证券法律责任的功能协调》有幸分别被《四川大学学报（哲学社会科学版）》和《经济法论坛》录用，得以先于本书公开面世。

博士论文定稿时在后记中记录了我读博前后的心路历程和学习经历,也对求学期间的师友尽数表达感谢,此处不再重申。拿到博士学位至今近两年的时间里,辉煌过、期待过,也失落过、愤怒过。“偶然性才是主宰宏大叙事的基本逻辑,少有值得褒扬和庆祝的细节。”博士毕业后,我有幸被中国国家留学基金委与德国学术交流中心联合设立的“中德(CSC－DAAD)博士后奖学金项目”录取,获全额奖学金资助赴德国从事博士后研究。然而,就在我办理签证的前一日,正在骑自行车的我被后方疾驰而来的一辆电动车撞倒。两辆非机动车相撞的交通事故,带给我的却是被称为“骨折之王”的伤害。我第一次乘救护车,第一次进手术室。为避免骨折断端移位,术后3个月我几乎全部在床上度过,其中的焦虑和心酸不足为外人道也。此次骨折给我带来的“不是一时的大雨,而是一生的潮湿”,术后一整年我都需要拄拐行走,脱拐后仍然面临活动受限、肌肉与内固定钉子摩擦带来的疼痛,以及不甚明朗的长远预期……也正是这一次事故,让研习法律的我对人性之幽暗和司法实践之无奈有了更深的窥探,此前撰写论文常出现的“被侵权人”“原告”“执行申请人”不再是抽象的法律术语,而是我在事故后续处理中的一次次角色转换。

2023年2月,一个细雨濛濛的上午,我坐在轮椅上被父母推着,乘动车离开四川老家来到贵阳,入职贵州大学,加入蓬勃发展中的法学院。由于此前的成长、求学中从未有过在贵州生活的经历,加之从学生到教师的身份转换、拄拐行走遇上“地无三里平”的贵州地形,都使我在贵州大学最初一段时间的生活遭遇严重的水土不服。在此,需要感谢学院领导的体恤和包容,感谢李夏、雷刚、张贵湘和张橙等同事在日常生活中的帮助,让作为伤员的我能够平稳度过脱拐前最困难的时期。感谢学校、学院在教学科研工作安排上考虑我的实际情况,能够允许我平衡科研、教学和养伤。本书的出版得到贵州大学学术著作出版基金项目、贵州大学引进人才科研项目的资助,在此特别感谢！还要感谢法律出版社刘梦瑀女士对本书的辛苦编校。卡夫卡曾说,“生活的传送带把我们带向何方,我们自己是不得而知的”。既然如此,那就秉持“此心安处是吾乡”的态度随遇而安吧！

刘博涵

2024年4月于贵阳寓所

目　录

绪 论

本书在绪论部分对研究证券法律责任制度功能协调的问题意识作一总体交代,主要包括:(1)选题背景与研究价值,即提出证券法律责任制度功能失调的问题,从理论和实践两大维度阐释研究证券法律责任制度功能协调的重要意义;(2)国内外研究现状述评,即梳理国内外学者对证券法律责任制度功能协调进行了哪些研究,存在什么问题,探寻本书的研究空间;(3)论证思路与研究方法,即阐明本书研究证券法律责任制度功能协调的行文逻辑和实施方法;(4)研究特色、创新之处与不足,即说明本书区别于既往研究的特色和所追求的学术贡献。

一、选题背景与研究价值

对本书选题背景和研究价值的介绍,大致需要表达本书的问题缘起,以及对本书学术价值的期待。这个选题来源于我国当前证券违法行政责任、刑事责任纠缠不清,民事责任难以实现的困境,以及摆脱这种困境的现实需要。对证券法律责任制度深入研究,揭示其植根的风险立法背景,在此基础上探讨不同性质法律责任的功能协调模式和实现路径,进而为我国证券法律责任的功能协调和制度完善建言献策,使我国的证券业法治建设立基于风险立法的理论自觉,既博采众长,又关照中国现实。

(一)选题背景

1. 立法、修法背景

民事法律责任、行政法律责任和刑事法律责任在成熟的资本市场三分鼎足,共同构成证券法律责任制度。我国2019年修订的《证券法》以增加行政处罚种类、提高行政罚款额度比例和提升行政罚款金额下限等方式大幅提高了证券违法的行政责任。例如,以欺诈手段骗取证券公司设立许可、业务许可的,①此前的行政责任只有撤销许可,新法修订则增加了100万~1000万元的行政罚款,对直接责任人还增加了警告、处以20万~200万元的行政罚款。擅自设立证券公司、非法经营证券业务、②编造、传播虚假信息或者误导性信息、③内幕交易、④操纵证券市场⑤等证券违法行为的罚款

---

① 《证券法》第203条规定:"提交虚假证明文件或者采取其他欺诈手段骗取证券公司设立许可、业务许可或者重大事项变更核准的,撤销相关许可,并处以一百万元以上一千万元以下的罚款。对直接负责的主管人员和其他直接责任人员给予警告,并处以二十万元以上二百万元以下的罚款。"

② 《证券法》第202条第1款规定:"违反本法第一百一十八条、第一百二十条第一款、第四款的规定,擅自设立证券公司、非法经营证券业务或者未经批准以证券公司名义开展证券业务活动的,责令改正,没收违法所得,并处以违法所得一倍以上十倍以下的罚款;没有违法所得或者违法所得不足一百万元的,处以一百万元以上一千万元以下的罚款。对直接负责的主管人员和其他直接责任人员给予警告,并处以二十万元以上二百万元以下的罚款。对擅自设立的证券公司,由国务院证券监督管理机构予以取缔。"

③ 《证券法》第193条第1款规定:"违反本法第五十六条第一款、第三款的规定,编造、传播虚假信息或者误导性信息,扰乱证券市场的,没收违法所得,并处以违法所得一倍以上十倍以下的罚款;没有违法所得或者违法所得不足二十万元的,处以二十万元以上二百万元以下的罚款。"

④ 《证券法》第191条第1款规定:"证券交易内幕信息的知情人或者非法获取内幕信息的人违反本法第五十三条的规定从事内幕交易的,责令依法处理非法持有的证券,没收违法所得,并处以违法所得一倍以上十倍以下的罚款;没有违法所得或者违法所得不足五十万元的,处以五十万元以上五百万元以下的罚款。单位从事内幕交易的,还应当对直接负责的主管人员和其他直接责任人员给予警告,并处以二十万元以上二百万元以下的罚款。国务院证券监督管理机构工作人员从事内幕交易的,从重处罚。"

⑤ 《证券法》第192条规定:"违反本法第五十五条的规定,操纵证券市场的,责令依法处理其非法持有的证券,没收违法所得,并处以违法所得一倍以上十倍以下的罚款;没有违法所得或者违法所得不足一百万元的,处以一百万元以上一千万元以下的罚款。单位操纵证券市场的,还应当对直接负责的主管人员和其他直接责任人员给予警告,并处以五十万元以上五百万元以下的罚款。"

额度,均由违法所得的1倍以上5倍以下提高到1倍以上10倍以下。罚款金额的下限也大幅提高,其中擅自设立证券公司、非法经营证券业务和操纵证券市场的最低罚款额度由此前的30万元提高到100万元,编造、传播虚假信息或者误导性信息和内幕交易的最低罚款额度则由此前的3万元分别提高到20万元和50万元。

相较而言,现行《刑法》中擅自设立金融机构罪①的基本罚金刑仅为2万~20万元,"情节严重"升格的罚金刑也仅为5万~50万元。编造并传播证券、期货交易虚假信息罪②最多只能判处10万元的罚金,甚至低于行政罚款下限的20万元。内幕交易、泄露内幕信息罪③的罚金刑则维持在《证券法》修订前"违法所得一倍以上五倍以下"的额度比例,同时没有规定罚金的下限。操纵证券、期货市场罪④则仅宣示对入罪行为"并处或者单处罚金","情节特别严重的"则需"并处罚金",罚金的数额则交由人民法院根

---

① 《刑法》第174条第1款规定:"未经国家有关主管部门批准,擅自设立商业银行、证券交易所、期货交易所、证券公司、期货经纪公司、保险公司或者其他金融机构的,处三年以下有期徒刑或者拘役,并处或者单处二万元以上二十万元以下罚金;情节严重的,处三年以上十年以下有期徒刑,并处五万元以上五十万元以下罚金。"

② 《刑法》第181条第1款规定:"编造并且传播影响证券、期货交易的虚假信息,扰乱证券、期货交易市场,造成严重后果的,处五年以下有期徒刑或者拘役,并处或者单处一万元以上十万元以下罚金。"

③ 《刑法》第180条第1款规定:"证券、期货交易内幕信息的知情人员或者非法获取证券、期货交易内幕信息的人员,在涉及证券的发行,证券、期货交易或者其他对证券、期货交易价格有重大影响的信息尚未公开前,买入或者卖出该证券,或者从事与该内幕信息有关的期货交易,或者泄露该信息,或者明示、暗示他人从事上述交易活动,情节严重的,处五年以下有期徒刑或者拘役,并处或者单处违法所得一倍以上五倍以下罚金;情节特别严重的,处五年以上十年以下有期徒刑,并处违法所得一倍以上五倍以下罚金。"

④ 《刑法》第182条第1款规定:"有下列情形之一,操纵证券、期货市场,影响证券、期货交易价格或者证券、期货交易量,情节严重的,处五年以下有期徒刑或者拘役,并处或者单处罚金;情节特别严重的,处五年以上十年以下有期徒刑,并处罚金:(一)单独或者合谋,集中资金优势、持股或者持仓优势或者利用信息优势联合或者连续买卖的;(二)与他人串通,以事先约定的时间、价格和方式相互进行证券、期货交易的;(三)在自己实际控制的账户之间进行证券交易,或者以自己为交易对象,自买自卖期货合约的;(四)不以成交为目的,频繁或者大量申报买入、卖出证券、期货合约并撤销申报的;(五)利用虚假或者不确定的重大信息,诱导投资者进行证券、期货交易的;(六)对证券、证券发行人、期货交易标的公开作出评价、预测或者投资建议,同时进行反向证券交易或者相关期货交易的;(七)以其他方法操纵证券、期货市场的。"

据具体案情自由裁量。[①] 可以说，与修法后大幅提高的证券违法行政处罚力度相比，证券刑事责任的罚金刑明显畸轻。对此，有学者指出应当联动修订《刑法》加大证券违法的刑事处罚力度，提高违法犯罪成本，实现《刑法》与《证券法》的“第二次握手”。[②]

除此之外，民事责任作为法律责任体系的重要组成部分，也是证券违法行为须承担的法律责任之一。《证券法》有十余个条文明确规定，“给投资者造成损失的，应当依法承担赔偿责任”。而实证研究表明，由于审判能力不足等，证券侵权民事赔偿案件在我国提起率较为低下，法院审理的证券侵权民事案件数量年均不足10件。即便进入了诉讼程序，民事责任的实现也较为困难，法院在证券民事诉讼的立案、审理、判决和执行等环节均表现出一定的阻滞、拖延倾向。[③] 与屡屡曝光的证券市场黑幕和接踵而至的天价罚单相比，《证券法》对投资者民事权益的保障力度明显不足。可以说，在我国的证券法律责任体系中，行政责任、刑事责任和民事责任三大支柱不平衡：证券违法行为的规制依赖行政责任，刑事责任追诉的频次和力度不大，民事责任的欠缺都是我国证券法律责任体系中有目共睹的“短板”。[④]

2. 法律实施背景

证券公法责任与私法责任的割裂和对立，公法责任内部之行政责任与刑事责任处罚力度不匹配，造成证券监管陷入困境。“重公法规制、轻私法救济”“重行政管制、轻民事赔偿”的现象已成为制约我国证券业发展的重

---

① 针对操纵证券、期货市场罪的罚金刑，《刑法》最初与修法前的《证券法》保持一致，规定“违法所得1倍以上5倍以下罚金”的倍数罚金模式。但是，在司法实践中存在违法所得数额难以查明和没有违法所得的案件不能适用罚金的困境，因而在2006年出台的《刑法修正案（六）》取消了以违法所得为基础的倍数罚金，改为抽象罚金，即抽象规定“并处或者单处罚金”而没有具体数额或者比例限制。无论有无违法所得，只要犯本罪的都应适用罚金刑。参见刘淑莲：《操纵证券、期货市场行为的刑法新规制研究》，载《北京工商大学学报（社会科学版）》2008年第5期。

② 参见王新：《第二次握手：〈刑法〉与〈证券法〉的联动修订》，载《金融博览》2020年第2期。

③ 参见黄辉：《中国证券虚假陈述民事赔偿制度：实证分析与政策建议》，载黄红元总编，卢文道、蒋峰主编：《证券法苑》[十周年精粹（上）]，法律出版社2019年版，第653～658页。

④ 参见陈甦、陈洁：《中国证券法律责任制度实施效果评析》，载李林、田禾主编：《中国法治发展报告No. 12（2014）》，社会科学文献出版社2014年版，第109页。

要因素之一。①

(1)投资者保护不彰的证券法律责任体系

证券民事责任的实现与否标志着投资者的利益是否得到有效保护,而投资者的保护水平直接关系到一国证券市场的发展水平。实证研究表明,那些投资者保护法制不健全、法律执行不力的国家即便建立了证券市场,其证券市场往往也是羸弱而疲软的。相反,世界重要的金融中心几乎都诞生在投资者保护法制健全、法律执行得力的国家。② 无论是《民法典》《证券法》,抑或《刑法》,都明确规定违法者(犯罪人)的财产不足以同时完全承担民事责任的赔偿金、行政责任的罚款和刑事责任的罚金时,应当优先承担民事赔偿责任。可见,民事责任优先是我国证券法律责任分配的基本原则。自我国证券市场建立以来,投资者保护体系日益完善,但囿于证券民事诉讼审理及执行效率滞后、程序性保障规范不足、必要配套制度缺乏等因素,③证券民事责任优先原则仍未得到有效落实。证券违法案件中投资者受损的利益无法及时得到赔偿,"优先承担民事责任"仍然止于法律宣示的状态。

(2)证券行政不法与刑事犯罪界限模糊

在我国证券法制上,欺诈发行证券、擅自发行证券、违规披露证券信息以及内幕交易、操纵证券市场等行为均同时受到行政法和刑法的规制,如何在理论与实践中区分证券行政不法与刑事犯罪,破解证券违法行为的行、刑交叉难题具有十分重要的理论和实践意义。准确界分行政违法与刑事犯罪受到学界的长期关注,但问题并未因此而得到有效解决。在司法实践中,司法机关往往以涉案金额或人数确定刑事追诉标准,④进而划出证券行政违

---

① 参见冯果主编:《证券法》,武汉大学出版社2014年版,第322页。

② See Rafael L. P., Florencio L., Andrei S. & Robert W. V., *Legal Determinants of External Finance*, The Journal of Finance, Vol. 52, p. 1131 – 1150 (1997).

③ 参见陈洁:《证券民事赔偿责任优先原则的实现机制》,载《证券市场导报》2017年第6期。

④ 例如,2022年修订的最高人民检察院、公安部《关于公安机关管辖的刑事案件立案追诉标准的规定(二)》将非法募集资金金额在一百万元以上、造成投资者直接经济损失数额累计在五十万元以上或者募集的资金全部或者主要用于违法犯罪活动等标准作为擅自发行股票、公司、企业债券罪的刑事追诉标准。

法与刑事犯罪之间的界限。但是,在证券犯罪黑数[①]依然存在的现实情境下,证券犯罪追诉标准并没有得到有效执行。[②] 无论在理论学说还是在司法实务中,区分证券行政违法和刑事犯罪仍是难以解决的问题。在刑法越来越被立法者用以前置立法控制金融风险的现实背景下,界分证券行政违法和刑事犯罪越来越变为金融法学中的"哥德巴赫猜想"。

(3)行政执法权和司法权界限不清

鉴于证券交易的高度专业性,证券犯罪的刑事追诉高度依赖证监会的移送转交。然而,证券违法犯罪案件的行政执法和刑事司法衔接并不通畅,表现出较强的"有案不移、以罚代刑"现象。肖钢同志曾撰文指出,我国证监会每年平均向司法机关移送涉嫌刑事犯罪的证券违法案件30余件,超过一半的案件最终不了了之。[③] 实证研究亦表明,在证监会立案调查的证券违法案件中,移送公安机关进行刑事追诉的不足3%。造成较大社会影响,达到刑事追诉标准却没有移交追究刑事责任的证券违法案件也屡见不鲜。[④] 证券犯罪的"二元追诉"格局止于行政处罚,在相当多的情况下证券监管机关的非刑处理成为证券犯罪的终局处理方式。本次《证券法》的修订大幅提高证券违法的行政责任,期望以陡增的行政违法成本,惩罚和遏制证券不法行为。可以预见,强度更大的行政处罚权将进一步降低证券监管机构诉诸刑事程序的积极性。

(二)研究价值

法律作为社会控制的工具之一,本身就是人类社会各种利益长期博弈

---

① 一般来说,实际发生的犯罪案件数量与进入司法系统的刑事案件数量总存在一定的差值,这个差值被犯罪学家称为犯罪黑数(dark figure of crime)。See Albert D. B. & Albert J. R., Jr., *On Exploring the "Dark Figure" of Crime*, The Annals of the American Academy of Political and Social Science, Vol. 374, p. 1 – 15(1967).

② 例如,针对"光大证券乌龙指事件"引发的内幕交易违法行为,证监会作出了被称为"中国证券史上最重处罚"的行政处罚。就涉案金额而言,该案早已达到刑事追诉标准,但证监会并未将该案移送司法机关追究刑事责任,不少学者对此质疑。参见张维:《光大证券内幕交易应移送司法》,载《法制日报》2013年9月4日,第6版。

③ 参见肖钢:《监管执法:资本市场健康发展的基石》,载《求是》2013年第15期。

④ 参见练育强:《问题与对策:证券行政执法与刑事司法衔接实证分析》,载《上海政法学院学报(法治论丛)》2018年第4期。

的结果。[①] 本书关于证券法律责任制度功能协调的思考和建言,看似只是立法的技术性调整,实则是立基于对人类现代社会风险泛化和法律发展走向的理论认知,涉及立法与司法观念的应然转变,因而具有重要的理论价值和实践价值。

1. 理论价值

实现证券法律责任的有机整合和功能协调,不仅取决于政治力量的决策,更有赖于学术力量的阐发。这是因为无论是借鉴外国成功经验以缩短探索过程、减少失误代价,还是将本国实践经验抽象为普遍适用的法律规范,都需要有保证决策择优的理论论证。[②] 那么,本书对证券法律责任制度功能协调的研究将有哪些理论价值呢?

第一,为证券法律责任制度的建立探索社会学根基。证券市场的中央对手交易、支付系统、证券结算、证券托管和交易数据库等市场规则突破了传统交易"货银对付"的履约规则,具有超越"契约"性质而适用于所有证券市场参与人的"准法律效力"。[③] 对证券市场规则和法律责任制度的理解不能脱离我们所身处的时空场域,证券法律责任制度一定程度上便是对证券市场规则的强制力保障。随着金融的全球化,世界范围内关于证券发行、交易的规则逐渐趋同。中国已建立起与国际接轨的证券市场规则,而制度的移植和生长都与现实土壤息息相关。因此,要理解证券市场规则,完善和协调证券法律责任制度,就必须从一个更深入、更现实的层次去探索本源性的问题。毕竟,只有立基于社会现实,按照一定原则建立起来,具备客观性、完备性、可检验性和普遍解释能力的知识系统,才能被称为科学。[④]

第二,厘清证券法律责任的功能与价值。在现代法学理论和法律实践中,法律责任是法律实施最常见的保障机制,这主要是由法律责任自身独特

---

① See Joseph R. , *The Authority of Law: Essays on Law and Morality*, Clarendon Press, 1979, p. 198.

② 参见[日]川岛武宜:《现代化与法》,申政武、渠涛等译,中国政法大学出版社 2004 年版,总序页。

③ 参见郑彧:《金融市场基础设施内部规则的法律保护:现状、冲突与改进》,载《华东政法大学学报》2020 年第 1 期。

④ 参见[德]汉斯·波赛尔:《科学:什么是科学》,李文潮译,上海三联书店 2002 年版,第 11 页。

的功能决定的。在立法层面,设置法律责任的直接目的便在于保障法律规则的有效施行;在司法和执法层面,法律责任对于已经发生的违法行为具有惩罚和制裁功能,对违法行为所侵害的合法权益、社会关系和社会秩序具有国家强制力保障的恢复、补救功能,对未发生的潜在违法行为还具有警示、威慑作用。[①] 就证券违法行为而言,从理论上说,同时配置公法责任与私法责任应有不同的旨趣和功能,不同性质的法律责任应追求和体现不同的价值取向。理论上的小心求证是法律责任功能发挥的前提,借此使民事责任、行政责任和刑事责任内化为证券法律责任体系的统一整体,成为保障证券市场规则有效施行"工具箱"中的有机组成部分。

第三,在分立的部门法律责任之间架设桥梁。晚近以来,以调整对象和调整方法划分部门法的元学科思维已随着逻辑建构主义的衰落而成为明日黄花,航空法、体育法、家事法、财税法等以具体领域问题法律化解决为旨趣的领域法研究范式[②]方兴未艾。这是因为按照思维逻辑建构起来的部门法系统固然有利于法学体系的建立,但这种体系并不一定有助于问题的实际解决,甚至可能脱逸于实践沦为法学家们头脑中的"思维游戏"。本书对证券法律责任功能协调的研究以社会学的实证和理论为论证基石,在法学层面并不明确区分部门法之间的界限,吸收不同部门法学的原理和方法,为证券法学的研究范式注入新鲜血液,使证券市场规则得到其他学科的确证和检验,加强不同部门法律责任理论之间的交流沟通,促进问题的综合解决。

2. 实践价值

理论是否成立,取决于逻辑;而理论能走多远,则取决于效用。"法学研究不可能是纯粹的知识论上的舞蹈,美轮美奂的逻辑要与千疮百孔的经验世界勾连,才能吸取生生不息的制度能量。我们需要高屋建瓴,也需要伏

---

① See Anthony E. ,*A Deterrence Theory of Punishment*, The Philosophical Quarterly, Vol. 53:3,p. 337 -351(2003).

② 领域法学(Filed of Law)是以问题为导向,以特定经济社会领域全部与法律有关的现象为研究对象,融合经济学、政治学、社会学等多种研究范式于一体的交叉性、开放性、应用性和整合性的新型法学学科体系、学术体系和话语体系。参见刘剑文:《论领域法学:一种立足新兴交叉领域的法学研究范式》,载《政法论丛》2016 年第 5 期。

地而行。”[①]那么,如何定位研究证券法律责任功能协调的实践价值?本书将从法学外和法学内相结合的视角,“相向而行”地推动我国证券法律责任制度的功能协调和体系完善。

第一,有利于投资者金融权的确证和实现。公平的金融权,即所有社会个体均有通过公正的价格体系获得所需金融服务、享受金融资源的权利。普惠金融理论强调,正如所有社会成员拥有平等之生存权、财产权和自由权一样,金融权也是社会个体应普遍公平享有的一项权利。[②] 金融权的显性化是我们这个时代正在见证的历史。随着互联网技术的发展,以余额宝、零钱通为代表的互联网金融为人们提供了便捷的投资渠道,培育了投资需求。与此同时,互联网技术也为投资者参与证券交易提供了极大的便利。对证券法律责任功能协调的研究,尤其是对证券民事赔偿优先原则的研究,将从政治学、经济学和法理学层面为投资者的民事权益保护提供理论支撑,有利于进一步确证逐渐显性化的金融权,促进投资者金融权的实现。

第二,为投资者利益实现开辟公法通道。加强金融消费者保护是2008年国际金融危机发生以后世界各国的普遍共识。关于倾斜保护金融消费者,金融学给出了弱势金融理论、复杂金融理论和金融稳定理论等解释性理论学说。[③] 弱势金融理论从金融机构和金融消费者实质地位不平等切入,复杂金融理论着眼于金融创新带来金融产品复杂化,金融稳定理论则从金融系统角度考察金融机构与金融消费者的依存关系。从本质上讲,复杂金融理论、金融稳定理论均包含于弱势金融理论,前者在信息获取、投资判断方面反映金融消费者的弱势,后者在金融消费者与金融机构之间弱者不能永久存续的关系中反映金融消费者的弱势。发挥私法的损害填补功能有效保护金融消费者,以公法促进金融消费者受损的权利恢复,是研究证券法律责任功能协调的重要实践价值之一。

第三,有利于证券法律责任制度的体系完善。纵观我国当前关于证券

---

① 刘连泰:《宪法另一端的风景》,载搜狐网2017年12月6日,http://www.sohu.com/a/208732882_693202。

② 参见张世强编著:《中国智能金融产业蓝皮书》,中国发展出版社2018年版,第88页。

③ See Peter C., *Understanding and Protecting Vulnerable Financial Consumers*, Journal of Consumer Policy, Vol. 38: 2, p. 119 – 138(2015).

法律责任的立法不难发现,行政责任由《证券法》以“分散排列+集中排列”的模式加以规定,民事责任以“给投资者造成损失的,应当依法承担赔偿责任”加以宣示,刑事责任则由“构成犯罪的,依法追究刑事责任”转引至《刑法》调整。从目前的法律规定来看,证券违法的法律责任至少存在三个缺失:其一,没有准确认识证券市场规则与投资者保护之间的关系,甚至出现部分市场规则有损投资者利益的情况;其二,在立法技术上没有有效统筹不同性质的法律责任,无法合理应对程度不同、性质殊异的证券违法行为;其三,《刑法》关于证券犯罪的规定对《证券法》亦步亦趋,没有充分发挥其后盾法二次调整的特殊作用。本研究期望引起学界关注和立法者重视,进而推动证券法律责任制度的体系完善。

二、国内外研究现状述评

归纳证券法律责任功能协调的研究现状,可以回溯学界对这一主题既有的研究成果,使本书的研究“站在巨人的肩上”。在国外,鉴于不同的法制传统,鲜有文献专门论及证券法律责任的作用发挥、分工与协调问题,对相关问题的论述,主要在法理学著作和研究法律规制内幕交易、市场操纵等具体证券违法行为的文献中。在国内,随着证监会的积极履职以及证券市场虚假陈述民事侵权诉讼在我国审判机关的落地,①证券行政责任、刑事责任和民事责任的并用与竞合受到一定程度的关注,但不同性质之法律责任在证券违法案件中的功能发挥和有效协调仍是一个远未解决的问题。

(一)国外研究现状

研究证券法律责任的功能协调,溯其本源可知,须从“法律责任的根据”②获得理论支持。按照法学理论发展的流变历程,西方法学界先后诞生了道义责任论、社会责任论和规范责任论。其中,道义责任论和社会责任论分别侧重于法律责任与道德责任的一致性、法律责任的社会实施强制力量来论述法律责任的本质属性,而规范责任论则立足实定法,从规范的角度论

---

① 参见贾纬:《证券市场侵权民事责任之发轫——解析〈关于审理证券市场因虚假陈述引发的民事赔偿案件的若干规定〉》,载《法律适用》2003年第3期。

② “法律责任的根据”是对法律责任本体价值的思考,是法律责任概念中的价值要素。参见余军、朱新力:《法律责任概念的形式构造》,载《法学研究》2010年第4期。

证对事实加以非难的可能性。①

英国学者哈特(H. L. A. Hart)、奥地利学者汉斯·凯尔森(Hans Kelsen)是规范责任论的代表学者,对法律责任概念在一般法理学层面完成了自足的、规范性的建构。② 哈特认为法律责任(legal liability-responsibility)系违法者因其违法行为或者伤害在法律上应受惩罚或被迫赔偿。法律责任的成立以角色责任(role responsibility)、因果责任(casual responsibility)和能力责任(capacity responsibility)三种责任要件为基础。其中,角色责任意在说明法律主体在法规范中的地位对于法律责任认定的意义,因果责任在事实层面从法律行为和法律后果的引致关系为法律责任的归咎提供了依据,能力责任则阐明法律主体的行为能力对于法律责任归咎的作用。③ 凯尔森则从不法行为和法律制裁之间的关系入手论述法律责任的本质。他指出,一个人在法律上对其一定的行为负责(承担法律责任),意味着作出不法行为的行为人应受制裁。④ 可见,现代法律责任立足实定法律规范,逐渐向着弱道德性、无道德性⑤的方向发展,完成对道德责任的"脱敏"。

证券市场违法行为须承担的法律责任是一个责任体系,按照性质可以划分为证券公法责任和证券私法责任,前者主要是违反行政法和刑事法应当承担的法律责任,后者则主要是违反民事法律而应当承担的法律责任。对公法责任和私法责任的界分,最早可追溯至英国法官威廉·布莱克斯通(William Blackstone)对刑事错误和民事错误的区分。他认为,过错可以分为"公错"和"私错"两种类型。"公错"是对攸关社会整体利益事务的权利破坏与义务违背,常被冠以违法和犯罪这样的名称;"私错"则是侵犯个人的民事权利或是剥夺他人的私有权利,常被称为民事侵害。⑥

---

① 参见张道许:《风险社会的刑法危机及其应对》,知识产权出版社 2016 年版,第 42 ~ 43 页。

② 参见余军、朱新力:《法律责任概念的形式构造》,载《法学研究》2010 年第 4 期。

③ See H. L. A. Hart, *Varieties of Responsibility*, Law Quarterly Review, Vol. 83: 3, p. 346 (1967).

④ See Hans K., *Pure Theory of Law*, Translate by Max Knight, University of California Press, 1967, p. 119 – 120.

⑤ 参见周安平:《法律责任的道德类型》,载《学术界》2020 年第 3 期。

⑥ 参见[英]G. D. 詹姆斯:《法律原理》,关贵森、陈静茹等译,中国金融出版社 1990 年版,第 29 ~ 30 页。

在此基础上,罗伯特 · D. 库特(Robert D. Cooter)指出,公法责任与私法责任在责任关系、责任方式和归责方式等方面均存在区别。就责任关系来说,公法责任关系是权力机关基于对社会公众利益的能动性认知,考察行为效果的利益和效用,考察行为动机的善恶,更多地注重对行为人的公众认知和社会性评价。例如,"杀人偿命"是社会公众在对生命利益价值性的高度认知基础上升华产生的一种道义要求,因而公法责任关系是一种道义关系。与之相对,私法责任关系以能否满足受害者利益诉求作为衡量其在法律上之是非的标准,基于受害者客观的现实利益与实际效用而存在。例如,"欠债还钱"是借款人填补出借人财产亏空最基本的功利性义务,因而私法责任关系是一种功利关系。[①] 对法律责任关系的道义关系和功利关系界分为证券公法责任和证券私法责任功能的定位奠定了基础。

以道义法律责任关系和功利法律责任关系为基础,安德鲁 · 阿什沃思(Andrew Ashworth)指出,法律责任的实现方式分别对应道义性惩罚和功利性补偿,它们在实现载体、责任人精神痛苦、成立基础和评价的道德因素四个方面存在不同:[②]首先,惩罚的主要实现载体以不法行为人的人身自由、身体权利甚至生命等人身权利为主,以其合法拥有、与违法行为不直接相关的财产为辅,补偿的主要实现载体是侵权人或违约人的财产,以财产填补因其侵权或违约行为给他人造成的损害;其次,惩罚有意识地对责任人施以精神上的痛苦,即国家使用公权力剥夺(限制)责任人的人身权利或财产利益,使其在精神上承受痛苦,补偿则主要通过返还、恢复、赔偿和抑制等手段使权利关系恢复到初始状态,并不刻意追求施以责任人精神痛苦;再次,惩罚的认定基础以责任人的主观恶性为主,客观损害并不必然是责任成立的条件,因而在某些情况下行为人存在主观恶性却尚未造成客观损害时也可施予惩罚,补偿的认定则以行为造成的客观损害为主,行为人的主观过错为次要;最后,惩罚带有浓厚的道德评价色彩,作为一种否定性的评价而存

---

① See Robert D. C., *Economic Theories of Legal Liability*, Journal of Economic Perspectives, Vol. 5:3, p. 11 – 30(1991).

② See Andrew A., *Punishment and Compensation: Victims, Offenders and the State*, Oxford Journal of Legal Studies, Vol. 6:1, p. 86 – 122(1986).

在,补偿则较少有道德因素的介入,补偿评价标准以损害发生的事实标准为主。

以公法责任的道义性惩罚和私法责任功利性补偿为理论基础,本书将具体研究证券公法责任和证券私法责任不同的功能发挥和实现机制。证券法律责任作为公法责任和私法责任的集群,不同性质的法律责任之间存在分工与协调的问题。虽然美国为证券市场监管贡献了最初的经验探索和制度建构,①但因沿袭普通法系立法重实用、轻建构的传统,美国的证券法制不追求逻辑自洽,不讲究体系性。在证券法律责任方面,美国《1933 年证券法》和《1934 年证券交易法》分别对上市公司发行证券时不真实、不充分的信息披露和操纵证券市场、不公平交易的行为同时设置了财产处罚和监禁,但就法律责任的性质而言,立法并不明确区分这里的财产处罚属于行政罚款抑或刑事罚金。

在侵权法和刑事法普遍分野的今天,英美法系还留存着早年诸法合体的痕迹:侵占、殴打、威胁、非法闯入、非法监禁、名誉损害等法律词汇在英美法系国家为现代刑法和现代侵权法所共用,即它们既是刑法上的罪名,又是侵权法上的违法形式。② 即便在大陆法系国家,刑法与民法、行政法的分野也并不彻底,这种分野仍是一个逐渐演变且经常被打断的进程。③ 而且在不同国家,民事不法、行政违法与刑事犯罪的界限完全不同,刑法的范围通常随着社会的发展而扩大。④

由此可见,证券法律责任的分工与协调实际是民法与刑法分工、行政法与刑事法协调问题在证券领域的具体投射,需结合本国的法制传统和法律体系结构进行具体的、本土化的研究。

---

① 为了消除20世纪"大萧条"中证券市场的大规模投机活动,美国联邦通过《1933 年证券法》和《1934 年证券交易法》制定了最早的证券市场规则,对证券发行、交易进行管制。受美国立法的影响,英国、德国、法国等国都在设立专门证券监管机构、加强信息披露、配置相应法律责任方面作出了相似的规定。

② 参见徐爱国:《侵权法的历史散论》,载《法学》2006 年第 1 期。

③ See Kruse A. V., *Law of Torts*, in Hans Gammeltoft-Hansen, Bernhard Gomard & Allan Philip eds., Danish Law: A General Survey, G. E. C. Gads Publishing House, 1982, p. 161.

④ See John A., *Lectures on Jurisprudence or The Philosophy of Positive Law* (1874), Whitefish, Kessinger Publishing, 2007, p. 417.

（二）国内研究现状

20世纪90年代初，上海证券交易所和深圳证券交易所相继成立，标志着全国性的证券市场在我国正式形成。规范证券发行、交易活动的规范性文件，历经了由交易所业务规则、地方政府规章、行政法规和部门规章，到基本法律，最终制定《证券法》的发展历程。1998年12月29日，从起草到最终审议历时7年的《证券法》终获通过，成为我国证券法律体系的核心法律。在证券法律责任方面，1997年《刑法》的出台率先对证券犯罪的刑事责任作出规定，擅自发行证券、欺诈发行证券、内幕交易、虚假陈述和操纵证券市场等在国外法制中配置了监禁刑的证券违法行为悉数纳入《刑法》的规制范围。后出台的《证券法》宣示了证券违法的民事责任，以"法律责任"专章为更多的证券市场违规行为设置了行政罚款和从业资格限制。①

对比美国、英国等先发国家的证券法律制度可以发现，在法律责任设定方面，英美法系国家在专门立法中针对同一证券违法行为均同时规定了不同性质的法律责任，而财产处罚、监禁等法律责任，则委以行政执法和法院司法予以具体实现。我国《证券法》虽然沿袭了证券行业专门立法的体例，但受限于成文法系国家按部门法建构法制体系的传统，《证券法》主要规定的是行政责任，民事责任和刑事责任则分别规定在民事法律规范和《刑法》中，这也为不同性质法律责任的冲突和功能失调埋下了隐患。

与立法完善相伴，证券法律责任制度持续受到学界的关注。早在《证券法》制定以前，就有学者基于既有的部门法体系，以违法和犯罪二分的思路，对证券法律责任进行初探，指出由于证券法的特殊性、调整对象的广泛性和法律关系的复杂性，证券法作为一个特殊的法律部门同时规定民事责任、行政责任和刑事责任三种法律责任，体现了法律责任的综合性。②《证

① 参见信春鹰：《我国〈证券法〉的发展历程及其修改完善》，载桂敏杰总编，黄红元、徐明主编：《证券法苑》第10卷，法律出版社2014年版，第8～11页。

② 参见郝树勇：《论证券违法行为及其法律责任》，载《河北大学学报（哲学社会科学版）》1996年第2期。

券法》出台后的一段时间，有一批文献[1]开始关注证券法律责任，不过这一时期的文献多是根据立法规范，结合学理的梳理性介绍，较为缺乏问题意识。《证券法》实施行之有年，有学者注意到证券违法查处黑数大、投资者民事权利保护不周的问题，从观念、体制、规则等方面分析了证券法律责任制度失效的原因，提出了相应的完善建议。[2]

随着2003年《证券民事诉讼司法解释》的出台，有学者关注到不同性质之证券法律责任的竞合问题，提出应确立民事赔偿金的优位原则，行政责任和刑事责任的承担应当剔除重叠部分，即同一行为的法律责任只适用一次，做到一事不二罚。[3] 在这一时期，国内学界诞生了第一篇专门研究证券法律责任的学位论文[4]和学术编著。[5] 在《证券法律责任体系研究》中，作者从民事责任、行政责任和刑事责任的横向断面以及证券发行、交易的纵向阶段系统地研究证券法律责任。《证券法律责任》一书则从比较法视野，对证券法律责任的立法、归责、诉讼制度等内容进行研究。

后来一段时期，国内对证券法律责任的研究越来越侧重于在一个部门法内，将证券法律责任的研究推向精深。例如，针对证券法律责任对投资者利益保护不周的问题，彭冰以内幕交易和市场操纵为切入点，立足证券行政责任的实现，建议建立行政处罚中的追缴分配程序，借此促进证券民事责任的实现。[6] 周友苏和蓝冰对证券行政责任的本位责任地位和功能进行了重述，指出证券民事责任须通过证券行政责任的协同予以实现。[7] 毛玲玲针对刑法介入证券市场进行了法经济学分析，论证了设置证券刑事责任的必

① 参见巩海滨：《我国证券法律责任制度研究》，载《济南金融》2000年第11期；郭丽红：《论证券违法犯罪的法律责任》，载《当代法学》2001年第7期；薛峰：《论证券市场中的法律责任》，载《首都师范大学学报（社会科学版）》2002年第5期；何立慧：《完善我国证券法律责任制度的几项基本原则》，载《甘肃行政学院学报》2002年第2期。

② 参见陈艳风、曹伟：《中国证券法律责任制度实施不力的原因及对策》，载《新疆社科论坛》2002年第4期。

③ 参见刘俊海：《论证券市场法律责任的立法和司法协调》，载《现代法学》2003年第1期；刘俊海：《论完善证券法律责任的协调实施机制》，载《法律适用》2003年第4期。

④ 参见杜晓强：《证券法律责任体系研究》，武汉大学2004年硕士学位论文，第5页。

⑤ 参见侯水平主编：《证券法律责任》，法律出版社2005年版，第1～14页。

⑥ 参见彭冰：《建立补偿投资者的证券行政责任机制——针对内幕交易和操纵市场行为》，载《中外法学》2004年第5期。

⑦ 参见周友苏、蓝冰：《证券行政责任重述与完善》，载《清华法学》2010年第3期。

要性和适度性，并提出了构建适度证券刑事责任的确定性、明确性要求和适度组合要求。①

李明良和陈洁针对操纵证券市场行为，在对世界主要国家和地区的立法进行综合考察与横向对比之后，呼吁结合我国法治环境和市场背景，制定行之有效的民事赔偿救济措施，使民事赔偿有法可依、有章可循，进而便利证券侵权民事诉讼，切实保护投资者合法权益。② 马树卿和陈海洋对《证券法》和《关于整治非法证券活动有关问题的通知》中关于证券民事责任的规范和制度进行了集中述评，提出应完善承担证券民事责任的行为类型和民事责任种类，明确归责原则，在民事诉讼配套制度上应制定专门规定，完善民事主体诉讼权利，取消起诉前置程序，并对诉讼时效起算、管辖、损失赔偿范围等内容予以完善。③

有的研究则针对证券市场某些具体的违法行为类型，讨论法律责任的配置、分工与协调问题。例如，针对证券市场虚假陈述的法律责任，梁爽结合日本证券市场虚假陈述法律责任的发展，对我国证券市场虚假陈述之民事责任的因果关系判断、损害推算、损害计算期间和诉讼程序等内容进行了专门研究。④ 周平奇则立足证券市场虚假陈述对市场机制的破坏，指出民事责任应当保障投资者权益、增强投资者信心，在此基础上对虚假陈述民事赔偿责任的性质、因果关系的认定、民事诉讼程序、"重大性"的认定标准等问题进行了研究。⑤ 针对操纵证券市场行为，鲜铁可和刘博指出当前法律对操纵证券市场的法律责任规定较为分散，行政法规和刑事司法解释对操纵行为的认定规则不一，民事责任不足、刑事责任入罪门槛过高。对此，建议对民事赔偿、行政处罚、刑事制裁进行协调，强化行政监管，促进民事赔

---

① 参见毛玲玲：《证券市场刑事责任的法律经济分析》，载《华东政法学院学报》2005 年第 4 期。

② 参见李明良、陈洁：《证券市场操纵行为法律规制之国际比较研究——以民事法律责任为重点》，载徐明主编：《证券法苑》第 1 卷，法律出版社 2009 年版，第 276 ~ 293 页。

③ 参见马树卿、陈海洋：《完善追究非法证券活动民事责任的几点思考》，载桂敏杰总编，黄红元、徐明主编：《证券法苑》第 7 卷，法律出版社 2012 年版，第 577 ~ 588 页。

④ 参见梁爽：《日本证券虚假陈述责任法律适用对我国的启示》，载《法学》2011 年第 1 期。

⑤ 参见周平奇：《证券市场虚假陈述民事责任之法律完善》，载郭峰主编：《证券法律评论》2015 年卷，中国法制出版社 2015 年版，第 121 ~ 132 页。

偿,预防证券犯罪。[①]

缪因知则对操纵证券市场民事责任的因果关系推定、赔偿范围划定进行了小心求证,认为立法对民事责任的规定宜继续保持原则性规定,民事责任的实现还需司法实践缓进探索。[②] 针对证券市场内幕交易,崔金珍认为不能局限于以行政责任和刑事责任为主,而应当完善民事责任的立法内容,以公、私法并用和司法救济的模式保护投资者利益,建立起事前预防、事后处罚的法制体系。[③] 缪因知对内幕交易行为和投资者损失之间的因果关系推定、民事赔偿范围等问题进行了详细论证,提醒注意民事责任规制证券市场内幕交易的局限性。[④]

通过以上梳理可以发现,尽管从数量上看,国内研究涉及证券法律责任的文献不在少数,但当前研究至少存在以下三个方面的问题。

第一,研究内容和侧重点较为零散,缺乏整体性、系统性研究。研究证券法律责任的学者来自不同部门法,其在讨论某一种证券法律责任或者某一种证券市场违法行为的法律规制时,观点虽有诸多启迪,但主要还是限于某一部门法、聚焦于一种法律责任,或者关注某一具体问题的解决,这类研究在广度上较为欠缺。

第二,少量综合研究证券法律责任的文献年代较为久远,没有深入探究不同法律责任的机理、目标和实施机制,这类研究在深度上较为不足。目前综合研究证券法律责任的文献限于一篇硕士学位论文和一部编著,出版时间都已逾 15 年。囿于当时立法的不足和学界整体研究水平不高,该两部文献以域外经验介绍和法律责任制度的泛泛而谈居多,没能挖掘证券法制的社会基础和基础法理。

第三,对于证券公法责任的研究,行政责任的研究较多,刑事责任的研究较少。从立法上看,我国《刑法》早于《证券法》将证券市场违法行为纳入

① 参见鲜铁可、刘博:《操纵证券市场行为的法律责任》,载《人民检察》2012 年第 4 期。

② 参见缪因知:《操纵证券市场民事责任的适用疑难与制度缓进》,载《当代法学》2020 年第 4 期。

③ 参见崔金珍:《从法律责任视角论证券市场内幕交易行为监管》,载《法学杂志》2018 年第 6 期。

④ 参见缪因知:《内幕交易民事责任制度的知易行难》,载《清华法学》2018 年第 1 期。

规制范围，但以刑法规制证券犯罪并未发挥独特作用，甚至有法律责任供给冗余之虞。《证券法》从本质上来看是国家干预市场的经济法，而公法责任从抽象向证券领域的下沉尚需学界努力探索。

法学的进步深刻体现在法学家们的贡献上，倘若没有法律专家智识决定性的参与，无论什么地方的法律都不可能有所发展。[①] 国内学界目前研究的空缺和不足，奠定了本书研究的着眼点和写作基础。

三、论证思路与研究方法

法学研究不在于呼吁，而在于论证。如何循着证券法律责任生根、发展的脉络，组织国内外既有的立法、司法素材和法学研究成果，拓展本书对完善我国证券法律责任制度的贡献，是写作前首先要解决的问题。论证思路的梳理有利于科学搭建本书的研究、论证框架，使长达二十余万字的专著在章节之间层层递进而不至于沦为凌乱的堆砌；研究方法的阐释有利于通过论据支撑和逻辑论证达到研究目的，从而使本书深扎社会学、法理学的理论根基，具体呈现面向立法、司法现实。

（一）论证思路

本书遵循学术专著写作的常规思路：发现问题—分析问题—解决问题。发现的问题乃在于：现行法律为证券市场违法行为同时设置了民事责任、行政责任和刑事责任，而学界和实务部门均不停呼喊，投资者民事权利保护不足、行政责任执行羸弱、刑事责任跟在行政责任背后亦步亦趋。追本溯源，证券法律责任来源于哪里？国家积极干预证券市场活动的初衷和目的是什么？如何理解各国逐渐趋同的证券发行、交易规则？为什么会有性质多元的证券法律责任？不同性质证券法律责任的功能设定如何？在此基础上，对当前证券法律责任制度的功能失调问题进行全景式检视，并从理论上阐发协调不同性质证券法律责任功能的基本路径。

分析问题的方式是对单一证券法律责任的功能定位分门别类地再审视，对不同性质之证券法律责任的基本理念、功能目标和实现机制进行深入

---

① 参见[德]马克斯·韦伯：《经济与社会》（下卷），林荣远译，商务印书馆1997年版，第117页。

剖析，以整体性、系统性思维探究多元证券法律责任分工、协作的可能路径和方案。在进行具体论证时，有关证券法律责任的规范分析和域外经验“穿插其中”。

解决问题则是从实体法和程序法两个方面对证券法律责任制度功能协调的实现路径进行系统论述，并在反思证券法律责任制度问题“世界共性”和“中国个性”的基础上，考察移植西方证券法律制度在中国造成的“水土不服”，立足中国本土的法制传统和立法现实，分析我国当前立法对证券法律责任配置存在的问题，提出改进、完善我国证券法律责任体系的方案。

以上是贯穿本书始终的隐线，全书围绕这条隐形的线条“娓娓道来”。研究内容及其内在逻辑决定了本书的框架结构和表现形式，本书的章节安排从以下五个层次渐次展开。

首先，以风险社会和风险的法律防控为理论基础，从证券市场的风险演化角度论述证券市场规则和法律责任的创生。因为风险以及围绕风险的制度防控，可以被理解为对于某种未来可能发生的危害的现在预期。[①] 在此基础上，剖析证券法律责任制度功能失调的问题，论述协调证券法律责任功能的必要性和制度目标。

其次，从社会学、经济学和法理学角度对不同性质之证券法律责任的功能定位逐一进行解读，以此为基础探索实现证券法律责任制度功能协调的可行模式，并就证券民事责任、行政责任和刑事责任在“三位一体”功能协调模式中的角色和功能进行阐释。

再次，立足证券法律责任制度功能协调的实体法侧面，详细论述证券民事责任与证券行政责任的协调、证券行政责任与证券刑事责任的协调、证券刑事责任与证券民事责任的协调，以期在实体法层面以全局化、系统化为目标对证券法律责任的功能协调作出整体安排。

复次，立足证券法律责任制度功能协调的程序法侧面，系统论述证券民事诉讼与证券行政执法的协调、证券行政执法与证券刑事诉讼的协调、证券刑事诉讼与证券民事诉讼的协调，以期为证券法律责任的功能协调在执法、司法程序上探索通力配合、嵌合转接的机制。

---

① 小松文晃:『リスク論のルーマン』,勁草書房,2003,39～43頁参照。

最后,普遍现象的研究和域外经验的解读是为了解决我国的现实问题。因此,本书的最后一章检视我国关于证券法律责任的立法规定和司法实践,指出功能失调的问题,进而从实体法和程序法角度分别提供完善方案,这也是本书最大的创新之处与学术贡献。

(二)研究方法

证券市场规则同时肩负着便利企业融资和保护投资者的双重使命,[①]证券法律责任作为保障市场规则有效运行的强制性手段,施之过度则恐抑制企业融资、打击市场活力,施之不及则可能放纵市场投机、酿成欺诈横行的后果。围绕前述研究证券法律责任制度功能协调的思路和重点解决的问题,本书拟采用以下研究方法对之进行研究,以达成研究目标。

1. 法理分析方法

法律为一种社会现象,单纯的教义学分析将陷入“知其然,不知其所以然”“只见树木不见森林”的困境,概不能因为学科的划分遮蔽了研究事物的“复眼”。证券法律责任是国家介入证券市场的产物,法社会学、法政策学、法经济学能够为现象的研究和问题的解决提供复合视角。本书从法社会学角度分析证券市场规则诞生的社会基础,从法政治学角度阐释创制证券市场规则的政治基础,从法理学角度研究证券法律责任的制度构造和法律属性,以法经济学的“需求定理”研究证券法律责任制度功能协调的可行模式。

2. 比较研究方法

无论是证券市场的建立、市场规则的创制还是法律责任的设定,英、美等西方国家已经有近百年的发展历程。我国证券市场规则和法律责任制度基本移植于证券业先发国家,很多发生在我国证券市场的问题,可能是源于法律移植的“水土不服”。“他山之石,可以攻玉”,本书通过将我国的证券法律责任制度与西方国家的立法、司法实践进行比较,找出我国证券法律责任配置的缺陷和不足,挖掘问题的根源,并通过借鉴和吸收外国证券法律责任制度的有益经验,结合中国的文化背景和立法现实加以改进,力促我国证

① 参见王啸:《美国“注册制”的四大难题与中国资本市场改革的思考》,载《证券市场导报》2015年第1期。

券法律责任制度的功能协调和体系完善。

3. 案例分析方法

当今之世界,最原始的大陆法系和英美法系的截然划分已不复存在。在司法活动中,大陆法系国家在坚守制定法阵地的同时,已允许判例占有一席之地;英美法系国家虽然仍然恪守"遵循先例"的法制传统,但将判例中法律原则予以条文化、规范化的制定法越来越成为其重要的法律渊源。[①] 本书通过研习国内外规制证券市场的典型案例,考察证券法律责任制度在不同法域的运行情况,透过司法机关、执法部门对制定法规范的解释与适用,探求针对不同证券市场违法案件施以不同性质法律责任背后的效益考量与法理逻辑,为完善我国证券法律责任制度奠定基础。

4. 实证研究方法

相对于由概念化和抽象判断组成的理论研究而言,实证研究是一种基于数据收集和数据分析,通过观察和统计进行的、更直接的实地研究方法。借此获得的研究结果,无论是定性抑或定量,往往都具有更高的可靠性和更强的解释力。[②] 对于证券法律责任实施中的真实面向和实际问题,笔者通过查阅国内外证券监管部门公布的年鉴及其官方网站披露的真实案例获取第一手资料,同时参考有关学者发表的实证研究成果,以避免对证券法律责任的研究停留在经验法则的妄自揣度或者是没有实践证据支撑的自说自话。

5. 规范分析方法

规范分析方法是最基本的法学研究方法,它以有形的法律规范、法律制度和法律体系为研究对象,关注法律规范的建构和司法运行,对法律规定的文本含义、法律条文之间的逻辑关系、法律制度的体系特征进行全方位研究,以阐释法律规范内部的逻辑体系和底层价值。[③] 本书对证券法律责任制度功能协调的研究,源于由有形规范构筑起的法律责任制度在施行中存在的问题,扎根国家介入证券市场活动的理论基础和价值判断,再回归到我

---

① 参见李富友:《刑法效力问题研究》,光明日报出版社 2012 年版,第 131 ~132 页。

② See Felicity B., *Empirical Research in Law*, Griffith Law Review, Vol. 25: 2, p. 272 – 274 (2016).

③ 参见谢晖:《论规范分析方法》,载《中国法学》2009 年第 2 期。

国证券法律责任制度的功能协调和体系完善，使法学理论研究转化为法规范，进而实现本书的实践价值。

四、研究特色、创新之处与不足

学术研究的生命力乃在于对问题的把握和理论的洞见，根本目的是创新。只有不断创新，才能体现智识对实践的贡献，才能逐渐向真理靠拢。因此，前面对选题背景和研究价值的介绍、国内外研究现状的综述以及论证思路与研究方法的设计，均是为研究过程中自觉的创新意识服务。关于本书的创新点，可以从"研究特色"和"创新之处"两个方面进行阐述。"研究特色"体现的是本书相较于以前的研究在问题意识、研究进路和研究架构等形式上的不同，"创新之处"表达的则是本书与既有成果相比，在理论生发、思想整合和观点论证等内容上的创新。

（一）研究特色

本书的研究特色首先体现在问题的挖掘上。尽管法律责任制度作为证券法的"显学"，算不上研究的死角，关于证券法律责任既有专门的研究，也有在其他研究中被提及，但问题的持续存在和制度实施的痛点是笔者"虽千万人，吾往矣"的初衷。2018 年的"两会"上，全国人民代表大会代表、提交了《关于修改刑法加重欺诈发行犯罪刑罚力度的议案》，①引发了实务部门对证券市场违法成本过低的共鸣，有学者甚至提出"证券市场刑事责任机制应当重构"。② 2019 年新修订的《证券法》（2020 年 3 月 1 日起施行）大幅提高证券市场违法行为的行政责任之后，关于修改《刑法》提高证券违法刑事处罚力度的呼声再次响起。与此同时，证券民事责任的功能发挥与实现机制远远没有达到令人满意的程度。以上述问题意识为依归，进行理论探索和制度回应，是本书首要的研究特色。

本书的另一个研究特色体现在研究角度的站立和研究方法的选择上。证券法律责任制度在实践中仍然存在种种问题，除了理论研究与法律实践

---

① 参见吴璇、蒋臻、张艳丽：《全国人大代表、深圳证券交易所总经理、党委副书记王建军："修改刑法加重欺诈发行犯罪刑罚力度"》，载《南方都市报》2018 年 3 月 5 日，A13 版。

② 参见上证报两会报道组：《资本市场违法成本过低引共鸣　专家建言重构惩戒制度》，载《上海证券报》2018 年 3 月 9 日，第 1 版。

需求"传输通道"不畅以外,学科划分、部门法壁垒是造成既往理论研究犹如"盲人摸象",缺乏整体性、系统性的重要因素。例如,呼吁落实证券民事赔偿责任优先制度的学者,没有关照到证券市场的高度专业性势必依赖专门监管机构行政权的扩张进行精准打击的行业特征;批评证券行政责任刑事化的学者,囿于学科背景,没有注意到刑法理论和刑事立法的发展变化,没能提出理论自洽又具有可操作性的改进建议。鉴于此,本书以问题为导向,以证券市场违法行为的综合规制和有效治理为研究目标,力求打破"学科间的鸿沟和学科内的偏见",①融合法社会学、法政策学、法经济学和法教义学的研究范式,以期推动证券市场法治前进一小步,社会前进一大步。

本书的研究特色还体现在行文架构的设计上。既往关于证券法律责任制度的综合研究"横向"地分别探讨证券民事责任、行政责任和刑事责任的性质、作用,"纵向"地从证券发行、交易不同的阶段论述证券法律责任,抑或对域外经验进行"横向"介绍。然而,这样的行文架构过于扁平,没能深入到证券市场规则和法律责任扎根的社会基础和理论机理,域外经验的简单引进似乎建立在西方经验先进性不证自明的先验基础之上。因此,本书克服上述不足,"位阶化"设置不同性质的法律责任,将域外经验融入具体问题的讨论,借此呈现的研究架构逻辑层层递进、问题由一般到特殊。

从风险社会、国家干预、能动立法解构证券市场规则和法律责任,进而提出证券法律责任制度功能失调的问题和进行协调的必要性。对证券法律责任制度功能协调方案的探讨,力求打破部门法的壁垒,整合证券市场行政强制与证券法律责任,使其融为既各司其职又相互协调的"综合体"。对证券法律责任制度功能协调实现路径的专门论述,从实体法和程序法分别展开,由证券市场行政强制与法律责任的整合到多元法律责任的协调,从证券行政执法与证券司法诉讼的转换衔接到证券刑事诉讼对证券民事诉讼的促进。最后,问题意识由一般到特殊,最终回归到我国证券法律责任制度的功能协调与体系完善。

---

① 参见刘志云:《国际关系与国际法跨学科研究之路径》,载《世界经济与政治》2010 年第 2 期。

（二）创新之处

本书写作上的创新，首先体现在学术理论的生发上。理论是对世界现象的高度概括，因而理论可以变得很抽象，甚至看起来远离真实世界。然而，理论对现实世界的解构最为深切，它指引人们“透过现象看本质”。没有理论支撑而只是堆积事实只会导致大量无意义的事实收集。[①] 既然法律是从社会中产生的，那么对证券市场规则和法律责任的研究首先要关注社会。本研究以风险社会公众对风险防控这一“公共产品”的普遍需求和经济法诞生之国家干预社会经济运行的正当性为研究视角，对以法律形式呈现的证券市场规则以及保障该规则有效运行的证券法律责任进行社会基础、成本效益、性质属性等方面的分析，以期为本书的研究奠定坚实的理论基础。因为，不立基于社会现实和基础理论的制度研究犹如精美的空中楼阁，对法律实践中存在的问题缺乏解释力，提出的对策和建议往往也“药不对症”。

学术思想的整合是本书在内容上的另一个创新之处。在现有成果之外取得新成果固然是学术研究最大的成果，但对已有成果进行梳理和综述，以此为基础发现存在的问题，纠正现有成果中的错误，也是研究性学术工作的重要内容。如前所述，鉴于不同的立法传统和执法、司法制度，国外学界缺少对证券法律责任制度的专门研究，但社会学界对风险社会的理论提炼、经济学界对证券市场规则的制度设计、法理学界对法律责任的性质解构，对本书的研究均有很强的启示意义。回归国内共同的社会基础、立法现实和学术语境，当前学界对证券法律责任既有专门研究，也有部门法视域内、领域法[②]视域内的研究，但现有研究要么失于“全而不深”，要么局限于“片面的深刻”。以严密的逻辑、准确的归纳和恰当的取舍对既有成果和学术思想进行梳理与整合，是本书在研究内容上的创新之一。

独辟蹊径的学术观点及其论证是本书在研究内容上最大的创新所在。只有思想的重复而没有贡献学术观点增量的专著，势必犹如掉进大海里的

---

① 参见[美]迈克尔·罗斯金等：《政治科学》，林震等译，华夏出版社2001年版，第20页。

② 这里的领域法不同于研究范式的领域法理论，特指以内幕交易、市场操纵、虚假陈述等证券市场具体违法行为规制为直接研究对象，顺带涉及相应法律责任的研究。

一滴水，立刻消逝在浩瀚的学术文献里，无影无踪。相较于以前的研究，本书提出在法律责任制度功能设定上，私法责任由个人或民间团体发动，以市场化的、回应性态度诉请赔偿进而实现对证券市场违法行为的“一次调整”，公法责任由公权机关发动，以权力化的、干预性的姿态对证券市场违法行为进行“二次调整”。同时，在法律责任制度的实际运行中，公法责任应以共同基金、罚款回拨等制度尽可能促进证券私法责任的实现，以追求外部成本内部化；在公法责任内部，本书主张应当合理强化证券行政责任的配置，证券刑事责任则相应地做“减法”，但在论证思路上并不以抽象的刑法谦抑性作为理论支撑，而是在刑法私法化、刑法功利主义的背景下，寻求证券刑事责任的机能转型。

（三）研究不足

本书的选题虽然聚焦于证券法律责任制度这一具体制度，但在内容广度上涉及证券市场法律规制的各个环节，在法学理论上横跨民商法学、行政法学、经济法学以及刑法学等多个部门法学科，由于理论功底和研究水平有限，以下研究不足有待在未来的学术研究中不断改进和深化。

一是理论模型的建构还需更多法律实施案例和实证资料支撑。总体来说，本书的理论模型建构侧重在基于历史经验和理论学说而进行的逻辑推导和模型搭建，案例分析法仅仅运用于对部分观点、学说的证成或证否。限于数据获取渠道和研究能力的不足，对“三位一体”证券法律责任制度功能协调模式的证成还需用更多案例并以统计学的相关方法处理后才能臻于完善。

二是理论模型的科学性有待法律实践的验证和深化。本书以法经济学的“需求定理”为理论依归，试图建立起一个功能协调、各司其职的证券法律责任制度，但由于经济形势不断演进、金融创新不断深化，即便是逻辑自洽的理论模型在遭遇真实经济环境时也必然暴露出“短板”与不足，这都需要在今后的研究中不断予以修正和改进。

第一章　证券法律责任制度功能协调的问题析出

法律责任作为违法者在法律上必须接受的惩罚或者必须作出的赔偿,①是保障法律有效施行的基本手段,也是法律约束力区别于道德约束力最重要的体现。证券法律责任制度与证券市场规则的法律强制相伴而生,与证券市场风险的国家干预密切相关。普通法系国家和大陆法系国家尽管法律渊源殊异、立法模式不同,但基本都以成文法的形式规定了证券发行、交易过程中的特殊市场规则,以及违反相关规则的法律责任。证券法律责任由此承担了保障证券市场规则有效实施的重任,即证券法律责任通过填补投资者损害、惩戒已然之违法行为、震慑潜在的不法行为,维护社会公共利益、促进资本市场健康发展。证券法律责任制度功能设定的多元催生了其综合性:通过追究行为人的民事责任为投资者提供救济,通过追究相关主体的行政责任和刑事责

① 参见蔡宏伟:《“法律责任”概念之澄清》,载《法制与社会发展》2020 年第 6 期。

任来惩罚市场规则破坏者,维护证券市场的整体秩序。[①] 然而,上述功能设定投射到证券立法往往只是在形式上杂糅了证券违法的民事责任、行政责任与刑事责任,多元的证券法律责任并未形成通力配合、有序分工的整体,存在功能失调的问题。鉴于此,厘清不同类型证券法律责任的规范功能,设计通达证券法律责任功能设定的制度措施,探索证券法律责任制度功能协调的实现机制确有必要。

第一节　证券法律责任制度的产生根源、立法模式与功能设定

尽管人们对发生在 20 世纪 30 年代的“大萧条”和 2008 年的国际金融危机耳熟能详,但证券市场乱象与证券监管法制的促生关系以及证券法律责任的产生脉络并未得到厘清。法律发展的重心不在于法学研究,也不在于立法和司法,而在于社会本身。[②] 在直面证券法律责任制度于实践中出现的种种问题之前,我们有必要扎入故纸堆,从证券监管法制并不算悠久却跌宕起伏的发展历程中挖掘证券法律责任制度的产生根源。为了追求“会当凌绝顶,一览众山小”的“全局效应”,本节将从法律全球化的视角,以科学的态度对资本市场相对发达的美国、英国、德国、日本等经济体的证券法律责任制度立法模式进行全面考察。之所以选择上述经济体进行考察,是因为这些国家的证券法律制度经过数十年的发展,经验与教训同在,理论与实践并行,至今仍然开创、引领世界资本市场法治建设的潮流。一切立法活动与制度设计均出于立法者希冀达成的价值目标。[③] 证券法律责任制度的功能设定便具有本源性作用,决定了立法技术的选择与运用,支配着预设功能的实施机制与实现路径,因而对证券法律责任制度功能设定的分析是讨论证券法律责任制度功能协调的基本前提。

---

① 参见冯果主编:《证券法》,武汉大学出版社 2014 年版,第 321 页。

② See Eugene E., *Fundamental Principles of the Sociology of Law*, Routledge, 2001, p. lix.

③ 参见刘风景:《立法目的条款之法理基础及表述技术》,载《法商研究》2013 年第 3 期。

一、证券法律责任制度的产生根源

奠定现代证券监管法制基础的罗斯福新政(New Deal)并不是基于理论研究的实践自觉,而更多是应对“大萧条”的政策考量。市场失灵理论和信息经济学的发展为证券市场的政府监管提供了理论支持。建立在有效市场理论和对证券市场、证券产品特征充分认知的基础之上,证券市场的负外部性和风险传染性得以揭示,这进一步补强了国家干预证券市场活动的正当性。然而,行政监管作为国家干预证券市场风险的具体手段,也并非包治证券市场失灵的“灵丹妙药”,存在政府失灵的风险。通过民主立法程序将证券市场行政管制予以法制化,是现代法治国家制约行政权力的基本路径。

(一)证券市场的信息偏在与失灵

金融理论研究在20世纪50年代取得重大突破性进展,到70年代基本成型,成为一个独立的学科体系。有效市场理论(Efficient Market Hypothesis)是金融市场理论研究的一个里程碑。该理论的集大成者尤金·法玛(Eugene Fama)教授在其最具影响力的论文《有效资本市场:理论与实证研究回顾》中指出,资本市场的主要作用是分配经济中的资本存量,价格总是充分反映所有信息的市场是有效率的。①

信息完全性和分布对称性构成理想化的资本市场:与证券发行、交易相关的信息能够及时、真实、充分地披露并且能够顺利地在证券市场传递和流动,被公开的信息能够为关注相关证券的投资者所及时、准确、充分获得,并使其作出合理、一致、及时的价值判断。在理想资本市场中,所有信息都能够从相关证券的价格中得到充分、及时反映,证券价格为市场主体的资源配置行为提供了准确信号,使其能够据此作出生产、投资的决策,投资者也能够根据价格信号准确挑选符合其价值判断的股票。有效市场理论放弃了此前占统治地位的市场完全竞争理论,对完全资本市场假设进行了修正,理论模型的建构和据以得出的结论更接近资本市场真实状况,更符合资本市场实际。

---

① See Eugene F. Fama, *Efficient Capital Markets: A Review of Theory and Empirical Work*, The Journal of Finance, Vol. 25:2, p. 383 - 417(1970).

市场经济为什么始终不能像古典经济学和新古典经济学所描述的那样完美,20世纪中期兴起的信息经济学在不确定性研究的基础上指出,信息不完全和信息不对称是重要原因,①而信息不完全和信息不对称在证券市场问题中居于核心地位。与一般市场领域相比,证券市场交易的证券产品是一种虚拟资本,是股东权益、债权人权益的物化形态。在当今世界各国广泛推行证券无纸化发行、交易的背景下,物化股份、债权的证券产品甚至由一张薄薄的的纸片"进化"为电子账户里的一个符号。证券产品的虚拟性注定了其价值无法通过产品本身的有形属性进行判断,而必须诉诸证券发行人经营的好坏,同时受到宏观经济的景气程度、政府产业政策变动、其他投资者的判断、信心和行为等因素的影响,而这加剧了证券产品价值的不确定性。

在证券产品虚拟性和价值不确定性两大因素的作用下,证券产品具有了"信息产品"的特征,即证券产品的价值锚定必须建立在一系列宏观、微观信息的有效掌握和准确分析的基础之上。② 证券发行人显然比投资者对企业的盈利状况、经营前景和风险因素掌握更多、更准确的信息,拥有专业知识背景的专业人士与普通投资者相比往往呈现出迥异的信息掌握状态。

正如现实世界普遍存在的摩擦力让伽利略的理想斜面实验③只能停留在"思想实验室",证券市场固有的信息不完全和信息不对称总是让理论上的"有效资本市场"无法完全实现。证券市场的信息不完全造成证券投资者决策所依赖的信息在总量上供应不充分,这给偏离证券真实价值的"噪

---

① 参见刘长春:《中国证券市场监管制度及其变迁研究》,中国金融出版社2010年版,第32页。

② 参见盛学军:《信息不完全——对证券公开规制的一种经济分析》,载《现代法学》2002年第6期。

③ 假如在一个表面光滑的曲面上,让小球从曲面一边的一定高度下落,如果没有摩擦的存在,根据能量守恒定律,小球必然上升至曲面另一边同样的高度;如果逐步拉长曲面底部,那么小球运动的距离将越来越远;假如无限拉长曲面底部,那么小球将无限制地运动下去。伽利略由此得出结论:物体的运动不需要外力来维持,力是改变物体运动状态的原因。这个结论后来被牛顿总结为运动第一定律,即牛顿第一定律。伽利略所使用的思想实验方法对后世科学产生了深远的影响,牛顿、爱因斯坦等科学家都受惠于伽利略的理论。参见徐建科、彭蕾编著:《科学发展史》,中国科学技术出版社2012年版,第132页。

音"留下了滋生空间,阻碍了人们对某只股票或资产组合预期收益的判断。[①] 尽管对于"噪音交易者"[②]能否在证券市场长期"生存"在金融学界仍存在争议,但证券市场信息不完全带来的"噪音交易"已经成为内嵌于证券市场的一个特征,扰动了证券市场的价格形成机制,妨碍或者影响了证券市场效率的实现。[③]

证券市场的信息不对称造成了证券市场久治不愈的"顽疾"——内幕交易。可以说,内幕交易是根植于证券市场基因深处的"顽疾",是否以法律手段惩处内幕交易在相当长时间里也存在争议。但毋庸置疑的是,内幕交易违背了公平交易的原则,产生了不正当的管理者激励,减弱了投资者对证券市场的信心,进而破坏证券市场筹集资金、配置资源的功能,导致证券市场失灵。[④]

(二)证券市场的风险传导与政府监管

证券市场的信息偏在导致虚假陈述、内幕交易、市场操纵等私利行为无法彻底清除,市场失灵几乎是证券市场不可避免的一个"缺陷"。然而,市场失灵造成的后果不仅限于证券市场在资本资源配置上的无效率,"星星之火"的个体、局部金融风险极易传导至更广泛的金融部门、企业部门乃至整个宏观经济体系。

以 2008 年的国际金融危机为例,此次危机起步于次级贷款市场,强化于包装、分销次级贷款的债券市场,风险进一步传染到投资次级贷款债券的投资银行、对冲基金,对冲基金的债权杠杆机制又将风险反向传导至商业银行和其他金融机构,风险汇总成金融机构"惜贷"的乘数效应,造成股市、汇市、金市等金融部门的流动性紧缩。股市缩水导致市场预期突然改变并迅速波及其他资本市场,风险向美国以外的资本市场传染,重挫全球金融市场

---

① See Fischer B. ,*Noise*,The Journal of Finance,Vol. 41:3,p. 529(1986).

② 因为无法获得真实、充分的价值判断信息,只能基于"噪音"进行证券交易的投资者被称为"噪音交易者"。

③ 参见刘燕:《关注会计师看门过程中的法律噪音》,载《清华法学》2020 年第 6 期。

④ 参见宋玉臣:《信息不对称与内幕交易对证券市场影响的辩证分析》,载《社会科学战线》2006 年第 4 期。

的信心并引发全球性的经济衰退。[①] 本次金融危机对实体经济造成了沉重的打击,2008 年 9 月和 10 月,美国的零售业营业额急剧下降,消费者消费急剧减少,大型高端连锁商场的销售额同比下降 15.8%。[②]

事实上,证券市场的风险传导性源于其既依赖、服务于实体经济,又脱离、独立于实体经济的市场特征。证券市场以股票、债券等形式将分散、闲置的社会资金集中起来,通过促进社会资本形成支持实体经济发展,而实体经济中企业的经营业绩又反过来影响证券市场中债券、股票等虚拟资产的价格变化。如前所述,由于证券市场的信息偏在,证券的价格并不完全由证券背后的公司经营业绩决定,证券供求关系、宏观经济状况、国际突发事件、交易技术改进等因素均会影响证券的价格。

在投机风气盛行的市场证券价格甚至主要不是由实体经济的经营业绩决定,这便是证券市场脱离于实体经济的一面。当证券市场脱离实体经济部门的支撑而过度膨胀时,过热的证券市场便会形成资产"泡沫"。[③] 在泡沫经济下各种有价证券的价格信号和供求关系呈现出对实体经济的持续背离,直至引发整个证券市场的强制调整或者崩溃。泡沫破灭导致的资产价格下降、市场信息低迷会通过证券价格与实体经济业绩的关联关系传导至实体经济部门,这便是金融危机往往引发社会消费暴跌和失业率剧增的原因。

证券市场风险传递导致整个国家全局性的经济动荡是任何政府都不可能坐视不管的社会问题,国家干预证券市场风险的正当性似乎不证自明。风险社会理论的兴起从社会学的角度为证券市场的国家干预提供了注脚。根据德国社会学家乌尔里希·贝克的"风险社会"理论,进入工业时代以后的人类社会在创造、积累巨大财富的同时,也潜藏着金融危机、核泄漏、基因编辑等传统社会并不存在的风险,人类已经进入一个以风险为特征的风

---

① 参见郑庆寰:《资产价格波动与金融脆弱性相互作用机制》,上海财经大学出版社 2010 年版,第 91 页。

② 参见[美]杰瑞·马克汉姆:《美国金融史》(第 6 卷),金凤伟等译,中国金融出版社 2018 年版,第 215 页。

③ See Stasys G., Dalia Š., Jonas Č., Vera M., Edita J. & Ramūnas M., *Formation of Economic Bubbles: Causes and Possible Preventions*, Technological and Economic Development of Economy, Vol. 15: 2, p. 267-280(2009).

险社会,社会驱动力由传统社会的"我饿"转化为"我怕",①安全需求取代温饱需求成为民众在现代社会的首要共同需求。政府作为公共物品的提供者,应当满足社会公众的安全需求。

与此同时,随着社会经济的急剧变化,社会权利结构和国家权力结构相应地发生变化,政府的行政权力和行政职能不断扩张,较之立法权、司法权等其他国家权力,行政权日益成为最主要、最强大的国家权力,政府日益"进化"为一国宪法治理框架的中心。在这样的背景下,理论研究认为,政府应该在经济领域和社会领域有所作为,能动、积极地促进社会福利。②

(三)证券市场行政管制的法制化

在世界各国普遍建立证券市场监管制度以前,发生在证券市场的侵害主要通过司法程序予以处理和解决。在自由放任主义的大旗下,西方国家普遍认为证券市场无须管制,最优的政府政策便是放任。这样的认知是有实证研究支持的,"法与金融"(Law and Finance)学科奠基人拉斐尔·拉波塔(Rafael La Porta)、弗洛伦西奥·洛佩斯德西拉内斯(Florencio Lopez-de-silanes)和安德鲁·施莱弗(Andrei Shleifer)等人的研究认为,不同的立法传统是阻碍大陆法系国家金融市场发展和促进普通法系国家金融市场发展的主要原因:基于成文法传统,大陆法系国家倚重行政管制和市场指令来解决证券市场纠纷,市场机制的羸弱阻碍了金融市场发展;因循判例法传统,普通法系国家主要以私人契约和法官的自由裁量来处理证券市场纠纷,较少的市场管制促进了金融市场的发展。③

经历了一次又一次金融危机的洗礼,当今世界无论大陆法系国家还是普通法系国家,普遍对证券市场实施行政管制,以"自由灯塔"自居的美国如今对资本市场的管制甚至严于大陆法系国家。④ 事实上,行政管制与法院司法都是应对市场失灵的手段。相较于司法的事后追责,事前的行政管

---

① 参见[德]乌尔里希·贝克:《风险社会:新的现代性之路》,张文杰、何博闻译,译林出版社2018年版,第48页。

② 参见马洪雨:《论政府证券监管权》,法律出版社2011年版,第67~69页。

③ See Rafael L. P., Florencio L. & Andrei S., *The Economic Consequences of Legal Origins*, Journal of Economic Literature, Vol. 46: 2, p. 285-332(2008).

④ See Mark J. R., *Legal Origins, Politics, and Modern Stock Markets*, Harvard Law Review, Vol. 120: 2, p. 460-527(2006).

制具有诸多相对优势。一方面,管制可以清晰地为证券从业者划定行为红线;另一方面,执法者常常是某一领域的专家,他们比法官更容易判断违法活动是否发生。

以市场失灵证明政府管制的正当性,以政府管制的预防性、主动性和时效性证明其介入市场活动的优越性是政府管制政治经济学惯常的论证思路。这里面隐含了一个前提条件——政府管制者是通过民主政治程序产生的公共利益代表,行政管制的目标是社会公众利益最大化。但是,俘获理论(capture theory)指出,公众利益实在是一个虚无缥缈的概念,在现实社会中,政府管制者极有可能(并真实发生着)被管制对象(尤其是财力雄厚的大企业)俘获,进而给管制的理论受益者(社会公众)带来意想不到的负面影响。[①] 寻租理论(rent-seeking theory)进一步论述,如果将"监管"看成一种由政府部门提供的公共物品,特殊利益集团(受监管团体)将有充分的激励通过合法游说、非法交易等活动对这种"商品"的"生产"施加影响,进而导致管制政策成为寻租的结果,而寻租给经济活动造成了严重的扭曲。[②] 俘获理论和寻租理论论证了政府失灵,一定程度助推了20世纪七八十年代席卷西方国家的去行政管制(deregulation)浪潮。但是,鉴于市场失灵的普遍存在以及司法手段的滞后性,完全放弃行政管制显然不可能。

国家权力天然具有扩张性,因而西方的政治理论特别强调限制国家权力。国家权力如果肆意介入经济领域,势必产生权力"寻租"的腐败和侵犯市场主体正当经济权益的情形。证券市场的行政管制作为国家权力在资本市场的扩张,必须有法律依据和授权。同时,一次又一次由金融危机引发的经济衰退表明,证券市场的不完全性和金融风险的传染性需要政府干预,问题只在于如何在市场机制与政府干预之间找到"平衡点",即行政管制如何在市场机制的基础上发挥作用。

证券市场的行政管制作为国家经济调节职能的重要组成部分,必须以民主、法治的手段加以规范和保障。申言之,行政权力作为一种"公器",对

---

① See Sam P. , *Toward a More General Theory of Regulation*, Journal of Law and Economics, Vol. 19:2, p. 211 – 240(1976).

② See James M. B. , Robert D. T. & Gordon T. eds. , *Toward a Theory of the Rent-seeking Society*, College Station, Texas A&M University Press, 1980, p. 364.

国家经济的干预必须符合社会公众的利益诉求,必须最大限度地体现社会公众的意志。为此,须通过正式的立法程序将社会与民众的利益诉求和意志上升为法律,通过法律的正式授权并划定权力边界来严格规范国家的经济干预行为,借此规范和保障行政权力运行。只有这样,才能最大限度地发挥国家干预经济的正面效用,防范因为权力越轨带来对市场机制的破坏。[①] 证券市场的行政管制以及违反相关规定应当承担的法律责任便是在这样的理论背景和实践需要的基础上制定出来的。

二、证券法律责任制度的立法模式

无论是出于"法无授权不可为"的"授权"需要,还是基于"把权力关进制度的笼子"[②]的"限权"考量,凡是建立了证券市场的国家或者地区,几乎都根据本国、本地区的实际情况以法律的形式建立了相应的证券法律责任制度。以美国和英国为代表的普通法系国家虽然没有成文法的传统,但基于授权政府规制证券市场的现实需要,在专门制定法里设置证券市场监管机构、赋予监管权力、规定法律责任,建立证券法律责任制度的综合立法模式;以德国和日本为代表的成文法系国家虽然建立了具有极强吸纳能力的部门法格局,但针对证券市场监管多部门配合的现实需要和越来越凸显的金融混业经营,也借鉴英美的专门立法模式,逐渐发展出了领域法的立法模式以综合规定证券法律责任。

(一)判例法体系之外的制定法模式

判例法是法官在一个个具体的案件纠纷中通过司法判决建立和发展起来的法律,先例中确立的法律原则和遵循的司法规则逐渐形成了判例法体系。[③] 在普通法系的司法传统中,法官按照一定程序对待决案件的事实认

---

① 参见漆多俊:《经济法基础理论》(第5版),法律出版社2017年版,第29~30页。

② 根据马克思的国家权力理论,权力是一种政治上的强制力,是职责范围内的影响力和支配力。国家权力具有阶级统治的本质属性,而且这种属性使国家权力具备了三种为恶倾向:暴力倾向、异化倾向和垄断倾向。对权力而言,没有监督的制约和没有制约的监督都是危险的。"把权力关进制度的笼子"就是要制约国家权力的这些为恶倾向。参见陈潭、伍小乐:《"把权力关进制度的笼子里"的根源探析——马克思论国家权力的为恶倾向及其制约》,载《理论与改革》2014年第6期。

③ 参见吕世伦:《理论法学经纬》(第3卷),黑龙江美术出版社2018年版,第682~683页。

定和法律评价等问题作出判决,这些判决除了具有"既决事项不再理会"的司法效果之外,还具有立法效果,即成为先例的案件成为此后案件的正式法律渊源,对此后案情与案件性质相同、相似的待决案件具有或强或弱的法律拘束力。正如英国法学家卡尔顿·K.艾伦所指出的那样,一般来说(虽然并非总是如此),如果高级法院与同级法院在判决中确立的法律原则与裁判规则是清楚而确定的,可以适用于此后的待决案件,那么,无论待决案件的审理法官是否认同这些既判先例,这些判决对其审理的待决案件都具有拘束力。① 判例法是英国等普通法系国家最基本的法律渊源,反映了其保守的民族性格和经验主义法律观。

尽管如此,英国的法制史上并不缺乏制定法,例如1535年的《用益权法》、1873~1875年的《司法法》和1925年的《财产法》等,只不过制定法在实施的过程中很快被融入判例法中,成为判例法的一部分。这是因为如果制定法要适用于实际案件发挥作用,就必须由法院来做这个工作,在这个过程中就必须把制定法的政策考虑进去,或者以裁判时的政策取而代之,因而创造性重塑是不可避免的。② 判例法体系因此保持着旺盛的生命力。然而,随着英美等国进入垄断资本主义时代,各种社会问题大规模涌现。制定法的发展速度明显跟不上社会问题的爆发速度,以美国为代表的普通法系国家频繁出台制定法,设立大量行政规制机构以应对经济危机,判例法立法模式与制定法立法模式在普通法系国家呈现出"此消彼长"的态势。

证券法律责任制度作为这一时期的产物,完全以制定法的立法模式呈现出来。在美国,《1933年证券法》(Securities Act of 1933)和《1934年证券交易法》(Securities Exchange Act of 1934)一起构成相对独立、完整的美国联邦证券法体系,后续的《1970年证券投资者保护法》(Securities Investor Protection Act of 1970)、《1995年证券私人诉讼改革法》(Private Securities Litigation Reform Act of 1995)、《2002年萨班斯-奥克斯利法案》(Sarbanes-Oxley Act of 2002)和《多德-弗兰克华尔街改革与消费者保护法》(Dodd-

---

① See Carleton K. A., *Law in the Making*, Oxford University Press, 1967, p. 236.

② 参见[美]卡尔·N.卢埃林:《普通法传统》,陈绪纲等译,中国政法大学出版社2002年版,第429页。

Frank Wall Street Reform and Consumer Protection Act)等法案,以及美国联邦各级法院的判例、证券交易委员会(Securities and Exchange Commission, SEC)制定的规则、条例等进一步完善了美国联邦的证券法律体系。相较于成文法系国家的制定法,美国的证券法律具有混合性的特点,其涉及范围非常广泛,法律规定过于细致,甚至可以说是杂乱无章。① 违反信息披露等管制措施应当承担的民事责任、行政责任和刑事责任杂糅在一起。②

"行业自律+司法救济"是英国早期的证券监管模式。1986 年第一次"金融大爆炸"③之后,英国议会制定了《1986 年金融服务法》(Financial Services Act 1986)。20 世纪 90 年代中后期的第二次"金融大爆炸"④后,《2000 年金融服务与市场法》(Financial Services and Markets Act 2000)取代了此前制定的一系列用于金融业监管的法律法规,在英国建立起"制定法规范的单一监管机构"体制,英国转变成为以正式行政监管为特点的"新型监管国家"。⑤ 2008 年国际金融危机之后,英国又先后制定了《2012 年金融服务法》(Financial Services Act 2012)、《2013 年金融服务(银行改革)法》[Financial Services (Banking Reform) Act 2013]和《2016 年英格兰银行和金

① 参见朱伟一编著:《美国证券法判例和解析》,中国政法大学出版社 2013 年版,第 2 页。

② 以内幕交易为例,《1934 年证券交易法》第 21A 条和第 21B 条分别规定了 SEC 通过民事诉讼程序和行政执法程序实现内幕交易的行政处罚,第 21C 条规定了 SEC 执法过程中的权限,第 21D 条和第 32 条则概括规定了内幕交易私人诉讼的程序和刑事处罚的内容。

③ 1979 年撒切尔夫人作为保守党领袖当选英国首相后,大力推动国有企业私有化,而她认识到大规模私有化需要有强大的资本市场和具有国际竞争力的证券行业给予支持。因此,撒切尔夫人对英国证券行业进行了一系列的改革。英国议会通过了《1986 年金融服务法》,开创了英国资本市场的新时代,重塑了英国的资本市场框架,被称为英国的"金融大爆炸",是英国资本市场历史发展进程中划时代的重大事件。参见徐义国:《金融自由化:路径及其效应》,中国经济出版社 2008 年版,第 44 页。

④ 第一次"金融大爆炸"后,以美国为代表的国际金融机构开始主导英国金融市场,市场竞争日趋激烈,金融业混业经营越来越普遍,而当时英国的金融监管体系非常复杂,有包括英格兰银行在内的 9 家监管机构对金融机构进行监管,传统的分立监管框架已经不适应新的形势,阻碍了金融业效率的进一步提高和创新发展。为此,英国政府于 1997 年将英格兰银行的金融监管职能分离出来,使其专注于货币政策,同时成立英国金融服务监管局,逐步将分散的金融监管职能集中到金融服务监管局,这一以混业监管体系为核心的金融改革被称为英国的第二次"金融大爆炸"。参见宋清华:《金融体系变迁与现代化:商业银行与资本市场的关系研究》,中国财政经济出版社 2007 年版,第 17 页。

⑤ 参见余建川、常健:《英国金融监管:缘起、法律变革及其启示》,载《商业研究》2018 年第 8 期。

融服务法》(Bank of England and Financial Services Act 2016)。尽管英国的金融监管体系和立法几经变化,但在制定法中混合规定证券市场违法的民事、行政和刑事责任的立法模式没有改变。

(二)部门法格局之外的领域法模式

不同于普通法系倚重的"法官造法",大陆法系的法律发展倚重法学理论著述。公元前3世纪,随着罗马帝国贸易往来的日益频繁以及社会关系的日益复杂,罗马法学家提出划分公法和私法的主张以重构"混沌"的社会秩序。《引证法》颁布后,罗马五大法学家的理论著述得到立法文件的承认而产生法律效力,划分公法、私法的主张进入实证层面。① 随着法学理论的不断发达,讲求唯理性、抽象性和逻辑性的法典编纂成为大陆法系成文立法的基本方式。法典编纂遵循"SSS"(synthetic, scientific, systematic)主义,即统一规定一个个法律部门、概括部门法的基本原则、系统而科学地确立部门法律制度及其具体规则、规范之间的相互关系。② 在此背景下,部门法分立格局成为大陆法系国家基本的立法模式。

工业时代以来,日益复杂的社会结构和激增的社会问题同样冲击着大陆法系国家的法律体制。对此,以德国为代表的大陆法系国家首先通过制度改造和法律解释等方法,尽可能在部门法的框架和逻辑下借助部门法体系强大的吸纳能力来满足防控社会风险的需要。例如,民法部门的侵权法发展出风险归责理论,③行政法部门确立风险预防原则,④刑法部门发展出风险刑法理论等。⑤ 这虽然部分地满足了工业时代社会风险法律防控的现实需要,但也为不同部门法律制度、规范的协调适用埋下了隐患。随着社会子系统的进一步多元分化,曾经统摄所有社会关系并据以建立部门法体系

---

① 参见周枏:《罗马法原论》(上册),商务印书馆1994年版,第83页。

② 参见米健:《比较法学导论》,商务印书馆2018年版,第241页。

③ 参见朱岩:《风险社会与现代侵权责任法体系》,载《法学研究》2009年第5期。

④ See Jale T., *Risk Regulation in Europe: Assessing the Aplication of the Precautionary Principle*, New York, Springer, 2013, p. 39.

⑤ 参见[德]乌尔斯·金德霍伊泽尔、刘国良:《安全刑法:风险社会的刑法危险》,载《马克思主义与现实》2005年第3期。

的公私法二元结构已无法完全适应现代社会各具特色的社会子系统,①大陆法系国家不得不借鉴普通法系以“领域法”的立法模式规制新兴领域。

在证券法领域,德国1994年6月颁布的《第二部金融市场促进法案》标志着德国的证券市场由自律管理模式向政府监管模式转变。②《有价证券交易法》(Wertpapierhandelsgesetz)作为该法案的核心组成部分,规定设立德国联邦证券交易监督机构——联邦证券期货监管局,③并主要调整内幕交易、信息公开制度、对操纵市场行为的监督义务等事项,被称为德国证券市场法的核心。违反证券市场行政管制措施而应当承担的多种性质法律责任被规定在同一部法律中。例如,《有价证券交易法》第37b条规定了发行人未及时披露信息给投资人造成损失应当承担的民事责任。该法第14条规定,禁止内幕交易:(1)禁止利用内幕信息为自身或他人利益或者代表他人买卖内幕证券;(2)禁止未经授权向他人报告内幕信息或提供获取的途径;(3)禁止利用内幕信息建议他人买卖内幕人证券或以其他方式诱使他人如此交易。违反第1项规定,行为人将被处以5年以下监禁或罚金的刑事处罚④;违反第2项和第3项的规定,将被联邦金融监管局⑤处以最高20万欧元的罚款。⑥

日本作为大陆法系在亚洲的代表性国家,在2006年颁行了《金融商品交易法》。作为一部横向规制日本金融业的综合性法律,证券市场的行政

---

① 参见宋亚辉:《社会基础变迁与部门法分立格局的现代发展》,载《法学家》2021年第1期。

② See Petra B., *Kapitalmarktrecht*, Hamburg, C. F. Müller, 2014, p. 7.

③ 依据《有价证券交易法》成立的德国联邦证券期货监管局在联邦层面对内幕交易和上市公司的信息披露情况进行监管。为了适应金融混业经营的发展趋势,德国在2002年通过《联邦金融机构监管法》(FinDAG)整合组建了统一的监管机构——联邦金融监管局(Bundesanstaltfuer Finanzdienstlerstungsaufsicht, BaFin),集中对信贷业、证券期货业和保险业三大金融行业行使监管权,实行混业监管,其目的是要在德国建立一个统一的资本市场监管机构,以提高金融监管效率和保障德国金融市场的稳定性。参见主力军:《欧盟与德国资本市场法研究》,上海社会科学院出版社2018年版,第237页。

④ 《有价证券交易法》第38条规定,违反第14条第1款第1项文件规定,购买或转让内幕人员所持证券将被处以5年以下监禁或罚金。

⑤ 《有价证券交易法》第40条规定,联邦金融监管局为《违反秩序处罚法》第36条第1款第1项所指的对违规行为进行管理的行政机关。

⑥ 《有价证券交易法》第39条规定,对第2款第3项告知或泄露内幕信息、第4项推荐收购或转让内幕人员所持证券,或以其他方式诱使收购或转让内幕人员所持证券的违规行为处以最高20万欧元的罚款。

管制措施以及违反相关规则应当承担的民事责任、行政责任和刑事责任被一并规定在该法中。例如,该法第 157 ~ 159 条规定禁止欺诈、虚假陈述、市场操纵等证券违法行为,第 160 条就规定了违法者应当承担的民事责任:违法者应对该金融商品市场中的有价证券的买卖或委托造成的损害承担赔偿责任。该法第六章详细规定了提交虚假记载的发行披露文件、提交虚假记载的有价证券报告书、通过散布谣言扰动证券价格等行为应当承担的行政责任。第八章则系统规定了虚假陈述、欺诈、违反金融机构(商品)注册规定等金融市场违法行为应当承担的刑事责任。

(三)证券法律责任制度立法模式趋同

法律作为调整社会关系的规则,是人类社会发展、演化的产物,是社会的有机组成部分,而非外化于社会抽象存在的规范。稳固的法律规范只可能建立在与之相适应的社会基础之上,[①]立法模式亦是如此。等级式的法院系统以及司法判例的及时收集、整理、汇编、公布塑造了英国的判例法体系并造就了普通法的早熟性,再加之英国的文化保守性以及孤悬于欧洲大陆之外的岛国地理环境,这些条件共同在一起为英国树起巨大屏障,有效地"抵御"了中世纪后席卷欧洲大陆的罗马法复兴浪潮和近代法典编纂洪流,"英国这个阵地已经被普通法占领,罗马法来得太晚了"。[②]

沿袭英国的判例法传统,"除非在紧急情况下或是为了某种特别目的,立法就是一种恶行"[③]在美国社会亦是主流观点。然而,从 19 世纪末开始,面对急剧变化的社会经济形势,判例法体系无法迅捷、充分回应社会需要,美国联邦和各州的立法机关开始大量制定成文法,强化政府"有形之手"对社会经济的管制。《1933 年证券法》和《1934 年证券交易法》便是在这样的背景下出台,并在联邦层面依法建立了对证券市场实施政府监管的专门机构——SEC。20 世纪 80 年代以后,随着经济全球化的不断深化,加之美国证券市场在世界

---

① See Brian Z. T., *The Primacy of Society and the Failures of Law and Development*, Cornell International Law Journal, Vol. 44: 2, p. 219 (2011).

② See Rudolf B. S., *Comparative Law: Cases, Text, Materials*, Mineola, Foundation Press, 1980, p. 257.

③ [美]罗斯科·庞德:《普通法的精神》,唐前宏、廖湘文、高雪原译,法律出版社 2018 年版,第 111 页。

的广泛影响力,对证券市场的美式立法和监管开始蔓延到全球。

为了应对英美等国际金融中心的竞争,消除原先资本市场法律中的不利因素,以提高德国证券市场的国际竞争能力,德国相继颁布多部金融市场促进法案,《第二部金融市场促进法案》便是其中一部。此外,规范证券市场信息披露的《交易所法》、主要规范证券保管和权利变动的《有价证券保管与购买法》、规范证券收购实体规则和程序规定的《有价证券收购法》,以及《有价证券招股说明书法》《有价证券销售说明书法》《存款保护和投资人赔偿法》等七部法律共同构成了德国证券市场的基本法律制度框架。可以说,证券领域的专门立法成为德国部门法分立格局中的"变奏"。

日本在1948年以美国《1933年证券法》和《1934年证券交易法》为蓝本制定了《证券交易法》,成立"证券交易委员会"专门对证券市场进行监管。[①] 20世纪70年代中期以后,金融自由化成为一股席卷全球的潮流。日本政府为把东京建设成为与纽约、伦敦并驾齐驱的,自由、公平、国际化的国际金融市场,仿照英国1986年实施的证券市场改革,启动日本版的"金融大爆炸"改革。[②] 2006年6月,日本国会审议通过了《金融商品交易法》。该法整合了日本此前的金融法规,牵涉面广、改革力度大,在适用对象和内容上均发生了很大变化,被日本立法者称为英国1986年《金融服务法》在日本的实现。

一项针对世界经济合作与发展组织全体成员国以及拉丁美洲国家一共48个国家的研究显示,随着美式市场管制立法模式向世界其他国家的输出,这些国家在20世纪80年代以前每年新增政府管制机构不超过5个,20世纪90年代以后每年的新增数都超过了20个,[③]对证券市场的专门立法和行业监管便是其中之一。无独有偶,西欧国家在20世纪80年代以前只有

---

① 日本在1950年修法将"证券交易委员会"的职权改由大藏省证券局执行,日本证券交易审议会、日本银行和日本证券业协会对证券市场监管也发挥一定作用。参见朱海洋、高远:《日本证券市场监管的变革——对健全我国证券市场的启示》,载张亦春、[日]建部正义主编:《中日金融制度比较研究》,厦门大学出版社2008年版,第145页。

② 参见[日]鹿野嘉昭:《日本的金融制度》,余熳宁译,中国金融出版社2003年版,第27~48页。

③ See Jacint J., David L. & Xavier F., *The Global Diffusion of Regulatory Agencies: Channels of Transfer and Stages of Diffusion*, Comparative Political Studies, Vol. 44:10, p. 1311 (2011).

大约10%的经济领域专门立法并配以独立的管制机构,而这一数字在20世纪末已经跃升至80%,[①]证券金融领域便包含其中。可见,美国对证券市场行业式、领域式的专门立法模式已然成为证券法律的"行业标准",世界各国对证券法律责任制度的立法模式逐渐趋同。

三、证券法律责任制度的功能设定

通过对西方主要国家证券市场治理实践的检视可以发现,各国证券市场法律存在一种明显的趋同现象:在强调行业自治和司法救济的传统"规制—救济"框架下,通过制定专门的证券(金融)法律,设立监管证券(金融)市场的行政机关并赋予其强有力的行政职权,以实现对证券(金融)市场主动、及时、高效的监管,克服行业自治的软弱性和司法救济的被动性、滞后性。经由司法途径实现的证券民事责任、刑事责任以及通过行政途径实现的证券行政责任呈现出既相融又相离的功能设定。

(一)司法途径法律责任的功能设定

法律责任作为行为主体因为做某种事或者不做某种事所应承担的不利法律后果,设定目的在于保障法律上的权利、义务以及法律制度得以实现。一般而言,法律责任具有救济、惩罚和预防三大功能。[②]

其中,救济功能立足权益受损方之立场,通过返还、赔偿或者补偿等方式,使受到减损的财产状况或者遭到损害的法律关系恢复到违约行为、侵权事件发生之前的状态。法律责任的救济功能可以通过消除危险、排除妨害、恢复原状等特殊救济手段完全恢复侵害,也可以通过给付一定数额的金钱作为替代手段以救济精神损害、名誉损失等难以彻底恢复的侵害。

惩罚功能则着眼于违法行为人,通过对其施以身体、精神或者财产上的强制,以维护社会交往的安全与秩序。法律责任的惩罚功能源于人类社会早期的"同态复仇",在文明社会的今天人们借助国家强制力以法律责任的形式延续了对违法者或违法行为的惩罚。

---

① See Fabrizio G., *Delegation in the Regulatory State: Independent Regulatory Agencies in Western Europe*, Edward Elgar Publishing, 2008, p. 2.

② 参见张光杰主编:《法理学导论》,复旦大学出版社2015年版,第204~205页。

预防功能既针对违法者本身又针对其他社会成员：通过令违法者承担不利的法律后果，不仅具有促使违法者本人不再犯的震慑作用，还可以教育其他社会成员履约遵法。哈耶克就曾指出，科以责任将对行为人的行动产生影响，使其趋向可欲的方向，也会对人们将来采取的行动产生影响，告知人们在未来类似的情形中采取行动时应当考虑的因素。①

证券民事责任和证券刑事责任都是通过向法院提起诉讼才能实现的法律责任。其中，证券民事责任是平等的市场主体因违约行为或者侵权行为而应当承担的法律责任。由于证券市场的投融资活动主要关涉财产，证券民事责任的承担方式主要表现为财产责任，不涉及责任主体的生命与人身自由。② 根据民法所奉行的等价有偿和诚实信用原则，证券民事责任以补偿投资者的损失为主，补偿范围涵盖加害行为造成的直接损失和间接损失，因而证券民事责任具有补偿性，主要体现救济功能。

刑罚是刑事责任的承担形式，没有刑事责任也就没有刑罚。对于刑罚正当性的理论证成，学术界主要是从刑罚的报应主义和刑罚的功利主义两个方面来展开的。报应主义认为刑罚存在的正当性在于对犯罪的报复，"是对侵害的侵害"③，强调的是刑罚的惩罚功能。功利主义认为刑罚的正当性在于实现一定的功利目标——预防犯罪，包括对犯罪人再犯的个别预防和对社会其他人的一般预防。④ 功利主义强调的是刑罚的预防功能。可见，证券刑事责任的功能是复合的，既能通过对犯罪人自由、财产的剥夺实现对犯罪行为的惩罚，又能以刑罚的痛苦预防犯罪人和其他社会主体实施犯罪。

综上所述，通过司法途径实现的证券民事责任和刑事责任能够完整实现法律责任的救济、惩罚和预防三大功能，这也是在证券市场发展的早期不需证券行政执法和证券行政责任的原因所在。

（二）执法途径法律责任的功能设定

行政责任是行为人违反行政法上义务之行为，虽欠缺社会伦理的非难

---

① See Friedrich A. H., *The Constitution of Liberty*, Chicago, The University of Chicago Press, 1978, p. 71 – 85.

② 参见马其家：《证券民事责任法律制度比较研究》，中国法制出版社 2010 年版，第 2 ~ 3 页。

③ ［德］黑格尔：《法哲学原理》，范扬、张企泰译，商务印书馆 2009 年版，第 104 页。

④ 参见陈兴良：《刑法法理的三重语境》，载《中国法律评论》2019 年第 3 期。

性，但行为仍对社会一般公共秩序造成伤害，由行政机关基于行政效率的考量对违法人实施行政制裁而使行为人应承担的法律责任。[①] 应受行政处罚的行为早期以违警罪、轻（微）罪的形式被规定在刑法中。

由于这些不法行为通常是对社会秩序的单纯不服从，不具有传统犯罪应受道德谴责的性质，不区分“行政不法”和“犯罪不法”将不可避免地造成刑罚滥用的危险，因而从20世纪开始世界各国均尝试将“行政不法”与“犯罪不法”相分离。例如，德国在《刑法》体系之外单独制定《违反秩序法》规范行政处罚；日本的《轻犯罪法》和韩国的《轻犯罪处罚法》仍将“行政不法”纳入犯罪体系但却单独立法；法国、意大利、瑞士等国在刑法典中单列“违警罪”或“轻罪”编以示与传统犯罪的区别，美国刑法则将法定刑期在1年以下的违法行为规定为轻（微）罪。[②]

鉴于行政责任与刑事责任并蒂同根的历史渊源，报应主义和功利主义同样为行政处罚的正当性提供了理论依据，因而行政责任同时兼具惩罚功能和预防功能：通过使违法人丧失财产、利益而产生痛苦、承受磨难，同时预防违法行为的再度发生。[③] 可见，通过执法途径实现的证券行政责任在功能设定上不周延，仅能实现惩罚和预防两大功能。

通过以上分析可以看到，在法律责任功能的一般理论框架下，证券民事责任主要实现救济功能，证券行政责任和证券刑事责任则共同承担惩罚和预防功能。承袭普通法系公法、私法划分的二元主义立场，证券私法责任主要实现救济的功能，证券公法责任主要实现惩罚和预防的功能。由于通过司法途径能够实现的证券法律责任横贯公法责任和私法责任两造，因而司法途径法律责任能够形成一个完整闭环，是实现法律责任救济、惩罚和预防的功能所需。由于通过行政执法途径能够实现的证券法律责任局限于公法责任，因而救济功能仍必须通过司法途径才能实现。

需要特别指出的是，救济功能只是证券私法责任的主要方面，惩罚和预防功能也只是证券公法责任的主要方面，它们并不是泾渭分明并彻底对立

---

① 参见李惠宗：《行政罚法之理论与案例》，台北，元照出版有限公司2007年版，第3页。
② 参见李春华：《治安管理处罚法通论》，中国人民公安大学出版社2009年版，第35页。
③ 参见熊樟林：《行政处罚的目的》，载《国家检察官学院学报》2020年第5期。

的关系。譬如,证券私法责任在某种程度上也承担着惩罚的功能。这是因为"惩罚论"存在广义和狭义的区别,广义"惩罚论"认为只要是不利后果的科处便是惩罚,而狭义"惩罚论"认为只有超过损害的"超额"制裁才是惩罚。站在广义"惩罚论"的立场,即便行为人承担的民事赔偿责任与其造成的损失"等额",但只要存在证券私法责任便是不利后果,便具有惩罚性。①因而只能粗略地讲,证券公法责任(行政责任和刑事责任)的功能设定在惩罚和预防,证券私法责任(民事责任)的功能设定为救济。

第二节　证券法律责任制度的功能失调

在追溯了证券法律责任制度的产生根源,遍览了主要发达国家证券法律责任制度的立法模式,明确了证券法律责任制度在法理学视域下的功能设定之后,为使本书的研究不至于沦为"无底棋盘上的游戏",②我们尚须把目光投向社会实践,考察证券法律责任制度在现实中是如何运行的,以准确把握本书的问题意识。虽然在法理学的一般理论下,证券民事责任、行政责任和刑事责任有着不同侧重、相对清晰的功能设定,但是,由于多元证券法律责任的组合,尤其是证券行政责任的引入并非立法者在科学论证和仔细权衡之后作出的理性选择,而是基于证券市场风险向社会多部门传染,政府介入控制风险的现实需要,通过司法裁判施以的证券法律责任和通过行政执法裁定的证券法律责任未能很好地分工协作,甚至频频发生冲突。证券民事责任独自承担救济功能,但违法行为与损害结果之间的因果关系推定以及惩罚性赔偿似有突破其救济功能的趋势;过度的行政管制使证券市场运行陷入低效,行政责任不断扩张不仅挤压民事责任的实现空间,还屡屡架空刑事责任的司法适用;证券刑事责任在功能设定上与证券行政责任"撞车",在立法、司法上似有沦为行政责任附庸的趋势。片面跟随行政责任降

---

① 参见陈太清、徐泽萍:《行政处罚功能定位之检讨》,载《中南大学学报(社会科学版)》2015 年第 4 期。

② 参见王轶:《民法价值判断问题的实体性论证规则——以中国民法学的学术实践为背景》,载《中国社会科学》2004 年第 6 期。

低入罪门槛、加大处罚力度不仅破坏刑法的谦抑性,还导致其威慑效应锐减,折损刑事责任的功能。

一、证券民事责任的张弛失度

证券民事责任对于实现私权救济、维护证券市场公正、增强投资者信心有着十分重要的作用。鉴于此,加强证券违法的民事责任无论在理论部门还是实务部门都已成为主流思潮。[①] 然而,囿于投资者与证券发行人、证券公司等机构之间蚂蚁与大象般的力量悬殊,由投资者针对证券侵权行为发起民事诉讼面临重重困难,证券民事责任的救济功能因此而没有得到充分发挥。为此,学界主张对证券市场违法行为与投资者损失之间的因果关系予以立法推定,对证券违法者施加惩罚性赔偿来强化证券民事责任。此种做法虽有其合理性,却面临民事责任功能定位的诘问。

(一)证券民事责任因诉讼的低提起率而功能不彰

最高人民法院于2002年出台的《关于受理证券市场因虚假陈述引发的民事侵权纠纷案件有关问题的通知》(已失效)和2003年出台的《关于审理证券市场因虚假陈述引发的民事赔偿案件的若干规定》(已失效)将行政机关作出的行政处罚或者人民法院作出的刑事裁判作为法院受理、审理证券市场虚假陈述民事案件的前置程序,[②]自此才有条件地在我国开启了证券民事诉讼的大门。[③] 以行政处罚或者刑事处罚作为证券民事诉讼的前置程序,在一定程度上能够减轻证券投资者(原告)的举证责任,有助于防止滥

---

① 参见王利明:《我国证券法中民事责任制度的完善》,载《法学研究》2001年第4期。

② 《关于受理证券市场因虚假陈述引发的民事侵权纠纷案件有关问题的通知》(法明传〔2001〕43号)第2条规定:"人民法院受理的虚假陈述民事赔偿案件,其虚假陈述行为,须经中国证券监督管理委员会及其派出机构调查并作出生效处罚决定。当事人依据查处结果作为提起民事诉讼事实依据的,人民法院方予依法受理。"《关于审理证券市场因虚假陈述引发的民事赔偿案件的若干规定》(法释〔2003〕2号)第6条第1款规定:"投资人以自己受到虚假陈述侵害为由,依据有关机关的行政处罚决定或者人民法院的刑事裁判文书,对虚假陈述行为人提起的民事赔偿诉讼,符合民事诉讼法第一百零八条规定的,人民法院应当受理。"该司法解释被最高人民法院于2022年1月21日出台的《关于审理证券市场虚假陈述侵权民事赔偿案件的若干规定》(法释〔2022〕2号)修改,正式取消了虚假陈述民事诉讼的公法处理前置程序。

③ See Guiping L. , *Private Enforcement of Securities Fraud Law in China*: *A Critique of the Supreme People's Court* 2003 *Provisions Concerning Private Securities Litigation*, Pacific Law and Policy Journal, Vol. 12:3, p. 781 – 785(2003).

诉,提高司法效率,保障执法与司法的统一,其代价却是将可诉的证券市场违法行为限定于一个非常小的范围,导致投资者的合法权利无法得到充分的救济。有批评便指出,在《民事诉讼法》之外另设限制起诉的条件,冲击了现行立法体制的法律位阶,无形之中提高了民事诉讼的门槛,会损害投资者的诉讼权利。① 从这个角度看,似乎取消证券民事诉讼的行政、刑事前置程序就能提高证券违法的民事起诉率,使证券民事责任的功能得到发挥。

事实上,证券民事诉讼程序的限制并不是起诉率低的唯一原因,举证难、审理慢、执行难均是制约证券民事责任实现的因素。正是基于以上原因,即便是符合行政处罚、刑事处罚前置程序的案件,多数也没有进入民事诉讼程序。有学者以2001年1月至2011年6月中国证监会作出的133个行政处罚案件作为样本,分析我国证券民事诉讼的实际运作状况。统计表明,在这133个"适格"案件中,投资者提起民事诉讼的只有43个,证券虚假陈述的民事诉讼提起率仅有32.33%。②

另有实证研究扩大数据收集渠道和统计范围,以2000年至2011年为时间跨度,从《哥伦比亚法律评论》发表的一篇研究中国证券市场声誉惩罚有效性的文章③中获取2000年符合证券民事诉讼提起条件的案件数目为12个,从中国证监会网站公开信息获取2011年符合证券民事诉讼提起条件的案件数目为9个,从中国证监会网站对2002年至2011年行政处罚公开信息获取符合证券民事诉讼提起条件的案件数目为192个,另外通过律师访谈获取满足证券民事诉讼前置刑事处罚和财政部行政处罚的案件数目为40个,将这253个案件作为符合民事诉讼条件的"可诉案件",发现其中仅有65个案件提起了证券民事诉讼。在基本相同的时间跨度内,该研究得出的证券虚假陈述民事诉讼提起率更低,仅有25.69%。④

---

① 参见郭锋总编纂:《全球化时代的金融监管与证券法治——近年来金融与证券法的理论研究与学术争鸣概览》,知识产权出版社2010年版,第497页。

② 参见何朝丹:《"虚假陈述证券民事诉讼"法律实效研究》,载徐明主编:《证券法苑》第5卷,法律出版社2011年版,第1178~1191页。

③ See Benjamin L. L. & Curtis J. M., *Reputational Sanctions in China's Securities Market*, Columbia Law Review, Vol. 108:5, p. 929(2008).

④ 参见黄辉:《中国证券虚假陈述民事赔偿制度:实证分析与政策建议》,载黄红元、徐明主编:《证券法苑》第9卷,法律出版社2013年版,第970~974页。

在民事责任、行政责任、刑事责任三大证券法律责任中，仅有证券民事责任负担着填补投资者损害、修复投资者私人权利的功能，并且只有给予受害投资者充分的法律保护和权利救济，才能实现私权优先的资本市场法治理念。但是，证券民事责任的救济功能因民事诉讼的低提起率而没有充分发挥。针对证券民事诉讼中的"痛点"，有学者提出应当对证券违法行为与投资者损失间的因果关系予以立法推定，同时对违法者施以惩罚性赔偿以激励投资者积极行使诉权。

（二）行为与损害因果关系推定过度强化民事责任

投资者要通过追究证券市场违法者的民事责任获得损害赔偿，违法行为与损害结果之间因果关系的证明是诉请获得法院支持的关键。具体而言，投资者需在违法行为与损害发生的定性层面以及违法行为与损害程度的定量层面进行证明。定性层面的因果关系在英美法上被称为"交易因果关系"（transaction causation），其目的在于确定违法者的民事赔偿责任是否成立；定量层面的因果关系被称为"损失因果关系"（loss causation），目的在于确定违法者应该在多大程度上对投资者的损失承担赔偿责任。只有当两个层面的因果关系均得到充分证实或者推定成立之后，投资者才能获得相应的赔偿。

相较于普通商品一对一的交易模式，证券交易按照"价格优先、时间优先"的原则通过计算机系统集中竞价、匿名撮合成交，违法行为与损害发生的因果关系难以通过交易的行为外观进行判断。两者之间不存在客观、直接、逻辑链条清晰的引致关系，而呈现出主观、间接、轨迹模糊的特点，其中还掺杂了各种不可预测因素和偶然因素的干扰。[①] 因而传统侵权责任的归责原则难以对证券市场的"违法—损害"行为直接适用，双重因果关系证明成为实现证券民事责任的"拦路虎"。

对此，美国在司法实践中发展出了"欺诈市场理论"（Fraud-on-the-Market Theory），认为在公开、成熟的证券市场上，某公司股票的价格由涉及该公司的一切信息（包括虚假信息）所决定，因而投资者即便没有直接信赖某个具体的虚假信息，制造该虚假信息的证券违法行为也由于扭曲了证券市场的

---

① 参见翁晓健：《证券市场虚假陈述民事责任研究——美国证券法经验的反思与借鉴》，上海社会科学院出版社2011年版，第107页。

价格信号,仍然对投资者造成欺诈。基于这一原理,违法行为与损害发生之间的因果关系由于投资者对违法者的抽象信赖而得到“表面推定”。尽管欺诈市场理论一定程度上解决了投资者在虚假陈述民事诉讼中的因果关系证明难题,但在内幕交易民事诉讼中则较难适用。因为虚假陈述和市场操纵是通过言论或者行动影响投资者的交易行为,而内幕交易只是与投资者交易在同一时期反向地各自独立发生。① 内幕交易确实违反了市场公平理念,但未必直接对其他投资者造成实质损害。② 至于定量层面,即便是采纳“欺诈市场理论”的美国,也仍要求根据《1934 年证券交易法》提起的任何民事诉讼,原告都有义务举证证明被告被指控的违法行为是原告起诉请求赔偿之损失的原因。③ 可见,“交易因果关系”可以被推定,“损失因果关系”却难以推定又难以证明。

证券市场违法行为与损害的因果关系推定除了面临上述技术层面的难题以外,还不得不面对基本法理的诘难。有学者便指出,过度减轻投资者在证券民事诉讼中的证明义务,似有将民事赔偿异化为投资损失“保险”之嫌。④ 便利企业融资和保护投资者是证券法的两大基本任务,枉顾证券交易的行为属性与资本市场风险,过于偏袒投资者而片面追求投资者损失赔偿的最大化,令违法者承担过于苛刻的赔偿责任,也属于矫枉过正。

(三)惩罚性赔偿对证券民事责任救济功能的突破

传统民法认为,民事赔偿的根本目的在于填补受害人在民事交往中遭受的损失。损害赔偿的最高指导原则在于填补受害者所遭受的损失,使赔偿后的法律关系有如损害事故未曾发生一样。⑤ 因此,民事赔偿以受害者损害的实际发生为前提,并且赔偿范围也以实际损害的范围为限。然而,在

---

① See Henry G. M. ,*Insider Trading and the Stock Market*,Free Press,1966,p. 91.

② 参见廖大颖:《企业并购外部讯息与内线交易疑云——兼评证券交易法条之一》,载陈家彬等:《财经犯罪与证券交易法——理论·实务》,台北,新学林出版股份有限公司 2009 年版,第 39~83 页。

③ See Securities Exchange Act of 1934,Sec. 21D(b)(4).

④ 参见赵旭东:《内幕交易民事责任的价值平衡与规则互补——以美国为研究范本》,载《比较法研究》2014 年第 2 期。

⑤ 参见曾世雄:《损害赔偿法原理》,台北,三民书局 1996 年版,第 17 页。

17～18世纪的美国，为了补偿诽谤、侮辱、侵占住宅等侵权案件中受害者所遭受的名誉损失及精神痛苦，赔偿数额超过受害者实际损害数额的惩罚性赔偿（punitive damages）逐渐被法院普遍采纳。① 惩罚性赔偿制度迅速传播到其他普通法系国家，同时对大陆法系国家的司法判决和法学研究产生了深远影响。② 虽然坚持恢复原状主义的德国法律并不存在惩罚性赔偿制度，在司法判决的域外执行中德国最高法院也曾经拒绝执行美国法院作出的惩罚性赔偿判决，但是，德国联邦宪法法院对惩罚性赔偿在某种程度上持保留意见，德国学界也在肯定惩罚性赔偿之预防功能的基础上对其持温和态度。③ 惩罚性赔偿兴起的原因乃在于弥补民事责任单纯救济功能的不足，一定程度被赋予制裁、遏制不法行为的功能。

对证券市场违法行为诉请超过投资者实际损害的民事赔偿，起源于美国《1984年内幕交易惩罚法》（Insider Trading Sanctions Act of 1984）和《1988年内幕交易和证券欺诈执行法》（Insider Trading and Securities Fraud Enforcement Act of 1988）的规定。上述两个法案在《1934年证券交易法》中加入21A(a)节，赋权SEC对内幕交易人、内幕交易人的控制人、内幕信息泄密人等提起民事诉讼，诉请违法所得或者避损金额（profit gained or loss avoided）3倍以内的民事赔偿，该赔偿不影响SEC作出其他行政罚款。④ 此外，旨在规制期货交易的美国《商品交易法》（Commodity Exchange Act）第22(a)节对故意的（willful and intentional）违法行为同样设置了实际损害2倍以内的惩罚性赔偿。

在证券民事责任中引入惩罚性赔偿的支持者认为，惩罚性赔偿能够激励受害投资者积极收集证据、提起民事诉讼，甚至"变身"为暂时的检察官

---

① See David G. O., *Punitive Damages in Products Liability Litigation*, Michigan Law Review, Vol. 74:7, p. 1257(1976).

② See Ernst C. S., Rolf S. & Astrid S., *The Enforceability of Excessive U. S. Punitive Damage Awards in Germany*, The American Journal of Comparative Law, Vol. 39: 4, p. 784 (1991).

③ 参见[德]格哈德·瓦格纳：《损害赔偿法的未来——商业化、惩罚性赔偿、集体性损害》，王程芳译，中国法制出版社2012年版，第20页。

④ See Carole S., *Penalizing Insider Trading: A Critical Assessment of the Insider Trading Sanctions Act of* 1984, Duke Law Journal, Vol. 1985:5, p. 961(1985).

为了社会公共利益而提起诉讼。惩罚性赔偿就是为了公共利益而设立的奖金。[①]“重赏之下必有勇夫”,惩罚性赔偿或许能够激励受害投资者积极提起证券民事诉讼维护权利,甚至催生“职业证券诉讼人”,但是,姑且不谈在缺乏必要的调查权限和强制权力的情况下“民间力量”未必有证券监管机关的调查、执法来得高效,在证券行政责任和刑事责任已然重复性地承担惩罚和预防功能的情况下,再以惩罚性赔偿赋予证券民事责任类似的功能,将激励投资者在“奖励性赔偿”兜底的情况下盲目投资,这显然无助于其在作出投资决策之初仔细研判,采取恰当的风险防控措施,不符合证券市场“收益自享、风险自担”的基本理念。对证券民事责任救济功能基本法理的突破,势必造成证券法律责任制度的功能紊乱。

二、证券行政责任的持续扩张

无论在域外证券法律责任制度的综合立法模式中,还是在我国证券民事责任、行政责任、刑事责任分别立法模式中,证券行政责任的配置都占绝对多数。虽然证券法律作为规范政府干预证券市场的专门法律,赋权监管机关、配置威慑“武器”是应有之义,但过度的行政责任会降低市场活力、抑制市场的资源配置功能。持续扩张的证券行政责任挤压了本就“羸弱”的证券民事责任,而由于功能“雷同”,证券刑事责任的“适用空间”在司法实践中也屡屡被证券行政责任架空。

(一)过度的证券市场行政责任会降低市场效率

行政管制是由政府在整体“成本—收益”分析的基础上根据科学分析和政策研判,在事前确定最优的社会管制标准,以行政机关主动实施的行政许可、技术标准、强制信息披露和行为禁令等方式来辅助甚至取代事后的责任追究以防控风险。既往经验教训支撑、行政机关主动实施、社会最优管制标准等特征使行政管制具有专业标准制定、事前风险预防和规模经济效应等优势。[②] 在核能利用、疫苗生产和环境污染等高风险领域,如果不进行事前的行政管制,在发生核泄漏事故、问题疫苗大规模接种或者重要环境污染之

① 参见马新彦:《内幕交易惩罚性赔偿制度的构建》,载《法学研究》2011 年第 6 期。

② 参见宋亚辉:《风险控制的部门法思路及其超越》,载《中国社会科学》2017 年第 10 期。

后再通过司法途径追究行为人的民事责任与刑事责任,往往面临"亡羊补牢,为时晚矣"的困境。因此,在可能引起社会性风险与大规模侵权的公共领域,以行政管制事先划定社会主体的活动范围与行为标准,能够有效防止严重危害结果的发生。值得注意的是,在大多数情况下行政管制只能是自由市场的补充,只有当行政管制设置的行为准则或行业标准在相关领域是最优标准并且能够确保得到彻底执行时,才可以用行政管制取代自由市场。①

证券市场的活动主要包括证券发行、证券承销、证券登记、信用评级、证券交易以及证券结算等。尽管从法律性质上来说,证券市场的上述活动均属于私法行为,本应由自由市场的民商事交易规则进行规范,但是,由于证券市场的杠杆效应以及金融风险极强的波及力和扩散力,"原子化"的证券市场行为常常可能成为引发金融海啸的那只扇动翅膀的蝴蝶。② 鉴于此,自美国的罗斯福新政以严格的分业经营、强制的信息披露最先开始干预证券市场以来,政府的行政管制在证券市场的发展中逐渐扮演着开道、定轨、设路标的作用。市场自发形成的规则或者先试先行的试点经验必须通过证券法加以肯定,上升为法律制度得到确认、定型之后才能大范围施行。可以说,证券法在很大程度上属于行政管制性法律,参与证券市场活动的主体资格条件、行为能力标准、证券的种类、证券发行和交易的程序等均受到法律的严格规范,超越法律限度的证券行为均属违法。③ 对证券市场行政管制的违反将直接引致证券行政责任。

证券行政责任的承担是行为人违反证券行政管理规定的直接法律后果,证券行政责任是证券法规定的最主要的责任形式,是证券法名副其实的本法责任。④ 相较于证券民事责任和证券刑事责任等"他法责任"而言,证券行政责任承载着维护证券市场秩序和社会公共利益的重任,因而在责任

---

① See Kyle D. L., *Coordinating Sanctions in Tort*, Cardozo Law Review, Vol. 31:6, p. 2313 - 2364(2010).

② "蝴蝶效应"(Butterfly Effect)是混沌学中的一个概念,意指在一个动态系统中,一个表面上看毫无关系、非常微小的变化,可能带动整个系统长期且巨大的连锁反应。参见赵林如主编:《中国市场经济学大辞典》,中国经济出版社 2019 年版,第 106 页。

③ 参见张宇润、周勇:《不正当证券行为与行政管制》,载王先林主编:《安徽大学法律评论》第 3 卷,安徽大学出版社 2003 年版,第 58 页。

④ 参见周友苏、蓝冰:《证券行政责任重述与完善》,载《清华法学》2010 年第 3 期。

的执行过程中掺入了国家干预因素,呈现出公权力强制性的特点。面对高度专业化、复杂化的证券市场,"行政管制—行政执法—行政责任"的法律责任理路能够及时、高效地遏制证券违法行为。实证研究亦表明,适当的行政管制对证券市场的良好发展具有重要作用。如果缺乏证券法律规定的行政管制制度,单凭市场力量难以带来证券市场的繁荣,以证券法律支持市场发展至关重要。[①] 但凡事过犹不及,过度的行政管制又会抑制市场活力,降低市场在资源配置中的效率。事实上,行政责任并非多多益善,因为行政责任的施加与市场行为的选择并非线性关系。由于政府失灵的存在,过度的证券市场行政责任可能意味着更多甚至更严重的风险。[②]

(二)证券行政责任先期实现挤压民事责任空间

传统观点认为,打击证券违法行为是证券监管机关的主要任务,其权限扩张的目的在于惩戒、威慑证券市场违法者,并非为了帮助受害投资人追缴钱款,因而行政罚款必须全部上缴国家财政,属于不可分配资金。[③] 但是,通过上文对证券法律责任制度功能设定的分析可以看到,在民事、行政和刑事三大证券法律责任中,仅有证券民事责任承担法律责任的救济功能。如果民事责任"跛足",必将导致证券法律责任制度"功能不全"。鉴于证券民事责任实现机制的"裹足不前",在"能力越大、责任越大"的逻辑下,以证券行政责任协同证券民事责任将有利于证券法律责任功能的完整发挥。

一般来说,根据行政权的类型及其与民事争议的关联程度,行政责任与民事责任的协同可以分为行政变更权对民事争议的介入、行政确认权对民事争议的介入、行政裁决权对民事争议的介入以及行政权无涉民事争议。[④] 其中,行政裁决权对民事争议的介入主要体现在行政裁决对事实的认定和

---

① 参见邵明波:《法律保护、投资者选择与金融发展》,中央编译出版社 2017 年版,第 25 页。

② 参见[美]凯斯·R. 孙斯坦:《自由市场与社会正义》,金朝武等译,中国政法大学出版社 2002 年版,第 376~377 页。

③ See Don C. , *Disgorgement Plans Under the Fair Funds Provision of the Sarbanes-Oxley Act of* 2002: *Are Creditors and Investors Truly Being Protected*?, DePaul Business and Commercial Law Journal, Vol. 6:2, p. 315(2008).

④ 参见张光宏、毕洪海主编:《行政附带民事诉讼的理论与实践》,中国政法大学出版社 2014 年版,第 12~16 页。

责任的分配。如果法院也支持这种事实认定与责任分配,那么行政裁决实际上决定了民事争议的最终裁判。当前,由于证券行政处罚在证券民事诉讼中前置的立法规定或实际运作,证券行政处罚以公定力或者构成要件效力的形式对法院的民事裁判形成拘束力,[①]进而一定程度上降低了投资者的举证难度,提高了证券民事诉讼的胜诉概率。

但是,这仅仅是行政裁决权对民事争议的介入,这种"体外"协同还远远不够,证券行政责任与证券民事责任的协同还需要推进到民事责任实现的层次,否则民事责任救济功能的实现仍是"水中花、镜中月"。证券民事诉讼在同一案由的行政执法和刑事诉讼的不同阶段提起,将受到行政裁决和刑事裁判的不同影响。

理论上说,证券民事诉讼与行政执法、刑事诉讼并行不悖,但是,由于证券交易的间接性、匿名性以及证券违法案件的复杂性,投资者往往很难发现证券违法行为,"揪出"违法者,也难以收集相关证据。正是基于这个原因,在证券民事诉讼发达的美国,尽管投资者可以在没有任何前置条件的情况下径直针对证券市场违法者提起民事赔偿诉讼,但限于调查、取证能力的约束,投资者往往只有在 SEC 调查、惩处了违法者之后,才能提起民事诉讼。[②]而我国为了防止滥诉、提高司法效率,直接将行政处罚、刑事裁决等公权力处置作为提起诉讼的前置程序。

无论如美国那样受制于证券违法案件复杂性的现实因素,还是如我国那样基于司法效率的现实考量,在证券违法行为被行政处罚或者刑事审判定谳之后再进行民事诉讼均面临同样的困境:违法者的财产已在行政、刑事程序中以罚款、罚金、财产罚没等形式上缴国库,违法者无力承担民事赔偿责任。

(三)功能同质导致证券行政责任架空刑事责任适用

刑法作为二次规范,只有前置性规范无法有效保护法益或者制裁不充分时,才有必要发动刑罚。[③] 因此,纳入刑法调整的证券市场违法行为必定

---

① 参见成协中:《行政民事交叉争议的处理》,载《国家检察官学院学报》2014 年第 6 期。

② 参见彭冰:《建立补偿投资者的证券行政责任机制——针对内幕交易和操纵市场行为》,载《中外法学》2004 年第 5 期。

③ 参见简爱:《一个标签理论的现实化进路:刑法谦抑性的司法适用》,载《法制与社会发展》2017 年第 3 期。

首先受到行政或者民事证券法律调整。从外国立法例来看,在证券法律责任制度"诸法合一"的立法模式下,几乎都按"证券市场规则 + 行政(民事)责任 + 刑事责任"的体例进行立法,证券行政违法与刑事犯罪的违法行为(罪状)描述完全一致。在我国的分别立法模式下,证券行政违法和刑事犯罪的构成要件也高度重合,只有情节、数额、结果等方面的区别,因而在罪状的描述上证券行政违法与刑事犯罪几乎没有任何区别。在法律责任的功能方面,作为公法责任之一的刑事责任与行政责任同样主要承担惩罚和预防功能。由于刑事责任必须经由司法审判程序才能实现,其在效率性与能动性上明显不如行政机关的调查与处罚。在证券行政责任持续扩张的背景下,刑事责任的适用空间受到挤压也就不足为奇了。

证券行政责任对证券刑事责任的"侵蚀"主要体现在"有案不移、以罚代刑"现象中。有学者对中国证监会 2001 ~ 2013 年作出的 555 份证券违法行政处罚决定书进行实证研究发现,绝大多数达到刑事追诉标准的证券违法案件都没有移送司法机关追究刑事责任。① 在该 555 份研究样本中,超过一半的证券市场违法案件是信息披露违法和内幕交易违法,其中违规披露、不披露重要信息案 197 件,内幕交易案 83 件,涉案金额几乎都在 50 万元以上。而根据当前的证券犯罪刑事追诉标准,②违规披露、不披露重要信息造成的直接经济损失在 50 万元以上就应予刑事追诉,内幕交易、泄露内幕信息获利或者避损数额累计在 15 万元以上,或者证券交易成交额累计在 50 万元以上就应当追究违法者的刑事责任。如果"有法必依"的话,按照涉案金额的标准,证券市场违法案件移交司法机关追究刑事责任的比率应在 50% 以上。然而,无论是学者对部分样本的粗略统计还是中国证监会发布的分析报告均显示,我国证券市场违法案件的刑事移送率不足 10%,存在明显的"有案不移、以罚代刑"的现象。

证券行政责任过度膨胀进入刑事责任的"领地",不仅容易滋生权力腐

---

① 参见练育强:《问题与对策:证券行政执法与刑事司法衔接实证分析》,载《上海政法学院学报(法治论丛)》2018 年第 4 期。

② 最高人民检察院、公安部《关于公安机关管辖的刑事案件立案追诉标准的规定(二)》(公通字〔2010〕23 号)规定了公安机关经济犯罪侦查部门管辖的 78 种刑事案件的立案追诉标准。

败,还会削弱对证券违法行为的打击力度,减损证券法律责任制度作为一个整体的威慑力。申言之,在证券行政责任与证券刑事责任的功能几乎完全一致的情况下,证券行政责任相对宽松。证券监管机关以效率为首要价值,基本垄断了证券执法权力。证券监管权力作为国家干预证券市场“看得见的手”,如果没有得到有效制衡,势必会滋生腐败,甚至给证券市场的健康发展带来灾难。[①] 与之形成对比的是,证券刑事责任的裁判显然受到了严格的约束。成熟的刑事诉讼程序和严苛的证据证明标准都在极力防止公权力对被告人合法权利的恣意伤害。此外,证券刑事责任被架空致使刑罚沦为证券市场的“稻草人”,大大降低了刑事责任的威慑力,严重削弱了对证券市场违法行为的打击惩治力度。

三、证券刑事责任的亦步亦趋

为了追随证券行政责任不断扩张以及处罚力度不断加强的脚步,刑法关于证券犯罪的立法早已“活化”,越来越多证券市场违法行为被纳入刑法的规制范围。但是,片面扩大犯罪圈、降低入罪标准、加大刑事处罚力度不仅会破坏刑法的谦抑性,而且在“司法热力学效应”[②]的作用下刑事责任的威慑效果未必显著。相反,被虚置的证券刑事责任在一定程度上令证券法律责任制度变为“没有牙齿的老虎”,刑法的惩罚和预防等功能由于证券刑事责任止于纸面而难以得到发挥。

(一)证券犯罪的重刑化立法政策破坏刑法谦抑性

刑罚是承担刑事责任的表现形式,而刑罚往往表现为国家以公权力剥夺犯罪人财产、自由乃至生命等重要权益,是一种严厉的制裁。刑罚虽然可能有效,是保护个体权利和社会秩序最得力的工具,但常常也是侵犯个人权利、破坏社会秩序最厉害的手段,[③]因而应当尽可能限制其发动,由此衍生出刑

① 参见刘博涵:《论宏观调控监督制度的体系化与科学化》,载《学习月刊》2020 年第 5 期。

② 刑法立法的刑度越重,它对于证据的要求就会越严格,导致刑法规制回到规范阙如的原点,降低刑法规制相关犯罪的能力。这种立法畸轻、畸重引起司法裁量尺度适应性变化的连锁反应被称为刑事司法热力学效应,可以看作立法与司法之间拉锯的作用力与反作用力。参见姜涛:《治理腐败犯罪:增加风险重于提高刑度》,载《检察日报》2013 年 5 月 8 日,第 3 版。

③ 参见储槐植、江溯:《美国刑法》(第 4 版),北京大学出版社 2012 年版,第 15 页。

法的谦抑性原则。“谦抑”意指谦让抑制,意味着需要控制国家公权力的发动。刑法的谦抑性,是指由于刑法是以强大的国家权力为保障,通过剥夺犯罪者的财产、自由乃至生命等重大权益的刑罚而实施的,因而应当尽可能地控制刑法的发动,有所抑制地行使刑罚权力的原则。① 刑法的谦抑性要求刑事立法时要考虑法益是否受到损害、受损情况是否严重、以刑罚以外的制裁手段是否足以制止违法行为、动用刑罚是否会引发严重的副作用、刑事制裁的成本是否高于所保护的法益等问题。谦抑主义被认为是现代刑法的一项基本原则,不仅是刑法人权保障的要求,也是刑法法益保护和实用主义的要求。

证券犯罪的刑事立法显然也应当遵循刑法谦抑的基本原则。但是,由于“非刑责任”与“刑事责任”的立法没有明确的逻辑规则限制,在“刑法万能”的潜意识和“刑法超前立法”的误导下,“无先而后”②的证券刑事立法现象并不鲜见。在《证券法》频频修改的背景下,《刑法》与《证券法》几乎展开了一场“追逐竞驶”的较量。例如,对于控股股东、实际控制人组织、指使欺诈发行证券的行为,修订前的《证券法》并未明确其处罚幅度,仅规定参照对发行人的规定予以处罚,《刑法》亦未将其纳入规制范围。2019 年修订的《证券法》则明确了控股股东、实际控制人组织、指使欺诈发行证券的行政责任:没收违法所得,并处违法所得 10% ~100% 的行政罚款。2020 年出台的《刑法修正案(十一)》紧随其后,为控股股东、实际控制人组织、指使欺诈发行证券的行为规定了 5 年以下有期徒刑或者拘役,并处或单处募资金额 20% ~100% 罚金的基本刑,数额特别巨大、后果特别严重或者有其他特别严重情节的,自由刑升格为 5 年以上有期徒刑,同样并处或单处募资金额 20% ~100% 的罚金。

《刑法》紧跟《证券法》的修改可以看作立法者为了使证券刑事责任和证券行政责任保持体系性协调的一种努力。但是,对于证券市场这样的经济领域,法律的引导和规范更需要采取一种循序渐进的方式。证券市场自

---

① 山中敬一:『犯罪論の機能と構造』,成文堂,2010,6 頁参照。

② 储槐植教授曾指出我国经济刑法存在“无先而后”的立法现象,即对经济活动领域的一些无序、失范行为,在没有取得规律性认识,没有动用民商法、经济法和行政法手段予以有效调整的情况下,就匆忙地予以犯罪化,纳入刑罚圈的现象,使刑罚的触须不适当地伸入到经济活动的某些领域。参见储槐植:《罪刑矛盾与刑法改革》,载《中国法学》1994 年第 5 期。

发形成市场规则并由民商法予以调整是市场秩序形成与维护的第一阶段；行政管制性法律对有利于证券市场发展的规则予以确认(强制推行或者只是提倡)，对阻碍证券市场发展、可能引致市场风险的投机、欺诈等行为予以禁止，以证券行政责任保障行政管制性法律的实施，这是证券市场秩序维护的第二阶段；当证券行政责任的威慑不足时，由刑法立法配置刑事责任进行威慑补充，这是证券市场秩序维护的第三阶段。可以看到，民事法律调整、行政法律调整、刑事法律调整是一个层层递进的过程。在证券法刚刚修法强化行政责任之后，缺乏实践需求和实证支持而贸然进行刑事立法，不仅浪费立法资源，还在司法中造成立法虚置。而就刑法文本本身来说，这种立法的出现就已经破坏了刑法的谦抑性。

(二)证券刑事责任的过度供给造成威慑效用锐减

20 世纪 60 年代以来，成本—收益理论、制度变迁理论、博弈论等经济学分析方法被广泛应用于其他社会科学，经济学分析作为方法论在其他人文社会学科攻城略地，这一思维模式和学术思潮被学者总结为经济学帝国主义(Economic Imperialism)。① 领导这一潮流的美国经济学家贝克尔甚至提出，经济分析是最有说服力的工具，能够对一切人类行为作出统一解释。② 在法学领域，由于经济学和私法的价值追求具有很大程度的一致性，都对经济运行的效率给予了足够的关注，因而经济学的研究方法在私法领域畅行无阻。相较之下，公法领域存在民众对公平正义的期待等非经济学意义上的效用，经济学的应用就面临很多困难乃至冲突。但是，方法论本身是中立的，在公法研究中注意改变预设条件和对公平正义给予足够权重的赋权，也能够发挥经济学分析方法强大的解释力。对于证券刑事责任来说，贝克尔在贝卡利亚和边沁的基础上发展了威慑理论，能够用以分析最优的惩罚可能性和严厉程度。③

---

① See Edward P. L. , *Economic Imperialism*, The Quarterly Journal of Economics, Vol. 115: 1, p. 99 – 146(2000).

② 参见[美]加里・S. 贝克尔：《人类行为的经济分析》，王业宇、陈琪译，格致出版社、上海人民出版社 2016 年版，第 4 页。

③ 参见魏建、宋艳锴：《刑罚威慑理论：过去、现在和未来——刑罚的经济学分析》，载《学习与探索》2006 年第 4 期。

对于证券市场的违法行为人来说,民事赔偿、行政罚款和刑事罚金都是对其施以的无差别财产处罚,威慑效果可以简单加总,因而证券刑事责任的威慑效用需重点考察自由刑对证券犯罪的规制效果。自由刑的执行可分为初期、中期和后期三个阶段,初期一般是罪犯入监的第一年内,后期是刑释前的半年或一年,其余时间属于中期。在自由刑执行的初期,由于服刑人消极否定情绪较大,改造效果较差;随着对监禁生活的适应,多数罪犯能够认罪服法、积极改造,自由刑的边际效用随之提升;到了服刑的后期,服刑人面临再社会化的问题,社会抛弃感和自信心受挫等问题较为突出,自由刑的边际效用再次降低。① 以刑期为X轴,威慑效用为Y轴建立坐标系,犯罪的法益侵害程度(C线)呈现为一条与X轴平行的直线,自由刑的边际威慑效用(M线)呈现为一条先升后降、开口向下的抛物线,总威慑效用(T线)呈现为一条初期较为陡峭,中期、后期逐渐趋于平缓的曲线。C线与T线的交点对应X轴上的a点是实现对该犯罪威慑效用所需判处的刑期,b点是自由刑执行中期边际威慑效用最高的时刻,c点是边际威慑效用为0、总威慑效用达到最大的时刻。证券刑事责任"刑期—威慑效用"情况如图1-1所示。

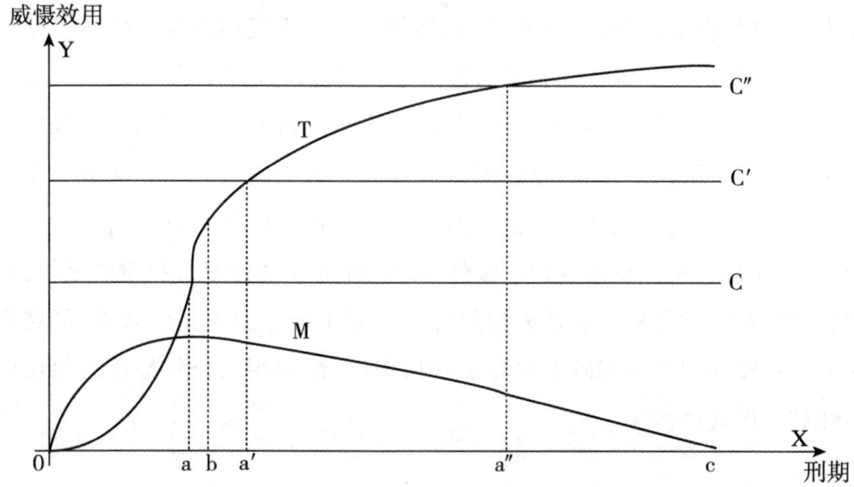

图1-1 证券刑事责任"刑期—威慑效用"情况

---

① 参见杨威主编:《罪犯心理学》,中国民主法制出版社2009年版,第140~146页。

不同犯罪的法益侵害程度不同(C 线、C′线和 C″线分别表示法益侵害程度等距由低到高的三种犯罪),其所需判处的刑期也不同(a 点、a′点和 a″点)。可以看到,由于 T 线的斜率在 b 点之前较大,尽管 C 线、C′线和 C″线代表的三种犯罪的法益侵害程度等距,但实现相应威慑效用所需的刑期并不等长(a 点与 a′点的距离比 a′点与 a″点的距离近)。这意味着对于法益侵害程度较轻的犯罪,判处较短的刑期就可以达到威慑效用;而对于法益侵害程度较重的犯罪,需要判处比等倍更长的刑期才能达到相应的威慑效用。姑且不谈以剥夺人身自由的身体隔离治理本身并无太大人身危险性的证券犯罪是否"药对其症",[①]自由刑执行的边际效用递减定律表明过度的证券刑事责任的威慑效用也随之锐减,而刑罚执行的成本仍在持续发生。

(三)象征性证券刑事责任对其惩戒等功能的折损

具备程序合法性只是立法正当性的形式要件,提出一套解决纠纷、矛盾的理性方案[②]才是立法正当性的实质要件。也就是说,立法的目的总是追求实质的规制效果,期待定分止争、"案结事了"。但是,随着风险社会的来临,部分立法的主要目的不再是以法规范调整特定的社会活动,而仅仅作为一份"规范申明"(Deklaration der Normen)而存在。此种立法的目的主要在于向民众宣示国家已经通过立法行动来抗衡风险、规制不法,至于该立法是否能够防控风险、抑制违法则在所不问,因为表达国家姿态、安抚民众情绪、满足民众的"体感安全"需求已经达到了该立法的主要目的。这种立法的"怪现象"首先出现在德国并由德国刑法学者提出。例如,德国《刑法》将否认或者粉饰纳粹时期实施的种族灭绝行为规定为犯罪,其立法目的在于在政治上表达一个已经改过自新的德国,而不在于如传统刑法一般保护某种法益。这种只是期待在社会公众之间形成合法与不法的意识,不具有司法适用可能性的立法被德国学者总结为"象征性立法"(Symbolishche Gesetzgebung)。[③]

虽然证券市场的刑事立法从立法目的来说并不只是为了表达对证券违

---

① 参见刘博涵:《信用图像与金融刑法重塑》,载《西部法学评论》2020 年第 6 期。

② See Peter N. , *Gesetzgebungslehre*, Hamburg, Rowohlt, 1973, p. 72.

③ Burkhardt K. , *Grundfragen der Gesetzgebungslehre*, Berlin, Duncker und Humblot, 1979, p. 34.

法行为的刑事否定姿态,但从实践来看,大量证券刑法规范长期处于“闲置”状态,在司法中很少适用,可以被视为“象征性立法”的另一种类型。[①] 2008 年国际金融危机之后,大量证券欺诈案曝光,世界各国不约而同地加重了证券市场犯罪的刑事立法。例如,美国 2009 年制定的《欺诈执行与恢复法案》(Fraud Enforcement and Recovery Act 2009)直接针对“助长了经济不稳定的长期不当行为”,修改了欺诈和洗钱立法,增加了抵押欺诈罪的法定刑期。与之相似,英国通过积极的立法提高金融规制水平以应对此次危机。2012 年的《金融服务法案》(Financial Services Act 2012)以“误导性陈述和印象”的规定取代了 2000 年《金融服务与市场法案》(Financial Services and Markets Act 2000)“误导性陈述与行为”的规定,还增加了“制造误导印象”的新罪名:金融交易参与人故意作出或从事任何令投资者对市场价格或价值产生虚假、误导性印象的行为,即属犯罪。尽管许多发达国家都以刑事立法对证券市场违法行为采取了强硬立场,但执法、司法却很少有重大变化,[②]严厉的证券刑事责任被束之高阁。

“如果法律不能被执行,那就等于没有法律。”[③]象征性立法使得法律规范徒有形式上的观感效应,却难以真正发挥规制功能。象征性的证券刑事责任将大大折损刑法功能的实用性与实效性。刑法功能的实用性与刑事责任的适用紧密相关,适用不足将导致刑法功能不彰。对于符合证券犯罪构成要件的违法行为来说,仅以行政处罚一罚了之或许也能实现对违法行为的惩罚与预防,但在刑法对于证券犯罪的实体规范和实现机制尚未作出改变的情况下,证券刑法的“有法不依”势必令刑法作为实用性法律的实践价值被民众质疑,甚至引起法律权威性减损的连锁反应。刑法功能的实效性与刑事责任的效益紧密相连,刑罚必须是规制刑法纳入其调整范围之行为的有效手段。[④] “罚不当罪”和“罚过当罪”都是刑法功能实效性所不允许

---

① 参见魏昌东:《象征性立法与金融刑法的理性回归》,载叶青、顾肖荣主编:《经济刑法》第 15 卷,上海社会科学院出版社 2015 年版,第 37 ~ 38 页。

② See Bart F. , Aaron B. G. & Alireza T. , *Do Criminal Sanctions Deter Insider Trading?*, Financial Review, Vol. 48:2, p. 205 – 232(2011).

③ [英]洛克:《政府论》(下篇),瞿菊农、叶启芳译,商务印书馆 2017 年版,第 138 页。

④ 参见陈家林:《外国刑法:基础理论与研究动向》,华中科技大学出版社 2013 年版,第 11 页。

的。对于证券市场的违法行为来说，如果符合证券犯罪的构成要件，可是动用刑法会导致“罚过当罪”，以行政处罚“替代”刑事制裁或许具有实践理性，但这将使证券刑事立法脱离实效而受到怀疑。

第三节　证券法律责任制度功能协调的实现路径

面对证券市场的种种违法行为以及防控金融风险的现实需要，人们习惯埋头于部门法框架内部对既有的理论、学说进行改造，期望以更加弹性化的违法（犯罪）构成要件为不同部门法律责任的适用扫清障碍。难以证明的证券违法行为与投资者损害因果关系可以立法予以推定，政府以维护市场秩序为由频频设置证券市场管制并配以行政责任，刑法在风险刑法的“大麾”下不断扩大证券违法的犯罪圈，证券民事责任发展出惩罚、预防的功能，证券行政责任和刑事责任亦被添附救济的功能。凡此种种，不同部门法上的证券法律责任可谓左支右绌。这种自我修复式的理论改造看似发展了法学理论、推动了立法完善，实则动摇了各部门法理论的根基。当下的问题不是无法说服具有不同功能设定或者价值取向的部门法律责任如何行动，而是没能提供一个整体的方案“一揽子”解决困扰人们的证券市场乱象。[①] 这需要对分属于不同部门法的证券法律责任进行性质、结构和功能分析，为其找到在证券法律责任制度这一整体中的位置，明确不同部门之证券法律责任的协作方案，在多维、广泛规制目标的指引下结合不同部门证券法律责任的特征配置恰当的实施机制，借此确保证券法律责任制度内部组合的科学合理和外部实施的协调有效。

一、在立体协调模式中恰如其分地配置多元证券法律责任

法律责任的妥善配置关乎法律文本的“生命”与法治的实现，抽象的法治以具象的法律文本为载体，而法律文本的遵循必须以科学、合理的法律责

---

① See Michael C. D., *After Bureaucracy*, University of Chicago Law Review, Vol. 71:3, p. 1269(2004).

任为后盾。证券法的责任形式既有公法形式又有私法形式，两种力量的互补与融合是实现证券法律责任制度救济、惩罚和预防功能的前提条件。整体是由部分组成、存在逻辑联系的有机体，而不是部分的机械加和；部分是整体中的部分，其力量通过整体而发挥。部分的分裂与冲突会削弱整体的力量，甚至危及整体的存在。① 因此，要实现证券法律责任制度作为整体的功能协调，须在整体中认知不同部门证券法律责任的功能与限度。与此同时，“正如以立体化和平面化两种不同的方式排列、组合碳原子，会形成物理性质迥异的钻石和石墨”②，不同部门之证券法律责任在整体中的位阶与组合形态亦应予以关注。

(一)准确认知不同部门法之证券法律责任的功能

历史地看，无论东方抑或西方，法律的发展都经历了由诸法合体向部门法分立的“进化”历程。在这个过程中，民事责任和行政责任先后从刑事责任中脱离出来成为独立的部门法法律责任。

在人类社会的早期，商品社会尚未建立，民法并不发达，因而在相当长的一段时间内并没有民事责任的概念。在《汉谟拉比法典》等人类早期成文法中，尽管也规定了现代由民法调整的财产、家庭关系，但民事责任的承担采用的却是刑罚的方法。③ 直至罗马法将法律分为保护整个国家和社会利益的公法以及保护一切私人利益的私法，才为民事责任的分立奠定了基础。工业革命以降，德国、法国等欧陆国家纷纷颁布民法典，契约和产权的观念不断强化，私人成为法律关系的主要形成者。④ 国家权力经历资产阶级革命而大幅收缩，国家不直接干预私法关系，主要任务在于保护私人的意思自治和私人权利不受侵害，并承担调停人和裁判者的职责。⑤ 至此，民事

---

① 参见[美]冯·贝塔朗菲：《一般系统论：基础、发展和应用》，林康义、魏宏森译，清华大学出版社 1987 年版，第 28～45 页。

② 刘博涵：《完善宏观调控监督制度的政治逻辑、实施路径与目标实现》，载《大庆社会科学》2020 年第 4 期。

③ 例如，《汉谟拉比法典》第 21 条规定：“自由民侵犯他人之居者，应在此侵犯处处死并掩埋之。”第 143 条规定：“倘她不贞洁而常他往，使其家破，则此妇应投于水。”第 229 条规定：“倘建筑师为自由民建屋而不固，结果其所建房屋倒毁，房主因而致死，则此建筑师应处死。”

④ 参见[日]我妻荣：《债权在近代法中的优越地位》，王书江、张雷译，中国大百科全书出版社 1999 年版，第 9 页。

⑤ 参见王利明：《民法总则研究》，中国人民大学出版社 2003 年版，第 78 页。

责任和刑事责任才按各自不同的社会功能被严格区分。

而行政责任的诞生则源于行政处罚权从刑事制裁权中的脱离：20世纪30年代“大萧条”之后，迟滞的立法和消极的司法无法应对日益突出的经济停摆和生活保障等问题，行政立法、行政执法等急剧增加，过去由法院专司的刑事制裁权大面积被行政处罚权取代，这在证券法律责任制度的发展历程中体现得尤为明显。民事责任和行政责任伴随国家权力的收缩与扩张先后从刑事责任中分立，实际是法律作为调整行为和社会关系的规则，对经济社会发展作出的适应性改变，是“经济基础决定上层建筑”①这一基本原理在法律责任发展历程中的具体体现。

尽管以现代的法制体系观之，民事责任、行政责任与刑事责任是泾渭分明的三种性质的法律责任，在行为要件、结果要件、因果关系、免责事由等方面均存在较大差异，但作为“一条藤上长出的葫芦”，它们立基于共通的理论基础。作为整体的法律责任制度，功能主要体现在权利保障和行为指引两个方面。② 在证券市场上，诚实信用、等价有偿仍是从事证券发行、交易活动的基石，“法无禁止即自由”仍是证券市场活动的基本原则。在法律没有进行管制或者明令禁止的领域，任何金融创新只要符合诚实信用、等价有偿的民商法原则，都是被允许的。由此产生的损害由证券民事责任进行填补，即证券民事责任保障平等主体从事证券发行、交易和金融创新的权利。同时，证券民事责任还对证券活动参与主体的行为进行指引：从事证券市场活动须遵循诚实信用、等价有偿的基本原则。

同理，鉴于证券市场区别于实体经济市场的高投机性和高风险性，政府根据既往经验设置了诸多行政管制性措施，借此保障证券市场活动的秩序和金融风险控制在合理范围之内，最终保障的是每一个参与证券市场活动的主体的利益。可以这样认为，证券市场行政管制就是在民商法所保护的利益外面事前性地加上了一层保护壳。对证券市场行政管制措施的违反将直接引致证券行政责任。证券行政责任直接保障的是行政管制措施的有效

---

① 参见中共中央马克思恩格斯列宁斯大林著作编译局编译：《马克思恩格斯选集》（第2卷），人民出版社2012年版，第2页。

② 参见刘锐：《严而有度：法律责任的妥善配置》，载《行政管理改革》2018年第3期。

实施,其背后保护的与证券民事责任无差别,仍然是证券市场参与者利益。证券行政责任作为保障证券市场行政管制措施有效实施而专门存在的法律责任,其行为指引功能更为明显,即指引市场参与主体不得违背行政管制性规定,不得违反法律禁止性规定,在遵守“官方”市场活动规则的前提下行使“法无禁止即自由”的权利。证券刑事责任的权利保障功能和行为指引功能机理与证券行政责任类似,兹不赘述。

(二)关照不同功能证券法律责任在体系中的位阶

在法理学上,法律的位阶是指在一国的法律体系中,不同类型、不同层级的法规范在效力上存在等级关系,在适用先后上存在优先顺序的制度。[①]法律的位阶是对“政出多门”的规范文件按照效力的排序,反映了不同立法机关出台的规范性文件效力的高低和适用的主次关系。法律的位阶首先体现为一种立法制度,对立法活动进行规范。例如,立法机关根据上位法来制定下位法,下位法不得抵触上位法,否则上级机关可以予以改变或撤销。同时,法律的位阶也有司法实践性,它确保司法机关在适用不同立法机关制定的法律规范时有基本的规则可循。当不同位阶的法律规范出现冲突时,法官可以遵循上位法优于下位法的基本规则进行适用。

在域外国家或者地区,不同部门的证券法律责任基本都规定在同一部法律中,我国的立法体系中尽管证券民事责任、证券行政责任和证券刑事责任分别规定在《民法典》《证券法》《刑法》中,但上述法律均由全国人民代表大会制定,因而无论在域外还是域内,不同部门的证券法律责任在法理学意义上均属于同位阶的法律规范,“特别法优于一般法”“新法优于旧法”等规则无法解决同一层级内的规范冲突。

对于效力处于相同位阶但跨部门的法律规范,需要在一个统一的规制目的的指引下,根据规制效果的不同来确定适用位阶。当前,法秩序统一论是弥合部门法“鸿沟”的主流理论。该理论指出,宪法、民法、经济法、刑法等不同法律部门组成的法律体系共同维护社会的运行秩序,法秩序的内部

---

① 参见胡玉鸿:《试论法律位阶划分的标准——兼及行政法规与地方性法规之间的位阶问题》,载《中国法学》2004 年第 3 期。

不能存在冲突和矛盾。[①] 申言之,某一部门法所保护的利益或者指引的行为与其他部门法所保护的利益和指引的行为之间不应当相互矛盾,否则会导致各部门法的权利保护和行为指引功能相互抵消。

同时,由于各部门法的规制目的不同,法秩序统一性在一定程度上可能被打破,例如,由于民事责任以填补损害为主要功能,刑事责任以惩罚和预防为主要功能,《刑法》明文规定的危险犯就可能构成刑事犯罪却并不成立民事侵权而不承担民事责任,因为损害结果并未发生。这就需要对各部门法所预设的规制效果进行合目的性的整合。[②] 法秩序统一论的重要启示意义在于,证券民事责任、证券行政责任以及证券刑事责任的协调首先需在保护投资者利益、维护证券市场秩序这一总体的规制目标的指引下发挥作用,只不过各部门法律责任的功能侧重有所不同而已。

在确定了整体的规制目标之后,重点就来到了多元证券法律责任各自的"侧重"。如前所述,在部门法分立的框架下,证券民事责任侧重于救济功能,证券行政责任和证券刑事责任均侧重于惩罚和预防功能。显然,平面化的体系构造会造成证券行政责任与证券刑事责任在惩罚、预防功能上的重叠,实践中广泛存在的"有案不移送、以罚代刑"已经印证了这一点。因此,证券法律责任制度的功能协调必须以阶层式的构造妥善安排不同部门的证券法律责任,这就需要关照不同部门证券法律责任在体系中的位阶。

"位阶"意指"依某种次序形成的阶梯"。[③] 要将分散于不同部门法的证券法律责任纳入整体的证券法律责任制度框架,就必须关照不同部门之证券法律责任在整个体系中的位阶关系。因为证券法律责任的多元性必然会导致适用不同部门的法律责任而得到不同的规制效果。根据规制效果的不同,立法者必须对不同部门的法律责任进行先后次序的排列,以确定哪一种规制效果更符合证券市场的发展规律。如果没有一定的位阶关系或者适用规则可供遵循,就可能影响法律责任对证券市场行为的规制效果,甚至阻碍证券市场的发展。

---

① 参见[日]松宫孝明:《刑法总论讲义》(第4版补正版),钱叶六译,中国人民大学出版社2013年版,第107页。

② 参见于改之:《法域冲突的排除:立场、规则与适用》,载《中国法学》2018年第4期。

③ 参见姜涛:《刑法解释的基本原理》,法律出版社2019年版,第230页。

二、实体法层面以功能主义重新建构证券法律责任制度

证券法律责任条款的立法设计,不仅体现立法技术的规范水平和技法水平,更直接关乎制度预期的实现程度。在准确认知不同部门证券法律责任之本法责任的基础上,以多元证券法律责任阶层化组合为建构范式协调不同部门、不同性质的证券法律责任,将有利于整合现有的证券法律责任条文,为证券市场行政执法和法院司法的协调一致提供整体化的解决方案。

法律责任的功能是客观的,是法律责任可能产生的积极、有利作用。配置法律责任的目的是主观的,是国家确立、适用法律责任制度所希望达到的结果。① 主观的立法目的虽不能直接影响法律责任的客观功能,却可以通过改变具体的实现条件"控制"法律责任的功能。对此,大陆法系和普通法系不同的法制现代化路径具有较强的参考价值。

(一)打破片面追求形式逻辑的部门法律责任分立格局

判例法和成文法是当今世界最具有影响力的两种法律形式,直至今天仍是区分普通法系和大陆法系最主要的标志。② 由于受罗马法影响较小、法典化理论较为欠缺、法官能动性较强以及制定法律受到政治因素阻碍等,③普通法系国家走向了以判例法为主要法律渊源、倚重法官造法、注重生活经验和规则实际应用、没有基本法律分类和明确法律体系的法制发展路径。虽然普通法系国家也存在一定比例的制定法,但这些制定法在通过司法活动适用于实际案例的过程中也不知不觉地判例法化了。造成这种现象的原因在于,盎格鲁-撒克逊民族始终相信法律并不源于人为制定,而存在于社会生活实践,法官的司法活动便是"发现"法律的过程。判例是"法律发现"的结晶体,判例的积累和系统化便形成了普通法系国家的法制体系。④

然而,19 世纪末以来,随着国家对社会经济活动干预的加强,制定法在

---

① 参见胡志军:《刑罚功能概念论》,载《东岳论丛》2009 年第 3 期。

② 参见董茂云:《比较法律文化:法典法与判例法》,中国人民公安大学出版社 2000 年版,第 1 页。

③ 参见许中缘:《论普通法系国家法典的编纂》,载《比较法研究》2006 年第 5 期。

④ 参见吕世伦:《理论法学经纬》,黑龙江美术出版社 2018 年版,第 682 页。

美国、英国等判例法国家的数量急剧增加,越来越成为其重要的法律渊源。[①] 不同于大陆法系国家部门法分立的法制体系,英美等国的成文法并不按法律调整社会关系的方式和法律的性质进行划分,而是以问题的法律化解决为"纲领",呈现出一个领域一个立法的"领域法"特征,以"制定法优先原则"[②]处理制定法与判例法的关系。

与之相对,随着罗马法在欧洲的复兴,日耳曼各部族先后继受罗马法,一个以成文法为主要法律渊源、以民法为法律体系的核心、法律发展倚重法学理论的大陆法系逐步形成。由于罗马法的成文经过了选择、提炼和法理抽象的过程,因而大陆法系国家的制定法重视法律的理论概括,强调法典总则对整部法律的统摄作用。在制定法的形式上,注重法典的体系排列,讲求法律概念的明确性、法律条文的逻辑性以及法言法语的准确精当。[③]

按照法律所调整社会关系的性质以及调整方法的不同,一个完整的法律体系可以划分为若干法律部门,宪法、民法、刑法、行政法等部门法的划分便是大陆法系理性主义的体现,发达的大陆法系几乎建立起一个堪称万能的法律分析框架。[④] 同样,面对国家干预社会经济的现实需要,以德国为代表的大陆法系国家积极对传统的部门法体系进行改造:一方面在传统部门法体系中留出对外沟通的窗口,如在宪法层面将维护社会秩序扩充为"国家任务",在部门法层面注意法规范的分工与协调;另一方面针对新兴领域借鉴普通法系的领域法立法模式,规定普适性的市场规则,灵活调用不同性质的法律责任保障法律规则的有效实施。

大陆法系国家从严格的部门法律责任分立转向开放性部门法律责任与领域法律责任的多元组合,呈现的是不同部门法律责任"分"与"合"的双轨并行。按照法律责任的不同性质将其分门别类地规定在不同的部门法律规范之中,从立法技术上来说有利于建构逻辑自洽的法律体系,但是,法律责

---

① 参见[美]盖多·卡拉布雷西:《制定法时代的普通法》,周林刚、翟志勇、张世泰译,北京大学出版社 2006 年版,第 105~144 页。

② See Keith N. H., *Preemption and Products Liability: A Positive Theory*, Supreme Court Economic Review, Vol. 16:1, p. 205-249(2008).

③ 参见米健:《比较法学导论》,商务印书馆 2018 年版,第 175~242 页。

④ 参见吕世伦、公丕祥主编:《现代理论法学原理》,黑龙江美术出版社 2018 年版,第 273 页。

任的分离配置模式并不利于法律的适用,也不利于问题的整体性解决,因为真实世界并不存在纯粹的"部门法法律问题"。[①] 例如,金融作为一个行业、一个领域,并不是法律创造出来的,而是复杂社会的分工,是一种客观存在。金融法必须尊重金融业的发展规律,充分考虑金融业对实体经济的依赖性、金融业的高风险性以及金融创新的逐利根源。正是基于这个原因,金融法调整金融风险的防控与治理、金融活动的规范与保障、金融创新的引导与规制等三个方面的内容。调整对象的非单一性决定了金融法调整方法的多样性和集合元素的复杂性:既有民法规范,也有行政法规范,还有刑法规范。[②]

因循部门法分立的思维定势,将以上规范硬性规定在不同的部门法律文件内,势必造成多元法律责任的分离与割裂,不仅破坏了法律责任制度的完整性,也大大降低了法律责任的效用。

(二)在证券业单行立法中统筹多元法律责任相互协作

在传统的部门法框架下,证券法归属于哪个法律部门?这并不是一个容易回答的问题。证券法是调整全部证券活动关系之法律规范的总称。从调整内容来看,证券法一方面调整平等主体围绕证券发行、交易而产生的各种民商事关系;[③]另一方面也调整国家干预证券市场而形成的具有强制性的监督管理关系以及证券业协会、证券交易所代行职责形成的证券自律监管关系。[④] 可以看到,证券法律关系同时具有横向的民商事法律关系要素和纵向的经济法律关系要素。是故,简单地将证券法划归到民商法部门和经济法部门均不符合实际,这从当前研究证券法的学者同时来自民商法部门和经济法部门的现象可见一斑。

事实上,还有许多刑法领域的学者专门研究证券市场不法行为的刑法

---

① 参见梁文永:《一场静悄悄的革命:从部门法学到领域法学》,载《政法论丛》2017 年第 1 期。

② 参见汪鑫主编:《金融法学》(第 4 版),中国政法大学出版社 2011 年版,第 11 页。

③ 证券民商事关系主要包括发行人与投资者之间的证券发行关系、证券承销关系、证券交易关系、证券公司与客户之间的关系、证券公司与发行人和上市公司之间的保荐关系、因证券交易所而发生的民事法律关系、证券服务机构与发行人或上市公司之间的证券委托服务关系、证券交易的结算关系等。

④ 参见李东方:《证券监管法的理论基础》,载《政法论坛》2019 年第 3 期。

规制和证券犯罪的问题。可见，证券法具有跨部门法的特点，难以完全容身于任何一个传统的法律部门。一味纠结证券法归属于哪个法律部门，试图以某一个部门法的理论原则统摄全部的证券市场活动，无异于削足适履。在分别制定民法典、行政许可法、行政处罚法、刑法等传统部门法的基础上制定单行的证券法，实际是立法逻辑由部门法主义向领域法主义的悄然转向。

在当前的立法中，证券法的法律责任设置主要针对市场主体，其归责原则、构成要件、责任形式、实现机制表现出强烈的行政法属性，因而行政责任是当前证券法的本法责任。①

首先，责任构成以过错责任为归责原则。由于证券法上的法律责任不以危害结果为前提，因而归责以反映其主观恶性的过错行为为基础，过错责任最突出的功能就是对过错行为予以惩罚和制裁，以此达到教育的目的。②

其次，责任构成采用行为中心主义。证券法上的法律责任以维护证券市场行政管制规则为直接目的，违法行为的出现即意味着对行政管制规则的违反，因而证券法上的法律责任的构成要件属于"行为犯"，并不以危害结果的出现为要件。

再次，财产罚是责任承担的主要形式。通过对主要国家之证券市场立法进行检视可以发现，"处以……罚款""没收违法所得""没收业务收入"是证券法上法律责任主要承担形式。

最后，责任追究通过证券监管机关的执法活动予以实现。综观世界主要国家的证券法律，在设立专门的证券市场监管机关并赋予调查、取证权力的同时，几乎无一例外地规定其拥有维护"公益"对违法者处以适当行政处罚的权力。

可以看到，当前的证券法主要体现了其作为国家干预证券市场之管理性法律的属性。在领域法的立法逻辑下，还需打破部门法律责任"割据"的思维藩篱，在证券行业的专门立法中完善证券民事责任的法律规范并实现

---

① 参见周友苏、蓝冰：《证券行政责任重述与完善》，载《清华法学》2010 年第 3 期。

② 参见王利明：《我国侵权责任法的体系构建——以救济法为中心的思考》，载《中国法学》2008 年第 4 期。

附属刑法在证券法中的复归。

证券民事责任的设定方式,存在明示的民事责任设定、兼有明示与默示的民事责任设定两种模式。明示的民事责任设定一般采用直接、正面的方式规定证券活动主体给投资者造成损失的应当承担赔偿责任;兼有明示与默示的民事责任设定则是在法律明确规定民事责任的基础上,对于那些法律未明文规定违反禁止性规定应承担民事责任的,由法院在司法阶段援引"立法意图"赋予受害者私人诉权。[①] 默示民事责任是对明示民事责任的有效拓展和补充,有利于完善证券民事责任制度。

对于证券刑事责任的立法方式,有刑法典、单行刑法和附属刑法三种。其中,附属刑法是规定在民商法、行政法和经济法等非刑事法律中的罪刑规范。[②] 以功能主义建构证券法律责任制度,应当以附属刑法的形式将证券犯罪的罪刑规范集中规定在证券法中,在此基础上统筹多元的证券法律责任,实现不同性质之证券法律责任的相互协作。

三、程序法层面完善行政执法与法院司法的对接与配合

如果法律规则只是停留在纸面而不对人们的行为产生任何影响,那么法治就仅仅是一种神话,而非现实。[③] 法律的实施便是将纸面的法律转变为行动的法律,将拟制的权利义务关系转变为现实的权利义务关系,将抽象的交易交往规则转变为具象的市场运行秩序的过程。

法的实施包含守法、执法和司法三个方面,其中守法主要依赖行为人自身对行为适法性的选择和决定,执法与司法则主要依赖国家公权力机关对法律进行运用。执法和司法在发起、主体、内容和程序等四个方面均存在不同,[④]发起的主动性、裁决的单方面性以及程序的相对简易性是执法较之司法最显著的区别。证券行政责任与证券民事责任、刑事责任分别经由执法、司法途径实现,协调多元证券法律责任还需实现机制的对接与配合。

---

① 参见薛峰:《证券法中民事责任的设定方式研究》,载《中国法学》2003 年第 1 期。

② 参见张明楷:《刑法学》(上)(第 5 版),法律出版社 2016 年版,第 17 页。

③ 参见[美]E. 博登海默:《法理学:法律哲学与法律方法》,邓正来译,中国政法大学出版社 2017 年版,第 260 页。

④ 参见王启富主编:《法理学》(第 2 版),中国政法大学出版社 2013 年版,第 131 页。

（一）证券行政执法对证券民事诉讼的辅助与促进

在三大证券法律责任中，仅有证券民事责任承担着救济功能，因而证券民事责任不可偏废。但是，在证券民事诉讼中原告、被告悬殊的力量对比往往令证券民事责任难以实现。面对这一困境，学者们最直接的反应往往是修改证券侵权案件的归责原则和证券民事诉讼中原告、被告的举证责任分配，借此克服受害投资者在民事求偿过程中所面临的重重困难。

例如，有学者指出证券侵权行为的发生比普通民事侵权案件具有更多的人为因素，损害结果往往都是由证券欺诈行为造成，受到侵害的相对人通常是中小投资者，因而归责原则采用比过错原则更严格的过错推定原则更有利于保护投资者。[①] 还有学者认为应当对证券市场侵权案件实行举证责任倒置，因为在证券侵权案件中，仅从行为外观来看，侵权行为与正常的"合法交易"无异，具有相当强的隐蔽性。较之日常生活中的民事侵权行为，证券侵权往往除了交易记录以外再无其他违法痕迹。受害投资者甚至难以察觉侵权行为的存在，更别说掌握核心证据了。相反，侵权人是侵权行为的实施者，掌握着最准确、最清楚、最全面的信息，距离能够证明违法事实的证据也最近。在这样的情况仍然片面坚持"谁主张，谁举证"势必使受害投资者因为"举证鸿沟"而无法通过民事诉讼救济权利。[②]

局限在民法部门内对证券民事责任的归责原则和举证责任分配规则进行改造固然能够一定程度上缩小证券民事诉讼中原、被告之间的信息鸿沟和资源调动能力的巨大差距，但对投资者的过度倾斜也可能使被告动辄遭受不必要的侵扰。[③] 事实上，对证券民事责任的支持可以从片面加重被告负担的思路转向对原告诉讼能力的支持。与能力羸弱的投资者不同的是，证券监管、执法机关在资源调动与权力配置上拥有显著优势。

以美国为例，《美国证券交易委员会 2020 年度机构财务报告》显示，

---

① 参见禄正平：《证券法学》，商务印书馆 2019 年版，第 504 页。

② 参见薛珍、于承：《证券投资者合法权益的民事司法保护机制发展与思考》，载卓泽渊、刘建、李小华主编：《金融法律服务与管理创新建设论坛》，中国人民公安大学出版社 2012 年版，第 610 页。

③ 参见李剑：《反垄断私人诉讼困境与反垄断执法的管制化发展》，载《法学研究》2011 年第 5 期。

SEC目前由公司财务部、执行司、投资管理司、经济和风险分析司、交易和市场部等5个部门和25个办事处组成,在全美11个地区设有区域办事处,并外聘有资产管理、固定收益市场结构等咨询委员会。在2020财年SEC的财政预算为5000万美元,实际使用约4705万美元。2020年在职的全职员工为4411名,其中约3000名是经济学和法学方面的专业人员。[①] 在超强阵容的基础上,法定的调查权、检查权使SEC能够最大限度地主动收集证据。可见,证券监管、执法机关所具备的专业能力、行业资源以及职权配置优势可以在很大程度上克服证券民事诉讼中投资者能力不足的问题。

在方向锚定和能力具备的情况下,证券行政执法对证券民事诉讼的辅助和促进就是方式、方法的问题了。如前所述,我国司法机关曾经为了应对开放证券民事诉讼可能到来的诉讼潮,通过两个司法文件设置了证券民事诉讼的行政、刑事处理前置程序。从证券民事诉讼的实际运作情况来看,行政、刑事处理前置的确大大降低了受害投资者的举证难度,提高了胜诉的概率,其副作用却是诉权的受限。因此,行政程序前置并不是证券行政执法促进证券民事诉讼的最优方案。[②]

显然,证券行政执法对证券民事诉讼的辅助与促进不会是前置程序一设了之这么简单,因为这里面既涉及案件的管辖、案件的受理、原告资格的界定等程序性问题,又涉及侵权行为的证明、因果关系的认定以及民事责任承担形式的转化等诉讼诉争内容的问题。对以上内容的展开和进一步说明,本书将在第四章详细论述。不过有一点可以明确,那就是在证券民事责任的功能明显不彰的情况下,证券行政执法对证券民事诉讼的辅助和促进既要使民事诉讼成为证券法的一种重要实施机制,又要避免可能的滥诉行为对司法资源的浪费和对证券市场活动的不良影响。[③]

(二)证券行政执法与证券刑事诉讼的衔接与转化

对于证券行政责任与证券刑事责任的功能协调,投射到程序法则具体

---

① See U. S. Securities and Exchange Commission, 2020 *Agency Financial Report*, p. 7.

② 参见黄丽娟、王旭涛:《论证券民事诉讼中的行政程序前置制度》,载《四川师范大学学报(社会科学版)》2006年第2期。

③ 参见王先林:《论反垄断民事诉讼与行政执法的衔接与协调》,载《江西财经大学学报》2010年第3期。

表现为证券行政执法与证券刑事司法的衔接与转化。追究证券犯罪刑事责任的证券刑事诉讼基本上都是公诉案件,由公权力机关发动,例如,美国的证券刑事诉讼由司法部发动,我国的证券刑事诉讼由检察机关提起,因而从形式上看证券刑事诉讼不存在民事诉讼那般力量对比悬殊的问题。事实果真如此吗?答案是否定的。

与证券监管、执法机关超强的专业人员配置相比,检察机关往往只是针对证券犯罪的公诉需要增添几名检察官,无论在资源配置还是专业能力上都远不及专门的证券监管、执法机关。正因如此,无论是美国专司刑事诉讼的司法部还是中国主要承担公诉职能的检察院,对于证券犯罪之刑事责任的追诉都严重依赖证券监管机关的案件移送。又由于对证券市场违法行为及时查处之效率性的需要,证券监管机关往往集调查权、执法权于一身。证券监管机关形成一个封闭的体系,出现"有案不移、以罚代刑"的现象也就不奇怪了。

要解决证券行政执法与刑事诉讼的衔接和转化问题,首先需要回答"以罚代刑"是否合理?在法定犯时代,几乎每一个行政犯罪都自带行政违法的基因。关于行政不法与刑事犯罪的关系,陈兴良教授早在20世纪90年代初就指出,行政违法与刑事犯罪虽然因为社会危害程度的不同在性质上存在根本差别,但两者又有着不可分割的内在联系。不同于传统刑法根据"自体恶"[①]规定的自然犯,现代刑法广泛存在的行政犯是一种"禁止恶","禁止恶"的恶性源自刑法的禁止性规定。因此,行政犯实际是行政违法因恶性加深转化的,它具有行政违法与刑事犯罪的双重属性。[②] 基于这个原因,证券市场的刑事犯罪势必同时构成行政违法与刑事犯罪,"以罚代刑"不具有正当性。

那么,在行政处罚与刑事制裁竞合的情况下应当遵循怎样的适用原

---

① 自体恶(mala in se)与禁止恶(mala prohabita)是古罗马法对犯罪的一种重要分类方式。自体恶是指本质上违反社会伦理道德的违法行为,这种行为因侵害了公共秩序、善良风俗而为一般社会正义所不容。禁止恶则是指本质上并不违反伦理道德,因为维护行政管理秩序的需要而为法律所禁止的行为。参见韩忠谟:《行政犯之法律性质及其理论基础》,载《台湾大学法学论丛》1980年第2期。

② 参见陈兴良:《论行政处罚与刑罚处罚的关系》,载《中国法学》1992年第4期。

则呢？对此，学界存在“一事不二罚”、“行政优先”和“刑事优先”三种主张。“一事不二罚”原则又称“一事不再理”原则，指针对同一违法行为，不应给予两次以上的处罚。依据该原则，涉嫌犯罪的案件经过行政处罚后就不应再移送司法机关处理。① “行政优先”原则指以“行政优先”为基本原则，“刑事先理”为例外；②“刑事优先”则要求行政执法机关在处理行政违法案件时，发现相关行为已涉嫌构成犯罪的应及时移送司法机关追究刑事责任。

证券行政执法与证券刑事诉讼的衔接，存在衔接方式、衔接程序和检察机关的作用三个方面的内容。就衔接方式而言，应遵循如下原则：(1)类似罚不得重复处罚。例如，证券监管机关已经处以罚款之后，法院则不应再判处罚金。即便再判处罚金，行政罚款也应予以减扣。(2)不同罚可予再处罚。例如，对于同一证券市场违法行为，证券监管机关已经处以吊销从业资格等能力罚之后，法院则没有必要再判处管制、拘役和有期徒刑等排除执业危险的刑罚。(3)免刑后应予以再处罚。对于成立犯罪但免予刑事处罚的案件，证券监管机关应当补充作出行政处罚。

就衔接程序而言，主要包括以下程序机制：(1)证券行政执法机关的案件移送程序；(2)司法机关对移送案件的受理和审理程序；(3)证券行政执法与刑事诉讼程序中的证据归集与转化等。此外，还应重视检察机关在证券行政执法与证券刑事诉讼衔接中的作用。这主要体现在立案监督、移送监督两个方面。立案监督主要是指作为专门法律监督机关的检察机关对证券行政监管机关监管证券市场，处置违法行为的执法活动等进行监督；移送监督则指的是检察机关督促证券行政监管机关将符合犯罪构成的案件移送司法机关追究刑事责任。

---

① 参见元明：《行政执法与刑事执法相衔接工作机制总结》，载《国家检察官学院学报》2006年第2期。

② 参见田宏杰：《行政犯罪的归责程序及其证据转化——兼及行刑衔接的程序设计》，载《北京大学学报(哲学社会科学版)》2014年第2期。

本章小结

由信息不完全和信息不对称引起的市场失灵可以说是证券市场与生俱来的“缺陷”。与实体经济既相离又相联的特性使发生于证券市场的金融风险能够通过资产价格波动传导至其他经济部门，甚至引发全局性的经济动荡，由此产生政府权力介入证券市场活动的正当性。基于民主、束权的法治理念，政府规制证券市场活动的措施表现为强制性行政规范，保障这些法规有效运行的便是证券法律责任制度。普通法系国家和大陆法系国家虽然分别以习惯法和成文法作为传统的立法模式，但在证券法律责任制度的立法模式上逐渐趋同：制定专门的证券法抑或综合的金融法，围绕信息披露规定诸多从业规范，设立专门证券监管机构赋予其广泛的证券市场监管权力，并在同一部法律中同时规定侵害投资者利益的民事责任以及违反强制性行政规范的行政责任与刑事责任。救济、惩罚和预防是法律责任的三大功能。按照法律责任实现方式的不同，可以将证券法律责任分为司法途径的证券法律责任和执法途径的证券法律责任。司法途径的证券法律责任包含民事责任和刑事责任，分别主要承担救济和惩罚、预防的功能；执法途径的证券法律责任特指基于效率考量从传统刑事责任中剥离出来的行政责任，惩罚和预防亦是其最主要的功能设定。

在三大证券法律责任中，仅有证券民事责任承担救济投资者的功能，而在实践中，高企的诉讼成本和因果关系证明困难导致其功能不彰。假借“欺诈市场理论”的“行为—损害”因果关系推定面临技术操作的难题和异化为“投资保险”的诘问。在证券民事求偿中引入惩罚性赔偿似有激励受害投资者积极诉讼行权之功效，却将证券民事责任的功能不当扩张至惩罚与预防。证券行政责任作为与各国制定证券法，设立证券行政监管机构并广泛赋予执法权限相伴而生的一种证券法律责任，属于证券法的“本法责任”。但是，过分依赖证券行政责任将抑制市场活力、降低市场在资源配置中的效率。与此同时，证券行政责任的率先实现往往令证券民事责任无法得以实现，与证券刑事责任功能同质且更有效率致使其频频架空证券刑事责任的适用空间。刑法是一切法律的“后盾法”。在证券行政责任持续扩张的背景下,刑事立法将更多的证券不法行为纳入犯罪圈,加大刑罚处罚力度正成为世界各国对证券刑事责任的普遍立法趋势。但是,证券犯罪的重刑化趋势首先冲击了刑法谦抑的现代刑事法治原则,法经济学研究表明刑罚的威慑效果与自由刑长度并非线性正相关关系,证券刑事责任的象征性立法反而大大折损证券法律责任制度的威慑功能。

三大证券法律责任的“貌合神离”是本书的问题域,由此产生对之进行功能协调的必要性。对此,首先需要对不同部门法之证券法律责任的功能进行准确认知,把握不同部门证券法律责任在权利保护和行为指引两个方面不同的价值取向和发生机理。此外,还需建立整体性、立体性思维,以整体性关照分属于不同部门的证券法律责任,以立体性整合此前拼图式的证券法律责任。在法律全球化的今天,法律成文化是普通法系国家和大陆法系国家共同的表现形式。从形式上看,法律成文化只是普通法系国家在法制现代化过程中的明显改变。而从法律文本的内容来看,以证券(金融)法律为代表的现代成文立法与大陆法系的传统立法亦有重大的区别:立法不再以单纯的法理逻辑为导向,而是以某领域的问题法律化解决为圭臬,打破部门法格局、统筹多元法律责任。行政监管机关执法和法院司法是证券行政责任与证券民事责任、证券刑事责任在实现机制上最大的区别。司法途径证券法律责任的短板不仅体现在司法程序的被动性,更体现在民事原告与刑事公诉人在专业知识上较之证券执法机关的不足。因此,在程序法层面实现证券法律责任制度的功能协调需加强证券行政执法对证券民事诉讼的辅助、促进,与刑事诉讼程序的衔接、转化。

第二章　证券法律责任制度的功能协调模式

成文法系国家追随普通法系国家建立起证券市场规则并配以多元的证券法律责任，但对分属于不同部门法、性质不同的证券法律责任之间的功能协调问题却并未足够重视。由此导致的问题是，民事法律、行政法律和刑事法律虽然都将侵害投资者利益、破坏证券市场秩序的行为纳入规制范围，但却秉承相对独立的价值评价体系、归责原理以及责任承担方式。也就是说，且不论我国仍然将证券刑事责任单独规定在刑法典中，即便如德国、日本等大陆法系国家已经在《有价证券交易法》《金融商品交易法》综合规定了证券不法行为应当承担的民事、行政和刑事法律责任，多元证券法律责任的外部关系也仍然总体上保持相对封闭的立场，缺乏必要的协调机制。当面临日益严峻的证券市场风险时，立法者为筑起风险防范的法律高墙，总是倾向于同时增加惩罚性赔偿、提高罚款和罚金的数额，很难看出有协调的迹象。[①] 正是基于这样的原因，证券民事责任张弛无度、

① 参见宋亚辉：《风险控制的部门法思路及其超越》，载《中国社会科学》2017 年第 10 期。

行政责任持续扩张、刑事责任亦步亦趋也就不奇怪了。多元证券法律责任的竞争冲突和功能失调,尤其是证券行政责任的持续膨胀使得证券法律责任制度的功能协调成为题中应有之义。对此,需锚定不同证券法律责任的功能定位,探析可行的功能协调模式。

第一节　证券法律责任制度功能定位的再审视

救济、惩罚、预防是法律责任的三大主要功能。从一般法理出发,证券法律责任体系中的民事责任主要承担救济功能,行政责任和刑事责任则主要承担惩罚和预防功能。但是,由于立法缺乏系统性、整体性和协调性,各部门的证券法律责任在理论和实践中不同程度地侵入其他部门法律责任的"领地"。例如,惩罚性赔偿制度在部分域外国家和地区的建立使证券民事责任的功能不再局限于损害填补。行政罚款的财政回拨和暂缓入库制度又使证券行政责任的惩罚、预防功能在某种程度上让位于救济功能。此外,证券法律责任制度的惩罚、预防功能是否需要行政责任和刑事责任两种性质的法律责任共同承担?如果是,这两种证券公法责任应如何进行分工与配合以实现功能协调?如果不是,是否需要在立法上取消其中一种证券法律责任的配置?法学理论之所以没有足够的能力回应法律实践中的挑战,原因在于作为认知主体的人对认知对象的法律缺乏本质的认知和充分的批评、论证。[①] 要回应上述疑问并实现证券法律责任制度的功能协调,需准确认知各部门证券法律责任的产生缘由、实现机制及承担方式。从整体性、系统性的视角对不同部门的证券法律责任进行功能定位是达成本书研究目标的事实基础与逻辑前提,也是本节要解决的主要问题。

一、证券民事责任的损害填补功能

在大陆法系的法学理论中,基于损失转移原理,民事责任的功能一直以来都定位于损害赔偿,由此衍生出民事责任裁判的损害填补原则和得利禁

---

① 参见葛洪义:《法学研究中的认识论问题》,载《法学研究》2001 年第 2 期。

止原则。相较而言,普通法系并没有这样的法学理论对民事责任的裁量进行限制。在相当长的时间里,出于追求民事诉讼中惩罚性赔偿体现出的"私人执法"效果,该制度在普通法系国家大有席卷之势。作为普通法系代表性国家的美国率先在证券市场治理中引入惩罚性赔偿制度,即 SEC 可以在针对内幕交易者的民事诉讼中诉请相当于违法所得 3 倍的民事赔偿。该制度被欧盟、日本、新加坡等证券市场法制后发的国家纷纷效仿。那么,证券民事责任的损害填补功能是否被突破?如何看待证券领域的惩罚性赔偿?

(一)民事责任损害赔偿的一般原理

当代大陆法系国家(地区)的民法都将因侵权行为承担民事责任的法律效果规定为损害填补(Schadensausgleich),即赔偿受害人所遭受的损失是侵权人承担民事责任之损害赔偿的首要目的,①甚至可以说是唯一目的。例如,德国《民法典》第 249 条规定:"负有损害赔偿义务的人,应恢复损害发生前的原状。因伤害人身或者损毁物件而应赔偿损害时,受害人可以要求以金钱赔偿代替恢复原状。"《欧洲侵权行为法基本原则》第 10:101 条亦规定:"损害赔偿旨在以货币的方式补偿受害人,即在金钱可能的范围内使受害人恢复到没有遭受被指控的不法行为时的状态。"②

对此,德国法学家瓦格纳(Gerhard Wagner)教授评述道,侵权民事责任损害赔偿的原理在于转移损失,因为损害后果发生以后无论如何都不会消失,损害赔偿只不过是将损失由受害者转移到加害者身上而已。③ 根据这

---

① See Ulrich M. , *Comparative Report on the Law of Damages* , in U. Magnus ed. , Unification of Tort Law: Damages, Alphen aan den Rijn, Kluwer Law International, 2001, p. 185.

② 《欧洲侵权行为法基本原则》是一个由意大利、西班牙、葡萄牙、比利时、德国、法国、英国、荷兰、瑞典、瑞士、希腊、奥地利等欧洲国家与欧洲侵权行为和保险法律中心,以及南非、以色列、美国等国的侵权行为法学者和法官构成的称作"欧洲侵权行为法团体"(European Group on Tort Law)的组织草拟的一个旨在谋求协调欧洲各国侵权行为法的建议稿。它不是单纯地重复欧洲侵权行为法一般的共同核心内容,而是一个建设性的,对侵权行为责任广泛系统的前瞻性的建议。该原则的意图是汇集学术和实务当中的讨论意见,希望能够提供一个指导性的纲要,以服务于国家立法,从而促进欧洲各国法律的逐渐协调。参见于敏:《欧洲侵权法基本原则》,载《环球法律评论》2006 年第 5 期。

③ Gerhard W. , *Prävention und Verhaltenssteuerung durch Privatrecht —Anmaßung Oder Legitime Aufgabe* , Archiv für die civilistische Praxis, Vol. 206:3, p. 453(2006).

一原理,在侵权民事案件中原告诉请损害赔偿,要求原告必须遭受了实际损失,并且损害赔偿金应当与受害人所遭受的损失一致。由此衍生出民事责任损害赔偿的两大原则——损害填补原则与得利禁止原则。

损害填补原则是指,当民事侵权损害发生之后,受害人因侵权所遭受的损失应当如数获得填补(fully indemnified),以使受害人在经济上恰好能恢复到侵权事件发生以前的状态。损害填补原则是侵权责任法之民事责任的核心。① 因侵权而承担民事责任的任务是补偿损失,即对损害的完全修复,因而补偿的范围并不取决于加害人的过错程度,而是取决于受害者之民事利益受损的程度。

损害填补原则的核心要义有二:其一,有损失才有填补,无损失则无填补。也就是说,受害人只有因加害人的侵权行为所造成的损失,才能获得补偿。当加害人在进行某行为时,即便造成了民事利益受损的风险,但受害者并未发生相应的损失,或者受害者发生的损失与加害人的行为没有因果关系,这种情况下受害者就无权要求加害人进行赔偿。其二,填补的量必须等于损失的量,即侵权人的赔偿恰好能够使受害者受损的民事利益恢复到侵权损害发生之前的状态,受害人不能获得多于、不应获得少于实际损失的赔偿。这就推出了民事责任损害赔偿的另外一个原则,得利禁止原则。

在大陆法系的传统民法学说中,得利禁止原则和损害填补原则是侵权损害民事赔偿中两个互为表里的原则。② 根据民事责任损害赔偿的一般原理,民事损害赔偿以补偿受害人所受到的实际损害为目的,补偿方式为恢复原状和金钱赔偿两种模式。得利禁止原则要求受害人受损的民事利益得到完全补偿的同时,其所获得的补偿以其实际受到的损失为限,不能多于实际遭受的损失。

对于非财产损失,传统大陆法系法学理论坚持认为不能用金钱来度量

---

① 参见张新宝:《侵权责任法立法:功能定位、利益平衡与制度构建》,载《中国人民大学学报》2009 年第 3 期。

② 参见孙政伟:《论私法上的惩罚——兼论惩罚性赔偿制度纳入我国未来民法典的正当性》,载《浙江工商大学学报》2016 年第 5 期。

非财产痛苦。[①] 对于受害人的精神抚慰和加害人损害行为的预防不能通过民事责任的承担实现,而应当通过公法(早期主要指刑法)予以实现。对此,有学者批评道,即便民事赔偿的责任范围仅限于损害填补,对于承担损害赔偿责任的加害人来说,这也是无差别的利益减损。以损害填补和得利禁止双重原则限制的民事损害赔偿仅着眼于过去已经发生的个体损害,将民事责任可能的预防潜在损害之功能归于公法责任实际是一种不经济的行为。[②]

(二)惩罚性赔偿对民事责任功能的拓展和补充

与大陆法系国家(地区)对民事责任损害填补功能的坚守不同,普通法系国家(地区)向来有在民事侵权案件中判处惩罚性赔偿的传统。惩罚性赔偿是指超出补偿性赔偿或者一般赔偿之外的赔偿,是对被告恶劣行为的惩罚或者阻遏被告(特定的)和其他人(一般的)做出类似的行为。[③] 惩罚性赔偿制度在普通法系的保留、传承与发展与其独特的司法制度和市场经济规制模式息息相关。

众所周知,陪审团制度是普通法系国家(地区)与大陆法系国家(地区)在司法制度上最显著的区别。在英美等国家,陪审团一直以来都有对被告判处超越实际损害之赔偿金额的权限。在18世纪以前,民事损害赔偿的数额并没有明确的衡量标准,陪审团可以酌情判决任何数额的赔偿金。法官既没有权力审查陪审团判决中民事赔偿的数额,更无权推翻陪审团的判决。后来,英国普通法院逐渐建立起了民事损害赔偿的裁量标准。即便如此,陪审团判决超出受害者实际损害的情况仍然时有发生,而法官也没干涉这些判决的意愿。这是因为在法官看来,被告的侵权行为往往出于恶意,以"超额"的赔偿金额对侵权人略施惩罚是妥当的。[④]

---

① 参见[德]格哈德·瓦格纳:《损害赔偿法的未来——商业化、惩罚性赔偿、集体性损害》,王程芳译,中国法制出版社2012年版,第18页。

② 参见张鹏:《专利侵权损害赔偿制度研究》,知识产权出版社2017年版,第9页。

③ See Madeleine T., *U. S. Punitive Damages Before German Courts: A Comparative Analysis with Respect to the Ordre Public*, Annual Survey of International & Comparative Law, Vol. 17:1, p. 188(2011).

④ See Jane M. & Barry R., *Punitive Damages: Toward a Principled Aproach*, Hastings Law Journal, Vol. 31:3, p. 969-973(1999).

在现代的反垄断法、消费者保护法和产品质量法等法律规范中，普通法系国家（地区）更是明文规定原告可以诉请超出实际损害数倍的民事赔偿。其原因在于英美等国基于对国家权力过于强大而侵犯国民自由的忌惮，普遍奉行“大社会、小政府”的理念，不愿意建立强大的警察制度或者检察制度。在市场失灵需要国家对市场经济进行管制时，由于执法人员的欠缺，经济管制法规的执行有赖于私人诉讼以达成国家目的。① 此时，提起侵权诉讼的受害者在某种程度上扮演着“执法者”的角色，这种制度设计可以节省国家建立行政执法体系的经费开支。

对于普通法系国家（地区）的惩罚性赔偿制度，大陆法系国家（地区）经历了根本拒绝、隐秘接受和公开支持三个发展阶段。大陆法系的普遍观点认为，在以私法承担救济职能，公法专司惩罚职能的法律体系中没有惩罚性赔偿制度的立足之地。例如，德国威斯特伐利亚大学的扬森教授（Nils Jansen）指出，对损害的填补和对损失的赔偿是德国损害赔偿法的唯一功能，对不法行为人的惩罚和预防则由行政法、刑法等公法来承担。惩罚性赔偿金制度不仅在德国的法律体系中逻辑难以自洽，还存在违反宪法的隐忧，因为德国《宪法》第 103 条第 2 款规定惩罚应当并且只能由法律以明确的构成要件加以规定，只有这样的惩罚才是合法的。如果在公法之外针对侵权人判处惩罚性赔偿金，则有违反德国《宪法》第 103 条第 3 款所禁止的双重苛罚之嫌。②

尽管欧洲大陆法系国家（地区）在立法和学说上均对惩罚性赔偿制度持否定态度，但随着社会价值观念的改变，惩罚性赔偿在大陆法系国家（地区）也开始隐秘地实践着。仍然以大陆法系的代表性国家德国为例，有学者在对德国法院作出的损害赔偿判决的研究中发现，德国法院已经在精神损害、侵犯个人隐私以及侵犯知识产权等 19 种情形下实际判处了惩罚性赔

---

① 参见陈聪富：《美国法上之惩罚性赔偿金制度》，载陈聪富等：《美国惩罚性赔偿金判决之承认及执行》，台北，学林文化事业有限公司 2004 年版，第 12 页。

② See Nils J. & Lukas R., *Punitive Damages in Germany*, in Helmut K. & Vanessa W. eds., Punitive Damages: Common Law and Civil Law Perspectives, Vienna, Springer, 2009, p. 75 – 86.

偿金，即民事侵权赔偿的损害填补原则并未被严格遵守。[①] 在这样的背景下，惩罚性赔偿尤其是在无形财产领域的惩罚性赔偿得到公开支持。部分学者指出，在侵犯商标、专利、著作权等无形财产权的侵权案件中，权利人在诉讼中的双倍许可费得到广泛支持，这在本质上可以视为对惩罚性赔偿诉求的变相承认。[②]

（三）证券市场惩罚性赔偿的功能辨析

随着惩罚性赔偿制度在两大法系司法实践中的"乘风破浪"，它也潜入了针对证券市场侵权损害的民事责任之中。美国在 1984 年和 1988 年分别以《内幕交易惩罚法》与《内幕交易和证券欺诈执行法》对《1934 年证券交易法》进行修改，赋予 SEC 对证券市场内幕交易违法者提起民事诉讼的权利，并可以诉请违法所得或者避损金额 3 倍以内的民事赔偿，该款项不影响行政罚款的执行。

此后，日本在 2013 年修订《金融商品交易法》时也在第 175 条引入了 3 倍赔偿规则，新加坡《证券期货法》第 323 条也以违法所得的 3 倍作为可对证券期货欺诈行为诉请的民事赔偿的上限，欧盟也有针对内幕交易类似的惩罚性民事赔偿制度。[③] 那么，相较于一般的损害赔偿，证券市场的惩罚性赔偿是否突破了传统民事赔偿责任救济受害人的功能定位呢？

虽然大陆法系国家（地区）无论司法实践还是理论学说都一定程度上接纳了在侵权民事责任中引入惩罚性赔偿制度，但这并不意味着民事责任的功能也由传统民法理论中的救济功能扩展到了惩罚和预防功能。大陆法系国家（地区）在司法实践中适度适用惩罚性赔偿，其目的仍在于填补损害——填补受害人精神上的损害与"加重损害"（aggravated damages）[④]等无

---

① Peter M., *Punitive Damages und deutsches Schadensersatzrecht*, Berlin, De Gruyter, 2000, p. 101.

② See Volker B., *Punitive Damages in American and German Law-Tendencies towards Aproximation of Aparently Irreconcilable Concepts*, Chicago-Kent Law Review, Vol. 78:1, p. 137 (2003).

③ 参见缪因知：《内幕交易民事责任制度的知易行难》，载《清华法学》2018 年第 1 期。

④ 加重损害意指因侵权人的不法行为而导致受害者遭受的财产损失之外的屈辱与挫折等损害。See Bruce C. & Michael J. T., *Punitive Damages: Divergence in Search of a Rationale*, Alabama Law Review, Vol. 40:3, p. 741 (1989).

法彻底恢复原状的损害,以金钱的方式对之进行替代性的填补。例如,德国联邦最高法院在1955年的一宗案件中强调,对精神痛苦和身体疼痛的赔偿金并不是一种惩罚的手段,而是恢复受侵害的非物质性权利的替代手段。①

事实上,即便在惩罚性赔偿制度盛行的普通法系国家(地区),也有大量学者坚持认为惩罚性赔偿是为了填补受害者遭受的无形损害,并非为了任何惩罚。哈佛大学教授西蒙·格林里夫(Simon Greenleaf)便指出,公法与私法一直存在严格的区分,一项法律制度要么属于公法,要么归于私法。民事责任的唯一目的就是补偿损失,受害人获得的民事损害赔偿应当与其遭受的损害精确相等。② 所谓的惩罚性赔偿制度之所以存在,是因为一般的损害赔偿并不能填补侵权行为造成的全部损害,惩罚性赔偿的功能便在于填补全部损害和财产性损害之间的"缝隙"。③

证券市场侵权的直接损害显然不涉及身体痛苦、人格权等非财产性的损害,那么世界主要国家(地区)为什么纷纷在证券市场的民事责任中引入惩罚性赔偿制度呢?这可能源于对美国法律中"civil penalty"一词的误读。按字面意思,这一术语可以被翻译为民事罚款,它的含义不同于我国语境中的民事赔偿。事实上,美国证券法律中将SEC经由司法程序和行政程序对违法者施以的罚款统称为民事罚款(civil penalty)。④ SEC对证券市场违法者实施的罚款之所以有经由行政程序直接作出的和通过司法程序由法院判决的两种,主要出于追究民事责任的盖然性证据标准(显著低于追究行政责任的优势证据标准和追究刑事责任的排除合理怀疑证据标准)以及对SEC行政权力的限制。

此外,法院判决的惩罚性赔偿金并不直接归于SEC或者具体案件中受

---

① 参见[奥]赫尔穆特·考茨欧:《惩罚性赔偿金:入天堂还是下地狱——比较报告及结论》,载[奥]赫尔穆特·考茨欧、瓦布萨·威尔科克斯主编:《惩罚性赔偿金:普通法与大陆法的视角》,窦海阳译,中国法制出版社2012年版,第361页。

② See Michael L. R. & Thomas H. K., *The Historical Continuity of Punitive Damages Awards: Reforming the Tort Reformers*, American University Law Review, Vol. 42:4, p. 1269 (1993).

③ See Robert D. C., *Punitive Damages, Social Norms, and Economic Analysis*, Law and Contemporary Problems, Vol. 60:3, p. 73 (1997).

④ 参见郭雳:《证券执法中的公共补偿——美国公平基金制度的探析与借鉴》,载《清华法学》2018年第6期。

损的投资者,而是进入国库或者投资者保护公平基金。可见,其他国家(地区)"效仿"美国在证券市场民事责任中引入惩罚性赔偿金制度系对美国证券法制的误读。尽管美国法律中大量存在赋权受害者追究侵权人惩罚性赔偿金的规定,但就证券市场侵权所谓的惩罚性赔偿制度而言,并未超过传统民法理论对于民事责任填补损害之功能定位的范畴。大陆法系国家(地区)对惩罚性赔偿制度的有限承认则是将其作为精神损害、人格减损等非财产损失的替代性填补措施。因此,证券民事责任的功能仍应当定位为填补投资者损失的救济功能。

二、证券行政责任的秩序维护功能

行政责任在行政法学中既指行政主体违法行政而应承担的法律责任,也指行政相对人违反行政法律秩序而应承担的法律责任。证券行政责任一般是指证券市场主体由于违反金融监管的行政法律规定构成行政违法而应当承担的否定性法律后果。[①] 相较于证券民事责任、证券刑事责任这两种经由司法途径裁量的法律责任,证券行政责任通过证券监管机构的行政执法程序予以实现,具有行政性、具体性、主动性、单方性等特征,[②]是现代证券市场法治中最基本、最主要、最突出的一种法律责任,被部分学者称为"证券法的本法责任"。[③] 从责任承担形式和法律效果来看,证券行政责任与证券刑事责任颇为缠绕,因而从证券市场秩序、证券市场管制以及行政处罚的逻辑关系中定位证券行政责任成为一种必需。

(一)从自发形成到政府建构的证券市场秩序

社会化大生产和股份制公司制度是证券市场诞生的必要条件。在农业经济和商品经济发展的初期,单个生产者的原始积累和熟人间的借贷就能够满足企业生产所需的资本。但当人类社会进入社会化大生产的阶段,企业生产所需的海量资金就难以通过单个企业的原始积累和熟人借贷得到满

---

① 参见薛峰:《论证券市场中的法律责任》,载《首都师范大学学报(社会科学版)》2002年第5期。

② 参见胡建淼:《论"行政处罚"概念的法律定位——兼评〈行政处罚法〉关于"行政处罚"的定义》,载《中外法学》2021年第4期。

③ 参见周友苏、蓝冰:《证券行政责任重述与完善》,载《清华法学》2010年第3期。

足,发展新的募资手段就成为一种必需,股份制公司在这样的背景下应运而生。股份制公司面向不特定的社会公众发行股票或者债券,借此集中社会的闲散资金投入社会生产来实现规模经济,而资金盈余者往往也希望借助股份制公司的生产、经营最大限度实现财富增值。股份制公司为证券市场,特别是股票市场的形成创造了条件。据统计,19 世纪最后十年,全世界发行有价证券的金额仅约为 1000 亿法郎,而这一数字在 20 世纪的前三个十年里分别翻了 2 倍、3 倍和 6 倍,分别达到了 2000 亿法郎、3000 亿法郎和 6000 亿法郎。与此同时,发行证券的结构也在悄然发生变化,公司股票和债券逐渐取代了国债和国库券的主流地位,在有价证券发行总金额中的占比超过 60%。[①]

证券发行带来了证券流通的需要,日益增长的证券交易需求迅速催生了一大批证券经纪人。但是,在证券交易的早期并没有一套组织化、规范化的交易规则。[②] 为了使证券交易得到可信赖的、持续性的制度保障,1792 年美国纽约的 24 家证券经纪商在华尔街 68 号门外的一棵梧桐树下签订了著名的《梧桐树协议》[③],通过协商的方式制定公共管理条例,以维护证券市场秩序。在此基础上,纽约的证券经纪人于 1817 年组织建立了会员制的纽约证券交易委员会(1863 年更名为纽约证券交易所)。该委员会一方面垄断证券发行、交易的渠道,因为无论证券发行还是交易都必须通过会员进行,另一方面通过约束会员行为使纽约的证券发行、交易都有序进行。纽约证券交易委员会颁布证券上市的条件并拥有对会员的惩戒权力。例如,会员如果蓄意违反交易所章程、管理委员会决议或者有与公平、公正交易原则相悖的任何行为,经多数会员投票同意,交易委员会可以要求违规会员暂停营

① 参见刘德红等编著:《证券投资学》,北京交通大学出版社 2002 年版,第 11 ~ 12 页。

② 参见李志君:《证券市场自律研究》,人民出版社 2013 年版,第 5 页。

③ 《梧桐树协议》(The Buttonwood Agreement)的原文如下:We the subscribers, brokers for the purchase and sale of public stock do hereby solemnly promise and pledge ourselves to each other, that we will not buy or sell from this day on for any persons whatsoever any kind of public stock at less rate than one-quarter percent commission on the specie value of, and that we will give preference to each other in our negotiations.(我们,这份协议的签署者,作为买卖公共证券的经纪人,特此庄严承诺并相互保证:在从今往后的交易之中,无论对任何人,无论买卖任何证券,都将以不低于交易额 0.25% 的比率提取佣金,而我们之间彼此交易时,将会本着相互磋商的原则,给予彼此优惠。)

业，甚至取消其会员资格。[1]

证券经纪商为了保障自身的利益，通过行业自律制定了“民间版”的证券交易规则，一定程度上遏制了证券市场投机行为，形成了“初始状态”的证券市场秩序。但是，强制力的不足和覆盖范围的有限使自发形成的证券市场秩序仍然难以长久维持。事实上，由于缺乏政府强制力对证券发行、交易的干预，在“咆哮的二十年代”（The Roaring Twenties）[2]海量融资需求的刺激下，美国的地方性证券交易所遍地开花，纽约、芝加哥等中心城市甚至出现“一城多市”的现象，证券发行量和证券交易量都呈出井喷的发展态势。然而，由于证券市场的无序竞争，真假证券在各大证券市场混杂，证券欺诈和市场操纵的现象也时有发生。在“大萧条”前夕，许多证券的价格都因人为操纵而抬高到远远高于其实际价值的地步，市场泡沫最终以金融危机的形式被刺破。[3] 为了拯救危机，美国政府率先对证券市场进行干预，制定以证券发行注册、信息披露为核心的“官方版”证券市场规则，诸多行之有效的行业自律规则经由政府法令确认上升为法律规定并不断完善，证券市场秩序也从自发形成的秩序转变为政府建构的秩序。

（二）证券市场行政管制与行政处罚的连结

如何从学理上解构证券市场秩序由市场参与者自发形成到政府法制建构的转变过程呢？我们或许可以从行政管理学的研究成果中寻找答案。立法权、司法权和行政权是国家权力的主要表现形式，行使权力的过程也是现代国家发挥职能的过程。其中，通过行政活动行使行政权力、发挥行政职能是国家权力最日常的存在。与立法机关的立法活动相比，行政活动具有明显的具体性、多样性、执行性和动态性特点；与司法机关的司法活动相比，行政活动又表现出主动性、灵活性的特点。

---

① See Meeker J. E., *The Work of the Stock Exchange*, Nabu Press, 2010, p. 336 – 337.

② “咆哮的二十年代”是指北美地区（含美国和加拿大）的许多城市在20世纪20年代所焕发出的经济欣欣向荣、文化繁荣昌盛的时代。在这一时期内出现了无数具有深远影响的发明创造，前所未有的工业化浪潮，民众旺盛的消费需求与消费欲望，以及生活方式翻天覆地的改变。See Lucy M., *Anything Goes: A Biography of the Roaring Twenties*, New York, Abrams Press, 2010, p. 25 – 30.

③ 参见刘园主编：《金融市场学》，对外经济贸易大学出版社2002年版，第382～383页。

在前资本主义时期,行政权力主要是统治阶级用以从普通民众手中攫取剩余价值的工具,[①]因而西方国家在资产阶级革命之后普遍强调以民主限制政府的行政权力。但是,随着自由资本主义向垄断资本主义的过渡,市场失灵现象在西方国家越来越普遍、越来越频仍,人们逐渐意识到政府有能力、有义务通过行政权力的行使有意识地推动、促进经济增长,防止、抵御经济衰退。

正是在对政府职能之认知不断深入的背景下,行政职能扩大化的趋势在近代社会逐渐变得明显起来。严重的信息不对称几乎深植于证券市场的"基因"深处,也是其几乎不可能克服的"缺陷"。为了尽可能发挥证券市场在市场资源配置中的正面效用,保障上市公司和投资者等市场主体的经济金融权利,国家通过立法程序设立专门的政府管制机构,并以法律的形式通过许可、认证等行政手段,对证券市场的准入、退出进行限制,对证券发行、证券中介服务的价格、质量等进行规范,即政府的行政管制。

根据制度经济学的公共产品理论,行政管制作为一种旨在追求社会效益、不具有排他性,可以同时作用于不特定众多经济实体的制度工具,属于一种由政府提供的、无形的纯公共产品。作为公共产品的行政管制表现出如下特征:(1)在形式上表现为法律、规章等,在具体实施过程中具有一定的灵活性,甚至有相当程度的主观任意性;(2)一般情况下供应权由政府垄断,特殊情况下通过法律授权的形式可能由社会组织提供;(3)作用效果受一国的价值观、意识形态、政治制度等因素影响。[②]

概念是人类在认知事物的过程中,将所观察、感知的事物的共同本质特征抽象出来,从而将感性认知上升为理性认识得到的理论范畴。[③] 行政管制是行政管理学的重要概念,作为规范行政管制的重要部门法学——行政法学却鲜有对这一概念的专门著述,盖因行政管理学属于事实学,行政法学属于规范学,跨学科的研究需要一定程度的话语转化。

从规范学的角度看,行政管制可以界定为行政机关为达到特定行政目

① 参见[美]理查德·拉赫曼:《国家与权力》,郦菁、张昕译,上海人民出版社2013年版,第78~80页。

② 参见宋光周编著:《行政管理学》(第5版),东华大学出版社2019年版,第52~60页。

③ 参见张明楷:《刑法学中的概念使用与创制》,载《法商研究》2021年第1期。

的,所采取的干涉市场主体权利并具有拘束力的行政行为,包括行政许可、行政强制、行政处罚等不同手段。其中,行政处罚是行政权力主体按照法定程序在法定权限内,对那些破坏行政管理秩序但尚未构成犯罪的违法行为依法给予行政制裁的行政处理行为。① 根据行政目的的不同,可以同时或者先后采取多种不同的管制手段,例如事先发布管制的行政命令,然后根据该命令进行行政许可的准驳,最后对违反管制命令的行为者施以行政处罚或者强制措施,证券市场的行政管制即采取这种模式。

在此,行政管制与行政处罚发生了连结:当行政机关希望达成的行政目的与管制目的相结合时,行政处罚自然成为行政管制的手段之一,并且由于其所具有的制裁特征,常与其他管制手段联合使用。

(三)证券行政责任对证券市场秩序的维护

行政处罚作为行政管制手段的一种,与行政责任是什么关系呢?有学者指出,行政责任表现为违法行为人接受的行政处罚。② 这种观点失之偏颇。事实上,法学领域的行政责任有广义和狭义之分。广义的行政责任是指行政法律关系中的行政主体和行政相对人因违反行政法规依法承担的法律责任,包括行政机关及其公职人员违法行使职权或者不作为的法律责任以及公民、法人或者其他社会组织违反行政法律规范的法律责任。狭义的行政责任仅指行政机关及其公职人员的违法责任,即行政主体的法律责任。

随着法治社会、责任政府的建设以及权力控制理论的发展,在行政法学领域,行政责任越来越多地仅指向行政机关及其公职人员的违法行政责任。③ 本书研究的证券行政责任大约是行政法学中狭义行政责任在广义行政责任中的补集④,特指证券市场主体因违反国家对证券市场的行政管理法规而应承担的法律责任,与证券民事责任、证券刑事责任是并列的概念。

---

① 参见姜明安:《行政法》,北京大学出版社 2017 年版,第 343 页。

② 参见林鸿潮:《行政法与行政诉讼法》,中国政法大学出版社 2017 年版,第 94 页。

③ 参见翟月玲:《行政责任法律规制研究》,中国社会科学出版社 2014 年版,第 7 页。

④ 一般地,如果一个集合含有所研究问题中涉及的所有元素,这个集合称为全集。如果集合 A 的任意一个元素都是全集的元素,则集合 A 是全集的子集,全集中不属于 A 的元素组成的集合叫作子集 A 在全集中的补集。

通过以上分析可以发现,在行政法学领域行政处罚与行政责任都是针对行政主体而言的,行政处罚是行政主体对行政相对人作出的制裁性行政处理行为,行政责任则是行政主体及其公职人员的责任。显然,对于证券行政责任这个含义的“行政责任”,行政法学主要是从行政处罚的视角进行研究的。对此,有学者批评道,这种单边主义式的研究缺乏对被处罚人权利的重视和人文关怀,缺少从行政相对人和违法行为的角度的思考。① 事实上,行政处罚具有双重属性,从行政主体的角度看是一种制裁性行政行为,但从被处罚人和被处罚行为的角度看则是一种惩罚性法律责任。研究视角的转换对于证券行政责任的研究具有重要意义,它既纵向地承接公共管理学中的行政管制概念、行政法学中的行政行为概念,又横向地置于民事责任、刑事责任等传统部门法划分视域下对多元证券法律责任进行对比研究。在此,可以说证券行政责任表现为违法行为人接受的证券监管部门作出的行政处罚。

论述至此,证券行政责任的功能定位就要呼之欲出了。证券市场经历了从自由放任到介入监管的发展过程,证券市场秩序的建立和维护也经历了从自发形成、行业自律到政府建构、行政维护的演变过程。在这个过程中,一些自律规范与行业自治标准经由立法程序上升为法律、行政法规或者部门规章。政府对证券市场的介入在行政管理学中属于行政管制的一种。行政管制可以采取行政许可、行政强制和行政处罚等多种手段,行政处罚因其制裁性和防止继续违法之效果,常被作为维持行政秩序之手段,以达到行政管制的目的。② 行政责任有多重含义,在证券市场这个场域,证券行政责任专指市场主体违反国家对证券市场的管制性措施而应当承担的法律责任,它与证券市场监管部门作出的行政处罚是一体两面的关系。上述概念的逻辑链条是:证券市场秩序—证券市场行政管制—证券市场行政处罚—证券行政责任。可见,证券行政责任作为证券市场管制的强制力保障,功能在于维护证券市场秩序。

---

① 参见姜昕:《简论行政处罚中的“责任”问题》,载《云南行政学院学报》2008 年第 1 期。

② 参见洪家殷:《行政罚法论》(增订 2 版),台北,五南图书出版有限公司 2006 年版,第 7 页。

三、证券刑事责任的整体保护功能

证券民事责任重在救济权利,证券行政责任重在维护秩序,证券刑事责任的功能定位为何？事实上,在刑法实体法罪刑法定原则和刑事程序严苛证据的双重"制约"下,无论从惩戒措施的普遍性还是从技术操作的便捷性来看,对证券市场违法行为施以刑事制裁都不具有明显的优势。[①] 那么,对于证券市场的违法行为,由受害投资者提起民事诉讼和证券行政监管部门进行行政处罚是否足以填补损害、阻遏违法？证券刑事责任是否确有保留之必要？如果证券刑事责任属于证券法律责任体系"三足"中必不可少的"一足",其是否具有独立于救济投资者、维护市场秩序之外的功能定位？要回答以上问题,需从证券犯罪、证券市场法益以及证券刑事责任的引致关系中寻找答案。

(一)犯罪本质、刑法法益与刑事责任

人们对于犯罪本质的认知是一个随着社会发展而不断深化的过程。[②] 在刑法和犯罪等概念产生的初期,统治者往往自诩为"神明""上帝""造物主"等虚幻概念的化身或代理人,犯罪被定义为触犯"天意""神明旨意"的行为,统治者对犯罪者施以刑罚被冠以"替天行道""神意所示"等美名,这一时期对犯罪本质的认知被称为"神学本质观";随着人们对风雨雷电、昼夜更替等自然现象规律的深入认知,由"天命""神意"支撑的犯罪本质论逐渐土崩瓦解,取而代之的是犯罪的"法律本质观"。

统治者的意志不再借助"神明""造物主"等超自然的概念,而是隐藏于法律的形式之下。正如英国法学家霍布斯所言:"罪行是一种罪恶,在于以言行违反法律之所禁或不为法律之所令。"[③]事实上,犯罪的"神学本质观"和"法律本质观"都只是统治者意志寄居的"躯壳"。犯罪的"法律本质观"仍然没有回答一个问题,那就是立法者以什么为标准在刑法上将一个存在于社会生活的行为纳入犯罪的范畴？

---

① 参见毛玲玲:《证券市场刑事责任的法律经济分析》,载《华东政法学院学报》2005 年第 4 期。

② 参见丁后盾:《刑法法益原理》,中国方正出版社 2000 年版,第 55 ~ 59 页。

③ [英]霍布斯:《利维坦》,黎思复、黎廷弼译,商务印书馆 2017 年版,第 226 页。

自启蒙运动以来,西方的刑法学者、社会学家和政治家开始在先于立法的层面从社会共同生活中探寻犯罪的本质。现代刑法学先驱贝卡里亚在其传世著作《论犯罪与刑罚》中指出,对社会的危害是衡量犯罪的真正标尺。[①]这一对犯罪实质内涵的揭示具有划时代意义,人们对犯罪本质的认知进入到“社会本质观”,犯罪的本质是侵害了社会生活利益的有害行为。[②] 从“神学本质观”、“法律本质观”到“社会本质观”的跨越,实际上是人们对刑法之任务和功能认知的变化,即刑法的任务在于对侵害了社会共同生活的有害行为施以强制措施。

尽管人们对犯罪本质的认知进入到维护社会共同生活的层次,但“社会危害性”终究是一个过于模糊和抽象的概念,“社会危害性”概念的具体化成为刑法学者的新任务。对此,费尔巴哈率先提出“权利侵害说”,以对他人个体权利的侵害具体化犯罪行为的社会危害性;比恩鲍姆认为权利本身不可能受到侵害或者减损,遭到侵害的只可能是权利的内容或者对象,于是提出了“财侵害说”,即犯罪的社会危害性体现在侵犯了人们从自然或者社会生产中享有的“财”;[③]在此基础上,宾丁将“财”转化为“法益”,[④]提出犯罪的社会危害性本质上是法益侵害,刑法的任务在于保护法益。

法益作为链接犯罪与刑法的概念“中介”,揭示了犯罪的本质和刑法的任务,成为现代刑法学的核心概念之一,特定的法益贯穿于刑法个罪的立法和司法活动中。例如,生命利益是人类赖以生存、发展的前提,是人最核心、最重要的利益,杀人行为侵害了人的生命利益。生命利益经由刑事立法成为刑法认可、保护的法益,杀人行为成为杀人犯罪在刑法中被规定下来。在司法活动中,认定杀人罪是否成立应始终以被害人生命利益的实害或者危

---

① 参见[意]切萨雷·贝卡里亚:《论犯罪与刑罚》,黄风译,商务印书馆2018年版,第78页。

② 参见[日]大谷实:《刑法总论》,黎宏译,法律出版社2003年版,第65页。

③ Birnbaum, *Über das Erfordernis einer Rechtsverletzung zum Begriff des Verbrechens mit besonderer Rücksichtauf den Begriff der Ehrenkänkung*, Archiv des Criminalrechts, Neue Folge, Vol. 15, S. 171(1834).

④ 法益是由法律所表达与实现的利益,是利益的法律形态。法益也是利益,但它不是利益的自然状态,而是利益的法律状态。从形态的角度来说,法律形态的利益就是法益。参见焦艳鹏:《刑法生态法益论》,中国政法大学出版社2012年版,第15页。

险为圭臬,进而判令犯罪人承担相应的刑事责任。

刑事责任是法律责任的基本表现形式之一,是犯罪行为引起的并由行为主体承担的法律后果。[①] 值得注意的是,这里的刑事责任是作为犯罪的法律后果而言的,大陆法系刑法理论中特指犯罪成立条件之一的非难可能性与其存在根本性区别。通过以上论述可以看到,"法益"将犯罪、刑法、刑事责任等刑法学的核心概念串联了起来:犯罪是侵害法益的行为,刑法的任务是保护法益,刑事责任的功能在于保护法益。

(二)证券犯罪与证券犯罪侵害的法益

由于"证券"概念的外延过于模糊以及证券犯罪属于类罪名,大多数国家和地区在立法上均没有对"证券犯罪"作出明确界定。学理上对证券犯罪的定义则众说纷纭,较有代表性的观点有:"证券犯罪是指违反《证券交易法》的犯罪行为"[②]、证券犯罪特指形式上违反证券管理法规,实质上严重侵犯证券法益的行为。[③] 这两种对证券犯罪的界定过于简单,虽然指出了证券犯罪违反证券法规、侵犯证券法益的特征,但未能揭示证券犯罪的实质内涵。鉴于此,有学者指出界定证券犯罪应当把握两个基本标准:一是要体现证券犯罪的经济学特征,即证券犯罪是一种以欺诈为核心的滥用信息优势与资源优势的犯罪;二是要揭示证券犯罪的刑法学特征,即证券犯罪必须侵害了刑法保护的证券法益。[④]

于是,我国学者将证券犯罪分为典型和非典型两类,典型的证券犯罪指在证券发行、交易、监管等活动中发生的、直接危害证券管理秩序的犯罪,如内幕交易、市场操纵、滥用证券监管职权等犯罪;非典型的证券犯罪指发生在证券市场内、场外,间接破坏证券市场秩序、干扰证券价格形成的犯罪,如涉证券的盗窃、欺诈、挪用等。[⑤] 在此基础上,有学者将证券犯罪界定为违反证券法律、法规,故意实施非法的证券发行、交易活动,扰乱证券市

---

① 参见李永升:《刑事责任的概念和本质探究》,载《河南科技大学学报(社会科学版)》2008 年第 4 期。

② [日]芝原邦尔:《经济刑法》,金光旭译,法律出版社 2002 年版,第 50 页。

③ 参见周建军:《证券刑法的基本问题》,载《政治与法律》2008 年第 10 期。

④ 参见王崇青:《全流通时代的证券犯罪问题研究》,中国人民公安大学出版社 2014 年版,第 32~33 页。

⑤ 参见祝二军:《证券犯罪刑事立法原理》,中国方正出版社 2000 年版,第 17~18 页。

场管理秩序和市场秩序，损害国家和证券投资者合法权益，情节严重或者造成严重后果的行为。[①] 可以看到，刑事违法性与严重的社会危害性（破坏证券市场秩序、侵害投资者利益）是证券犯罪的显著特征。

值得深究的是，证券市场秩序与投资者合法权益是否同时为证券犯罪所侵害的法益？有观点指出，证券市场由上市公司募集资金的需求和投资者谋求资产保值、增值的需要形成，确保有价证券正常流通和证券价格公允形成是证券市场最大的效用。参与证券市场活动的有证券发行人、证券投资者、证券中介机构、证券托管机构、证券监管机构和证券自律组织等多方主体，证券市场正常运行受益的不仅仅是投资者一个群体，上市公司、证券中介机构乃至整个国民经济都因此而受益，因而投资者的经济利益绝非证券法唯一的保护对象。[②] 这种观点在某种程度上将投资者利益与其他市场主体利益、证券市场秩序等法益理解为互斥的逻辑关系，进而对于证券犯罪所侵害的法益这一议题，在证券市场秩序和投资者利益之间作出“艰难”取舍。

事实上，侵害复合法益[③]是法定犯的常态。如前所述，证券犯罪是一类犯罪，有的证券犯罪非常直接地侵害了投资者利益，如擅自发行证券犯罪、操纵证券市场罪、诱骗投资者买卖证券罪等；有的证券犯罪对投资者利益的侵害则相对间接，如擅自设立金融机构罪、背信损害上市公司利益罪、背信运用受托财产罪等，还有内幕交易罪的犯罪行为与投资者受损利益之间并不必然存在法律上的因果关系。但是，作为超个人法益[④]的证券市场秩序

---

① 参见顾雷：《上市公司证券违规犯罪解析》，中国人民公安大学出版社 2009 年版，第 1 页。

② 参见陈建旭：《证券犯罪之规范理论与界限》，法律出版社 2006 年版，第 182 ~ 183 页。

③ 根据犯罪直接侵害法益个数的不同，可以将法益分为单一法益和复合法益。复合法益又有主要法益、次要法益和附随（选择、随机、随意）法益之分。

④ 法益理论的最初形态是针对个人利益而提出的，是国家对基于社会契约而共同生活的每个个体提供的承诺和保护。但是，纯粹的个人利益保护无法满足客观存在的国家、社会建构需要以及随之衍生的利益形态。超越并相对区别、独立于个人利益的超个人利益日益壮大，并占据共同生活体的重要地位，亟须法律给予更加完善、全面的保护，超个人法益由此诞生。超个人法益又被称为集体法益、社会法益，指非专属于特定个人的法益。参见涂龙科、李萌：《左支右绌、捉襟见肘的经济刑法法益》，载魏昌东、顾肖荣主编：《经济刑法》第 18 辑，上海社会科学院出版社 2018 年版，第 4 页。

必须要能分解或者还原为投资者利益这类个人法益才能成为刑法保护的法益。[①] 也就是说,尽管证券犯罪里不同罪名对投资者利益的侵害有直接、间接的区别,但证券犯罪都不同程度侵害、威胁了投资者利益,甚至可以说证券市场秩序在某种程度上也是为了保护投资者利益而存在的。因此,证券犯罪同时侵害了证券市场秩序和投资者利益双重法益。

(三)证券刑事责任对证券市场系统的整体保护

如前所述,证券民事责任的功能主要在于填补受害者损失,证券行政责任的功能主要在于维护证券市场秩序。那么,投资者利益和证券市场秩序存在怎样的逻辑关系呢?组织或者社会都是由一个个的社会个体关联形成,从个体组合成为组织(社会)那一刻起,就需要相对稳定的秩序以维持组织不断发展,保障社会不断进步。证券市场也不例外,通过前面的论述可以看到,在国家干预证券市场之前,证券经纪人作为促进证券流通和证券价格形成的中介,为了维护自身的利益率先组建证券交易委员会,通过行业规范形成了早期的证券市场秩序。由于自发形成行业规范的地域限制以及强制力的孱弱,在经历了证券市场投机对国民经济的重创之后,美国率先开始以政府有形之手干预证券市场,以国家强制力建立、维持证券市场秩序。

不容忽视的一个事实便是,随着时代的推移,尤其是风险社会的来临,一个个国民个体的生命、财产、自由等利益结合而形成的国家安全、公共秩序、环境保护、社会福利以及经济秩序等抽象、普遍的利益已成为独立的、需要法律保护的利益。对于一个经济体来说,证券市场兼具筹措资金、配置资源、优化竞争和分散风险的功能,[②]投资者的经济利益绝不是证券法律需要保护的唯一对象,失序的证券市场必将令投资者利益陷入“皮之不存毛将焉附”的困境。可以这样理解,证券投资者的经济利益是证券市场的内核,证券市场秩序则是包裹在该内核表面的外壳,由此形成整体的证券市场利益系统。

---

① 参见张明楷:《避免将行政违法认定为刑事犯罪:理念、方法与路径》,载《中国法学》2017 年第 4 期。

② 参见周正庆主编:《证券市场导论》,中国金融出版社 1998 年版,第 22 ~ 26 页。

对于刑事立法来说,传统的法益一元论认为国家是由国民组成的社会,是含有内在目的性的一个组织形态。国家的任务及其存在的合法性在于为“单一”的国民服务,以使个体的国民能实现自己的意志。国家的机能就是国民自我实现的保证者。基于此,所有的法益实际上都是个人法益。所谓“超个人法益”不过是多数个体法益的集合,不具有独立的质的规定性。这实际是传统自由主义思想和政府“守夜人”观念在刑事立法中的投射。按照这种观点,证券交易安全或者证券市场秩序这类利益,需要还原为投资者个体的财产利益才能使每个证券犯罪构成要件的理解和适用变得明确。

而现实却是,证券市场的行情瞬息万变,在十分短暂的时间内就有海量资金和证券在进行交易,将潜藏于其中的证券犯罪逐笔还原为一个个证券欺诈行为,既难以实现又无助于把握证券犯罪的全貌。日本学者今井猛嘉就坦言,对于证券市场这类独特领域的犯罪类型来说,法益的理解和把握或多或少有些抽象。虽然证券市场法益因其抽象化、模糊化有危险化的倾向,[①]但也是不得已的事情。[②] 事实上,秩序作为一种独立的法益受到刑法的保护并不是证券市场独有的现象,作为人类生活重要部分的秩序早已被现代社会的刑法加以确认和保护,刑事立法的活化与法定犯的持续扩张就是最好的体现。

据此,证券市场秩序虽然抽象,仍可以“名正言顺”地入列证券刑事责任的保护范围。结合证券市场秩序与投资者利益之间外壳与内核的逻辑关系,证券刑事责任实质上保护了作为一个整体的证券市场系统。

---

① 一般来说,法益是根据宪法的基本运作,由法所保护的、客观上可能受到侵害或者威胁的人的生活利益。如果将法益理解为法所保护的价值,法益概念就会精神化和模糊化。法益就很容易抽象为伦理性或者规范性价值色彩浓厚的精神上的东西。过分强调利益的价值性、规范性,无论如何都会使法益概念精神化,而这在法治国家需要绝对防止。参见韩瑞丽:《刑法法益的精神化倾向及其限定原则》,载《郑州大学学报》(哲学社会科学版)2011 年第 6 期。

② 参见[日]今井猛嘉:《日本的证券犯罪》,载高铭暄、赵秉志主编:《中日经济犯罪比较研究》,法律出版社 2005 年版,第 211 页。

第二节　证券法律责任制度功能协调模式的微观解析

尽管针对证券市场的侵权、违法、犯罪行为，几乎世界各国的证券立法都同时设置了民事责任、行政责任和刑事责任，但是，为了达成投资者利益保护和证券市场秩序维持两大主要目标，是否一定需要同时配置三种法律责任并不是一个不言自明的议题。事实上，普通法系国家向来崇尚政府对市场经济的"无为而治"，民事责任的承担是规制市场交往中越轨行为的最主要手段。大陆法系国家则较为重视政府在市场秩序中的建构作用以及"有形之手"对市场经济秩序的维持，行政责任甚至刑事责任的承担对于违反市场管制的行为来说并不鲜见。在经济全球化带动法律全球化的当下，由于缺乏对本土法制传统的深度挖掘以及域外法制传统的深入理解，贸然移植异域法律制度往往造成水土不服，证券刑事责任在普通法系国家的架空以及证券民事责任在大陆法系国家的不彰就是明证。面对当前民事责任、行政责任与刑事责任在证券立法上同时设置，在证券市场法律规制的实际运作中却左支右绌的困境，应当如何协调多元的证券法律责任呢？普通法系与大陆法系不同的法制传统及其相向而行的法制发展趋势为我们管窥多元证券法律责任的功能发挥提供了实践素材，在此基础之上激发我们寻求证券法律责任制度功能协调的最优模式。

一、证券民事责任主导的功能协调模式

救济投资者权利和维护市场秩序是法律规制证券市场活动的两大主要目标诉求。通过前面的论述可以看到，证券民事责任的主要功能在于通过受害投资者发起民事诉讼，由法院的司法活动裁判证券交易违约者或者侵权者是否应当、在多大范围内赔偿投资者的损失，借此实现填补受害投资者损失的功能。事实上，个体化的民事诉讼活动也有维护市场秩序的功能，因为私人诉讼本身具有示范效应，民事责任的承担对其他违法者亦有一定的威慑、预防作用。此外，通过私人诉讼实现社会控制还可以克服公法规制带来的公权力膨胀隐忧以及对市场机制的破坏。那么，证券民事责任主导的

功能协调模式能否完全实现公法责任在规制证券市场活动中的效果？是否存在某些不足或者弊端？

（一）证券民事责任的市场控制功能溢出

相较于证券行政责任和证券刑事责任，证券民事责任由受害投资者发动私人诉讼予以实现，这是因为证券民事责任的功能主要体现在填补特定受害者的损失。那么，证券民事责任的功能仅限于损害填补吗？答案是否定的。事实上，特定平等主体之间进行的私人诉讼在一定程度上也可以实现市场控制功能。

在初民社会和古代社会，侵权法、财产法和家庭法都是由私人实施的，甚至刑事法律都是由私人实施。[①] 当然，这里的“私人实施”在初民社会主要指“同态复仇”，在古代社会则既包括自力救济也包括私人诉讼。私法责任的社会控制功能在普通法系国家体现得尤为明显。在好几个世纪里，英国议会和市政当局都向查获违法的普通市民支付补助金。在违法者被处以罚金的情况下，罚金由查获违法的普通市民和英王按照一定比例进行分割。[②] 可见，彼时的英国私人诉讼在某种程度上承担着现代司法系统中的“检察”职能。

而从美国的法律发展史来看，作为普通法精髓的侵权法一直是维持社会秩序的主要支柱。在崇尚自由市场机制的美国，普通法被认为是市场机制的有机组成部分。基于合同或者侵权的私人诉讼都是“理性的经济人”根据具体的“成本—收益”判断而自主选择的，在没有政府机构直接干预的情况下经由私人诉讼实现的民事责任也较好地维持着市场经济秩序。[③] 对此，美国社会法学派代表人物庞德指出，尽管追究民事责任的私人诉讼系社会个体为了“一己私利”而提起，但遵循先例的司法传统让法官在个案裁决

① 参见[美]理查德·A. 波斯纳：《正义/司法的经济学》，苏力译，中国政法大学出版社2002年版，第179~236页。

② 参见[美]理查德·A. 波斯纳：《法律的经济分析》（第2版），蒋兆康译，法律出版社2012年版，第542页。

③ See Edward L. G. & Andrei S., *The Rise of the Regulatory State*, Journal of Economic Literature, Vol. 41:2, p. 401(2003).

中必须考虑裁判的示范作用和社会效果,私人诉讼亦是进行社会控制的手段。①

除此之外,新自由主义法学派代表人物哈耶克还通过进化型社会秩序理论系统阐述了民事责任的市场控制功能。他指出,社会秩序并不是人为设计形成,而是通过多方社会主体的利益博弈"进化"形成。因此,社会秩序也不能由中心化的权威(主要指政府)进行集中控制,只能由无数的社会主体在市场机制"无形之手"的作用下自由行动达到"均衡"。对于维护社会秩序所依赖的法律责任问题,哈耶克指出,那种认为只有公法责任服务于社会普遍利益、私法责任仅仅服务于个人利益的观点是失之偏颇的。② 私法责任对于进化型社会秩序的维护起着极其重要的作用,因为追究当事人的私法责任的程序可能只是私法主体为了"一己私利"而提起的,但追求私法利益的过程和结果都带来社会公益的效果,即社会秩序的维持。

对于发生在证券市场的违约和侵权行为来说,证券交易合约的守约方或者证券违法活动的受害者通过私人诉讼追究违约方、违法者的民事责任,其法律效果从微观层面来看仅仅是填补了个案具体主体受损的民事利益,从宏观层面来看却有对潜在违约者、违法者一定程度的威慑作用,尤其在普通法系国家的民事司法活动中广泛存在惩罚性赔偿惯例的情况下。由此,证券民事责任的追究和承担在填补受害者受损民事利益的同时,附带地"溢出"了市场控制功能,即维护证券市场秩序的功能。

基于此,可以建立民事责任主导的证券法律责任功能协调模式,对于证券私法责任和证券公法责任都可以"胜任"的事项,立法设计时尽可能地交由证券私法责任承担,借此尽可能地减少公权力和"有形之手"对市场机制的冲击和破坏。

(二)民事责任主导证券法律责任制度的不足

以民事责任主导协调证券法律责任制度,基本原理在于充分挖掘证券民事责任的市场控制机能,尽可能借助个案违法者证券民事责任的承担间

---

① 参见[美]罗斯科·庞德:《通过法律的社会控制》,沈宗灵译,商务印书馆2017年版,第53~54页。

② 参见[英]弗里德里希·冯·哈耶克:《法律、立法与自由》(第1卷),邓正来等译,中国大百科全书出版社2000年版,第209页。

接地实现主要由证券公法责任实现的市场秩序维护功能。但是,实现证券民事责任的诉讼成本、目标异质和举证困难都成为其功能发挥的障碍。

首先,“被告消失难题”①和集体行动困境大大制约证券民事诉讼的启动。民事责任主导的证券法律责任制度协调模式依赖私人诉讼和司法裁判实现证券市场规制目标,因而私人诉讼的顺利启动是市场控制功能实现的首要条件。对于投资者来说,只有诉讼的预期收益大于为此付出的成本,其才愿意发起民事诉讼。反之,包括诉讼费、律师费、时间耗费在内的诉讼成本足以阻遏投资者提起民事诉讼。违法行为人未被追诉,证券民事责任的市场控制功能也就无从谈起。此外,经由私人个体诉讼追求的证券市场秩序具有公共产品属性,一人付出多人获益,而理性、寻求自我利益的个人不会采取行动以实现集体的利益,因为集体利益的“公共性”会激励集体的每个成员“搭便车”并坐享其成。在没有其他额外激励的情况下,集体越大、分享利益的人越多,个体为实现集体利益而进行努力的动力就越小。②

其次,私人利益和公共利益并不总是一致,这将限制证券民事责任的市场控制机能。投资者提起私人诉讼旨在追求个人利益最大化,是否提起诉讼、是否选择和解、是否减免被告赔偿责任均以原告个人利益最大化为圭臬,被告违约、侵权带来的社会成本以及规制可能实现的社会收益都不在私人的考虑范围,这就导致投资者可能为了“一己私利”“不适当”地选择诉讼和解或者免除被告的法律责任。例如,市场操纵的民事责任控制路径通过私人诉讼来规制行为人的市场操纵行为,如果被告通过“和解”收买原告并以此掩护将来可能的操纵行为,该和解协议显然将不利于证券市场规制效果的实现。因此,有学者指出,在利用司法制度的问题上,私人和社会的动机存在本质性差异。从公共规制的视角来看,诉讼和解制度应当受到限制。③ 因为从民事责任的市场控制机能角度来看,诉讼和解将对民事责任

---

① 因为适格主体没有提起私人诉讼产生的违法行为人责任追诉逃避结果被学者总结为“被告消失难题”(disapearing defendant problem)。See Gerrit D. G. & Giusepe D., *Soft Regulators, Tough Judges*, Supreme Court Economic Review, Vol. 15:1, p. 119(2007).

② 参见[美]曼瑟尔·奥尔森:《集体行动的逻辑》,陈郁、郭宇峰、李崇译,格致出版社、上海人民出版社 2014 年版,第 2 页。

③ See Steven M. S., *The Fundamental Divergence between the Private and the Social Motive to Use the Legal System*, Journal of Legal Studies, Vol. 26:3, p. 575(1997).

的市场规制效果产生消解作用。

最后,证券市场侵权行为与损害结果之间因果关系的不可验证性导致举证困难,这大大增加了证券民事责任市场控制功能的实现难度。按照侵权法的一般原理,证券民事责任的实现需要原告举证证明加害行为的存在、损害结果的发生、加害行为与损害结果之间的因果关系、加害人行为存在过错或者违法性等要素。据以作出民事裁判的法律真实只能依靠留存的证据进行判断,证据能否被采纳,还需要科学的方法或者其他可以观测的方法进行验证。① 如前所述,发生在证券市场的侵权行为有其特殊性,证券市场的损害结果和因果关系在一定程度上具有不可验证性。也就是说,在证券民事诉讼过程中,市场操纵、内幕交易等加害行为的认定、损害结果的认定,尤其是因果关系的认定均难以通过客观的指标或者第三方来加以验证与核实。举证困难大大增加了证券民事责任能否实现的不确定性,这也给民事责任主导的证券法律责任协调模式蒙上一层阴影。

二、证券行政责任主导的功能协调模式

在当前的证券市场法律规制实践中,行政责任持续扩张乃是正在发生的事情。世界各国之所以如此倚重证券行政监管机构"行政管制—行政责任"模式对证券市场的治理,主要是因为专门机构的行政监管和行政执法在主动性、及时性和专业性上较之司法途径具有无可比拟的优势。前已述及,证券行政责任的功能主要定位于维护证券市场秩序。虽然良好的证券市场秩序并不必然意味着投资者利益得到很好的保护,但如果通过法律确认、建构起来的证券市场规则经过了科学的论证和实践的检验,那么投资者利益的周全保护仍然是可期的。从这个角度来说,证券行政责任在维护证券市场秩序的同时,兼具有保护投资者利益的功能。那么,以行政责任主导证券法律责任制度是否可行?

(一)证券行政责任对投资者利益的间接庇护

庞德认为植根于实用主义和司法经验主义的普通法基于遵循先例、法

---

① See Ronald J. A. ,*Expertise and the Supreme Court*: *What is the Problem*?,Seton Hall Law Review,Vol. 34:1,p. 3(2003).

律至上两大原则总能创造性地解决问题,因为普通法并非由法律判决所执行的实际规则构成,而是由规则所遵循的原则构成。这些古老的原则在适用于新案件的过程中会因应不断变化的社会条件和案件事实而不断被修正、完善,①因而普通法在新的司法活动中总能"焕发童颜"。但实践证明,普通法进化的速度远远比不上社会问题爆发的速度。针对证券市场投机风险传导带来的社会经济动荡,相较于等待证券民事责任市场控制效果的"溢出",凯恩斯所主张的政府干预手段更能收到"立竿见影"的效果。20世纪30年代以来,拥有深刻判例法传统的美国频频出台制定法,设立大量行政管制机构,尝试通过"行政管制—行政责任"的模式来应对经济危机。

相比之下,在大陆法系国家的传统观念中,"行政执法—行政责任"向来被认为是维护社会经济秩序、实现社会公共利益最主要且最有效的途径。与英国、美国等普通法系国家不同的是,德国、法国等大陆法系国家普遍具有行政国家的特点,政府在国民经济的运行中扮演着十分重要的作用,甚至是主导作用。大陆法系国家十分重视政府以及其他获得授权的社会组织(准行政组织)的公共执法,在20世纪之前就基本建立了相对完整的行政实体法和丰富的政府职能部门。大陆法系国家以广泛而周密的行政法体系维护着公共领域的秩序,行政部门在社会经济的各个环节都发挥着积极的管制作用,借此阻遏零星的市场风险向整个经济体的传导和蔓延。② 面对证券市场投机及其可能引发的社会风险,扩张政府职能并赋予其多样的行政管制手段是大陆法系国家的"传统技艺"。

毫无疑问,以行政责任主导的证券法律责任制度功能协调模式可以最便捷、最有效率地维护证券市场秩序。那么,这种模式是否关照个体化的投资者利益?如何保护具体的投资者利益呢?欧洲大陆自文艺复兴以来,"人是万物尺度"的人本主义思想成为法律创制和解释的出发点和最终归宿。人本主义可以从"本体论"和"目的论"两个方面进行解读:在本体论方面,人本主义要求研究人的本质、人与人的关系、人与事物的关系均需从人

① 参见[美]罗斯科·庞德:《普通法的精神》,唐前宏、廖湘文、高雪原译,法律出版社2018年版,第46页。

② 参见赵红梅:《私法与社会法:第三法域之社会法基本理论范式》,中国政法大学出版社2009年版,第264页。

本身出发，即“人学”理论；[①]在目的论方面，对人本主义最经典的阐述莫过于康德“人是目的而不是手段”的论断，无论是立法还是司法，都应始终将人作为目的，而不是服务于秩序的手段或者工具，“人是他自己的最终目的”[②]。人本主义法律观要求将人本思想贯彻于法律运作的方方面面，对证券法律责任制度功能协调模式的解读也不例外。

前已述及，相较于生命、财产、自由等归属于特定个体的利益，随着风险社会的来临，公共安全、市场秩序、生态安全等抽象利益已经成长为必须为现代法律所保护的利益。这些利益并不归属于特定个体，但对于个体利益的实现至关重要。证券投资者利益和证券市场秩序便是这样一对利益关系。要保持证券法律责任制度的人本性，就需要在投资者利益和证券市场秩序之间建立一种“机能关联”的横向推导关系，即在目的指向上，证券市场秩序的维护和投资者利益的保护须保持一致，证券市场的秩序利益虽然没有特定的利益对象，但其实质在于对投资者利益的间接保护，而不是完全脱逸于投资者利益而存在的一种制度需求。

（二）行政责任主导证券法律责任制度的劣势

以行政责任主导的协调证券法律责任制度，对于证券市场秩序维护和投资者利益保护的双重利益诉求来说，实际上遵循的是“大河有水小河满”的基本原理。如果“行政管制—行政责任”规制模式的实施成本为零，那么行政责任主导的证券法律责任制度功能协调模式就可以实现最优的证券市场规制效果。[③] 然而，现实却是令人失望的，行政管制的信息难题、能力不及问题以及市场主体的对策行为都将令行政责任主导的证券法律责任制度完整功能的发挥大打折扣。

首先，“外部”的信息匮乏严重制约证券行政执法程序的启动。证券监管机构的执法人员基于维护证券市场秩序的需要运用国家公权力主动地对规制对象进行规范和调整，因而证券行政责任的实现具有主动性特征。但

---

① 参见魏金声：《人本主义与存在主义研究》，人民出版社2014年版，第35页。

② ［德］伊曼努尔·康德：《实用人类学》，邓晓芒译，上海人民出版社2012年版，第1页。

③ See Donald W., *Prior Regulation Versus Post Liability: The Choice between Input and Output Monitoring*, The Journal of Legal Studies, Vol. 6:1, p. 198(1977).

是,主动规制需要建立在信息获取的基础之上,①即执法者必须首先获得有关执法对象的信息,才能运用特定的行政手段对其进行规制。② 但是,信息获取成本的存在往往令执法者所获取的信息并不充分,甚至匮乏。有学者便指出,无论行政机关的执法人员多么有能力、多么有敬业精神,行政执法总是缺少有效发现并阻止违法行为的信息——内部信息(inside information),即据以施以违法者行政责任的重要信息。③ 同时,尽管执法者在行政执法的过程中积极地寻找信息,掌握内部信息的市场主体往往采取行动隐藏信息,这使行政执法所需的信息获取变得更加艰难。

其次,证券监管机构因能力限制无法准确"诊断"问题并"特异性"处置。证券行政执法意欲获得最佳的市场规制效果,需要执法人员对证券市场异动和市场主体的违法行为进行"诊断",在此基础上选择相应的行政管制措施,处以适配的行政责任。而这需要建立在充分的信息收集和超强专业技术能力的基础之上,信息获取困难必然带来证券执法机构对证券违法行为判断的"失准"。此外,证券市场是一个"鱼龙混杂"的市场,不同规模的企业相似的违法行为对于市场造成的风险和震荡显然不同,"一刀切"的行政处罚手段对于有的企业来说可能仍然无法遏制其违法行为,而对于风控良好的企业来说,又可能将金融创新扼杀在摇篮里。正如美国学者孙斯坦指出的那样,"最佳的技术策略可能会违背其自身的目的,并因此造成规制中的矛盾——要求采用可得到的最佳技术将阻碍技术的发展"④。

最后,证券市场主体的对策行为一定程度上抵消了证券行政责任的规制效果。通过证券行政执法实现证券行政责任的过程也是证券执法者和证券市场主体博弈的过程,因而关注市场主体的行为是考察证券行政责任市

---

① 这里所需的信息主要包括两类:第一类是有关潜在违法者及其违法行为的信息,包括市场主体的行为样态、风险状况、谨慎程度等方面的信息;第二类是当违法行为已经发生时,执法者只有获取有关违法者或违法行为的相关信息,才可以施以相应的行政责任;否则,违法者或违法行为将逃避行政责任的制裁。

② See Steven S. ,*Liability for Harm versus Regulation of Safety*,The Journal of Legal Studies, Vol. 13,p. 357(1984).

③ See Pamela H. B. ,*Private Justice*,Southern California Law Review,Vol. 76,p. 1(2002).

④ [美]凯斯·R. 孙斯坦:《自由市场与社会正义》,金朝武等译,中国政法大学出版社2002年版,第376页。

场控制效果的重要条件之一。对于市场主体而言,追求盈利的动机会促使其在既有的约束条件下寻求“最优解”。由此产生的影响便是证券行政责任未必能取得预期的市场控制效果,因为市场主体为了盈利总会设法采取积极的措施抵消证券行政责任对其产生的不利影响。例如,前述内部信息对于证券执法者施以行政责任必不可少,而这些信息往往掌握在接触违法行为或者实施违法行为的市场主体手中,他们势必会隐藏信息以规避承担证券行政责任。再如,证券市场主体还可以收买或者俘获证券执法者。执法者一旦被俘获,证券行政执法势必偏离既定的市场管制目标。

三、证券刑事责任主导的功能协调模式

尽管几乎没有哪一个现代法治国家真正地实行大刑法主义,但刑事责任相较于民事责任、行政责任的功能完备性使其同时具有保护个人法益和超个人法益的机能。具体到证券领域,投资者的财产利益即个人法益,证券市场秩序即一种超个人法益。前已述及,在诸法合一的初民社会和古代社会,刑事责任是唯一的法律责任,民事责任和行政责任都是随着社会的发展从刑事责任中脱胎而来的。但是,民事责任与行政责任的相继“独立”并不意味着刑事责任完全放弃了对相关领域的“管辖权”;相反,随着恢复性司法的发展以及刑事立法的活化,刑事责任正在不断“浸染”过去主要由民事责任和行政责任规制的领域,这使以刑事责任主导证券法律责任制度的功能协调成为可能。

(一)刑事责任的私法化倾向与行政刑法扩张

一般认为,赔偿制度根植于民事领域,广泛适用于民事侵权、违约引致的民事责任,因而通常所称的损害赔偿多指民事损害赔偿。在刑事诉讼制度发展的过程中,被害人独享刑事起诉权的弹劾式诉讼模式逐渐被国家专享刑事追诉权的纠问式诉讼模式取代,被害人在刑事诉讼中不再享有当事人的地位。但是,犯罪行为(尤其是传统自然犯)毕竟更直接地作用于具体被害人,被害人因犯罪行为而遭受精神的痛苦和财产的减损。对此,现代刑事法律一般以刑事附带民事诉讼的方式加以解决,赔偿仍然止步于“民事”。

但是,随着刑事被害人学的发展,①刑事责任的追诉逐渐由专注于惩罚犯罪人转向兼顾刑事被害人。关注刑事责任预防、教育、恢复和救济机能的恢复性司法逐渐在西方国家兴起,并深刻影响了西方国家的刑事司法走向和犯罪治理模式。② 在这样的背景下,刑事赔偿制度不仅在理论上被学者提出,在立法上也在被实践着。③ 刑事赔偿指犯罪人作为赔偿义务主体,对被害人因犯罪行为所遭受的物质损失和精神损害给予赔付。由于被害人的权益损害是犯罪行为直接引起的"原生灾害",因而犯罪人的刑事赔偿具有直接性和原生性,相应地,其赔偿范围、额度具有全面性,应根据损害填补之需要予以赔偿,即被害人的权益损失多少,犯罪人就应当赔偿多少。④

可见,民事责任与刑事责任之损害填补、惩罚预防的功能分野并没有那么泾渭分明,刑事责任的私法化倾向对于证券法律责任制度的功能协调来说,积极面向是建立了证券民事责任和证券刑事责任的沟通管道,消极面向则是模糊了两者的功能分工。

德国刑法学家宾丁曾这样区分刑事责任与行政责任的功能,前者是保护法益,后者旨在保护行政秩序(本身即构成法益保护的一个重要条件)。也就是说,刑事责任和行政责任的功能都在于保护法益,只不过是直接保护与间接保护的区别。⑤ 例如,证券发行规则规定上市公司经过审核或者注册才能公开发行证券是为了保护投资者的财产利益,违反该规则的发行人应承担行政责任,在证券发行活动中侵害投资者财产利益应承担刑事责任。在这个例子中,证券发行规则和刑事责任都是直接保护投资者的财产利益,

---

① 美国犯罪学家斯蒂芬·谢弗(Stephen Schafer)指出,人类对犯罪的认识经历了被害人中心到犯罪人中心再到重视被害人、追求被害人权益保障的过程,"同态复仇"时代是被害人的黄金时代(golden age),近现代刑事司法是被害人的衰退期(decline age)。随着被害人权利逐渐受到重视,刑事司法制度正在迎来被害人复活期(revival age)。See Stephen S. ,*The Victim and His Criminal: A Study in Functional Responsibility*,Random House,1968,p. 68.

② 参见陈晓明:《修复性司法的理论与实践》,法律出版社 2006 年版,第 37 页。

③ 我国《刑法》第 36 条第 1 款规定:"由于犯罪行为而使被害人遭受经济损失的,对犯罪分子除依法给予刑事处罚外,并应根据情况判处赔偿经济损失。"这一立法规定被认为是我国刑事赔偿制度的法律渊源。

④ 参见刘蕊:《刑法中的赔偿制度研究》,中国政法大学出版社 2018 年版,第 6 页。

⑤ See Daniel O. ,*Regulatory Offenses and Administrative Sanctions: Between Criminal and Administrative Law*,in Markus D. Dubber & Tatjana Hörnle eds. ,The Oxford Handbook of Criminal Law,Oxford University Press 2014,p. 855 – 869.

行政责任的直接保护对象是证券发行规则,其对投资者财产利益的保护是通过对证券发行规则的维护间接实现的。

然而,在行政刑法越来越成为刑法主体的当下,刑事责任只保护法益而不保护法益条件的设想显然与当前的法制状况不符。以刑事责任主导协调证券法律责任制度的功能,使其一定程度上替代证券行政责任的功能发挥的确更加没有障碍,因为如果将行政拘留、劳动教养[①]纳入行政处罚的正当处罚手段的话,行政责任和刑事责任从责任的承担形式上来说,几乎没有区别。事实上,在普通法系国家仅有重罪、轻罪和违警罪之分,并没有刑罚与行政处罚的区别。违警罪与部分轻罪之所以从刑法中脱离出来施以行政处罚,系出于功利主义的考量,即为了使警察和司法机关有限的司法资源集中于较严重的犯罪,轻微的犯罪则委托行政机关通过相对简易的行政处罚程序予以处理。[②] 可以说,同属于公法责任的行政责任与刑事责任天然就拥有近亲"血缘"。

(二)刑事责任主导证券法律责任制度的弊端

从封闭的刑法理论阐释证券刑事责任基于刑事赔偿的损害填补功能及其对证券行政责任惩罚、预防功能一定程度的取代并不困难,但逻辑演绎的结论是否科学、是否符合证券市场发展的需要则难免令人心生疑窦。事实上,证券犯罪构成要件的扩张以及罪名的膨胀对于证券市场违法行为的规制来说有叠床架屋之嫌,这不仅给证券民事责任、证券行政责任和证券刑事责任功能的分工配合带来难度,无形中也向社会传递着刑法万能主义的思想。以刑事责任主导证券法律责任制度功能协调的模式势必影响证券市场的金融创新、模糊证券刑事责任与其他部门法责任的界限、耗费过多的社会成本。

首先,相较于行政手段,刑事手段介入证券市场活动对市场机制的破坏有过之而无不及。从根本上来说,国家权力和市场机制在运行方式和起效

---

① 行政拘留和劳动教养因未通过司法程序而限制公民人身自由,在一定程度上违反了《公民权利和政治权利公约》第9条第1款的规定。我国已经签署该公约并逐步实施,劳动教养已经从行政处罚手段中废除。

② 参见汉斯·海因里希·耶施克、何天贵:《世界性刑法改革运动概要》,载《环球法律评论》1981年第1期。

机制上均存在巨大不同,刑法规范和市场经济的内在逻辑本身便是矛盾的,经济关系和经济矛盾还是以市场的自我调整为宜。[①] 证券市场的越轨行为有其特殊性,如果能使用市场的手段处置就不应动用刑法。刑法作为后盾法,相应的刑事责任也具有后置性。只有民事责任、行政责任都无法实现对违法行为损害之填补以及阻遏将来可能的违法行为之后,始能使用刑事责任予以规制。创新源自"不走寻常路",金融违法在某种程度上甚至可以说是孕育金融创新的母体。对于金融体制不完善的经济体来说,证券犯罪在某种程度上甚至是由制度诱发的。在普遍建立行政管制并配以行政责任的现代证券市场,对于证券市场的各类打破陈规的行为,刑法不宜过度介入。

其次,以刑事责任主导协调证券法律责任制度会模糊不同部门法责任的界限,加速刑法"侵入"民法、行政法的"领地"。刑事责任发生作用的边界与犯罪化、非犯罪化密切相关。从理论上讲,道德、民事责任、行政责任与其他市场控制手段无法或者不能较好控制的行为,始能予以犯罪化交由刑法处理,将其纳入刑事责任的规制范围。反之,则应当将其出罪化,排斥于刑事责任"起效"的范围之外。但这仅仅是理论的界分,事实上,由于部门法的"各行其是",各个部门法都在"争先恐后"地提高自己的"可见度",民事责任的惩罚性赔偿、行政责任的行政拘留以及刑事赔偿都是例证。正是因为这个原因,证券法律责任制度才在实际运作中"左支右绌"。以刑事责任主导证券法律责任制度,实际是默认证券刑事责任在这场"竞赛"中拔得头筹,背离多元法律责任分工协作的初衷。

最后,刑事责任主导的证券法律责任制度协调模式需要耗费过多的社会成本。要发挥证券法律责任制度的威慑作用,不但需要法律责任足够严厉,还需提高违法者承担法律责任的可能性。刑事责任主导的证券法律责任制度要实现威慑作用可以从两个方面着手:一方面扩大刑事责任的适用范围,降低入罪门槛,使所有证券市场违法行为都受到刑罚制裁;另一方面则提高刑事责任的处罚力度,使其足以威慑所有的证券不法行为。而事实上,高昂的社会成本使其只能停留在"空中楼阁"的理论设想层面。刑事责

---

① 参见陈兴良:《走向哲学的刑法学》,法律出版社 2008 年版,第 368 页。

任的追诉需要大量的司法资源和刑罚执行资源,诉讼过程较之民事责任更高的举证标准也是不菲的诉讼成本。从这个角度来说,以刑事责任主导的协调证券法律责任制度在司法实践中几乎不可能实现。

四、证券法律责任合作规制的协调模式

前面的研究表明,无论是民事责任、行政责任抑或刑事责任,以其中任何一种法律责任主导协调整个证券法律责任制度都将压制非主导法律责任功能的发挥,在学理层面与成熟的法律责任功能理论难以自洽,在实践层面造成规制效果的"营养不良"。没有理由在不同性质法律责任既有的功能定位基础上"生硬"地发展、进化出其他功能并期望证券法律责任制度"以我为主"。一种法律责任的不足或者缺陷可能正是另一种法律责任的相对优势。单个证券法律责任的功能定位虽然长短互见,但这也可能正是优势互补的契机。在以任何一种单一的法律责任主导协调整个证券法律责任制度效果不佳的情况下,把多元证券法律责任整合起来使其形成一个有机整体通常是比较好的选择。①

(一)多元证券法律责任优势互补的功能发现

通过前文对各种单一证券法律责任功能定位的详细阐述以及对单一证券法律责任主导的证券法律责任制度功能协调模式的探讨可以发现,由于目标诉求和实现路径的不同,每一种证券法律责任对于证券市场越轨行为的规制效果都是优势与缺陷并存。应当看到的是,单一证券法律责任固然存在短板,但它们也存在各自的相对优势,而且不同证券法律责任的优势与短板之间呈现出互补性。这为建立多元证券法律责任合作规制的功能协调模式提供了广阔的发展空间。

首先,证券民事责任与证券行政责任的优势互补。证券民事责任通过市场参与者提起私人诉讼填补其受到损害的民事利益,在这个过程中"溢出"地威慑潜在侵权人,激励其遵守市场规范、审慎参与证券市场活动,间接实现维护证券市场秩序的机能。证券行政责任的作用机制与之相反,证

---

① 参见[美]斯蒂文·萨维尔:《事故法的经济分析》,翟继光译,北京大学出版社2004年版,第330页。

券行政责任由证券执法机关以维护证券市场秩序为直接目的,事前、主动地查处证券市场主体的违法、违规行为,即便这些行为尚未给具体的投资者造成实际损害,但只要违反了法律规定的证券市场管制措施(如未经批准不得擅自发行证券、上市公司必须及时、完整、准确地披露公司经营信息等),就应当承担相应的行政法律责任。这实际是一种对证券投资者利益的事前、超前保护。可见,证券行政责任能够弥补证券民事责任市场秩序维护功能羸弱的不足,证券民事责任又恰好可以补强证券行政责任对投资者利益保护不足的"短板"。

其次,证券民事责任与证券刑事责任的优势互补。证券民事责任的功能锚定在通过"平等"主体发动的民事诉讼填补受害投资者的损失。然而,投资者与上市公司、证券公司的地位"平等"仅仅停留于法律拟制层面,真实的图景却是证券经营机构利用资金优势、信息优势实现对证券投资者的宰制。[①] 由于投资者在证券交易活动中的明显弱势,[②]证券民事责任的损害填补功能常常落空。相较而言,一方面证券刑事责任由国家机器以刑罚这一最严厉的处罚形式保障实施。因此,如果以恰当的方式将证券民事责任的承担情况纳入证券犯罪认定、量刑的考量因素,将能够强化证券民事责任的实现。这实际是以证券刑事责任的国家强力补强了证券民事责任私力救济的不足。另一方面,证券民事责任的实现更能促进证券市场以柔性、自发、灵活的方式实现市场控制,[③]弥补证券刑事责任破坏市场机制的不足。

最后,证券行政责任与证券刑事责任的优势互补。证券行政责任与证券刑事责任同样作为公法责任,在惩罚、预防的功能承担上具有相似性。历史地看,刑事责任的追诉中之所以剥离出来以行政执法追究违法者的行政责任,主要原因在于对效率的追求,即行政执法较之刑事诉讼能够提高公权力干预市场、维护市场秩序的效率,降低实现公法责任的成本。从这个角度来说,证券行政责任就以其高效率和低成本优势弥补了

---

① 参见姜涛:《人之图像与刑法实质解释》,载《政法论坛》2013 年第 3 期。

② 参见朱志峰:《对证券欺诈民事赔偿"难"的思考》,载《广东社会科学》2013 年第 6 期。

③ See Steven S. ,*A Model of the Optimal Use of Liability and Safety Regulation*, The Rand Journal of Economics, Vol. 15:2, p. 271 - 280(1984).

证券刑事责任的不足。与证券刑事责任对证券民事责任强制力的补强一样,证券刑事责任也能强化证券市场行政管制措施的实施力度。虽然证券行政责任与证券刑事责任都由公权机关执行,但刑事责任特有的自由剥夺、道德污名性以及“职业禁止”“资格限制”等附随效果①是证券行政责任所不具有的,证券刑事责任对证券市场秩序法益的保护增强了证券市场行政管制的强制力。

(二)多元证券法律责任合作规制的可行性分析

证券民事责任、证券行政责任与证券刑事责任功能定位的“长短互补”为合作规制铺平了道路。从立法的层面来看,几乎所有国家都同时采用三种证券法律责任并举的方式规范证券市场运行;而从法律的实际运作情况来看,多元证券法律责任的合作规制远未达到臻于完美的理想状态。多元证券法律责任合作规制的可行性分析是确立证券法律责任制度功能协调模式的逻辑前提。从解释论的角度来看,这实际也为世界各国普遍施行的“多元证券法律责任并举”现象提供了一个解释论框架。

从证券市场法律规制的实际运作情况来看,行政责任是证券市场越轨行为被施以的主要责任。这不仅仅因为行政责任是证券法的“本法责任”,②更因为证券市场的法律规制需求与行政责任的实现路径较为匹配。

第一,证券侵权给投资者利益造成的损害轻重程度不一,几乎每一起证券侵权案件都是跨地域的大规模群体性侵权,而且,由于证券交易的特殊性,投资者的利益减损是由内幕交易者、市场操纵者的违法行为引起还是正常的市场波动造成较难判断,这给民事责任的实现造成了几乎不可逾越的障碍;相比之下,“行政执法—行政责任”的规制路径具有预防侵权实害化、使侵权行为“显性化”③以及处理群体性侵权的规模优势,更适宜规制证券市场的侵权行为。

---

① 参见王瑞君:《我国刑罚附随后果制度的完善》,载《政治与法律》2018 年第 8 期。

② 参见周友苏、蓝冰:《证券行政责任重述与完善》,载《清华法学》2010 年第 3 期。

③ 由于证券侵权与投资者损害之间因果关系的证明困难,证券侵权在定性上是否可以纳入“侵权”不可避免存有争议,因而具有一定隐蔽性。但是,证券市场管制措施以行政法规的形式详细规定了市场参与者必须为和不可为的一系列行为,对这些规范的违反即推定对投资者利益可能造成损害,进而将其纳入违法范畴予以规制,规避了追究民事责任的举证困难。从某种层面来说,这实际是将隐蔽的证券侵权行为通过立法技术予以显性化了。

第二,证券市场侵权的因果关系判断和司法证明存在较强的专业性、技术性,证券监管、执法机关的专业技术优势恰好有发挥的余地。“行政执法—行政责任”的规制模式虽然在信息获取上较之投资者存在一定劣势,但在监测证券市场行情异动进而揭露证券违法行为方面却具有一定优势。例如,通过信息技术实时监测、分析证券市场行情波动情况等。

第三,证券市场的金融创新速度较快、市场行情瞬息万变,一个事务领域一个法的单行立法模式使得立法者能够针对该领域制定相对完整的政策和执行程序,①特定的行业监管、执法的模式使得规制政策能以最快的速度通达规制领域。同时,单行立法还有利于立法者根据社会发展的需要和情势变更及时作出反应,较之民法、行政法、刑法部门化的立法模式拥有更大的灵活性。

“行政执法—行政责任”的规制模式对于证券市场的法律规制拥有诸多优势,但证券行政责任也有其功能不全之处:一方面,行政责任以维护证券市场秩序为直接目的,投资者利益隐藏在市场“秩序”的下面间接得到保护。对于部分投资者经济损失已经实害化的证券侵权行为而言,证券行政责任的追究无法填补其受损的民事利益,相反,行政罚款的强势执行还有“与民争利”之虞。另一方面,证券行政责任兼有对已然违法行为的惩罚功能以及未然违法行为的预防功能,但是,较之于证券刑事责任来说其威慑力是不足的。这是因为譬如剥夺人身自由这种严厉的处罚手段国际人权公约均要求将其限制在有严格程序法约束的刑事司法领域。效率与严厉性不可兼得在某种程度上是行政责任的天然“缺陷”。

以上“短板”制约了行政责任对证券市场违法行为的整体规制效果。但值得欣慰的是,证券民事责任所具有的损害填补优势以及证券刑事责任的后盾性保障优势恰好与上述问题互补,从而能够有效克服证券行政责任“独木难支”的功能不全问题。

---

① 参见苏永钦:《民事立法与公私法的接轨》,北京大学出版社2005年版,第10页。

第三节　“三位一体”模式：证券法律责任制度功能协调的应然选择

民事责任、行政责任以及刑事责任三种证券法律责任的功能存在互补性，因而对于证券市场越轨行为的权利救济和法律规制来说，联合使用三种法律责任应当是最优的选择，世界各国的证券市场立法也是这么做的。但实证研究表明，无论普通法系国家抑或大陆法系国家，多元证券法律责任并用都不同程度地出现了问题：以美国为代表的普通法系国家自“大萧条”以来不断强化证券监管机构对证券市场的综合监管职能和执法权限，行政责任已然成为美国实现证券市场法律规制的主要责任。与此同时，沿袭普通法注重私人诉讼实现权利救济的传统，证券集体诉讼、证券代表诉讼较早在美国得以建立，因而民事责任亦是规范美国证券市场正常运行的重要力量。然而，在行政责任和民事责任双管齐下的背景下，美国证券市场仍然在2008年引发了自“大萧条”以来最严重的金融危机。证券刑事责任开始得到重视，但时至今日仍未在综合的证券法律责任体系中找到合适的位置。反观大陆法系国家，沿袭强国家权力的传统，行政责任在证券法律责任制度中一直占据最重要的位置，民事责任、刑事责任的功能都没有得到较好发挥。上述问题的症结在于，多元的证券法律责任并用仅仅关注“综合”，没有关注“合作”。问题的破解之道在于以体系化的方式将多元证券法律责任整合为有机的证券法律责任制度，从而实现各种法律责任的功能协调。

一、“三位一体”功能协调模式的理论阐释

法律乃规制社会之手段，此手段要有效，须先对规制对象各事实有准确的认识，如同医生的处方要有效，首先对疾病的诊断要正确。[①] 证券市场的乱象呈现为部分市场主体为了获得超额利益，利用证券市场的信息不对称和自身的资金优势，以欺诈发行证券、发布虚假信息、非正常证券交易等手

① 参见张甘妹：《刑事政策》，台北，三民书局1979年版，第11页。

段侵害投资者利益,同时扰乱市场秩序。

证券法律责任便是救济投资者权利、维护市场秩序的工具。不同性质证券法律责任功能的长短互见、优势互补为合作规制的功能协调模式提供了发展契机,但问题的关键始终在于如何进行合作规制。要回答这个问题,需以统一的理论工具解释证券市场与法律规制的关系,在此基础上以整体性的法律规制观念指导不同部门证券法律责任进行有机整合。

(一)证券市场法律规制的"需求定理"

随着法经济学的声名鹊起,法律的经济分析方法在立法和司法活动中得到广泛应用。在"成本—收益""需求—供给""厂商—消费者"等微观经济学分析框架中,"需求—供给"分析是在其他社会学科中运用最广的分析工具,它如同瑞士军刀一样几乎可以完成所有简单任务。[①] 正因如此,法经济学的经典著作波斯纳(Richard A. Posner)的《法律的经济分析》以及罗伯特·考特(Robert Cooter)与托马斯·尤伦(Thomas Ulen)合著的《法和经济学》都将"需求—供给"分析框架作为法经济学最重要的分析工具。如果某种商品价格上涨而其他商品价格不变,理性而自利的人将减少该商品的购买量而购买其他同类、替代性商品。由此引发的结果是该商品的总需求量下降,进而连锁地导致该商品的价格下降。相反,几乎每一种商品价格的下降都会引起社会公众对该商品需求量的上升。价格与需求的这种负相关关系就是著名的"需求定理"。[②]

将这一原理应用到证券市场,法律制裁和法律责任就像商品价格,人们会通过降低需求以应对商品价格的上涨,同样地,人们也会通过减少会被法律制裁的行为以应对较为严厉的法律责任。[③] 证券市场越轨行为的"市场价格"就是立法规定的法律责任,当法律责任加重,证券市场参与者从事越轨行为的"需求量"就受到压制,理性的市场参与者就会选择"适法"行为或

---

① 参见[美]保罗·A. 萨缪尔森、威廉·D. 诺德豪斯:《经济学》(下),中国发展出版社1992年版,第635页。

② 参见[美]曼昆:《经济学原理》(第3版),梁小民译,机械工业出版社2006年版,第57页。

③ 参见[美]罗伯特·考特、托马斯·尤伦:《法和经济学》,史晋川等译,格致出版社、上海三联书店、上海人民出版社2010年版,第3页。

者以法律责任相对较轻的方式参与证券市场活动，证券市场法律规制的目的由此得以实现。在证券市场法律规制的“需求定理”视角下，民事责任、行政责任和刑事责任都是实现市场控制的工具，它们的作用原理和侧重点虽有不同，但统一于保障证券市场正常运行的共同目标之下，这是不同部门证券法律责任功能协调的价值基础。

根据证券市场法律规制的“需求定理”，当通过执法、司法活动实现的法律责任（立法预设的法律责任“额度”乘以受到追诉的概率）等于证券市场行为的额外社会成本（某证券市场活动造成的总社会成本与该行为带来的总收益之间的差值）时，该行为在理论上便实现了负外部性的全部内部化，即由行为人完全负担其行为可能带来的社会成本。在这样的理想状况下，自利的理性人会主动采取必要的风险防范措施，使行为完全适法或者法律责任最小，借此实现自身的成本最小化。这需要立法者认真评估各种拟规制之证券市场行为的额外社会成本，考察本国执法、司法机制追诉市场参与者法律责任的概率，在此基础上推算立法应该设定的法律责任大小。

贝克尔关于犯罪与刑事处罚的经济分析[①]提供了市场行为的社会总成本公式和降低该成本所需最低法律责任数额的计算公式。立法者可以根据这两个公式相对精确地计算拟调整证券市场行为所需的法律责任数额，并通过对这一数额的人为调整来改变证券市场参与者的“需求”结构，进而实现法律责任对证券市场活动的精准调控。在这样的分析框架下，分属于不同部门法的证券法律责任壁垒得以彻底打破，民事立法是否设定惩罚性赔偿需要与行政罚款、刑事罚金进行通盘考虑，民事赔偿责任的承担情况与施以行政责任、刑事责任的特殊预防必要性进行联动。由此，证券市场法律规制的“需求定理”成功地把证券民事责任、证券行政责任和证券刑事责任等市场规制工具纳入了统一的理论分析框架，将其有机地整合为一个体系化、功能协调的证券法律责任制度。

（二）证券法律责任的“三位一体”模式

证券市场法律规制的“需求定理”具有强大的解释力，它不仅将过去散

---

① See Gary S. B., *Crime and Punishment: An Economic Aproach*, Journal of Political Economy, Vol. 76:2, p. 169 – 176(1968).

乱分布在各部门法的证券市场控制工具纳入统一的分析框架，还根据各部门法之证券法律责任的功能定位将其组合成一个“三位一体”的证券法律责任制度。① 其中，“三位”是指规制证券市场活动之法律责任的三个位阶，也就是参与证券市场活动可能承担的三种法律责任，即证券民事责任、证券行政责任和证券刑事责任，它们在逻辑上呈现出层层递进的关系；“一体”指的是三个位阶的证券法律责任组合而成的一个有机结合的证券市场法律责任制度体系，它们相互之间存在一定关联性、层次性与结构性。

在这个“三位一体”的证券法律责任制度中，侵权法上的证券民事赔偿责任作为以填补受害者损失为直接目的，“溢出”地遏制证券市场违法行为、控制证券市场风险的法律工具，其威慑作用的有无与大小实际上取决于行为人在证券市场的行为是否、多大程度上给特定投资者造成了实际损害，以及受害投资者通过司法途径追究民事责任的意愿，这可以看作证券法律责任制度的“市场调节”侧面。② 由于证券市场侵权行为的隐蔽性以及民事诉讼侵权行为与损害结果之间因果关系的举证困难，证券法律责任制度的“市场调节”机能势必出现威慑不足。在这样的情况下，证券市场的法律规制需要由行政执法部门“主动出击”，通过追究违法主体行政责任的方式实现证券市场的法律控制，这可以看作证券法律责任制度的“政府干预”侧面。当然，无论是证券民事责任抑或证券行政责任，其威慑力都较为有限，这时候就需要以证券刑事责任进行威慑补充。

以上三个位阶的证券法律责任在整个制度体系中呈现出层次分明、相互补充的关系，在特定的情况下还存在替代性。但是，在运作原理上，处于三个位阶的证券法律责任表现为内在一体化的证券法律责任制度。其中，证券民事责任最主要的功能在于填补受害投资者损失，其对于证券市场秩序维护的“溢出”功能逻辑是通过证券市场民事责任供给的“价格机制”由

---

① 事实上，此前已有学者注意到由于部门法壁垒的存在，“各自为政”的部门法风险控制工具缺乏协调与合作，并从一般意义上提出“三位一体”的风险控制工具体系。本书提出“三位一体”的证券法律责任制度，便是该理论在证券法律责任制度中的应用。参见宋亚辉：《风险控制的部门法思路及其超越》，载《中国社会科学》2017 年第 10 期。

② 参见［美］盖多·卡拉布雷西：《事故的成本：法律与经济的分析》，毕竟悦、陈敏、宋小维译，北京大学出版社 2008 年版，第 59 页。

市场参与者根据被追究民事责任的概率和民事责任的轻重自行决定是否从事某项可能侵害投资者利益的行为。法院是受害投资者司法救济和民事责任威慑的提供者，它使市场参与者相信，他必须对自己的行为后果负责，但民事责任的威慑程度完全由“市场调节”，法院只是威慑的“输出”机构。

证券行政责任的功能则直接定位在维护证券市场秩序，投资者利益潜藏在秩序利益的背后。就证券市场的行政法律规制而言，政府以证券市场正常运行、交易成本最小化为目标，以行政管制措施的形式为证券市场参与者设定了最优的审慎行为标准，并交给证券监管机构主动实施，证券行政责任是保障上述行政管制措施得以遵守的法律责任。可见，“行政管制手段—行政法律责任”的证券市场控制模式带有明显的“政府干预”色彩。证券刑事责任的功能定位在对证券市场的整体保卫，其中既包括特定投资者的利益，又包括证券市场秩序这种抽象的超个人法益。

从这一整套证券市场法律规制的逻辑来看，针对投资者保护的目标，证券民事责任直接填补损害，证券行政责任通过对市场秩序的维护间接保护投资者利益；针对证券市场秩序，证券行政责任以“行政管制—法律责任”的方式直接构建和维护，证券民事责任“溢出”地维护；证券刑事责任则通过对投资者个人法益和市场秩序法益的保护实现对证券市场的整体保卫。在立体构造上，证券民事责任、证券行政责任和证券刑事责任呈现出“倒品字”形的体系化结构。

二、证券民事责任在“三位一体”模式中的角色与功能

在“三位一体”证券法律责任制度中考察证券民事责任的功能，就是探究民事责任在证券市场法律规制中所发挥的具体作用。它既是证券民事责任功能的具体体现，也是全部证券民事法律规范存在的目的。证券民事法律的主要内容，如归责原则、侵权责任构成要件、举证责任分配以及免责条件等，都受到证券民事责任功能定位的支配和影响。前已述及，证券民事责任的主要功能定位于填补受害投资者损失，并且这一功能无法为公法责任所取代。在“三位一体”的证券法律责任体系中，证券民事责任作为专司投资者救济的法律责任而存在。基于其投资者自主决策发动、市场主体根据“成本—收益”分析决策是否采取适法行为的机制，证券民事责任对证券市

场属于“市场调节”。

(一)作为投资者损害填补工具的证券民事责任

证券市场由上市公司、证券中介机构、证券交易所、证券清算机构和投资者等多重主体构成,其中,投资者几乎可以说是证券市场最重要的市场主体,因为如果没有投资者基于投资兴趣和对证券市场的信心积极参与到证券投资活动中来,企业就不可能从证券市场融到所需资本。从这个角度来说,投资者是证券市场兴旺发达的源头活水。正因如此,保护投资者利益、增强投资者对市场的信心,构筑公平、公开、公正的“三公”证券市场是法律规制证券市场、保护证券市场正常运作机制的主要目的。

证券是在资本市场上供投资者购买的特殊“风险商品”,投资收益的获得源于投资者对标的证券未来风险的承担:投资者决定是否投资某证券系基于对该证券未来价值的判断,而这在决定投资时是很难预测的,因为一只证券未来的价格走势不仅取决于发行公司的未来发展前景,还受行业风险、利率风险、汇率风险等外在不可控因素的影响。因此,证券投资收益是对投资者承受“高风险”的回报,投资损失是“高风险”的实现。

但是,其他证券市场主体的违法、侵权、欺诈行为往往披着“风险”的外衣损害投资者利益。因而从一般法理层面来说,如果造成投资者失去投资收益甚至本金亏损的“风险”因素在法律的因果关系上可归责于证券发行人或者其他责任主体,受损投资者理应有权获得相应的损害赔偿。立基于此,在证券法律规范中赋予投资者因信赖不实上市申请材料、不实披露信息而遭受损失的民事赔偿请求权①是世界各国证券法制的普遍做法。

填补损害是侵权法最基本的功能,②也是证券民事责任最基本的功能。人本主义精神是现代侵权法的“精神内核”,几乎可以说现代侵权法的基本制度和各项规则都是在“以保护受害人为中心”的宗旨上建立起来的,体现

---

① 证券市场侵权的民事赔偿请求权有的国家是基于普通的民法请求权,有的国家是基于特别法请求权。普通的民法请求权基础主要指依据《民法典》《商法典》等传统部门法律规范而拥有的民事赔偿请求权,特别法请求权的基础则是证券业专门立法,如德国的《交易所法》《有价证券交易法》等资本市场专门性法律规范。

② 参见王泽鉴:《侵权行为法》,中国政法大学出版社2003年版,第9页。

了对受害人的终极关怀。[1] 几个世纪以来,受害人就其已经遭受的损害有权获得赔偿是侵权责任法在欧洲大陆法系国家的首要任务。但是,随着普通法系的惩罚性赔偿制度传入大陆法系以及侵权法理论的发展,侵权民事责任的损害填补功能不断遭到批评,许多学者主张扩充预防和制裁功能。

前已述及,惩罚性赔偿在普通法系国家实际仍未超出"填补损害"的范畴,该制度的合理性建立在对受害者非物质损害的赔偿上。事实上,对于大陆法系国家来说,在侵权法理论内部一定要侵权民事责任"生长"惩罚功能,不仅违反了实定法的规定,还容易导致没有一种法律制度(法律责任)承担起损害填补功能的后果,进而引发法律漏洞。[2] 诚然,现代社会是一个风险社会,证券市场参与者的越轨行为引起损害时,很难证实致害行为与损害结果之间的因果关系,甚至难以证明致害行为本身的过错与可遣责性,但这并不是证券民事责任"越俎代庖"地惩罚行为人的理由。为了增强投资者对市场的信心,尽可能保护投资者利益,降低其损失风险,进而推进证券市场健康发展,立法者正在以公法责任介入证券市场并限制市场主体的私法自治,并通过证券发行注册、强制信息披露等制度对其行为进行规范。

因此,在"三位一体"的证券法律责任制度中,证券民事责任最主要的功能是投资者损害填补,惩罚功能由公法责任承担。

(二)作为"市场调节"工具的证券民事责任

笔者强调证券民事责任的损害填补功能并不意味着笔者反对民事责任在证券市场的法律规制中一定程度上承担惩罚、预防功能。笔者反对的是为了赋予证券民事责任预防与制裁的功能,不合时宜地扩大受害投资者民事赔偿的求偿范围,甚至突破基本法理,引入惩罚性赔偿制度。

不可否认,旨在填补受害者损失的民事责任因其"损害转移机制"[3]天然就具有预防的功能。在引发损害的情况下,加害人面临赔偿义务,这毫无

---

① 参见王利明:《侵权责任法》,中国人民大学出版社 2016 年版,第 33 页。

② 参见[奥地利]海尔姆特·库齐奥:《侵权责任法的基本问题(第 1 卷):德语国家的视角》,朱岩译,北京大学出版社 2017 年版,第 75 页。

③ 民事损害赔偿将被害人所遭受的损害通过加害人的赔偿转由加害人承担,这就是损害转移机制,是损害内部化(internalization)的过程,即由创造危险活动的行为人负担行为之损害。

疑问将对其产生一种避免加害他人的激励机制。就具体行为人而言,他的行为已经给他人造成损害,损害赔偿责任的承担激励其在将来尽最大可能不再给他人造成损害,此即侵权民事赔偿责任的特殊预防(specific deterrence);与此同时,特定侵权人民事赔偿责任的承担也起到对社会一般人将来实施类似行为的预防和阻遏作用,这种功能在侵权法理论上被称为民事赔偿责任的一般预防(general deterrence)。①

但是加害者赔偿与受害者受偿是民事赔偿的一体两面,私法所固有的"双向主体正当性"结构原则②要求不能仅仅从惩罚加害人的角度赋予另一方民事请求权,而忽视该权利人是否拥有享受该请求权的法理基础。申言之,向加害人施以超出受害者损失的民事赔偿责任,或许从惩罚和预防的角度有其合理性,但从受害者的角度来看,他没有理由从受害民事利益的赔偿中反而获益。因此,需要强调是,在欧洲大陆法系国家的法律制度中,根据成文法的构造,侵权民事赔偿责任的目的就在于损害填补,预防功能仅是第二顺位的功能。

事实上,对民事责任预防功能或者抑制功能(deterrence function)的挖掘主要源于法经济学者对侵权损害赔偿责任的社会行为激励机制的论证。贝克尔的理论模型集中展示了法律责任的威慑功能,③并指出民事责任也是社会性规制的路径之一。值得注意的是,贝克尔的理论模型既包括私法责任也包括公法责任。因为在贝克尔看来,无论哪一种类型的法律责任,其基本原理都大同小异,区别仅存在于启动方式、市场行为的"定价"模式、威慑程度以及责任实现所需的司法、执法成本不同而已。

因此,就证券市场活动的法律规制来说,不同的法律责任形态仅仅意味

---

① See André T., *Torts*, in K. Zweigert & Ulrich Drobnig eds., International Encyclopedia of Comparative Law, Vol. XI, Leiden, Martinus Nijhoff Publishers, 1981, p. 161 - 162.

② 民事法律规范总是调整两个或者多个民事法律主体之间的法律关系。因此,任何规范调整的效率都直接在两方或多方民事主体之间产生效力。一方主体享有的权利、利益或者机会,直接意味着使另一方主体负担义务、不利或者风险。因此,任何一种民事制度的建立不仅仅需要论证为什么一方主体恰恰是针对另一方主体应享有权利或者负担义务。绝对的、单方面的、仅针对一方主体所作出的论证无法满足私法上调整的正当性要求,即便该论证在既定的关系中可能存在一定的便利性。

③ See Gary S. B., *Crime and Punishment: An Economic Aproach*, Journal of Political Economy, Vol. 76:2, p. 169 - 176(1968).

着法律责任的实现路径、威慑程度与风险行为“对价”上的差异。这些差异可能在法学家看来至关重要,因为正是这些差异构成了部门法划分的基础,并由此奠定了各部门法不同的法律原则、规则制定标准。但在法经济学者看来,如果将证券市场的越轨行为看作市场机体的“疾病”的话,法律责任毫无疑问就是治疗“疾病”的“药物”,上述差别只不过是“给药”方式和“药效”强力的差异,这并不会对法律责任在证券市场的“起效”原理造成根本影响。

仅就证券民事责任而言,证券市场的民事损害赔偿作为一种间接地、“溢出”地维护市场秩序的工具,是通过将加害人造成的“秩序破坏”这一外部成本予以内部化来维护证券市场秩序的。至于是否实施欺诈或者具有侵害投资者利益可能的高风险行为则留待市场参与者自行决策。整个证券民事责任的启动和实现除了借助法院作为责任的“输出口”,没有其他公权机构介入。在证券市场法律规制“需求定理”的视域下,这相当于市场秩序的“市场调节”机制。

三、证券行政责任在“三位一体”模式中的角色与功能

虽然受害投资者通过民事诉讼发动、实现的证券民事责任也具有一定的市场秩序控制机能,但其效率和强度无法满足现代证券市场所需,“国家干预”维护秩序几乎是世界各主要证券市场的通行模式,并且在资本全球化的背景下管制措施手段和行政责任强度逐渐趋同。作为证券法的本法责任,证券行政责任以“有形之手”维护证券市场秩序,其对投资者利益的保护主要寓于公平、公正、公开的证券发行、交易规则和健康、平稳的市场秩序当中。但是,这在“三位一体”的证券法律责任体系中是远远不够的,因为投资者利益和市场秩序两大法益存在位阶关系,即投资者利益是优先法益、市场秩序是次级法益,旨在保护次级法益的证券行政责任应强化对投资者利益的保护。

(一)将投资者利益寓于市场秩序的证券行政责任

人的基本行为动机都是追求利益最大化,投资者参与证券市场活动的动机也是对自身利益的追求。可以说,“利益是社会关系的核心,是社会发

展和进步的动力”①。那么,什么是利益呢?这并不是一个容易回答的问题,因为“利益”集合了政治、经济、道德、法律、宗教等多重因素,涉及人们生活实践的方方面面。尽管不同领域之学者对利益的界定各有不同,但利益通常可以理解为满足人们生存、发展而产生的客观需求。对于证券投资者来说,其利益不仅包括投资带来的经济收益,还包括因投资行为产生的法律层面的权利,如知情权、投票权、参与权等。② 证券市场作为资金供给与融资需求交汇的场所,既是上市公司实现融资利益的场所,也是投资者实现投资利益的场所。可以说,投资者利益完全系于证券市场。

从理论上讲,证券市场要比市场经济体系中的其他市场更加“完备”,因为尽管证券市场的买家和卖家分布于更广阔的地域空间,但证券交易有特定的交易场所和固定的交易设施。对于任何交易人来说,同一交易标的价格在同一时间是相同的,交易方式、交易费用和交易规则都相对固定,因而证券市场中流动的信息比其他任何市场都要全面。因此,得益于交易的高度规范化,证券市场在理论上应当是一个比其他市场都要有效的市场。③ 从这个角度看,尤金·法玛提出的强式有效市场(strong form efficiency)假说若要在证券市场实现,必须建立在人为设计、维护的证券市场秩序之上。而投资者利益又寓于市场秩序中,因为在有效的证券市场上,证券价格能够反映全部市场信息并对新的市场信息作出迅速而准确的反应,投资者能够借此获得更公平、公正的交易和更高的收益。

可以看到,证券市场秩序与投资者利益可以说是唇齿相依。令人遗憾的是,强式有效的证券市场只存在于理想的“乌托邦”里。上市公司作为证券的发行者,是证券价值的最终决定者。影响证券价格的信息首先来自上市公司的经营决策,因而上市公司凭借其信息“创造”地位天然拥有信息优势。此外,证券公司、资产评估公司以及信用评级公司等证券服务机构凭借其业务特性往往也比一般投资者掌握更多市场信息,甚至内幕信息,因而证券服务机构也拥有信息优势。相比之下,投资者只能通过信息披露文书、证

① 邬璟璟:《资源差异利益论》,复旦大学出版社2018年版,第43页。
② 参见魏成龙:《中小投资者利益保护研究》,中国经济出版社2016年版,第19页。
③ 参见洪银兴:《市场秩序和规范》,格致出版社、上海三联书店、上海人民出版社2015年版,第198页。

券交易所、新闻媒体等渠道间接地获知有限的市场信息而且在时间上还相对迟滞,处于明显的信息劣势地位。这就给证券市场的“市场机会主义”行为①带来了可乘之机:处于信息优势地位的证券市场主体可以利用其与投资者之间的信息不对称,通过人为操纵制造失真的价格信号,借此诱导投资者产生错误的行情预判与交易决策,最终导致投资者的亏损与自身的盈利。

如果任由市场机会主义行为泛滥,价格信号不能真实反映市场情况而常是包装出来的“陷阱”,势必让投资者得出根据市场价格信息不可能获利的认知进而主动退出市场,最终导致证券市场的萎缩。正是基于这样的原因,立法者介入证券市场并限制市场主体的私法自治,通过强制信息披露、虚假信息行政责任、禁止内幕交易等制度尽可能确保证券市场价格信息反映真实市场行情、维护证券市场秩序。如前所述,证券行政责任的功能定位于维护证券市场秩序,投资者利益便在有序的市场秩序中间接得到了保护。

(二)作为市场秩序“国家干预”工具的证券行政责任

由于市场机制本身不具有自足性,市场失灵难以通过自身的调节机制(如受害者提起私人诉讼“涵摄性”地维持市场秩序)来实现自我修正。在这样的情况下,除非有“非市场力量”作用于市场,否则,问题将原地踏步甚至进一步恶化。无论从理论的论证还是实践的做法来看,这里的“非市场力量”只能是作为公共利益当然代表者的政府。② 政府通过行政执法来维护市场秩序促进公共利益,这是当今市场经济国家解决市场失灵问题的主要手段。

政府对市场秩序的维护具有“事前规制+责任保障”的特点,即在危害结果发生之前,政府以市场行为的社会总成本最小化为目标,通过“成本—收益”分析,“家长式”地强制确定一个最优市场行为规则或标准,交由专门

---

① 新制度经济学将“机会主义”倾向视为经济主体的一个重要行为特征。而所谓“机会主义”倾向,指人具有随机应变、投机取巧、为自己谋取更大利益的行为倾向。“市场机会主义”就是指在非均衡市场上,人们追求收益内部化、成本外部化来逃避经济责任的行为,即利用一切可能的机会损害他人的利益来为自己谋取利益的行为。参见[荷]尼尔斯·G. 努德海文:《交易成本经济学中的机会主义和信任》,载[美]约翰·克劳奈维根编:《交易成本经济学及其超越》,朱舟、黄瑞虹译,上海财经大学出版社2002年版,第143页。

② 参见李友根:《社会整体利益代表机制研究——兼论公益诉讼的理论基础》,载《南京大学学报(哲学·人文科学·社会科学版)》2002年第2期。

的行政机关通过确立行政执法和行政责任保证该标准的实施。事前的行政管制工具主要包括信息工具、经济工具和“命令—控制”工具三种类型，它们对市场干预的程度逐渐加强。信息工具通过向市场主体提供信息来辅助其作出更理性的决策，是对市场信息不对称的矫正；经济工具是指政府通过财税、金融、外汇、投资、价格和政府采购等方式对市场运行进行干预，更多运用在市场经济的宏观调控领域；“命令—控制”工具则是行政规制机关要求市场主体必须实施或者不得实施特定的行为，借此实现对市场秩序的管控。①

政府对证券市场的管制既有“命令—控制”工具也有信息工具，覆盖证券发行和证券交易的全过程。证券发行阶段的行政管制主要可以分为注册制与核准制两大类。其中，注册制遵循公开原则，只要拟发行的证券按照法定程序提供有关申请和财务资料，保证提供的信息真实、准确即可获准发行，以美国为代表的发达资本市场主要采取这种模式；核准制则采取实质管理原则，证券发行人除了履行强制性的信息披露义务之外，还必须符合有关经营业绩与财务状况的实质要求才能获准发行证券，大陆法系国家较多采取这种模式。此外，在证券业不发达的国家或者经济转型国家，甚至还实行额度控制的审批制。② 证券交易阶段的行政管制措施则集中在持续的信息披露要求和对内幕交易、市场操纵等证券欺诈行为的禁止。

与“民事权利—民事责任”的逻辑构造相似，行政责任采取的是“行政管制—行政责任”的逻辑结构。只不过民事责任保护的财产权、人身权、人格权等权利多是自然法意义上的权利，行政责任保障的是行政管制措施。也就是说，通过行政责任的实施激励市场主体遵守政府在事前设置的市场行政管制工具。行政责任一方面可以降低市场行政管制措施的实施成本，另一方面可以保障市场行政管制措施的有效实施。

在维护证券市场秩序这个层面，证券民事责任和证券行政责任的共性在于通过法律责任的威慑作用，激励市场参与者审慎参与市场活动，尽可能

---

① 参见宋亚辉：《社会性规制的路径选择——行政规制、司法控制抑或合作规制》，法律出版社2017年版，第74～79页。

② 参见李心愉：《公司融资管理》，企业管理出版社2018年版，第272页。

预防、减少风险行为对市场秩序的破坏。但是,从作用机理来看,证券民事责任是将具体的行为标准留给市场主体自行决策,只在发生投资者损害后果时才发挥作用。证券行政责任则是由行政主体先行规定市场主体的行为标准,如信息披露的范围、方式等,一定程度代替市场主体"决定"了行为标准。从这个意义上来说,证券民事责任对市场秩序的维护内嵌于市场内部,是一种"市场调节"的证券市场控制工具。而证券行政责任对市场秩序的维护源于外部的行政主体,是一种"国家干预"的证券市场控制工具。

四、证券刑事责任在"三位一体"模式中的角色与功能

在法治系统中,刑法占有基本法的重要地位和作用。[①] 刑法的任务是什么?理论上向来存在法益保护说和社会秩序维持说两种不同的观点。法益保护说认为,刑法的任务在于通过保护社会个体的名誉、身体、自由、生命和财产等刑法法益来维护人类社会的共同生活。[②] 社会秩序维持说则认为,社会的快速变革带来越来越多的社会失范行为,威胁着社会共同体的存续和发展。对此,刑法的功能定位应当在一定程度上对自由主义观念进行转变,承担解决社会问题的使命,即刑法应积极介入发挥社会管控的功能,以维护社会秩序的稳定。[③] 事实上,以上观点都是限于"大刑法"的部门法视野而言。在"三位一体"的证券法律责任体系中,刑事责任是其他部门法律责任的后盾和坚强保障。

(一)证券刑事责任对投资者个人法益的保护

众所周知,在现代法治国家,法律所保护的核心权利除了生命权、身体权、自由权等人身权利之外,还包含了以私人财产制度为前提的财产权。这是因为,财产作为社会运行的物质基础,对个人在社会中的生存、发展以及自我价值的实现中扮演着几乎可以说不可或缺的角色。因此,无论在宪法

---

① 参见王昌学:《当代中国经济刑法研究:以改革开放、现代化与强国富民为视野》,陕西人民出版社2018年版,第3页。

② 参见[日]高桥则夫:《刑法总论》,李世阳译,中国政法大学出版社2020年版,第5页。

③ 参见吴亚可:《当下中国刑事立法活性化的问题、根源与理性回归》,载《法制与社会发展》2020年第5期。

层面还是在民法、刑法等部门法层面,都可以看到保障财产权、财产制度的相关规定。在刑法传统的法益保护理论中,财产权与生命权、身体权、自由权和名誉权等一并位列刑法所保障个人法益的核心类型。

需要特别指出的是,刑法所保护的"财产法益"与所在法域建构的财产制度和规范体系休戚相关,并且随着社会的演进不断调整。[①] 一般认为,刑法上归属于个人法益的"财产"既包括动产、不动产等具有实物形态的物资,还包括股权等无形的财产性利益。在内幕交易和市场操纵等证券市场犯罪中,尽管投资者账户中的证券种类、数量并无变化,但犯罪行为导致相关证券在二级交易市场的市值"人为地"大幅下跌,显然损害了投资者的财产利益,因而证券所代表的财产利益也是刑法的保护对象。

刑法虽然声称保护个人法益是刑法最根本的任务,但从刑事责任的"起效机制"来看,刑法对个人法益的保护作用实际上非常有限。申言之,作为责任威慑机制的一种,刑法在法益受到侵犯甚至犯罪已经完成时才介入,这时候发动刑罚充其量是事后的追诉与处罚,而这时候受害者的损害已经形成,刑事责任并无法促进受损民事利益得到恢复和填补。由于刑事责任的实现形式主要表现为通过剥夺犯罪人财产、自由乃至生命的方式对其施以痛苦,刑事罚金完全收归国库,因而刑事责任对证券投资者个人法益的保护主要通过保障民事赔偿责任实现机制予以实现。

如前所述,在民事责任、行政责任和刑事责任三大证券法律责任中,只有民事责任有填补受害者损失的功能,所以在受害投资者损失已经实现的情况下,刑事责任对具体受害者个人法益的保护还须通过促进犯罪人承担民事责任的方式才能实现,而这仍然建立在受害者主动提起民事诉讼的前提下。刑事责任借助民事责任保护证券投资者个人法益,就目前而言,主要通过保障民事裁判得以完全执行来实现。

值得一提的是,20 世纪 80 年代,一波青少年犯罪浪潮席卷新西兰社会,严刑峻罚并没有有效降低犯罪率。一种聚焦于修复而不是惩罚的司法处理方式逐渐走进主流司法机构的视野,并逐步形成了新的刑罚学说——

---

① 参见谢煜伟:《从财产犯罪的构成要件结果类型重新检视财产法益概念》,载刘艳红主编:《财产犯研究》,东南大学出版社 2017 年版,第 3 页。

“恢复性司法学说”(Restorative Justice Theory)。[①] 恢复性司法让犯罪人通过赔礼道歉、积极赔偿、社区服刑等方式补偿被害人因犯罪人犯罪行为造成的精神创伤和物质损失,力促犯罪人和被害人之间达成谅解与和解。这一方面使受害人因犯罪行为受损的民事利益得到修复,另一方面使犯罪人重新融入社会和家庭生活,以实现社会安宁、家庭和谐的“恢复性”效果。[②]

对于证券市场的犯罪来说,由于证券犯罪不具有人身危险性,恢复性司法推行起来阻力更小。恢复性刑事司法可以假借刑罚的威慑力促使犯罪人积极赔偿受害投资者受损的民事利益,更有利于保护证券投资者的个人法益。当然,这需要在法律规定中建立起民事责任承担与刑事责任裁判、刑罚执行的“对接机制”,下文将就此进行详述。

(二)证券刑事责任对市场秩序法益的威慑补充

即使对杀人犯处以刑罚被杀害者也无法复活,即使对器物毁损者处以极刑物品也无法复原。从个人法益保护的角度来看,刑罚经常迟延登场。因此,刑事责任对个人法益的保护通常只是对将来具有意义,即刑事责任的预防功能。[③] 事实上,无论是传统侵权法对民事责任的追究还是刑法对刑事责任的追诉,大多以侵害(被害)结果的发生为前提,都面临“碎玉难全”的困境。对此,有学者指出,要真正保护好个人法益,需要发挥好法律的事前规范作用,即法律在事先清楚地表明,任何社会成员都不得实施某些可能损害个人法益的行为,从而产生法律的行为规范效果。

倘若某个社会成员不理会法律的行为规范,则发动制裁规范对其科以相应的法律制裁。[④] 据此,法律规范可以分为行为规范和制裁规范。对于刑法来说,刑法规范既是行为规范又是制裁规范。[⑤] 而对于行政法规来说,

---

① 参见[美]迈克尔·舍默:《道德之弧:科学和理性如何将人类引向真理、公正与自由》,刘维龙译,新华出版社2016年版,第341~342页。

② See J. Hudson, A. Morris, G. Maxwell & B. Galaway eds., *Family Group Conferences: Perspectives on Policy and Practice*, Criminal Justice Press, 1996, p. 113 – 114.

③ 参见[日]高桥则夫:《规范论和刑法解释论》,戴波、李世阳译,中国人民大学出版社2011年版,第8页。

④ 参见陈家林:《外国刑法理论的思潮与流变》,中国人民公安大学出版社2017年版,第90~91页。

⑤ 参见冯亚东:《违法性认识与刑法认同》,载《法学研究》2006年第3期。

行为规范与制裁规范表现出明显的分离特征。以《证券法》为例,《证券法》的绝大多数"篇幅"都是规定上市公司、证券交易所、证券公司等市场主体在证券发行和交易过程中需要遵守的行为规范,在"法律责任"专章才集中规定制裁规范。

行为规范与制裁规范的区分有利于发现行政管制措施、行政责任和刑事责任保护个人法益的运行机制。行为规范以保护个人法益为根本出发点,只是更侧重于事前的一般预防。行为规范的存在是为了使市场参与者能够对自己的行动存有预期,这种预期从表面上看指向维持市场秩序的预期,背后是使投资者个人法益不受侵害的预期。也就是说,行为规范(主要表现为行政管制措施)的根本目的在于保护投资者个人法益,而且还是一种事前的、预防式的保护,只是在行为规范与投资者个人法益的中间借由"证券市场秩序"这个"中继站"予以中转。

由于行为规范是为了保护个人法益而设定的,因而在判断某个行为是否违反行为规范时,不能仅从形式上进行简单的逻辑推演,还需与是否对个人法益造成现实侵害危险结合起来考察。从这个角度看,证券市场的违法、犯罪行为是违反行为规范(证券市场行政管制措施),进而指向投资者个人法益的行为。这样,行为规范及其良好运行的外在形式——证券市场秩序就与投资者个人法益牢牢地绑定在一起。

正因为证券市场秩序与投资者个人法益组成了"命运共同体",对证券市场秩序的维护就成为证券行政责任和证券刑事责任最直接的任务。证券法规定的行政责任和刑法规定的刑事责任同样作为制裁规范,对违反行为规范的制裁,对证券市场秩序的维护也是有位阶的。如前所述,对社会主体施以处罚与制裁早期一直掌握在法院的手中,因为司法审判特有的法庭对抗与举证质证程序能够尽可能保障处于弱势之社会公众的合法权益。行政处罚从刑罚中脱离出来系出于对效率的追求,但是诸如剥夺人身自由等涉及公民基本权利的处罚手段仍然绝对保留给刑事处罚。

就证券行政责任和证券刑事责任对市场秩序的维护而言,行政责任因其相对较低的发动成本和较高的效率处于优先位阶,刑事责任只制裁那些最严重的、对证券市场秩序危害最大的违法行为。这是因为以"法治—自由"为基础的刑事政策在犯罪原因日益复杂的背景下,依然需要强调刑法的最后手段性和辅助性的法益保护机能,应尽量避免动辄使用刑法对社会进行治理和控制。①

本章小结

民事责任的上限止于受害人实际受到的损害是大陆法系民法理论的一般原理,填补受害人损失是民事责任的基本功能,甚至是唯一功能。多国或地区在证券民事赔偿中建立的惩罚性赔偿制度似有突破民事责任损害填补功能之嫌,实则是对美国特殊的证券执法制度的误读。SEC 向法院诉请的数倍内幕交易者违法所得的款项(civil penalty)并非民事赔款,而是民事罚款。证券民事责任的功能应定位于填补投资者损害。证券行政责任与政府建构的证券市场秩序、证券市场行政管制、证券违法行为的行政处罚相伴而生,是证券市场主体由于违反市场行政管制措施构成行政违法而应当承担的权益减损或者义务增加的法律后果。从其产生、发展的脉络来看,证券行政责任诞生的直接目的便在于保障政府对证券市场的各项行政监管措施,因而维护证券市场秩序是证券行政责任的主要功能。证券犯罪作为一类犯罪,既有直接侵害投资者利益的犯罪行为,也有直接破坏证券市场秩序的犯罪行为,因而投资者利益和证券市场秩序均是证券刑事责任所保护的法益。需要特别指出的是,投资者利益与证券市场秩序这两种法益存在"毛附于皮"的逻辑关系,共同组成一个整体的、有机的证券市场系统,证券刑事责任的功能便定位于对该系统的整体保护。

经由私人发动民事诉讼实现的证券民事责任虽然主要旨在填补受害投资者的损害,但法院的司法活动存在一定的示范效应,一定程度上能够威慑证券市场的不法行为。但是,"被告消失难题"、集体行动困境、私人诉讼与公共执法的目标异质均使民事责任无法完美协调证券法律责任制度。证券监管机构通过公共执法实现证券行政责任的直接目的在于维护证券市场秩

① 参见刘艳红、周佑勇:《行政刑法的一般理论》(第2版),北京大学出版社2020年版,第208页。

序，而投资者利益往往依附于证券市场秩序而存在，因而证券行政责任能够对投资者利益予以间接保护。但是，证券监管机构较之特定受害投资者存在信息匮乏、执法特异性不足等问题，行政责任亦无法很好地协调证券法律责任制度。刑事责任作为民事责任与行政责任的“母体”，天然具有救济受害人、惩罚犯罪人的功能。恢复性刑事司法的兴起以及行政刑法的日益膨胀使证券刑事责任主导的功能协调模式成为可能。但是，这样的协调模式对市场机制的破坏更加严重，社会成本亦居高不下。通过对证券民事责任、行政责任和刑事责任的功能定位及其“起效机制”进行考察可以发现，证券民事责任对市场秩序控制的不足恰好能够由公法责任进行弥补，证券行政责任对投资者利益保护不够和强制力的相对欠缺恰好能够由民事、刑事责任进行补强，刑事责任则能够以其强制力同时保障投资者利益和市场秩序。

以经济学的“需求定理”解释证券市场越轨行为和证券法律责任的供给可以发现，证券法律责任的强度适宜，就能够实现市场风险的内部化。民事责任、行政责任和刑事责任分别属于市场调节、政府干预、威慑补充的规制方式，在“三位一体”的协调模式中呈现出倒“品”字结构。从功能主义出发，证券民事责任以填补受害投资者损失为主要功能，司法活动“溢出”市场秩序控制功能。在“三位一体”的证券法律责任体系中，证券民事责任专司投资者权益救济，无须为了追求、强化市场秩序控制机能而衍生理论难以自洽的惩罚性民事赔偿制度。证券行政责任在“三位一体”的证券法律责任体系中首先发挥维护证券市场秩序的“本职”功能，投资者利益寓于诚实信用的市场环境之中。同时，鉴于投资者利益相较于证券市场秩序在法益位阶上的优先性，证券行政责任在实现过程中应寻求对证券民事责任的促进作用。作为“三位一体”证券法律责任体系中的后盾性法律责任，证券刑事责任同时保护投资者个体化的财产利益和整体的证券市场秩序。对前者主要是通过促进、保障证券民事责任实现的方式进行，对后者则主要通过对证券行政责任的威慑补充和部分证券违法行为的入刑入罪完成。

第三章　证券法律责任制度功能协调的实体法实现

实体法是规定法律主体在一定法律关系中权利和义务的法律。[①] 虽然那种认为“程序法唯一正当的目的便是最大限度地实现实体法”[②]的程序法工具主义已然遭到摒弃，但不可否认的是，法律程序的启动以实现实体法为目的，法律程序运作的终点是最大限度实现实体法目标，实体正义在多大程度上得以实现及其实现的代价大小是评价法律程序运作状况的标准。[③] 因此，要实现证券法律责任制度的功能协调，首先要在实体法层面对证券民事责任、证券行政责任和证券刑事责任相互之间抑或主次有序、抑或相互促进、抑或无缝衔接的关系作出安排。保护投资者和维护市场秩序是法律规制证券市场活动的两大目标，并且前者处于优先位阶。因而

① 参见曾庆敏主编：《精编法学辞典》，上海辞书出版社 2000 年版，第 771 页。

② See Jeremy B. , *The Principle of Judicial Procedure*, in John B. ed. , The Works of Jeremy Bentham, Edinburgh, William Tait, 1994, p. 1838 - 1943.

③ 参见杨建顺、刘连泰：《试论程序法与实体法的辩证关系——评“法即程序”之谬》，载《行政法学研究》1998 年第 1 期。

在"三位一体"证券法律责任体系中公法责任应促进、保障私法责任实现：当前证券行政法律制度中或已建立，或正在探索的行政和解、公共补偿均是证券行政责任促进证券民事责任实现的尝试；刑事法律制度中的恢复性司法和被害人国家补偿制度在证券领域的适用将发挥证券刑事责任对受害投资者利益的保障作用。证券行政责任与证券刑事责任作为公法责任，都承担惩罚、预防证券市场违法行为的功能，应在"一事不二罚"的基本原则下以"行政优先、刑事托底"的模式对之进行功能协调。

第一节　证券民事责任与行政责任的协调

在多元证券法律责任缺乏协调的立法模式下，证券民事责任衍生出惩罚功能和预防功能，[①]惩罚性损害赔偿制度是其最显著的标志。但是，在大陆法系国家部门法分立格局下导入惩罚性损害赔偿，可能破坏整个法律制度体系，使民事法律丧失作为最基本行为规范应当具备的"可预测性"和"可操作性"，不当激励被侵权人通过"滥诉"而"不当得利"。[②] 与此同时，证券行政监管机关发现、证明证券市场不法行为尚且困难，投资者或者律师更加没有能力，也不大可能自行发起调查，进而对证券执法机关没有发现或者注意到的证券违法行为主动提起诉讼。实证研究表明，投资者提起的诉讼往往只能借助证券监管机构的调查报告或者处罚结果。即便在证券私人诉讼发达的美国，就证券侵权行为单独提起的私人诉讼数量也极少，主要是行政或者刑事处罚后的"寄生"民事诉讼。[③] 因此，在"三位一体"的证券法律责任体系中，证券民事责任应恪守填补受害投资者损害的"本分"，侵权人的赔偿范围以受害投资者实际遭受的损失为限。前已述及，鉴于投资者利益与证券市场秩序"内核"与"外壳"的关系，证券民事责任较之证券行政责任处于优先位阶，因而在两者功能协调的方案上，证券行政责任应以其强

---

① 参见耿利航：《证券内幕交易民事责任功能质疑》，载《法学研究》2010 年第 6 期。

② 参见王云海：《日本的刑事责任、民事责任、行政责任的相互关系》，载《中国刑事法杂志》2014 年第 4 期。

③ See Stephen M. B. , *Securities Law*: *Insider Trading*, Foundation Press, 2007, p. 32.

制力促进证券民事责任实现。

一、证券行政责任促进民事责任的法理逻辑

随着金融产品的日益抽象化、复杂化以及金融交易模式的日益专业化、综合化,专业机构与大众投资者之间的社会分层现象日益凸显:专业机构和投资者权利义务的不对等使利益的天平明显偏向了专业机构一侧,两者的阶层冲突加剧,专业机构侵害投资者利益的现象频频发生。① 2008 年的国际金融危机让世界各国认识到,金融机构与金融消费者之间的权义失衡已成事实,法律变革已然滞后于金融创新,金融机构正在利用其优势地位加剧这一趋势。② 在此背景下,法律制度设计对金融消费者保护适度地"矫枉过正"有其正当性。传统上,证券行政责任以维护证券市场秩序为主要功能诉求,但在"三位一体"的证券法律责任体系中,证券行政责任应促进证券民事责任实现其功能。

(一)对证券投资者的倾斜保护

"证券投资者向金融消费者的身份嬗变,乃是一件正在发生的事情。"③在证券市场发展的早期,"理性的经济人"是法律对证券投资者的理论预设,调整投资者与金融机构的法律以强调市场主体"强势平等"的民商法为主,"风险自担""买者自负"长期以来被视为投资者参与证券市场活动应遵循的基本原则。然而,一次又一次的金融危机和此起彼伏的证券欺诈让人们发现,证券投资者在证券交易关系中实际上处于严重信息不对称的弱势地位。行为经济学的研究进一步表明,金融机构及其专业人员与普通投资者在金融知识水平和金融市场信息获取等方面存在巨大鸿沟,这不可避免地导致投资者对金融产品和金融服务存在认知偏差。在这样的情况下,投资者在面对市场动荡时常常表现出"出赢保亏"的"鸵鸟效应",买入或抛售又表现出盲目从众的"羊群效应"。投资者的恐慌性反应偏差以及频繁的

---

① 参见吴弘、徐振:《金融消费者保护的法理探析》,载《东方法学》2009 年第 5 期。

② 参见阳建勋:《金融创新、权义平衡与风险防范——金融消费者保护的法理分析与制度完善》,载《财经科学》2013 年第 2 期。

③ 刘博涵:《我国台湾地区金融消费者保护:历程、经验与省思》,载《社会科学论坛》2021 年第 1 期。

产品交易都在向世人昭示证券投资者的真实图像。①

毫无疑问，保护投资者对于任何一个国家的证券市场法制来说都是至关重要的，因为投资者的资金投入是证券市场正常运转以及发挥宏观经济资本配置作用的源头活水，没有投资者的参与证券市场将沦为一部空转的机器并迅速土崩瓦解。投资者保护作为证券法的重要价值，以证券行政责任促进民事赔偿责任实现是该价值的有力体现。对证券投资者在权利救济上予以“特殊对待”，既是“失败者正义”②的题中之义，也有利于实现法律的矫正正义和分配正义。以证券行政责任促进民事赔偿责任实现一方面有利于实现证券民事责任填补投资者受损民事利益的功能，属于“对弱者的帮扶”，另一方面有利于发挥证券民事责任对侵权行为人的特殊预防作用，属于“对强者的抑制”，③其目的均在于对作为弱者的证券投资者的倾斜保护。

（二）降低民事权利的救济成本

任何法律责任的追诉都需要付出一定的成本，证券民事责任的追究也不例外。尽管证券投资者在个案中掌握更多的案件细节，也更容易察觉违法行为，但现代证券交易完全由计算机系统根据“价格优先、时间优先”的原则在匿名的情况下自动撮合完成，加之证券市场较高的专业性和技术性，由受害投资者通过私人诉讼追究违法者的民事责任面临重重困难。与此同时，证券侵权案件往往受害者人数众多，他们在民事诉讼中需要分别进行损害认定和技术鉴定，显然会出现重复的社会资源消耗和“讼累”问题，这既造成投资者自身时间、精力资源的耗费，也浪费大量司法资源和专业技术资源。诚如美国法经济学者波林斯基和沙维尔所言：当私人诉讼有利可图时，每一个适格的当事人都提起诉讼，这并不符合规模效益原则。④

证券行政责任的追诉虽然也面临识别违法者、获取违法信息、查处违法行为等方面的困难，但是，证券执法机关是监管证券市场的专门机构，在人

① 参见杨东：《金融消费者保护统合法论》，法律出版社2013年版，第66～76页。

② 参见胡玉鸿：《“失败者正义”原则与弱者权益保护》，载《中国法学》2014年第5期。

③ 参见应飞虎：《弱者保护的路径、问题与对策》，载《河北法学》2011年第7期。

④ See A. Mitchell P. & Steven S., *The Economic Theory of Public Enforcement of Law*, Journal of Economic Literature, Vol. 38:1, p. 45(2000).

员配备方面拥有专业优势并且不同职能部门的工作人员有详细分工。总的来看,无论分业经营模式还是混业经营模式,证券业总存在与之相对应的行政监管机关,这些(个)机构专司特定的规制领域,并长期与证券行业保持接触,对证券业的了解程度也更深。此外,证券监管机关的行政执法活动还具有规模优势。证券市场的侵权案件往往是"一对多"的群体案件,证券执法机关可以凭借自身的专业优势,进行统一的侵权识别、损害认定和因果关系判断,并将认定结果适用于所有受害投资者。在证券市场秩序上,投资者群体具有社会性,投资者的利益具有公共性,以证券行政责任促进民事赔偿责任实现作为一项制度安排能节约社会成本和司法资源。

（三）提高民事责任的实现效率

"不完备法律理论"指出,法律不可能包罗社会生活的方方面面,法律从制定出来那一刻起就已经落后于社会现实。因此,将"剩余立法权"授予司法、执法机关在法律适用阶段"便宜行事"既是"不得已"之举,也是法律运行的基本特征之一。司法机关和行政机关都是接受"剩余立法权"的备选主体,其中,法院属于被动司法者,将剩余立法权配置给法院存在明显的滞后性。相比之下,行政机关的执法活动具有主动性特征,因而将剩余立法权配置给行政机关可以显著提高法律实施的主动性和灵活性。① 证券民事责任和证券行政责任分别经由民事司法和行政执法程序予以实现,而司法、执法程序呈现出迥然不同的价值取向:公平正义是司法的终极目标,因而司法程序以法庭对抗、直接言词和完善的程序法保障司法裁判结果的可接受性;与之相反,简便高效是执法的主要目标,因而行政执法往往没有法院司法那样复杂的庭审程序,行政规制机关可以根据情势需要和具体案情"特异性"作出行政处罚决定。

法谚有云,"迟来的正义是非正义"。正义的实现离不开效率的保障,离开了效率,公正也就无从谈起。当需要得到救济的权益相对紧急或者关乎受害者的基本生活保障时,经过漫长司法程序"盼来"的结果公正也失去了实际意义。由于证券市场的侵权行为具有隐蔽性和专业性等特点,受害

① See Katharina P. & Chenggang X., *Incomplete Law*, New York University Journal of International Law and Politics, Vol. 35:4, p. 931(2003).

投资者通过私人诉讼实现民事赔偿责任存在举证困难和程序漫长等问题，以证券行政责任促进民事责任实现就是为了改善漫长诉讼程序带来的"实质不正义"，为证券民事责任的实现路径注入效率价值。

（四）增强证券投资者的市场信心

证券市场在很大程度上是一个投资者自我期望满足的市场。证券的价格由证券的供给和需求所决定，而证券的供需完全取决于投资者对市场的信心。牛市或者熊市往往都表现的是投资者对市场前景所持的态度。① "投资者信心"是一个综合、复杂而有弹性的概念，通常可以理解为投资者认为其投资在将来有利结果发生的概率较大，不利结果发生的概率较小甚至不发生。② 市场机制改善、投资者保护加强、上市公司资质提升、市场欺诈行为受到惩罚、宏观经济环境改善等因素都会提振投资者信心，进而吸引更多投资者的投资。相反，投资者的利益如果没有得到切实保护、证券民事责任停留于空中楼阁的话，信心不足的投资者会陆续撤资，进而引起证券市场萎缩。可以说，投资者信心对资本市场的稳定和实体经济的发展起着至关重要的作用。

尽管证券投资者的市场信心直接来源于对证券价格上涨的预判，但市场欺诈行为必然受到惩罚和受损民事利益必然得到赔偿从反方向为投资者信心撑起了"保护伞"。如果说证券行政责任和证券刑事责任的惩罚、预防功能对于证券投资者来说只是形成对市场公平的内心确信的话，那么，证券民事责任的损害填补功能是否实现则因为直接关乎投资者的切身利益，形成投资者对市场是否公平的真实体验，进而影响投资者对市场的信心。心理学的剥夺理论表明，受害投资者有权获得民事赔偿却因为不可归责于自身的原因没有获得赔偿，将产生相对剥夺感的愤懑情绪。③ 以证券行政责任促进民事赔偿责任实现能够有效促进证券民事责任填补受害投资者损失功能的实现，显著增强证券投资者对市场公平的信心。

---

① 参见庄学敏：《投资者信心、投资者行为与投资者教育效率研究》，载《经济管理》2009 年第 2 期。

② See Robert J. S., *Irrational Exuberance*, Princeton University Press, 2000, p. 3 – 14.

③ See Faye C., *A Model of Egoistical Relative Deprivation*, Psychological Review, Vol. 83:2, p. 85(1976).

二、证券行政和解制度促进民事责任功能实现

长期以来,“无法律即无行政”是行政法的基本原理之一,行政机关必须得到法律的明确授权才能代表公共利益而享有一定的法定权力。行政机关对该法定权力并无处分权,只不过是法律与社会现实之间的“传送带”(transmission belt)①,在立法机关和行政相对人之间充当传声筒的角色:通过民主程序产生的立法机关通过颁布法律规定目标、标准和任务等来指引行政机关行使国家权力,行政机关的任务是严格按照法令行使职权,不得借由“主观能动性”将自己的意志掺杂在行政活动中。② 随着行政国(administrative state)③的到来,行政机关被赋予广泛的自由裁量权,行政合同在行政领域普遍出现,行政职权不可处分的观念遭到破除,行政和解制度在这样的土壤上成长起来。以证券行政责任促进证券民事责任须经由一定的制度设计才能“照进”现实,行政和解制度便能满足这样的功能诉求。

(一)证券行政和解制度的理论基础

证券行政和解是指证券监管机关在对证券市场的违法行为进行调查、执法的过程中,根据涉案行政相对人的申请,就其涉嫌违反证券法律、行政法规和其他证券市场监管规定的行为与之达成行政执法和解协议,督促行政相对人改正违法、违规行为,缴纳行政和解金补偿受害投资者损失,消除违法、违规行为的不良影响,并据此终止行政调查、执法程序的制度。④ 该制度作为以证券行政责任促进民事赔偿责任实现的具体制度之一,有着深刻的政治学、行政法学和法经济学基础。

首先,协商民主(Deliberative Democracy)是证券行政和解制度的政治学基础。20 世纪 90 年代以来,民主选举多数决策制度对少数群体权利的漠视和压制逐渐受到人们关注,一种强调通过平等协商使矛盾冲突各方了

---

① 参见[美]理查德·B. 斯图尔特:《美国行政法的重构》,沈岿译,商务印书馆 2021 年版,第 10 页。

② 参见温辉:《论行政和解的理论基础》,载《法学杂志》2008 年第 3 期。

③ See Dwight W., *The Administrative State: A Study of the Political Theory of American Public Administration*, New York, Routledge, 2006, p. 37-44.

④ 参见李东方:《论证券行政执法和解制度——兼评中国证监会〈行政和解试点实施办法〉》,载《中国政法大学学报》2015 年第 3 期。

解彼此立场，拓宽彼此心胸，维护公共利益中“私利”的民主理论——协商民主①逐渐在西方政治学界兴起。② 协商民主从本质上来讲是一种治理形式，其核心在于公共协商，强调对话、讨论、审议和共识。③ 证券行政和解便是协商民主理论在证券市场法治领域的具体体现：证券监管机关与行政相对人通过协商、沟通、交流与合作，以达成行政和解协议替代证券监管机关的具体行政行为。在这个过程中，行政相对人的地位得到显著提升，能够对证券监管机关就其违反证券法规的“指控”充分陈述意见，并就行政处罚的替代形式——行政和解协议获得与证券监管机关“讨价还价”的机会。

其次，公私合作是证券行政和解制度的行政法学基础。对市场经济的大规模行政规制开始于1929～1933年爆发的世界性经济危机和“大萧条”，而伴随各经济部门日益专业化、信息化和科技化的发展现实，“强大”的行政机关也常常束手无策，需要寻求私人部门在信息、科技等领域的协作。行政机关为了能够更好地履行行政职能，就需要与私人部门在相关领域进行更广泛、多层次和全方位的合作。④ 与此同时，私人部门由于欠缺行政机构那般法律赋予的强制力，私力救济常常难以实现，证券民事赔偿优先原则的落空即为适例。这时，受害投资者又需要寻求行政机关的协助。证券行政和解制度是公私合作行政治理的重要类型之一。证券监管机关与投资者合作一方面，可以由投资者的市场参与地位补强证券监管机关在信息、线索获取能力方面的不足；另一方面，证券监管机关法定的调查、执法强制力又能够促进受损投资者向违法者民事索赔的实现。

最后，提高行政执法的“收益—成本比”是证券行政和解制度的法经济学基础。在证券市场这类复杂的经济性规制领域，行政机关对行政相对人涉嫌违法违规的调查一般很难达到行政处罚法所要求的事实清楚、证据充分以及法规范适用明确等要求。如果严格遵循传统的依法行政原则，证券

---

① See Amy G. & Dennis F. T., *Why Deliberative Democracy*?, Princeton, Princeton University Press, 2004, p. 1-29.

② 参见温辉：《论行政和解的理论基础》，载《法学杂志》2008年第3期。

③ 参见陈家刚：《协商民主与政治协商》，载《学习与探索》2007年第2期。

④ 参见陈军：《冲击与发展：契约行政与依法行政关系之检视——透过公私合作视角考察》，载《华南理工大学学报（社会科学版）》2015年第2期。

执法机关与行政相对人往往陷入“零和博弈”困境:证券执法机关要么结束行政程序,放弃对涉嫌违法的行政相对人的制裁;要么坚持调查,直至证据收集达到足以作出行政处罚的标准,而这往往需要付出巨大的成本。在证券行政执法中适用行政和解制度,能够很大程度上克服传统依法行政原则“刚性有余、柔性不足”的缺点。当证券执法机关经过合理且必要的调查之后,依然存在事实不清、证据不明或者法规范适用不明确的情况时,行政和解一方面能够一定程度上实现保护投资者、维护市场秩序的执法目的,另一方面又能大大降低行政执法的成本,这完全符合“收益—成本比”最大化的法经济学原理。①

(二)证券行政和解制度的运行机制

尽管随着行政规制范围的大幅扩张,以德国为代表的大陆法系国家在“行政权必须严格受制于法律而不得自由处分”的依法行政观念上有所“妥协”,如德国《联邦行政程序法》第 54 条承认了行政和解替代行政执法的法律地位,但是,法律同时对行政和解制度的适用规定了极为严苛的限制条件。② 证券监管领域的《有价证券交易法》和《有价证券收购法》等重要法律均没有关于行政和解的任何规定。与之相反,奉行实用主义的美国则在证券市场监管实践中广泛运用行政和解,超过 90% 的证券执法案件都通过和解结案。因此,考察美国证券行政执法和解制度的运行机制较有代表意义。

虽然在证券违法案件的调查阶段被调查人即有权向 SEC 调查人员询问调查情况并进行初步申辩,SEC 执法人员一般也会就案情、行政和解事项与被调查人进行沟通,③但行政和解作为行政相对人的一项权利,只能由行政相对人申请发动。根据 SEC《行为规范》(Rules of Practice)第 240(a)条的规定,证券行政和解程序由行政相对人在知悉 SEC 将要对其采取行政

① 参见殷守革:《行政和解法治论》,山西人民出版社 2020 年版,第 55 ~ 57 页。

② 参见张红:《破解行政执法和解的难题——基于证券行政执法和解的观察》,载《行政法学研究》2015 年第 2 期。

③ See Joshua A. N. ,“*Wells Submissions*” *to the SEC as Offers of Settlement under Federal Rule of Evidence* 408 *and Their Protection from Third-Party Discovery*, Columbia Law Review, Vol. 102:7, p. 1912 – 1953(2002).

执法程序或者已经进入行政执法程序后的任何时间,以书面方式向 SEC 提交和解申请(settlement offer)启动。和解申请需载明行政相对人愿意达成行政和解的条件,包括愿意支付罚款的金额、接受证券市场从业资格的限制、案情公开的程度以及公开时点等内容。SEC 的调查部门在收到行政相对人递交的和解申请之后,需要将申请提交至 SEC 的五人委员会,由委员会通过投票多数决议的方式决定是否接受行政相对人的行政和解申请。[①]

SEC 接受行政和解申请后将授权执法人员与行政相对人就达成行政和解的条件进行谈判。一般涉及以下内容:(1)SEC 对行政相对人涉嫌违法的指控。如果行政相对人明确否定 SEC 对其违反证券市场监管法规的指控,SEC 将终止行政和解程序。(2)没收违法所得(disgorgement)的金额、行政罚款的金额、民事赔偿的金额等。(3)SEC 的执法措施与附带后果的豁免请求。SEC 是否继续向行政相对人签发"停止 – 制止令"(cease and desist order)以及执法措施可能给行政相对人带来的附带不利后果(丧失知名成熟发行人资格、私募发行豁免资格等)的豁免。(4)其他补救措施,例如向行政相对人指派第三方独立监督人等。值得一提的是,几乎所有 SEC 与行政相对人达成的行政和解协议对事实定性都采取"既不承认也不否认违法"(neither admit nor deny wrongdoing)的表述,这是为了尽可能减少案情公开对行政相对人的负面影响。

当调查人员或者执法人员与行政相对人就行政和解条件达成一致之后,SEC 的工作人员需将行政相对人签署的和解文件以及调查、执法部门是否接受和解的意见书一并提交给 SEC 五人委员会,由委员会批准和解并签发正式的和解令。多数情况下,调查、执法人员提交的行政和解协议都会得到批准,和解令需载明相关案情事实的认定和法律结论向社会公告。至此,行政和解协议产生与行政处罚决定书同等效力。和解协议履行过程中发生的争议,当事人可以诉至法院解决。美国的证券行政和解制度通过 SEC 与行政相对人的谈判达成协议,无须经过行政法官听证、审理程序,在程序设计上较为灵活,没有严格的程序限制,大大节约了行政执法资源、提

① See Securities Act Release No. 5310 (September 27, 1972); 17 C. F. R. § 201.240 (c)(3).

高了市场规制效率。这一特征使行政和解成为SEC执法的重要手段，为SEC将有限的执法资源集中在更能实现执法目的的违法行为奠定基础。[①]

（三）证券行政和解促进受害投资者充分受偿

在传统“行政处罚—行政责任”的规制模式下，证券违法行为人以“没收违法所得”和“行政罚款”的形式承担证券行政责任。根据公法规制的基本法理，行政罚没款都应当上缴国库而不能用于补偿受害投资者，这就导致证券民事责任优先原则停滞于“难以实现的立法美意”。[②] 证券行政责任着眼于惩罚违法主体的违法行为并对将来可能的违法行为进行预防，惩罚、预防是证券行政责任的主要功能；证券民事责任则着眼于补偿民事利益受到损失的投资者，救济是证券民事责任的主要功能。无论从公法规制的角度强调证券行政责任对证券市场秩序的维护，抑或从私法规制的角度主张证券民事责任对受害投资者民事利益的补偿，都只是单一目标导向的证券市场规制思路。在多元证券法律责任分立的情况下，每一种法律责任都只能实现一元化的规制效果。而证券行政和解制度恰恰能够在证券行政执法与受害投资者补偿之间建立起沟通的桥梁，协调证券行政责任的惩罚、预防功能和证券民事责任的救济功能，实现证券法律责任规制效果的二元化。

“已经赔偿或者承诺赔偿投资者损失”是启动证券行政和解程序的必需条件之一，因而可以说和解金是证券行政和解制度的核心。不同于必须全部上缴国库的行政罚没款，行政和解金是证券执法部门与行政相对人就“救赎”违法行为达成一致的“货币化”体现，而相对于证券市场秩序这类相对抽象的法益，投资者遭到损害的民事利益是个案中物质化损失的直接体现。将证券行政执法和解金直接用于补偿个案中受到损害的投资者，一方面可以提高受害投资者获得补偿的效率，另一方面能够降低处于弱势地位之证券投资者的求偿难度，具有非同一般的现实意义。[③] 以美国SEC与高盛公司（Goldman Sachs）在2010年达成的一项行政和解协议为例。由于高盛公司在2008年的次贷交易中构建、销售对赌次贷产品“Abacus 2007 -

---

① 参见高振翔、陈洁：《美国证券执法和解制度镜鉴》，载《证券市场导报》2020年第11期。

② 参见窦鹏娟：《论证券行政和解的正当性及其制度功能》，载郭峰主编：《证券法律评论》2015年卷，中国法制出版社2015年版，第242页。

③ 参见肖钢：《积极探索监管执法的行政和解新模式》，载《行政管理改革》2014年第1期。

AC1”时,没有披露一直“看空”的保尔森基金公司(Paulson & Co. Inc.)参与基础证券挑选的事实,因此误导了作为“独立第三方”的证券挑选人和投资者。面对SEC的指控,高盛公司照例“既不承认也不否认违法”,只承认公司的营销资料不全。最终,SEC与高盛公司达成和解金约为5.5亿美元的行政和解协议,其中2.5亿美元用于补偿因高盛公司违法行为遭受损失的投资者,3亿美元上缴美国财政部。①

证券行政和解制度作为证券市场违法、违规行为的一种处理方式,打破了行政执法与投资者求偿之间互不干涉的局面。通过借助证券执法机关的强制力,促使涉嫌证券违法的行政相对人积极缴纳行政和解金,以行政和解金补偿投资者因其违法、违规行为而遭受的民事利益损失,从而将证券行政执法与证券民事责任实现有机地链接了起来,彰显了该制度在证券行政责任的惩罚、预防功能与证券民事责任的救济功能之间的协调作用。需要特别指出的是,对于投资者来说,证券行政和解尽管是其获得民事赔偿的重要渠道之一,但也只是证券民事诉讼的有益补充。也就是说,证券行政和解制度的适用并不排斥针对行政相对人的民事诉讼。如果受损投资者在证券行政和解的和解金中得到的民事赔偿不充分,仍然可以向证券违法行为人提起民事诉讼补足没有得到填补的利益损失。

三、证券行政公共补偿促进民事责任功能实现

前述行政和解金并不直接赔付给投资者,而是通过一个重要的中介——公平基金(Federal Account for Investor Restitution Fund, FAIR Fund)的分配计划来实现。② 作为美国证券行政执法公共补偿制度的产物,公平基金汇集了SEC通过行政执法程序追缴的罚没款项、行政执法和解金以及通过民事诉讼程序获得的民事罚款。③ 公平基金在美国已经有十余年的

① See Samuel W. B., *What is Securities Fraud?*, Duke Law Journal, Vol. 61:3, p. 511 – 581 (2011).

② 我国在“万福生科欺诈发行、虚假陈述案”、“海联讯虚假陈述案”以及“欣泰电气欺诈发行股票案”等案件中已经率先通过投资者利益补偿专项基金来保障受害投资者民事利益的实现。

③ 美国SEC可以通过行政执法程序和民事诉讼程序两种程序追究违法行为人的法律责任,在司法程序中由法院判令的罚款被称为民事罚款。

实践历史,基金内的资金主要用于奖励证券市场违法行为的举报者、证据提供者以及补偿受害投资者。如果说行政和解制度是借助证券行政责任的威慑力激励违法行为人积极赔偿受害投资者损失,那么,证券行政执法的公共补偿(public compensation)机制则是通过违法行为人承担行政责任的罚没款项直接补偿给受害投资者,完成受害投资者民事求偿的"最后一里路"。

(一)证券行政公共补偿的理论基础

通常来说,证券行政执法对违法者施以行政责任是通过肃清证券市场不法行为,维护证券市场秩序和谐稳定,进而从整体上保护证券市场中的投资者。对于个体的证券投资者而言,通过证券民事诉讼追究违法者的民事责任是其实现权利救济的主要途径。但是,民事诉讼耗时长、举证困难以及高昂的诉讼成本使得投资者即使胜诉也未必能够完全填补遭受的损失。即便是在证券私人诉讼(代表人诉讼、集体诉讼等)发达的美国,也需要公平基金这样的公共补偿机制来快速填补受害投资者的损失。公共补偿是一种由政府监管部门通过行政公权力的行使,以政府部门等公权力机构为中介将罚没违法者的钱款补偿给受害投资者的机制。在美国,公共补偿作为公权力机构代替受害者获取损害填补的手段,不仅在证券领域以公平基金的形式实施,在消费者保护、电信诈骗等领域都已有较为成熟的制度实践。[①]在通过私人诉讼获取利益补偿成本高企的情况下,以政府部门为中介进行的公共补偿一方面可以显著降低补偿受损民事利益的成本,促进补偿的实施,另一方面还可以维护社会公正,提高市场经济发展的效率,维护社会稳定和谐。[②]

证券行政执法的公共补偿机制首先建立在"矫正正义"的基础之上。从价值投资和长久持有的角度来说,证券投资的收益来自上市公司业绩的增长和盈利的增加,但就短线操作而言,证券投资可以说是一场"零和游

---

① See Adam S. Z., *Distributing Justice*, New York University Law Review, Vol. 86:2, p. 500(2011).

② 参见张峰:《产权残缺利益补偿与社会利益关系协调》,复旦大学出版社 2016 年版,第 138～139 页。

戏”,一部分投资者的获利对应着另外一部分投资者的损失。[①] 从这个角度来看,对证券市场违法者施以行政处罚进而上缴国家财政的罚款,很大程度上来源于普通投资者投入证券市场的资金,证券行政责任的“板子”最终打在投资者身上。证券市场违法者与受害投资者之间的利益转移是不公平的,不当获利(unjust enrichment)是违法者获益的本质特征,因而应当通过不当获利返还矫正证券市场违法者与受害投资者之间失衡的利益关系。事实上,传统法律责任的事后调整与利益重新分配体现的都是矫正正义。但是,证券民事责任的矫正机能出现了障碍,因为在证券市场侵权的场域中难以证明违法者与受害投资者之间利益不公平转移的直接因果关系。在这种情况下,证券行政执法的公共补偿机制吸收了矫正正义原则,以返还不当获利的方式在证券市场违法者和受害投资者之间创设了一种利益返还关系。[②]

除此之外,证券行政执法的公共补偿机制还立基于国家责任由“矫正正义”向“分配正义”转型的历史趋势。矫正正义专注于个体之间的关系,一方就其对另一方造成的损失承担基于补偿的道德义务,[③]借此矫正利益的失衡。而分配正义的关注点由事后对利益失衡的矫正“提前”到事前的“逆向”分配,即针对利益更容易遭受损害的一方主体,事前利益分配时就根据一定价值标准对其进行倾向性地分配,证券行政执法的公共补偿机制就是在制度层面倾向于权益更容易受到侵害的投资者。英国行政法学家卡罗尔·哈洛(Carol Harlow)敏锐地察觉到国家这一主体在侵权法中所扮演角色的微妙变化,他指出,在我们生活的这个时代,人们对国家的期待正在发生剧烈变化。在迈向福利国家的历史进程中,在更为公平和资源分配更为平等这层广泛意义上来说,分配正义已经成为一种为大家所接受的集体目标。[④] 以证券行政执法公共补偿来践行分配正义,既具有一定的制度创

---

① 参见邢会强:《内幕交易罚没收入与投资者公平基金》,载《中国金融》2011 年第 3 期。

② See Andrew B. , *Restitution of Mistaken Enrichments*, Boston University Law Review, Vol. 92:3, p. 767 –791(2012).

③ See Ernest J. W. , *Law as a Kantian Idea of Reason*, Columbia Law Review, Vol. 87:3, p. 472(1987).

④ 参见[英]卡罗尔·哈洛:《国家责任:以侵权法为中心展开》,涂永前、马佳昌译,北京大学出版社 2009 年版,第 12 页。

新意义,同时对投资者保护也至关重要。[①]

（二）美国公平基金制度的运作模式

美国《1990 年证券执行救济与小额股票改革法案》首次规定 SEC 可以将其通过司法程序或者行政执法程序追缴的证券市场不法行为人之违法所得分配给受害投资者,借此填补受害投资者损失、提振投资者的市场信心。但是,行政罚款属于不可分配资金仍需全部上缴国家财政。这是因为在当时的立法者看来,SEC 的主要职责在于打击证券市场违法行为而非帮助受害投资者追缴受损资金,行政罚款的功能在于惩罚、威慑证券市场违法行为人而非填补受害投资者损失。[②]《2002 年萨班斯 - 奥克斯利法案》第 308 条正式在美国确立了公平基金制度,首次将 SEC 通过司法程序追诉的民事罚款、通过行政执法程序所得的行政罚款纳入赔付受害投资者资金来源的范围,即 SEC 向证券市场违法主体追缴的违法所得、行政(民事)罚款以及行政执法和解金等款项全部并入公平基金,同时制定详细的基金分配计划将资金分配给在个案中遭到损害的投资者。《2010 年多德 - 弗兰克华尔街改革与消费者保护法案》进一步修改了《2002 年萨班斯 - 奥克斯利法案》关于公平基金制度的规定,在仅有行政(民事)罚款而没有违法所得的情况下,仍可以行政(民事)罚款设立公平基金,公平基金制度对受害投资者的补偿概率进一步提高。

2008 年年初,SEC 设立了“归集与分配办公室”(the Office of Collections and Distribution)专司公平基金资金的归集与分配。[③] 实践中,一个证券欺诈案件设立一只公平基金,并以违法行为人的名称命名,如摩根大通基金(JP Morgan Chase Funds)、瑞信 RMBS 基金(Credit Suisse RMBS Funds)等。基金在运营期间,可将资金投资于美国国债、评级为“3A”的货币市场共同基金等风险相对较低的领域。因此,公平基金的可分配资金一般包括向证券

① 参见郭雳:《证券执法中的公共补偿——美国公平基金制度的探析与借鉴》,载《清华法学》2018 年第 6 期。

② See Don C. ,*Disgorgement Plans Under the Fair Funds Provision of the Sarbanes-Oxley Act of* 2002: *Are Creditors and Investors Truly Being Protected*?, DePaul Business and Commercial Law Journal, Vol. 6:2, p. 315(2008).

③ 参见汤欣、谢日曦:《美国证券执法中的公平基金:问题与出路》,载郭锋、周友苏主编:《国际化视野下的金融创新、金融监管与西部金融中心建设》,法律出版社 2013 年版,第 489 页。

市场违法者追缴的违法所得、行政(民事)罚款、判决前利息(Prejudgment Interest)以及这些资金分配之前的投资收益。每一只公平基金都须配置基金管理人和税务管理人(公平基金构成美国税法上的"合格结算基金",负有一系列纳税义务)。基金管理人可以是 SEC 内部的工作人员,也可以是其他任何人员,均由 SEC 任命。区别在于 SEC 内部工作人员担任公平基金的管理人时,无权从公平基金获得任何报酬。非 SEC 工作人员的公平基金管理人则可以因其管理、分配公平基金的专业服务获得合理报酬,该报酬首先从公平基金运营的投资收益中支付,不足部分由基金的本金支付。

公平基金管理人确定之后,就进入到基金的分配程序。每一只基金分配一次,如果资金不足以分配,每个投资者都按自身实际损失占所有投资者损失的比例分配。公平基金的一般分配程序如下:(1)受害投资者向公平基金管理人提交索赔申请表,基金管理人根据交易数据和其他相关证据来识别适格的投资者,并在此基础上草拟获赔投资者名单,提出基金分配的建议方案。(2)建议方案在 SEC 官方网站、Docket① 以及其他 SEC 或听证官指定的出版物上公布,接受公众的建议、评论和异议。(3)意见征求期限届满 30 日内,SEC 审核获赔投资者名单的准确性、全面性,然后作出是否批准该分配方案的命令。如果 SEC 对分配方案进行实质性修改,则应当再次公告并征求意见。(4)如果公平基金分配方案获得 SEC 批准,则由基金管理人正式公布该方案并分配基金。(5)基金管理人在基金分配完毕后制作并提交总结报告,由 SEC 进行审核。如果基金完成分配后仍有资金结余,则全部上缴国家财政部门。(6)SEC 裁定基金终止,基金管理人职责终止。据 SEC 的 2020 年年度执法工作报告,SEC 在 2020 财年通过 91 只公平基金向超过 80 万名个人投资者分配了 6.02 亿美元的证券欺诈损害公共补偿款。②

(三)公平基金制度对证券民事责任的有益补充

公平基金作为证券行政公共补偿领域的一种新兴制度,在美国的实践

---

① SEC 的执法档案,主要记载 SEC 出台的规章与执法信息等内容。

② See U. S. Securities and Exchange Commission, *Division of Enforcement* 2020 *Annual Report*, p. 18.

时间也仅有十余年的历史,不可避免地招致了来自理论界和实务界的“攻讦”和质疑。

在理论层面,公平基金似乎存在责任循环的问题(circularity problem)。如前所述,证券市场的资金从根本上说来自广大投资者,上市公司承担法律责任缴纳的行政罚款等很大程度上出自投资者,因而上市公司承担证券行政责任的“板子”最终打在投资者身上。同理,公平基金的资金来自证券执法机构追缴的违法所得和行政(民事)罚款,从根本上说还是源于受害投资者。如果受害投资者从公平基金受偿时已经处置违法公司的证券而不再是该公司的股东,那么其获得的补偿实际来自现有股东,这相当于“劫彼得之财补偿保罗”(Robbing Peter to Paul);如果受害投资者从公平基金受偿时仍然是该公司的股东,那么其获得的补偿部分地源自自己的腰包,这相当于“自我补偿”(Robbing Peter to Peter),财产从左口袋换到右口袋(Pocket Shift)。雪上加霜的是基金管理人报酬以及税费成本的存在使财产在转移过程中发生了折损,受害投资者无论“劫彼得之财补偿保罗”还是“自我补偿”都只能分配扣除成本后的剩余部分。[①]

在实践层面,公平基金的补偿绩效也遭到人们诟病。有学者对 2002 年至 2013 年间美国公平基金制度的运作情况进行实证研究发现,尽管这期间美国公平基金的总规模达到了 143. 3 亿美元,但同期证券集体诉讼获赔的金额却约为 600 亿美元,公平基金的可分配额度仅为证券集体诉讼的 1/4。[②] 在著名的“世通(Worldcom)虚假陈述案”中,受害投资者通过公平基金仅仅得到了相当于全部损失 5. 5% ~6% 的民事补偿。另据 SEC 的 2020 年年度执法工作报告,SEC 在 2020 财年向美国证券市场违法者追缴违法所得 35. 89 亿美元,通过行政执法和司法诉讼获得行政(民事)罚款 10. 91 亿美元,因而理论上可纳入公平基金补偿受害投资者的资金规模达 46. 80 亿美元。但是,SEC 在 2020 财年向受害投资者补偿的支出仅有占比

---

① See Adam R. , *Compensating Defrauded Investors While Preserving the SEC's Mission of Deterrence: A Call for Congress to Counteract the Troubling Consequences of Stoneridge*, Utah Law Review, Vol. 2009:2, p. 264(2009).

② See Urska V. , *Public Compensation for Private Harm: Evidence from the SEC's Fair Fund Distributions*, Stanford Law Review, Vol. 67:2, p. 352(2015).

12.86 %的6.02亿美元。[①] 虽然受害投资者通过证券民事诉讼获得的民事赔偿也不一定能够填补其全部损失,但已有的既提起证券集体诉讼又设立了公平基金的典型案件处理结果显示,受害投资者通过证券集体诉讼获得的赔偿金往往高于公平基金的补偿额度数倍。[②]

针对以上问题,应当深入证券市场违法行为的具体类型,立足证券法律责任制度的整体考察公平基金制度。不可否认,公平基金制度在一定程度上的确存在"责任循环"的问题,但这种情况主要集中在虚假陈述领域,因为虚假陈述以上市公司为主要处罚对象,而在内幕交易、市场操纵等领域,主要以具体责任人为处罚对象,"循环责任"的问题几乎是不存在的。对于虚假陈述(违规信息披露)的违法行为,在责任设计时注意加大对有关责任人的处罚即可。[③]

至于公平基金补偿绩效低的问题,则几乎可以说是"无端的指责"。在证券集体诉讼发达的美国,固然可以通过私人诉讼追究违法行为人之民事责任填补受害投资者的损失,但这并不排斥公平基金对证券民事责任的有益补充。事实上,由于证券民事诉讼在发动、举证以及诉讼成本上的重重困难,传统民事责任的实现面临很大阻力。正是基于这个原因,美国法律才在诉讼方式、举证责任分配、归责原则等方面进行"改造"以适应证券民事诉讼的特殊性。诉讼渠道的相对通畅并不能成为否定"第二渠道"的理由。

公平基金制度与证券民事诉讼分别归属于传统的行政法领域和民法领域,他们不是互斥关系,而是促进、补充关系。公平基金制度是沟通证券行政责任和证券民事责任的"地下水流",借此保障受害投资者的民事利益充分受偿。

---

① See U. S. Securities and Exchange Commission, *Division of Enforcement* 2020 *Annual Report*, p. 17.

② See Verity W., *Fair Funds and the SEC's Compensation of Injured Investors*, Florida Law Review, Vol. 60:5, p. 1114(2008).

③ 参见邢会强:《内幕交易公平基金制度的构建》,载郭峰主编:《证券法律评论》2016年卷,中国法制出版社2016年版,第255页。

第二节　证券行政责任与刑事责任的协调

证券犯罪因同时违反证券法和刑法的强制性规定，具有双重违法性，因而犯罪人应承担行政、刑事双重法律责任。但是，由于部门法之间的割裂，加之证券行政责任和证券刑事责任分别通过行政执法和刑事司法程序实现，实践中追究犯罪人的行政责任和刑事责任常出现矛盾和冲突。[①] 因此，证券行政责任与刑事责任的协调也是证券法律责任制度功能协调的重要一环。证券行政责任具有处断程序便捷、承担方式灵活的优点，却失之于惩罚力度有限，法律强制力和威慑力均略显薄弱；证券刑事责任作为证券市场违法行为最严厉的法律后果，起着保障法与后盾法的作用。但是，较之行政责任，证券刑事责任处断程序不够灵活，实体内容又显得过于严厉和刚性。可见，单独使用任何一种公法责任处置证券犯罪案件都不可避免存在各自的缺点和不足。因此，证券行政责任与刑事责任应坚持有机共存、有序共存、衔接共存。[②] 在以公法责任规制证券犯罪时，应构建行政与刑事相互协作的证券公法责任体系，注重行政责任与刑事责任的有机结合，发挥二者的合力效能。对此，应从基本法理出发理顺证券行政责任和证券刑事责任的相互关系，建立责任聚合时孰先孰后的处断规则，并对证券行政处罚与证券刑事制裁的方式作出或同质折抵或相互衔接的制度安排。

一、证券刑事责任衔接行政责任的法理逻辑

证券行政不法与刑事犯罪的重合、交叠乃是正在发生的事情：越来越多的证券违法行为被纳入犯罪的范畴以刑法加以规制，在越来越多的国家证券行政监管、执法机关被赋予准立法权、准司法权。“行政不法”与“刑事不法”的区分一直是行政刑法争论的焦点。实际上，这一问题不仅关系到行

---

① 参见沈洁：《经济犯罪中的法律责任重合探讨》，载《犯罪研究》2000 年第 6 期。

② 参见张旭、顾阳：《行政犯罪中刑事责任与行政责任聚合之处断规则》，载《辽宁大学学报（哲学社会科学版）》2012 年第 3 期。

政刑法的界域和刑事性行政违法行为的认定问题,还直接牵涉到行政处罚与刑事制裁的适用范围,影响到行政权与刑罚权(司法权)的权力分配,关乎行政责任和刑事责任的确立与实现。① 因此,深入研究行政法与刑法在现代社会"相向而行"的社会原因,在此基础上探讨行政权与司法权、行政执法与刑事司法、行政处罚与刑事制裁、行政责任与刑事责任的相互关系具有十分重要的意义。

(一)实现维护证券市场秩序的国家行政目的

任何人类行为或者活动都是在一定目的支配下进行的,政府的行政行为也不例外。国家对证券市场活动的干预建立在市场失灵的现实背景和福利经济学的理论基础之上。周期性的金融危机表明,证券市场作为一个非理性色彩浓厚的高风险市场,其运作机制决定了市场主体在纷繁复杂的海量信息面前极易丧失判断能力。更严重的是,部分市场主体还会通过散布虚假信息、伪造上市公司经营业绩以获取巨额利益,从众、赌博、欺诈等证券市场乱象无法通过市场机制本身进行矫正。② 鉴于此,源于庇古(A. C. Pigou)和萨缪尔森(Paul Samuelson)福利经济学的公共利益理论(Public Interest Theory of Regulation)认为,政府拥有充分信息、完全信用以及为社会整体福利服务的职能预设,③只有通过政府对证券市场的监管才能够克服证券市场失灵带来的负面影响,提高证券市场透明度、改善金融机构治理水平,进而维护金融体系稳定、发挥证券市场对实体经济的正面效用。④

证券市场的公共利益包含了投资者利益、证券公司利益和上市公司利益等私人利益,但却不是私人利益的简单加总,而是各种市场主体之个人利益、具体利益的有机整合,进而成为证券市场全体主体(至少是多数主体)的共同利益。微观地看,各证券市场主体的个体利益呈现出竞争、妥协、对立、统一的关系,只有证券市场的健康发展和证券发行、交易的安定有序才

---

① 参见李晓明:《行政刑法新论》(第2版),法律出版社2019年版,第193页。

② 参见楼晓:《证券业自律管理"公权化"研究》,知识产权出版社2014年版,第147~148页。

③ See Gary S. B. & George J. S., *Law Enforcement, Malfeasance, and Compensation of Enforcers*, The Journal of Legal Studies, Vol. 3:1, p. 1-18(1974).

④ 参见江春、许立成:《金融监管与金融发展:理论框架与实证检验》,载《金融研究》2005年第4期。

符合所有市场主体的利益,[1]因而证券市场的公共利益在"可见"的层面表现为证券市场秩序。在法治国家,政府的职能行为都是通过一项项法规予以实现的,国家行政目的就此与法律发生了联结。行政法学所讲的行政目的,就是运用行政法律手段使法律认可的行政秩序得以维持和保障。而在"法律融合"的背景下,对证券市场秩序的维护不再只是行政法律的"职责范围"。

"诸法合体"可以说是法律在人类社会早期最显著的特征。作为维护统治者利益、规制民众行为的显性规范,彼时法律的"立、改、废"均以统治者的意志为圭臬,鲜有出现冲突与矛盾的情况,亦无划分部门法的必要。近现代以来,社会的发展和平权思想的传播带来法律利益主体的多元,部门法分立以及法律部门内部的"精耕细作"成为这一时期法制发展的主要特点。正是立基于这样的时代背景,民事、行政和刑事法律相对独立并各司其职。而随着立法的精细化以及法律构造的复杂化,分属于不同部门的法规范可能同时对同一领域、同一类型行为进行规制,证券市场的虚假陈述、内幕交易、市场操纵可能同时构成民事侵权、行政违法、刑事犯罪即为适例,"民刑交错""行刑竞合"现象的增多标志着法律正在由"法律分野"朝着"法律融合"的方向发展。[2]

刑法与其他部门法律互动、竞合的日趋频仍是"法律融合"趋势的一大显著特征。以行政刑法为例,相较于犯罪构成要件和法定刑都规定在同一法律条文的"完备刑法"(Vollstrafgesetz)[3]而言,行政刑法规范只规定罪名或者部分构成要件与法定刑,犯罪构成要件的部分或者全部通过"违反……规定/制度/管理法规"的表述委诸行政管理法规。对此,"法秩序统一"理论指出,在某部门法内判定违法的行为一定程度上就意味着该行为在全部法秩序内否定性的价值评价,并且能够引发不同部门法律协调一致

---

① See Jonathan R. M. & Maureen O., *From Markets to Venues: Securities Regulation in an Evolving World*, Stanford Law Review, Vol. 58:2, p. 563 - 570(2005).

② 参见简爱:《从"分野"到"融合":刑事违法判断的相对独立性》,载《中外法学》2019 年第 2 期。

③ 参见杨建华:《刑法总则之比较与检讨》,台北,三民书局 1989 年版,第 12 页。

的否定性规制效果——对其施以法律责任。[①] 在“统一法秩序”的逻辑下，不同部门法对同一领域、同一行为否定性的规范通常就存在一定的先后、从属关系。基于刑法补充法、保障法的属性，证券刑事责任的追究应以促进证券行政责任功能为己任，既要在形式上受制于证券行政责任的法律规定，还要在实质上受制于证券行政责任所保障的证券市场行政管制性法律规则。[②]

(二)关涉基本人权的行政处罚措施的司法化

证券行政责任与证券刑事责任同属于证券公法责任，共同承担证券法律责任的惩罚、预防功能。它们的区别在于前者是通过行政执法程序实现的法律责任，后者则是经由法院司法程序实现的法律责任。因此，证券行政责任与证券刑事责任协调、衔接的背后是国家行政权和司法权的分工与配合。长期以来，西方国家遵循其控权思想，在行政权与司法权两大公权力的配置模式上沿袭“夜警国家”模式的传统，即信奉“小政府、大社会”的古典自由主义思想，以相对被动的司法权作为社会规制的首选公权力，行政权被禁锢在“有限行政”和“被动行政”的理论框架之中。

20 世纪 30 年代的经济危机迫使西方国家对有限行政、被动行政进行深刻反思，积极推进国家公权力配置模式变革，“夜警国家”模式逐渐被“福利国家”模式取代。在这一模式下，广泛行政和积极行政成为主流。由于经济、社会问题的大量涌现以及复杂性、专业性的提升，立法机关无法针对社会、经济问题进行准确、及时、具体的立法，法院的个案裁决与救济市场经济的普遍监管和市场秩序的有效维护也是“杯水车薪”。在这样的情况下，政府的行政权力不断扩张，甚至开始掌握、行使准立法权和准司法权。[③]

美国 SEC 的诞生及其权力的扩张便是“福利国家”模式的产物。在

---

① 参见陈景辉：《合规范性：规范基础上的合法观念——兼论违法、不法与合法的关系》，载《政法论坛》2006 年第 2 期。

② 参见田宏杰：《行政犯的法律属性及其责任——兼及定罪机制的重构》，载《法学家》2013 年第 3 期。

③ 参见王明远：《论我国环境公益诉讼的发展方向：基于行政权与司法权关系理论的分析》，载《中国法学》2016 年第 1 期。

SEC 的设立之初,其拥有的规范制定权力和执法权限都相当小。SEC 无权对证券市场的违法行为直接作出行政处罚,只能向联邦法院申请颁发司法禁令(Injunction)规制证券违法行为。[①] 自 20 世纪 60 年代起,SEC 因为履职需要通过法院的"辅助救济"制度(Ancillary Relief)扩张其执法权力,[②]开始在向联邦法院申请司法禁令的同时提出民事罚款、返还违法所得、资产冻结、禁止在公众公司担任高管等衡平救济请求。这些诉求虽然超出了《1934 年证券交易法》的规定,但法院认为 SEC 不同于普通的证券市场受害投资者,而是执行证券法规、维护公共利益的法定机关,[③]因而法院几乎都支持了 SEC 的诉求。SEC 自此获得经由联邦法院"输出"追缴违法所得、处以民事罚款的权力。1990 年出台的《证券执法救济和小额股票改革法案》明确授权 SEC 可以通过自身的行政程序追缴证券违法者的违法所得,并可以直接对违法对象处以行政罚款。立法层面对 SEC 履职司法渠道和行政渠道"双轨制"的规定虽然沿袭至今,但 SEC 执法越来越多通过行政程序完成。

世界各国的证券监管体制几乎都以美国为蓝本,而随着 SEC 权力的扩张,针对证券市场的行政处罚权越来越多地侵袭到传统司法机关"执掌"的权力领域,到现在基本只有限制人身自由的处罚形式由司法机关绝对保留,证券行政责任和证券刑事责任的责任形式和功能越来越难以界分。那么,在证券行政责任的基础上是否有"叠加"证券刑事责任的必要性呢？答案是肯定的。除了刑事责任严厉的处罚程度和更强的威慑力之外,司法程序对基本人权的保护是最重要的原因。与行政程序相比,司法程序严格的证据认定标准和充分的言辞辩论能够最大可能地维护当事人的权利,尤其是弱势当事人的权利。人身自由是行使其他权利的根基,自由罚由司法保留的必要性自不必言。需要指出的是,财产罚、资格罚因为涉及证券市场主体"生存权"的问题,也应逐步推进和实现"司法化"。证券刑事责任在这个层

---

① 参见郭雳:《美国证券执法中的行政法官制度》,载《行政法学研究》2008 年第 4 期。

② See George W. D., Jr., *Ancillary Relief in Federal Securities Law: A Study in Federal Remedies*, Minnesota Law Review, Vol. 67:3, p. 865(1983).

③ 参见马江河、马志刚:《美国 SEC 行政执法机制研究》,载《证券市场导报》2005 年第 10 期。

面仍有与证券行政责任衔接、协调的空间。

前面已经论证,证券刑事责任作为保卫证券市场系统整体的法律责任,在“三位一体”证券法律责任体系中处于后盾性、保障性的位置。至于如何衔接,下文将作具体讨论。

二、以“行政优先、刑事托底”模式协调证券公法责任

行政法与刑法的“纠缠”肇始于管制资本主义时代。经济风险和社会风险在自由资本主义时代不断潜滋暗长,最终以20世纪30年代严重的经济危机溃散开来。“罗斯福新政”的开始,宣告人类社会进入管制时代。行政权自此摆脱形式法治的束缚开始对社会生活进行普遍干预,追求行政权的“有效”;与此同时,古典自由主义时代的罪刑法定主义开始“松动”,相对罪刑法定主义要求刑法必须“能动司法”保卫社会。刑事司法的能动与行政执法的变革相映成趣,共同推进社会治理的法治变革。[①] 正是基于这样的历史发展脉络,行政法和刑法分别作为社会治理的第一道、第二道防线用于维护统一的法秩序,证券违法与证券犯罪的公法规制便是它们在证券领域的历史“邂逅”。

(一)“行刑衔接”中的刑事优先原则及其理论依据

如前所述,鉴于刑法调整社会关系的复杂性和宽泛性,在“法律融合”时代刑法与其他部门法的交错、融合最为常见,刑事责任与其他部门法律责任追诉的“优先级”问题便是一个不得不正面回答的问题。对此,有学者指出,在纪律调查程序、民事诉讼程序、行政执法程序以及其他任何司法、执法程序中,一旦发现涉嫌刑事犯罪的违法事实时,应当优先由有管辖权的侦查机关、司法机关依照刑事诉讼法规定的程序进行刑事责任追诉,即刑事优先原则。[②] 刑事优先原则首先确立于民刑交叉领域,基于刑事诉讼较之民事诉讼在价值判断上更重要的社会意义、在技术分析上更利于全面揭示案件事实真相等原因,刑事责任的追诉在民刑交叉的情况下被摆在了一个更

---

① 参见田宏杰:《知识转型与教义坚守:行政刑法几个基本问题研究》,载《政法论坛》2018年第6期。

② 参见张智辉:《刑法改革的价值取向》,载《中国法学》2002年第6期。

优先的位置。[①] 无独有偶，当刑事责任追诉与行政责任追究发生竞合时，公法学者同样主张遵循刑事优先原则：在对行政犯罪追究双重法律责任的程序上，原则上应当首先由司法机关按照刑事诉讼的程序追究不法行为人的刑事责任，嗣后再由行政部门按照行政执法程序追究不法行为人的行政责任。[②]

刑事优先原则首先建立在刑法特殊的社会防卫机制之上。鉴于司法资源的有限性，部门法律之间的分工合作始有必要。国家刑事司法资源的投入应建立在必要性的基础之上，即在经济性、节俭性和效益性的前提下获得最大限度的规制效果。在社会防卫机制上，作为“底线法”“后盾法”的刑法是对不服从“第一次规范”所保护利益，或者“第一次规范”难以保护的利益进行带有强制性的“第二次”保护。因此，只有当其他法律已经无法提供有效保护的情况下，刑法才予以发动。而在刑法“不得不”发动的情况下，刑法作为一种司法资源消耗巨大的规制手段就应当予以优先适用，因为只有这样才能实现刑法效用的最大化。陈兴良教授就指出，从经济和效率的角度考虑，对于需要同时追究行政责任和刑事责任的案件，应当确立刑事优先原则。这样不仅能够杜绝刑事资源的浪费，还有利于防止行政机关在行政程序中擅断专权、“以罚代刑”，有利于实现刑法的社会防卫功能。[③]

刑事优先原则还立基于刑事责任较之行政责任更严厉的天然属性。刑事优先原则要求“刑事为主、刑事先理”。“刑事为主”要求对行政犯罪所要追究的行政、刑事双重法律责任中，以刑事责任为主；“刑事先理”则要求行政处罚和刑事处罚在适用程序的衔接上，优先追究不法行为人的刑事责任。在追究了刑事责任之后，除了刑事处罚吸收行政处罚的情形外，可再由行政部门处以行政处罚。这是因为就违法行为本身的危害性程度而言，行政犯罪的刑事违法性比一般行政不法行为社会危害性更加严重，因而应当优先

---

① 参见万毅：《为“先刑后民”原则正名——兼论刑事诉讼与民事诉讼程序之关系》，载张海棠主编：《程序与公正：上海市诉讼法学研究会文集》（第3辑），上海社会科学院出版社2007年版，第309~313页。

② 参见周佑勇、刘艳红：《论行政处罚与刑罚处罚的适用衔接》，载《法律科学（西北政法学院学报）》1997年第2期。

③ 参见陈兴良：《论行政处罚与刑罚处罚的关系》，载《中国法学》1992年第4期。

审查;就刑事处罚的严厉程度而言,刑事制裁比行政处罚更加严厉,因而应当优先施行。此外,鉴于实施行政责任的执法程序与实现刑事责任的司法程序在规范程度和证据强度上的差异,追究行政责任所依据的事实、证据对司法机关并不具有当然的效力,还需要司法机关重新核查、认定。相反,司法机关追诉犯罪人刑事责任业已认定的犯罪事实和确认的证据,对行政机关具有当然效力。①

(二)刑事责任优先原则在证券领域的现实困境

刑事资源效用的最大化是学者主张刑事责任优先原则的理由之一,而这里面存在一定的逻辑悖论。由于刑事资源的稀缺性,在"不得不"动用刑事手段追究违法者刑事责任的情况下,就应当优先追诉其刑事责任,以追求刑事资源尽可能地"物尽其用"。而事实上,在证券监管机关行政权力不断扩张以及证券领域普遍存在"有案不移""以罚代刑"的情况下,"不得不"动用刑事手段的程度和必要性就值得反思。证券行政责任与证券刑事责任的价值诉求本身就不同,即证券行政责任追求的是效率,是及时、有效地遏制证券市场违法行为、维护证券市场秩序,行政执法可以迅速达致上述目标。相反,证券刑事责任以公正作为其最高目标追求,刑事诉讼程序的层层设防就是为了尽可能防止枉法裁判和冤假错案的发生。也正是基于这个原因,刑事司法因其"高能耗"使司法资源显得尤为稀缺。对于证券市场的违法行为,如果为了追求刑事资源效用的最大化就确立刑事责任优先原则无疑是本末倒置。维护证券市场秩序是证券公法责任的主要目标诉求,在能够实现该目标的前提下尽可能不动用刑事手段难道不是更节省刑事司法资源吗?

刑事责任比行政责任的制裁程度更加严厉是学者主张刑事责任优先原则的另一个重要理由,但对于证券市场违法行为的公法制裁而言,刑事处罚并不必然比行政处罚重。以资格处罚为例,对于利用职业便利或者违背职业义务实施的犯罪,刑法可以判处违法者在一定期限内禁止从事相关职业。而行政处罚轻则可以责令违法者停产停业,重则可以暂扣或

---

① 参见刘艳红、周佑勇:《行政刑法的一般理论》,北京大学出版社2020年版,第283~284页。

者吊销行政许可证、营业执照等,这几乎可以说是在从业资格上对违法者判处了“死刑”。有学者就指出,吊销行政许可证、营业执照的严厉程度甚至超过刑罚的处罚力度,因为行政许可被吊销意味着违法者在将来被彻底排除在原来行业的市场之外,而就刑事责任的承担而言,即便被判处刑罚也一般只意味着信誉的减损和一段时间内的从业限制,违法行为人仍然有从事原先职业、补救刑事责任承担带来的不利影响的机会。① 从这个角度来看,以抽象的证券刑事责任比证券行政责任严厉来支持刑事优先原则也存在明显缺陷。

此外,司法机关专业性不足是在证券领域贯彻刑事责任优先原则无法逾越的障碍。如前所述,基于对刑事司法严格的诉讼程序以及排除合理怀疑证明标准的信赖,据以作出行政处罚的证据依据和事实认定对司法机关并不具有当然的效力。相反,司法机关据以作出刑事裁判而采信的证据和犯罪事实认定对行政机关则具有当然的拘束力。然而,这种证据采信在行政机关和司法机关之间的“单向传送”在证券领域完全是颠倒过来的,即司法机关对证券市场犯罪的审判严重依赖证券监管机关收集的证据。这是因为证券监管机关不同于传统的行政机关,是“福利国家”模式下专门成立的、具有专业知识的、依法独立行政的市场监管者。② 由于证券监管具有很强的专业性和技术性,因而证券监管机关往往都配备了精通证券违法稽查、公司财会审计、证券期货信息化监管的专业工作人员。在司法机关和证券监管机关之间专业能力配置的悬殊也令刑事责任优先原则在证券领域难以实现。

(三)优先适用证券行政责任惩戒证券违法行为

证券行政责任和证券刑事责任作为功能相似但性质不同、机理迥异的两种证券公法责任,在“三位一体”证券法律责任体系中的功能协调既要契合证券犯罪的本质属性,还要遵循公权力配置的基本原理以及对法治目标的追求。对此,应以“行政优先、刑事托底”的模式对证券犯罪治理中的“行

---

① 参见[爱尔兰]Colin Scott、石肖雪:《作为规制与治理工具的行政许可》,载《法学研究》2014 年第 2 期。

② 参见宋雅琴:《美国行政法的历史演进及其借鉴意义——行政与法互动的视角》,载《经济社会体制比较》2009 年第 1 期。

刑衔接”进行建构。

首先,“三位一体”的证券法律责任功能协调模式是“行政优先、刑事托底”的逻辑前提。前面已经论述,秩序法益在现代社会已经成长为刑法所保护的一种相对独立的法益,再加之对证券投资者个体法益的保护,证券刑事责任的功能具有复合性,其功能定位于对证券市场的整体保卫。而证券行政责任的功能又定位于维护证券市场秩序,因而在维护证券市场秩序这个层面,证券行政责任和证券刑事责任存在功能重叠。由于刑事责任的不周全性和威慑补充性,在“三位一体”的证券法律责任功能协调模式中,证券行政责任和证券刑事责任呈现出先行后刑、次第相接的逻辑关系,即违反证券市场管制性规范、破坏市场秩序的行为首先应当承担行政责任,行政责任对证券市场秩序提供周延而全面的保护。只有其中部分对市场秩序破坏十分严重、危害巨大的行为才被“遴选”纳入刑法规制的范围。因此,对“三位一体”模式的选择是“行政优先、刑事托底”的逻辑前提。

其次,国家权力的分权制衡是“行政优先、刑事托底”的法理基础。从证券违法者的角度看,证券行政责任和证券刑事责任的承担除了名称的差别和程序的不同以外,都是对其违法犯罪行为的无差别惩戒。但从国家权力配置的角度看,证券行政责任和证券刑事责任的背后是行政权和司法权的分野,而行政权的本质是管理权、司法权的本质是判断权,二者不容混淆。[①] 行政管理以维护正常的证券市场秩序和促进证券市场对国民经济的正面效用为己任;司法裁判以定纷止争、保护法益和救济权利为使命。鉴于证券市场天生的高度信息不对称以及证券欺诈的此起彼伏,证券行政监管权力的扩张在世界各国资本市场都已成为必然的发展趋势。行政权力的恣意和泛滥势必侵害国民的合法权利,破坏市场机制在市场经济中的决定性作用,因而对行政权力保持必要的警惕,对其进行有效“钳制”实有必要。“行政优先、刑事托底”便是司法权监督、制衡行政权在证券法制领域的体现。

---

① 参见孙笑侠:《司法权的本质是判断权——司法权与行政权的十大区别》,载《法学》1998 年第 8 期。

最后，运行机制的差异是“行政优先、刑事托底”的制度基础。由于行政权和司法权分别以管理和裁判为本质属性，它们在价值追求、制度安排和运行方式等方面均呈现出一系列的差异。高效和有序是行政管理的至高目标，这就要求行政机关因应社会经济生活的变化在法律授权范围内主动制定行政法规和部门规章，行政执法人员面对纷繁复杂的现实情况和瞬息万变的市场行情积极依法干预。相反，公平和正义是司法裁判的首要追求，这就要求司法机关保持消极克制、恪守“不告不理”原则，客观、理性、公正地适用法律。鉴于此，行政执法侧重于违法事实的认定，行政程序的终结和行政责任的实施均不以行政违法者到案为必要。刑事司法则讲求客观损害与主观罪过的统一，刑事司法程序的终结与刑事责任的裁量以被告人在案为必要条件。① 可见，证券行政责任与证券刑事责任迥异的价值追求和制度设计为“行政优先、刑事托底”的协调模式奠定了制度基础。

三、以有限的“一事不二罚”原则协调证券公法责任

一般认为，行政犯罪既是违反行政法规的行为也是犯罪行为，具有双重违法性。行为违法的双重性决定了行政犯罪应承担法律责任的双重性，既要追究行为人的行政责任，又要追究行为人的刑事责任。只有这样，才能全面评价犯罪分子的不法行为，有效打击犯罪、预防犯罪。② 但是，行政责任、刑事责任都主要发挥惩罚、预防的功能，在责任的承担形式上也存在颇多相似之处，如行政拘留与刑事拘役、行政罚款与刑事罚金等。这就招致了人们对同一违法行为既施以行政处罚又处以刑事处罚违反“一事不二罚”原则的疑虑。那么，什么是“一事不二罚”原则？行政处罚和刑事处罚能否并罚？证券犯罪的“双罚制”是否违反该原则？具体的行政处罚措施和刑事处罚措施能否相互折抵？

（一）同质行政处罚与刑事处罚折抵的理论基础

“一事不二罚”原则（或称“一事不再罚”原则）源自古罗马时期的“一

① 参见田宏杰：《行政犯罪的归责程序及其证据转化——兼及行刑衔接的程序设计》，载《北京大学学报（哲学社会科学版）》2014 年第 2 期。

② 参见刘艳红、周佑勇：《行政刑法的一般理论》，北京大学出版社 2020 年版，第 270 页。

事不再理”原则(ne bis in idem)。[①] 罗马共和国时期的法院实行“民刑合一”的诉讼制度和“一审终审”的审判制度,对于已经发生法律效力的案件,除了法律另有规定之外,不得再提起诉讼和处理。[②] 到了现代,民事诉讼与刑事诉讼已经相互区别、严格分立,但无论在民法领域还是刑法领域,“一事不二罚”原则都得到了继承和发展。在民法领域,“一事不二罚”原则已经被“禁止重复诉讼原则”(或称“既判力原则”)取代;在刑法领域,则具体表达为“禁止双重危险原则”(prohibition of double jeopardy)。例如,《美国联邦宪法(第五修正案)》规定,“任何人不得因同一罪行遭受两次生命或者身体上的危害”。[③] 在刑法领域确立“一事不二罚”原则是为了使国家在进行刑事责任追诉时保持克制,防止国家利用其强势地位对国民的任意追诉。[④] 由于行政执法也极易侵害行政相对人的合法权益,“一事不二罚”也成为现代行政法的一项基本原则,即行政相对人基于其一个违法行为受到一个行政主体的处罚后,任何其他机关不得以同一事实和理由再次对其处以行政处罚。[⑤] 值得深究的是,行政处罚与刑事处罚跨部门法的“双罚制”是否违反“一事不二罚”原则。

对此,绝大多数学者都认为“一事不再罚”中的“两次处罚”一般是指性质相同的两次处罚。由于行政处罚和刑事处罚是两种性质不同的处罚,在涉嫌犯罪的行政违法案件中,对行政相对人作出行政处罚后又追究

---

① See Bas V. B. eds. ,*Ne Bis in Idem in EU Law*, Cambridge, Cambridge University Press, 2016, p. 13 – 52.

② 参见练育强:《行刑衔接视野下的一事不再罚原则反思》,载《政治与法律》2017 年第 3 期。

③ 《美国联邦宪法(第五修正案)》的全文是:“No person shall be held to answer for a capital, or otherwise infamous crime, unless on a presentment or indictment of a Grand Jury, except in cases arising in the land or naval forces, or in the Militia, when in actual service in time of War or public danger; nor shall any person be subject for the same offense to be twice put in jeopardy of life or limb; nor shall be compelled in any criminal case to be a witness against himself, nor be deprived of life, liberty, or property, without due process of law; nor shall private property be taken for public use, without just compensation.”(中译文:无论何人,除非根据大陪审团的报告或起诉书,不受死罪或其他重罪的审判,但发生在陆、海军中或发生战争或出现公共危险时服役的民兵中的案件除外。任何人不得因同一犯罪行为而两次遭受生命或身体的危害;不得在任何刑事案件中被迫自证其罪;不经正当法律程序,不得被剥夺生命、自由或财产。不给予公平赔偿,私有财产不得充作公用。)

④ 参见谢佑平、万毅:《一事不再理原则重述》,载《中国刑事法杂志》2001 年第 3 期。

⑤ 参见刘平:《行政执法原理与技巧》,上海人民出版社 2015 年版,第 201 页。

其刑事责任，并不违反“一事不再罚”原则。[①] 但在域外的立法例中，同时存在并罚和竞合两种立法模式。例如，奥地利《行政处罚法》第22条规定，行政被告违反行政义务的行为与其他由法院处罚的行为发生竞合时，应分别处罚。可见，奥地利对行政处罚和刑事处罚采取的就是并罚主义的立场。而德国《违反秩序法》第21条规定，如果一个行为既是违反秩序的行为同时又是犯罪行为，则只适用刑法，但可以处以其他法律规定的附加措施。如果没有科处刑罚的，可以将该行为作为违反秩序行为进行处罚。可见，德国对行政处罚和刑事处罚采取的是“竞合择重”的处理原则。

从域外的立法例可以看到，对行政处罚与刑事处罚的并罚，既有认定其违反“一事不二罚”原则的国家，也有认定其不违反“一事不二罚”原则的国家。那么，证券领域的行政责任与刑事责任功能协调应采取怎样的立场呢？笔者认为，对于证券违法行为人来说，行政责任和刑事责任的性质区分并无实际意义，罚款和罚金都是对其无差别的财产处罚，市场禁入和从业禁止都是对其无差别的资格限制。从责任的承担方式上来看，财产罚和资格罚几乎是证券行政责任的全部承担方式，人身罚和财产罚则是证券刑事责任最主要的承担形式。当前，资格刑和扩大适用方兴未艾，证券犯罪是否适用资格刑尚有讨论空间。就财产罚而言，行政罚款的基础上复加刑事罚金难免有重复处罚之嫌。基于行政相对人权益保护和证券公法责任功能协调两方面的考虑，应当以有限的“一事不二罚”原则在同质行政处罚和刑事处罚之间建立折抵机制。

（二）证券行政财产处罚与刑事财产处罚的折抵

财产处罚是证券行政责任最主要的实现方式，具体表现为“没收”和“罚款”两种形式。其中，没收是通过剥夺违法者的非法收益，使违法者恢复到违法之前的状态。没收的效果一方面是纠正违法行为，因而具有负担性；另一方面是国家取得非法收益的所有权，因而有增加国家财政收入、补

---

① 参见元明：《行政执法与刑事执法相衔接工作机制总结》，载《国家检察官学院学报》2006年第2期。

偿秩序损害的效果。[①] 罚款则是通过给违法者设定新的金钱给付义务,使其利益状态比违法行为前的原始状态更加恶化。[②] 在证券行政责任的裁量过程中,没收和罚款常常"形影不离",以并处的形式出现。[③] 与此同时,财产处罚也是证券刑事责任的重要实现方式,包括"没收财产"和"罚金"两类。其中,"没收财产"是将犯罪人所有财产的部分或者全部强制、无偿地收归国有的处罚方式。值得注意的是,没收财产是没收犯罪人合法所有并且没有用于犯罪的财产,追缴犯罪所得财产不属于没收财产,因而没收财产与没收犯罪所得、没收犯罪财产具有本质区别。[④] 罚金则是法院判处犯罪人向国家缴纳一定数额金钱的刑罚方式。

从上面对行政责任"没收""罚款"和刑事责任"没收财产""罚金"的界定可以看到,行政责任的"没收"(包括"没收违法所得"与"没收非法财物")与刑事责任中的"没收财产"具有不同的含义,前者实质上是追缴、处置违法行为所得财物、所用之物,因不具有惩戒性而算不上一种惩戒措施。后者因为针对的对象是犯罪人合法所有并且没有用于犯罪的财产,对这部分财产的"没收"将致使犯罪人的财产状态比犯罪前更加恶化,因而刑事责任的"没收财产"具有惩戒性。行政责任的"罚款"和刑事责任的"罚金""没收财产"都针对犯罪分子合法所有的财产,不同之处在于"罚款"和"罚金"的裁量一般都是以不法行为人的非法所得为基础按照法定的"倍比"关系在个案中作出,而"没收财产"最多可以将犯罪分子的所有合法财产收归国有,因而"没收财产"的惩戒力度一般强于"罚款"与"罚金"。由此,"罚款"、"罚金"与"没收财产"由轻到重的渐次设置形成证券公法责任的"处罚链"。

"罚款"、"罚金"和"没收财产"虽然在法律属性和裁量上限等方面有所区别,但作为对违法行为人合法所有的财物的无偿、强制剥夺,均能够在

---

① 参见王青斌:《行政法中的没收违法所得》,载《法学评论》2019年第6期。

② 参见金光旭、钱叶六:《日本刑法中的不法收益之剥夺——以没收、追缴制度为中心》,载《中外法学》2009年第5期。

③ 参见应松年、冯健:《行政罚款制度的困境及其破解——以证券行政处罚为例》,载《求索》2021年第1期。

④ 参见张明楷:《刑法学》(上)(第5版),法律出版社2016年版,第540页。

客观上限制甚至消除违法行为人的再犯能力，震慑其他潜在违法者，同时一定程度上补偿为了追诉违法行为而投入的行政执法、刑事司法资源，修复因其违法犯罪行为遭到破坏的证券市场秩序。从这个角度来看，证券行政责任的“罚款”和证券刑事责任的“罚金”“没收财产”的实质功能并无不同，它们都是通过法律强制施以超过损害填补额度的财产责任以达到惩罚和预防违法犯罪的目的。[①] 因此，证券行政责任的“罚款”与证券刑事责任的“罚金”“没收财产”应当建立折抵机制，即“罚款”和“罚金”“没收财产”的具体处罚措施由行政执法机关和法院根据具体案件的行政违法性和刑事违法性分别独立裁量相应的行政责任和刑事责任，但在实际执行时应当予以折抵、扣除。在“行政优先、刑事托底”的证券公法责任体系中，罚金刑只执行超过行政罚款部分的金额。

（三）证券行政从业限制与刑事从业禁止的衔接

证券行政从业限制是证券监管机关为了维护证券市场秩序，根据证券法等有关法律的规定，令违反证券法特定义务或行政管制措施的行政相对人在一定期限内直至终身不得从事证券业务、证券服务业务或者剥夺其在上市公司担任董事、监事等高级管理人员的资格。可见，行政法上的证券从业限制包括从事证券业务、证券服务业务的限制和在上市公司担任高级管理人员资格的限制。实务界多认为证券行政从业限制是一种行政监管措施或行政管理方式，不属于行政处罚，因而将证券行政处罚和证券行政从业限制并列，并创设了“非行政处罚性监管措施”的概念。[②] 无独有偶，刑法也有类似的从业禁止制度，即对于利用职业便利或者违反职业要求义务而实施的犯罪，因特殊预防的需要，在刑罚执行完毕后或者假释之后禁止犯罪人在一定期限内从事相关职业的制度。由于针对犯罪人的刑事从业禁止是在刑罚全部执行完毕之后才“起效”的，基于“多余的刑罚就是不公正的刑罚”[③]的基本原理，刑事从业禁止也不是一种刑罚。

---

① 参见徐科雷：《罚款与罚金在经济法责任体系中的辨析与整合》，载《政治与法律》2015年第3期。

② 参见宋华琳：《禁入的法律性质及设定之道》，载《华东政法大学学报》2020年第4期。

③ 参见陈伟：《有期限从业禁止的性质与内涵辨析——以刑法修正案（九）第37条之一为中心》，载《四川大学学报（哲学社会科学版）》2018年第4期。

事实上,从规制方式上来看,作为证券行政责任实现方式之一的从业限制和作为证券刑事责任实现方式之一的从业禁止确实显著不同于罚款、罚金、没收财产等传统行政、刑事处罚措施。虽然惩罚和预防都是证券公法责任旨在实现的功能,但就传统行政、刑事处罚措施而言,不得不说罚款、罚金等制裁手段在预防功能的实现上是羸弱的。因为罚款和罚金都重在对已然之违法、犯罪行为的制裁,其预防功能的发挥主要借助于行为人对将来再犯会招致相同处遇的畏惧,从某种程度上来说还是寄希望于行为人的主观"自觉"。与之不同的是,无论是行政从业限制还是刑事从业禁止,均立足对行为人既往行为之危害性及信誉评价,秉承"过往以为来者师"的理念对行为人将来再犯的高度盖然性和胜任某些关键岗位的能力进行评估继而"进攻式"地先发制人,即通过从业资格的限制甚至剥夺以达至特殊预防的目的。这种以行为人立场为中心,强调对有违法危险的行为人采取限制性措施以防止其在将来实施违法行为的制度在理论上被称为保安处分。①

那么,行政从业限制与刑事从业禁止在证券领域如何衔接呢?一般来说,行政制裁措施和刑事制裁措施因分属于两个性质迥异的界域而具有不可逾越的鸿沟,否则将招致"以罚代刑"的质疑和攻讦。但是,在"保安处分"这个共同的法律性质定位下,行政从业限制与刑事从业禁止之间建立了一贯制的衔接、折抵通道。也就是说,"行政性保安处分"——"保安处分"——"刑事性保安处分"的通道让行政从业限制和刑事从业禁止存在相互转化的可能性。② 在"行政优先、刑事托底"的证券公法责任协调模式下,先由证券执法机关在个案中根据行政相对人违反证券法规的情节,结合预防其再犯的需要依法对其作出限制从业的决定。如果同一案件涉嫌犯罪,在该案的刑事司法审判阶段法院则根据犯罪人的犯罪情节和预防其再犯的必要性,独立裁判是否需要施以刑事从业禁止措施。但在宣告刑事从业禁止时,法院应当将前置的行政从业限制纳入考量范围:如果前

---

① 参见何勤华主编:《法律文明史(第13卷):现代公法的变革》(下卷),商务印书馆2017年版,第745页。

② 参见欧阳本祺:《我国刑法中的"从其规定"探究——以〈刑法〉第37条之一第3款的规定为分析对象》,载《法商研究》2017年第3期。

置的行政阶段没有对其采取从业限制措施，则在刑事阶段裁量的从业禁止结果就是宣告结果；如果前置行政阶段已经对犯罪人作出了从业限制的决定，宣告的刑事从业禁止就需要进行同质折抵、期限补强。[①]

第三节 证券刑事责任与民事责任的协调

一般来说，民事责任和刑事责任的产生源于不同的理论基础与价值取向：民事责任是民事加害人向被害人就已经造成的权利损害、财产损失进行填补、救济，使之恢复到未受损害时状态而承担的法律责任，突出表现为相对性、财产性、补偿性和恢复原状性；刑事责任则是犯罪人因违反刑法规定构成犯罪，向国家、社会承担的刑罚后果，突出表现为惩罚性、人身性和绝对性。因为民事责任和刑事责任在目的、性质上的本质差异，在法律责任的承担方式上民事责任的主要内容是“调整”，以弥补、救济受害人的财产为主；刑事责任则以“非难”为主要内容，惩治、改造犯罪人是刑事责任的主要出发点。[②] 对此，有学者评论道，民事责任与刑事责任在产生前提、承担主体、承担方式等方面体现出的质的差异合乎逻辑地衍生出一个基本规则：民事责任与刑事责任不可相互转换、相互替代。[③] 但是，刑事被害人毫无疑问具有救济的需求，对犯罪人的刑事制裁固然能够给予被害人以“复仇”式的精神慰藉，但精神安慰显然无法代替物质赔偿对被害人权益的直接救济。因此，在“三位一体”的证券法律责任体系中，证券民事责任与证券刑事责任的功能协调，应是以刑事责任保障受害投资者的民事利益在证券犯罪案件中得到赔偿与救济。

---

① 行政从业限制分为从事特定业务的限制和担任某种职务的限制。如果行政处理阶段只作出了其中一种限制决定，刑事审判阶段认为有必要同时施以另一种从业禁止，则可以在刑事处置阶段予以补充。同时，如果刑事审判阶段认为行政从业限制的期限不足以阻遏、预防犯罪人将来可能的违法犯罪行为，则在刑事处置阶段可予以延长。

② 参见于志刚：《关于民事责任能否转换为刑事责任的研讨》，载《云南大学学报（法学版）》2006 年第 6 期。

③ 参见杨忠民：《刑事责任与民事责任不可转换——对一项司法解释的质疑》，载《法学研究》2002 年第 4 期。

一、证券刑事责任保障民事责任的法理逻辑

前述以证券行政责任促进民事责任实现系出于证券行政执法的专业力量与法律保障的强制力。证券民事责任和证券刑事责任均系通过司法途径实现的法律责任,最大的区别乃在于刑事责任的严厉性与超强威慑力。启蒙运动的先驱卢梭曾指出,与其说刑法是一种特别法,还不如说刑法是其他一切法律的制裁力量。① 这表明,刑事责任具有保障其他法律责任功能实现的机能。逻辑地看,刑事责任既能威慑、阻遏行为人从事侵害法益的行为,亦能激励、促进犯罪人积极修复因其犯罪行为而遭到侵害的法益,此即刑事责任的激励机能。在"三位一体"的证券法律责任体系中,证券民事责任与证券刑事责任的协调,需要挖掘、发挥刑事责任的激励机能,并在一定程度上贯彻国家责任主义。

(一)对证券刑事责任激励机能的挖掘

一般认为,刑法是一部通过剥夺犯罪人权益对其施以痛苦的惩罚法。正是基于这个原因,法经济学者认为刑法上的刑事责任是法律威慑机能起效的基本方式之一,即通过将刑事责任设置为犯罪行为的法定后果,从而威慑犯罪人在事前放弃犯罪行为。② 从语义上来说,威慑与激励是一体两面的关系:威慑是促使行为人消极地不做某件事,而激励是促使行为人积极地从事某件事。刑事责任既然可以威慑犯罪人放弃犯罪,那么也可以激励犯罪人在犯罪后积极修复其行为造成的法益损害后果。也就是说,可以在犯罪行为已然发生、危害后果既成事实的情况下,通过一定程度的刑事责任减让激励犯罪人积极补救其犯罪行为对被害人和社会造成的不利后果,尽可能使各方损失得以弥补甚至恢复到犯罪行为发生之前的状态。虽然说刑事处罚与损失赔偿完全分立具有充分的法理依据,犯罪后赔偿犯罪行为造成的经济损失是犯罪人的分内义务并且不影响刑事处罚的裁判,但缺乏激励往往令犯罪人"破罐子破摔"进而使刑事被害人的合法权益无法得到赔偿。鉴于此,以证券刑事责任保障民事责任实现有其合理性。

---

① 参见[法]卢梭:《社会契约论》,李平沤译,商务印书馆2017年版,第63页。

② 参见戴昕:《威慑补充与"赔偿减刑"》,载《中国社会科学》2010年第3期。

仅从功利的角度讨论某个制度可能的收益并不足以在理论层面证立该制度。事实上,以刑事责任的减让"换取"犯罪人积极履行赔偿义务多少有"以钱代刑"的意味。在理论上,刑事责任是犯罪人"违法且有责"的后果。犯罪人事后的积极赔偿和挽回损失只是减少了对其进行特殊预防的必要性,并不影响引致刑事责任的"不法"和"责任",因而不影响犯罪人的罪责。① 赔偿和刑罚分属于民事领域和刑事领域,将民事赔偿的情况作为对犯罪者定罪量刑的考量因素,无异于将民事责任刑事化,这将导致同罪不同罚,有违平等原则和罪刑相适应原则。② 在实践中,如果富有的犯罪人愿意并且有能力完全赔偿被害人因其犯罪行为遭受的损失,刑事责任的裁量便随着犯罪人积极履行民事赔偿义务而相应地减让,势必造成刑罚裁量上的"贫富不均",应然义务的民事赔偿沦为富人逃避法律制裁的"避风港"。③ 上述对刑事责任裁量引入民事赔偿情节的隐忧和批评均是基于封闭的部门法思维,民事责任关注损害恢复和权利救济,刑事责任关注报应和惩罚,但是,正是因为民事责任实现"力有不逮",才有必要借力于刑事责任促使民事责任实现。

诚然,极端的"赔钱减刑"确与既有法学理论龃龉并且会招致社会公众的普遍质疑,但我们不能因噎废食。"我们曾受惠于刑法威慑功能的有用性,但却不能忽视刑法激励功能的终极性。"④基于积极民事赔偿显示出的犯罪人人身危险程度降低以及受损民事利益、社会利益修复机能,我们就有必要在民事赔偿与刑罚裁量之间建立关联,以刑事责任保障民事责任实现。作为激励工具的刑事责任,核心在于借助人民遵守法律的"服从性"与"合法性",⑤在"救济性"与"制裁性"之间取得平衡。救济、惩罚和预防是法律责任的三大功能,积极的民事赔偿伴随刑事责任的减让(尤其是减少罚金的情况下),并不意味着犯罪人法律责任负担的减轻,只是部分法律责任的

---

① 参见张明楷:《论犯罪后的态度对量刑的影响》,载《法学杂志》2015 年第 2 期。

② 参见杨忠民:《刑事责任与民事责任不可转换——对一项司法解释的质疑》,载《法学研究》2002 年第 4 期。

③ 参见任华哲、李青:《刑事和解与量刑公正》,载《法学评论》2010 年第 5 期。

④ 姜涛:《激励、效能、谦抑:二元化犯罪模式的法理审视》,载《时代法学》2010 年第 3 期。

⑤ See Tom R. T., *Why People Obey the Law*, Princeton University Press, 2006, p. 41 – 70.

功能由制裁转化为救济。从这个角度看,以刑事责任保障民事责任是符合刑事责任的激励机制原理的,也是符合法律的救济理论和制裁理论的。鉴于刑事责任激励机能的正面效用,应在法律实施过程中有意识地挖掘、利用刑事责任的激励机能。

(二)证券市场法治贯彻国家责任主义

以刑事司法机关发动、实施的证券刑事责任保障私人追诉的证券民事责任还立基于国家责任主义。国家责任主义要求国家(具体表现为政府)在社会弱者救助中采取制度供给、社会监管、财政给付等积极措施支持、保障社会的可持续发展,最终实现公民平等而自由发展的权利。① 就证券刑事责任与证券民事责任的功能协调而言,国家责任主义认为由于国家垄断了使用暴力镇压犯罪、惩罚犯罪的权力,不允许公民以自力救济报复犯罪人或者"逼迫"犯罪人赔偿犯罪行为对其造成的损失,因此国家有义务保护公民的人身、财产安全,对国民负有防止犯罪发生、恢复受损权益的责任。从这个角度来说,犯罪侵害的发生与国家对公民保护义务的缺失之间至少存在间接的因果关系。证券刑事犯罪人当然是赔偿受害投资者的第一责任主体,但当刑事被害人不能从犯罪人那里获得赔偿时,国家就因其不能胜任、疏忽大意或者无力防范犯罪而有责任对被害人所遭受的损害予以适当补偿。正如意大利犯罪学家菲利(Enrico Ferri)所指出的那样,国家必须赔偿个人因其不能预防犯罪给公民造成的损失,然后再向犯罪人追偿。②

国家责任主义背后的理论基础源于社会契约理论和犯罪人赔偿能力减损理论。在自然状态下,每个人都是平等、独立而自由地生活,任何人都不得侵害他人的生命、健康、自由与财产,人们也都有权执行自然法,亲手处罚那些违反自然法的行为。③ 但是,自然状态下法纪屡遭践踏、人们经常受到战争的威胁。为了保卫公民安全不受侵犯,人们相互订立契约、让渡部分自然权利组成国家,由国家按照有利于全体人民集体生活、共同防卫的方式

---

① 参见杨思斌:《论社会救助法中的国家责任原则》,载《山东社会科学》2010 年第 1 期。

② 参见[意]恩里科·菲利:《犯罪社会学》,郭建安译,中国人民公安大学出版社 2004 年版,第 284 页。

③ 参见[英]洛克:《政府论》(下篇),瞿菊农、叶启芳译,商务印书馆 2017 年版,第 4 ~ 5 页。

行使全体人民赋予的权利和力量。在自然法学家看来,保护自身的生命、财产安全是人的自然权利,但在社会群体之间达成社会契约组成国家之后,这种自卫的权利就部分地被让渡出来形成国家的强制权力,由此也就产生了国家维护公共安全、保障民众生命财产安全的责任和义务。[①] 对于国家未尽保护之职而遭受犯罪侵害的被害人来说,国家应当负担损害赔(补)偿之责。除此之外,国家在追究犯罪人刑事责任的同时,势必影响其对被害人的赔偿能力,即刑事责任对犯罪人人身自由乃至生命的剥夺以及财产的罚没客观上造成了犯罪人当前与将来赔偿被害人能力的减损。国家应该为其影响犯罪人赔偿能力的行为负责,弥补犯罪人赔偿能力的不足。[②]

以国家责任主义证成国家补偿刑事被害人的正当性要谨防滑向极端的国家责任主义——"保护失败理论"。该理论认为,犯罪的发生是国家未尽犯罪防止义务所致。国民一旦遭受犯罪侵害,就是国家没有尽到保护义务,就应归咎于国家。[③] 这显然是枉顾事实真相、颠倒责任是非的虚妄之言,因为是犯罪人而不是国家的错误导致了犯罪行为的发生。[④] 无论在怎样的情况下,犯罪人才是赔偿被害人的第一责任主体。在被害人因为难以从犯罪人那里获得充分赔偿而陷入生活困境的情况下,国家基于抚恤而酌情对其给付一定额度的救助。也就是说,刑事被害人国家补偿的性质属于国家救助,而非责任替偿。正是基于这个原因,1983 年召开的欧洲暴力犯罪人会议否认国家赔偿义务的存在,拒绝将国家求偿规定为被害人权利,取而代之的是社会连带与平等利益。[⑤] 事实上,国家责任主义是多层次的,国家为刑事被害人提供的保护也是多层次的。国家对刑事被害人的救助是国家在提供刑法保护之后的又一层保护,是刑法制度保护机能的延展和接续,而不是"保护失败"后应当承担的责任,因而这种救助本身就是保护义务履行的一

---

① 参见[英]霍布斯:《利维坦》,黎思复、黎廷弼译,商务印书馆 2017 年版,第 131 ~ 132 页。

② 参见王瑞君:《刑事被害人国家补偿研究》,山东大学出版社 2011 年版,第 58 页。

③ 参见赵可主编:《被害者学》,中国矿业大学出版社 1989 年版,第 217 页。

④ See Lesley J. F. , *Legislative Assistance to Victims of Crime*: *The Florida Crimes Compensation Act*,Florida State University Law Review,Vol. 11:4,p. 863(1984).

⑤ See Rob M. & Sandra W. , *Critical Victimology*: *International Perspectives*,London,SAGE Publications,1994,p. 12.

种方式。[①]

二、以恢复性司法激励证券犯罪人履行民事责任

随着致力于控制刑罚权、保障人权的古典罪刑法定主义朝着人权保障与社会保卫并重的相对罪刑法定主义“进化”,刑事司法观也在悄然发生变化。传统上,刑罚判处作为国家对犯罪人的非难,犯罪人一直是刑事司法的中心。在强大国家权力的面前,犯罪人作为弱势一方,必须被倾注“同情之泪”。[②] 但是,犯罪与被害犹如硬币的两面,被害人不仅在整个犯罪案件中与犯罪人进行抗争与博弈,还是犯罪行为法益侵害结果最直接的承受者,其切身利益因犯罪行为而遭到了现实损害。正是基于这个原因,被害人在刑事司法中的主体地位逐渐得以凸显,以被害人为中心的恢复性司法渐成潮流。对被害人的物质赔偿是恢复性司法的重要环节,这恰能促进证券民事责任的功能实现。

(一)以被害人受损法益修复为中心的恢复性司法

传统的刑事司法作为私人复仇的一种替代,紧紧围绕惩罚犯罪人和防止再犯,通过警察、检察院、法院和监狱等国家机器对犯罪人施以刑事处罚,以一种相对高效的方式展现社会集体对犯罪行为的道义谴责。[③] 国家机关和犯罪人是传统刑事司法程序的核心主体,“谁实施的行为?”“行为触犯了什么法律?”“犯罪人应当受到怎样的处罚?”是传统刑事诉讼程序中要处理的核心问题。显然,因犯罪行为权益受害最深的受害人在传统的刑事制度中有意或无意地遭到了忽视。对此,被称为“恢复性正义之父”的美国犯罪学家霍华德·泽尔(Howard Zehr)提出三个问题取代传统刑事司法关注的核心问题:“谁是被害者?”“他们的需要是什么?”“这是谁的责任?”第一个问题将注意力从犯罪人转移至被害人,第二个问题从犯罪构成要件是

---

① 参见董文蕙:《犯罪被害人国家补偿制度基本问题研究》,中国检察出版社2012年版,第51页。

② 参见杜宇:《司法观的“交战”:传统刑事司法VS.恢复性司法》,载《中外法学》2009年第2期。

③ See Daniel W. V. N. & Karen H. S., *Restoring Justice: An Introduction to Restorative Justice*, Cincinnati, Anderson Publishing Company, 2014, p. 228.

否得以证明转变为考察犯罪行为造成的损害，第三个问题则从强调处罚犯罪人转换为关注犯罪人对犯罪行为的"救赎"。[①] 在此基础上，强调满足被害人需求，旨在令犯罪人完全知悉其犯罪行为对他人造成的损害并有责任修复损害的恢复性司法被正式提出。

恢复性司法与惩罚性的传统刑事司法在认知犯罪、应对犯罪、参与主体以及处置方式等方面均表现出较大不同。[②] 就对犯罪本质的理解而言，传统刑事司法从国家公权力的角度来认知犯罪，将犯罪视为犯罪人对国家公权力的亵渎，恢复性司法则从社会关系的角度来分析犯罪，将犯罪看作对个人和社会关系的侵害；在应对犯罪的因素考量上，传统刑事司法将重心置于对犯罪人和既往犯罪行为的惩罚，较少考虑犯罪的社会、经济、道德和政治等因素，恢复性司法则立基于"覆水难收"的现实，强调对已然损害的弥补、对社会关系的恢复以及对未来犯罪的控制。正是基于上述对犯罪本质认知和考虑因素的不同，传统刑事司法和恢复性司法在参与主体与法律责任的承担形式等方面均表现出很大差异。参与传统刑事司法程序的主体主要是警察、检察官、法官等法律专业人员和刑事被告人，恢复性司法则将被害人、社区等多元主体纳入其中；传统刑事司法的实现离不开自由刑等人身权利痛苦的责任承担方式，恢复性司法则更重视赔偿、道歉、社区服务等恢复社会关系的责任承担方式。

刑事被害人是犯罪行为最直接的受害者，惩罚性刑事责任的追诉固然能够在"报复"的层面对被害人进行一定程度的精神抚慰，缓解犯罪行为对其造成的精神痛苦。但是，犯罪行为往往对被害人造成人身、财产的实际损害，获得"实在"的财产赔偿亦是被害人在遭受犯罪侵害后最重要、最强烈的需求之一。[③] 传统的刑事司法往往将被害人的这一需求交给民事救济手段抑或附属于刑事诉讼，民事责任与民事责任追诉的"各自为政"从某种程

① 参见[美]丹尼尔·W.凡奈思：《全球视野下的恢复性司法》，王莉译，载《南京大学学报(哲学·人文科学·社会科学版)》2005年第4期。

② 参见刘琳：《环境法律责任承担方式的新发展》，中国社会科学出版社2019年版，第137页。

③ 参见王丽英、杨翠芬：《恢复性司法与"赔钱减刑"的制度化思考》，载《河北学刊》2011年第1期。

度上来说令本就处于弱势地位的刑事被害人再次陷入孤立无援的境地。恢复性司法让被害人的实际需求被“看见”，修复受损法益、赔偿受害者损失在恢复性司法中因其首位性的价值导向性被关注，并以刑事责任的减让和严厉的刑事制裁激励犯罪人积极赔偿。仍需强调的是，恢复性司法并不旨在改变刑事责任的惩罚和预防功能，而是为了弥补刑事责任惩罚、威慑有余，救济性不足的短板。当然，这里的救济功能主要是通过促进民事责任功能发挥而得以实现的。

(二)恢复性司法在证券犯罪惩治中的适用空间

恢复性司法标志着刑法这个原先以刑为主的惩罚法正日益变成一部以权利保护为主的保障法，刑法正在从国家本位转向社会本位、从国权主导转向民权主导。① 如前所述，证券刑事责任在“三位一体”的证券法律责任体系中位于“后卫”的位置，是对证券投资者利益和证券市场秩序的整体保护。而投资者利益和证券市场秩序这两种法益又存在一种保护与被保护的关系，即证券市场秩序的维护在很大程度上是为了保护投资者利益。可见，无论证券犯罪是否造成具体投资者损害，其危害抑或威胁都最终指向证券投资者利益。从这个角度说，在犯罪人与受害投资者之间达成刑事和解的恢复性司法具有正当性，因为“证券市场秩序”是一种抽象法益，证券犯罪对其造成的损害既可以说是“不可修复”的，也可以说是“无须修复”的，因为抽象法益无法像投资者损害那样以可见的、可测度的形式体现出来，而只能在证券市场有序运转、证券市场法制有效运行的情况下被感知。鉴于证券犯罪行为、受害投资者利益以及证券市场秩序的上述逻辑关系，越过证券市场秩序而将恢复性司法适用于证券犯罪的惩治有其正当性。

在理论构建的证券犯罪治理中，赔偿受害投资者损失是证券犯罪人的天然义务。而实证研究表明，证券犯罪的被告人一旦在刑事诉讼中被定罪量刑，对受害投资者的经济赔偿就会因失去履行动力而远远低于填补受害投资者损失所需的数额。② 这就需要发挥证券刑事责任的激励机能，以证

---

① 参见卢建平：《加强对民生的刑法保护——民生刑法之提倡》，载《法学杂志》2010 年第 12 期。

② 参见武晓慧：《论比较法视野下的刑事司法协商机制》，载《中国刑事法杂志》2013 年第 11 期。

券刑事责任的裁量激励犯罪人积极履行民事赔偿义务。将恢复性司法适用于证券犯罪惩治便旨在建立这种激励机制,即通过证券犯罪人的积极赔偿与受害投资者的谅解达成刑事和解,进而影响对证券犯罪人刑事责任的裁量。从证券犯罪人的角度来看,积极履行民事赔偿责任不仅能够填补犯罪行为给投资者造成的损失,还以实际行动救赎罪过获取被害人和社会的谅解,表明对其施以刑罚进行特殊预防的必要性降低,进而影响量刑结果的走向。因此,恢复性司法是证券犯罪人救赎过错、真诚悔罪的权利。从受害投资者的角度来看,恢复性司法将被害人谅解与犯罪人刑事责任的裁量关联起来,获得赔偿由"被动接受"转变为予以谅解的"主动出击",这大大提高受害投资者在证券刑事案件中的主动性和民事利益实现的可能性。①

恢复性司法需要多方主体参与,其中又以犯罪人和被害人为最核心的参与主体。由于犯罪人的确定是启动刑事诉讼程序的基本前提,因而在证券犯罪惩治的场域中应用恢复性司法制度已无须对犯罪人的确定做过多探讨。② 值得讨论的是在证券犯罪恢复性司法中被害人的确定。如前所述,投资者利益和证券市场秩序都是证券刑事责任保护的法益,投资者利益和证券市场秩序也存在被保护和保护的逻辑关系。因此,证券犯罪可以分为两大类:一类是既侵害了特定投资者利益又破坏了证券市场秩序的犯罪;另一类是仅破坏了证券市场秩序,尚未对特定投资者利益造成实际损害的犯罪。对于前者来说,参与证券犯罪恢复性司法程序的被害人比较容易确定,一般来说,就是有权发动证券民事诉讼的适格主体。对于后者来说,由于尚未造成特定投资者的实际损害,因而没有证券民事诉讼的适格主体。那么,这类证券犯罪就不能适用恢复性司法制度了吗？笔者认为,鉴于证券刑事案件的求偿困难,这类案件可由证券监管机关作为"被害人"参与到恢复性司法的刑事和解谈判中来,获得的赔偿金纳入公平基金用于赔偿将来可能的受害投资人。

---

① 参见蒋凌申:《论刑事和解中权利与权力的边界及处分限度——以民刑责任良性互补为视角》,载《中国刑事法杂志》2016 年第 5 期。

② 参见侯艳芳、冯殿美:《论恢复性司法在环境犯罪惩治中的适用空间》,载《南京农业大学学报(社会科学版)》2008 年第 1 期。

(三)证券犯罪恢复性司法中刑事责任减让的限度

恢复性司法的理论根基中同样可以见到社会契约论的影子。为了避免社会成员之间自力救济的野蛮报复,公民将使用暴力保卫自身生命、财产安全的自然权利让渡给国家,国家因此垄断了使用暴力镇压犯罪、惩罚犯罪的权力,同时理所当然地负担起保护、救济公民在犯罪行为中受损民事利益的职责。当投资者在证券犯罪中遭到损害的民事利益难以得到填补时,国家基于保护受害投资者民事利益的职责,在其垄断的刑罚权上进行让步,以减刑来激励犯罪人赔偿受害投资者,借此弥补国家在保护投资者民事利益之职责上的缺失。[①] 在具体的表现形式上,犯罪人通过赔偿"买到"受害投资者的谅解,司法机关根据受害人的谅解考察受损民事利益的填补情况,结合犯罪人特殊预防的必要性在法定限度内从轻量刑。可见,从法理逻辑上来说,犯罪人积极赔偿"买到"的是"谅解",而非刑罚权的"减让",代表国家惩治犯罪的司法机关掌握着"谅解协议"的最终审查权和刑罚裁量权。离开司法机关的认可,民事责任的履行情况概不可能"侵入"刑事司法影响证券犯罪的定罪量刑。

之所以强调司法机关对刑罚裁量的最终处分权以及刑罚权的不可赎买性,是因为刑事责任在证券法律责任体系中仍起到不可替代的作用。前已述及,巨额民事赔偿给犯罪人带来的痛苦并不亚于证券刑事责任,因而民事责任一定程度上亦有惩罚、预防犯罪的功能,但证券民事责任的惩戒功能毕竟是通过其补偿功能的发挥溢出性、反射性地发挥出来的,其对证券犯罪的威慑效力与刑事责任相比不可等量齐观。证券犯罪之所以被规定为犯罪,更多是因为它给证券市场造成一种普遍的恐惧,这种危害在市场参与者之间进行扩散。由于没有确定的适格受害者提起民事诉讼,在上述情况下证券民事责任的威慑力甚至归零。[②] 国家确有保障受害投资者在证券犯罪中受损民事利益得到补偿的职责,惩罚和预防证券犯罪更是国家的重要职责,

---

① 参见蒋凌申:《"赔偿减刑"的正当性新解——以赔偿与犯罪构成的联系为视角》,载《湖南师范大学社会科学学报》2016 年第 2 期。

② See Roger B. ,Michael F. & Nuno G. ,*The Scope of Criminal Law and Criminal Sanctions: An Economic View and Policy Implications*, Journal of Law and Society, Vol. 35:3, p. 389 – 435 (2008).

是证券刑事责任的本体功能所在。为了促成受害者赔偿过分迁就民事和解,势必让私人合意凌驾于刑事法律之上,甚至成为威胁证券刑事法治的隐患。① 因此,在证券犯罪的惩治中适用恢复性司法,刑事责任的减让必须恪守一定的限度。

在证券犯罪的恢复性司法中,刑事责任减让应从以下三个方面进行限制。

第一,刑事责任减让考察对证券市场秩序法益的恢复程度。如前所述,证券市场秩序法益作为一种抽象法益,在遭到犯罪行为侵害之后几乎是不可能彻底修复的。但是,犯罪人的真诚悔罪一定程度上能够消除或者减缓市场参与者对市场秩序的信任危机,因此证券刑事责任的减让还需考察对市场秩序、投资者信心的修复程度。

第二,刑事责任的减让不能以赔偿数额“马首是瞻”,而应将其与赔偿能力关联起来。恢复性司法招致的最大诟病不在于“赔钱减刑”,而是隐藏在这背后的贫富分化。如果“赔钱”能够“减刑”,那么富人与穷人在法律面前就是事实上的不平等。因此,在具体案件中适用恢复性司法,不能仅考虑赔偿的绝对数额,还需考察犯罪人实际的赔付能力以及是否积极筹措资金赔偿受害投资者。

第三,刑事责任的减让应追求证券法律责任惩罚、预防功能的总量守恒。尽管惩罚和预防功能主要由公法责任承担,但不可否认的是民事责任也溢出性地发挥着惩戒证券犯罪的功能。因此,将“减让”的刑事责任“转化”为民事责任(尤其是罚金的削减),使这部分财产罚同时发挥惩戒与救济的功能,并在总量上使证券法律责任守恒。

三、建立证券刑事被害投资者的国家救助制度

在近代的国家观念里,国家的权力源自国民自然权利的让渡,国家权力是为了保护国民权利、实现国民权利而存在的。② 如果国民权利遭到了犯罪行为的侵害,在某种层面来说便是国家权力的“渎职”,由此产生国家对

---

① 参见向燕:《论刑事和解的适用基准》,载《法学》2012 年第 12 期。

② 参见孙谦:《构建我国刑事被害人国家补偿制度之思考》,载《法学研究》2007 年第 2 期。

刑事被害人的救助义务。证券市场是一个高度国家干预的市场,证券发行、交易的标准和规则,信息披露的范围和方式都受到管制性行政法规约束和限制,从这个角度来说国家对证券投资者的投资活动不受犯罪行为的侵害更加扮演着"保证人"的角色。在"三位一体"的证券法律责任体系中,刑事被害投资者的国家救助制度亦是实现证券刑事责任保障证券民事责任实现的重要方式。

(一)证券刑事被害投资者国家救助的范围与对象

从既有的域外立法情况来看,多数建立刑事犯罪国家救助制度的国家都以被害人的人身损害为限,只有丹麦、芬兰、瑞典等少数国家将财产犯罪案件的被害人纳入国家救助的范围。这是因为刑法所保护的法益具有位阶性,生命法益最高,身体健康法益次之,再次是人身自由法益,最后才是财产法益和名誉法益。将刑事被害人国家救助的范围限定在人身损害是为了将有限的财政资源用于救助生命权和健康权等重大人身权利遭到损害的刑事被害人。① 从优先保护高阶法益的功利角度看,这样的立法规定有其合理性,但立法不应从源头上将财产犯罪的被害人绝对排斥在国家救助的范围之外。

事实上,财产权亦是基本人权之一。财产权是生命权、健康权赖以存在的经济基础,试问一文不名之人何谈生存?何谈人格尊严?由于证券犯罪遭受巨额损失陷入财务困境,进而走上轻生道路的投资人并不罕见。从一定意义上来讲,没有财产就等于没有人权。② 鉴于此,芬兰《刑事损害补偿法》规定:"如果刑事受害人谋生的机会因刑事犯罪而永远减少,可酌情对财产损害的全部或部分进行补偿。此外,如果刑事被害人的财产损害是由于被害人的年龄、疾病、残疾或其他类似原因而陷入孤立无援的境地,根据被害人的个体情况给予补偿金被认为是合理的,那么财产损害也可以得到赔偿。"③

---

① 参见黄华生:《刑事被害人国家补偿法立法研究》,中国政法大学出版社2014年版,第131页。

② 参见李晓明:《司法化是刑事法治的核心》,载《检察日报》2013年3月20日,第7版。

③ See Ministry of Justice of Finland, *Act on Compensation for Crime Damage* (935/1973), Section 8a (63/1984) (1).

刑事被害人国家救助的对象与救助范围密切相关,在确定了救助范围的同时,也就大致确定了救助对象。一般而言,刑事被害人国家救助的对象与有权提起民事诉讼或者刑事附带民事诉讼的主体范围相当,包括刑事犯罪的直接被害人和间接被害人两类。其中,直接被害人主要是指因犯罪行为直接遭受人身、财产或者精神损害的被害人;间接被害人则是指没有受到犯罪行为的直接侵害,但因与直接被害人存在亲属关系或者经济依赖关系而间接遭到损害的人。①

就证券犯罪的国家救助而言,由于证券犯罪属于不直接引起被害人生命、健康损害的财产犯罪,因而一般情况下有权接受国家救助的对象以直接受害人为限。但是,在证券投资人因无法承受巨额经济损害而轻生或者精神失常的极端案例中,与直接受害人存在亲属关系、经济依存关系的间接受害人也应当纳入接受国家救助的适格主体。需要特别指出的是,对于那些只是破坏了证券市场行政管制规则、扰乱证券市场秩序、给投资者利益造成抽象危险的证券犯罪,尽管在恢复性司法中可由证券监管机关"代替"受害人参与刑事和解谈判寻求赔偿,但在证券犯罪的国家救助中,这类证券犯罪则不能申请国家救助。这是因为刑事被害人国家救助制度是立基于国家责任主义,对遭受犯罪侵害但是无法从犯罪人处获得赔偿之被害人给予一定数额经济补偿的制度,体现的是国家救助和体恤。②

(二)证券刑事被害投资者国家救助的经费筹措

补偿经费的筹措是刑事被害人国家救助制度赖以建立和维系的经济基础。从域外国家的实践经验来看,刑事被害人国家救助的经费来源主要有两种方案。

第一种方案是主要由国家财政负担。欧洲国家较多采取这种方案,如英国的刑事被害人救助经费通过议会投票决定,由国家承担;德国的刑事被害人救助资金来源于联邦和州两级政府的税收;奥地利的刑事被害人国家救助由社会安全与发展部总预算支出;芬兰将刑事被害人的国家救助列入

---

① 参见陈彬、李昌林等:《刑事被害人救济制度研究》,法律出版社 2009 年版,第 68 ~ 77 页。

② See Peggy M. T., Douglas E. B., Mario T. G., Arrick L. J. & Ashley G. B., *Crime Victim Rights and Remedies*, Durham, Carolina Academic Press, 2016, p. 159.

司法部预算的一部分等。①

第二种方案则是以犯罪人财产、刑事罚金为主,国家财政进行补充和兜底。比利时、美国等国就采取这种方案。比利时建立了专门的刑事被害人救助基金,基金主要由犯罪人支付的罚金供给。每一例刑事犯罪都会对犯罪人征收2000比利时法郎的专项罚金作为对被害人救助基金的补充。美国依据《1984年刑事被害人法》(Victims of Crime Act of 1984)设立了刑事被害人基金(the Crime Victims Fund),将刑事罚金、刑罚特别捐税、没收的到场保证金、保释保证金、担保物孳息等付给被害人基金。与此同时,刑事被害人基金还接受私营企业或者个人的赠与、遗赠和捐赠等。只有在上述款项不足时,联邦政府才以国家财政予以适当补充。美国的刑事被害人基金自设立以来,通过每一例犯罪各种费用积少成多的注入,基金的规模已经蔚为可观。②

对于证券犯罪这类贪利型财产犯罪来说,国家救助经费的筹措宜采用第二种方案,即建立专门的刑事被害人基金,通过基金"打通"不同刑事犯罪案件的罚没财产和刑事罚金,扭转长期以来刑事罚金"与民争利"的弊端,实现刑事责任追诉中犯罪人财产负担的"取之于民、用之于民"。具体来说,可以从以下四个途径筹措证券刑事被害人国家救助基金:

(1)证券犯罪罚金转入,法院将证券犯罪人缴纳的刑事罚金按一定比例注入用于补偿证券犯罪被害人的专项基金。

(2)证券市场服务机构缴纳专项费用,由证券交易所、证券公司、证券登记结算机构以及会计师事务所、律师事务所等为证券发行、交易提供专业服务的机构在服务费中按比例收取部分费用注入证券刑事被害投资者国家救助基金。

(3)社会各界的捐赠,鼓励广泛的社会公众、知名企业,尤其是从事证券行业的证券公司、金融控股公司和知名基金管理人等履行社会责任,对证

---

① See Julia M. & Wergens A., *Repairing the Irreparable: State Compensation to Crime Victims in the European Union*, Stockholm, Fritze, 2001, p. 25 – 150.

② See Dan E. & Christine E., *Compensation*, in Anne S. et al. eds., National Victim Assistance Academy Textbook, at https://www.ncjrs.gov/ovc_archives/nvaa2002/chapter5_3.html#1, last visit time April 9, 2021.

券刑事被害投资者国家救助基金进行捐赠。

(4)财政专项拨款,证券刑事被害人的国家救助从本质上来说是国家责任主义下的救助义务,因而救助基金的筹措还需由政府的财政托底。仍需强调的是,证券犯罪人是赔偿受害投资者财产损失的第一责任人。基金在对证券刑事被害人支付救助金之后,有权对负有赔偿责任的犯罪人在其应当承担赔偿责任的范围内进行追偿。

(三)证券刑事被害投资者国家救助的补偿标准

刑事被害人的国家救助不同于刑事罪犯的赔偿,前者以国家责任主义为理论基石,后者则以法益侵害和权利恢复为法理逻辑。因此,对刑事被害人施以国家救助不可能"足额赔付",而需遵循一定的救助尺度,这便是刑事被害人国家救助的补偿标准。具体标准的建立,往往受制于救助基金的资金筹措情况和国家的财政能力。从域外国家关于刑事被害人国家救助制度的立法例来看,越是发达国家其对刑事被害人的救助或者补偿范围覆盖越广、补偿的额度也越高。例如,英国《刑事伤害补偿方案》对刑事被害人的国家补偿覆盖标准补偿、收入损失补偿、特别支出补偿和丧葬费用与扶养费用补偿等;美国《1984 年刑事被害人法》第 10602 条第 2 款规定,对刑事被害人提供的补偿包括医疗补偿费、误工费和丧葬费等;德国对刑事被害人的补偿范围包括被害人补偿金、遗属补偿金、遗孤补偿金等。[①] 相反,经济欠发达的国家通常没有建立刑事被害人的国家救助或者补偿制度,即便建立了这一制度其能给予的救助范围也相对较窄、补偿额度通常也比较低。

综合来看,鉴于刑事被害人国家救助制度体现的是国家责任主义下的国家对国民的救助和体恤,因而不论是经济发达国家还是经济欠发达国家,只要建立了刑事被害人救助抑或补偿制度,其所给予的救助、补偿通常都是与当地社会生活水准相适应的,救助范围一般以维持被害人及其家属基本生活之必需为限,补偿标准大多低于民事赔偿的标准。前已述及,大多数国家建立刑事被害人国家救助制度都是旨在对因暴力犯罪发生死伤而陷入生活困境的被害人进行救助,通常将非暴力犯罪的被害人排除在国家救助的

① 参见陈彬、李昌林等:《刑事被害人救济制度研究》,法律出版社 2009 年版,第 118 ~ 124 页。

范围之外。但是,盗窃、欺诈、财物毁坏等非暴力犯罪或者其他没有发生被害人死伤的刑事案件同样可能使被害人陷入生活无以为继的境地,因而不应绝对地剥夺非暴力犯罪被害人寻求国家救助的权利。

就证券犯罪被害人的国家救助而言,除了被害人轻生或者精神失常等极端案件需要对其丧葬费、遗属遗孤生活费进行适当补偿之外,大多数证券犯罪案件的被害投资者国家救助应在投资者实际损失范围内以维持其基本生活必需来确定国家救助的标准。鉴于刑事被害人国家救助的"替偿性",对证券犯罪被害人的国家救助应以其实际损失(可以获得的民事赔偿)为参照,在区分被害投资者及其家庭经济状况的基础上,在一定的比例范围内确定具体的补偿额度。申言之,被害投资者家庭收入低于当地最低生活保障标准的,可以按照不超过其实际损失80%的额度进行补偿;被害投资者家庭收入高于当地最低生活保障标准但未达到收入中线水平的,可以按照不超过其实际损失60%的额度进行补偿;当被害投资者家庭收入超过当地收入中线水平的,对其进行国家补偿不应超过其实际损失额的50%。[①]

本章小结

金融创新使金融机构与大众投资者之间发生权义失衡,鉴于投资者在资本市场"源头活水"的重要作用,倾斜保护投资者有其正当性。在"三位一体"的证券法律责任功能协调模式下,应以证券行政责任的专业度和强制力促进证券民事责任实现,这既是投资者保护之需,同时还能降低投资者救济受害民事权益的成本、提高证券民事责任的实现效率、增进证券投资者的市场信心。在具体制度上,立基于协商民主政治学原理、公私合作行政法学原理以及最优收益成本比法经济学原理的证券行政和解制度能够促进证券民事责任的功能实现。行政和解作为行政相对人的一项权利由其主动提

① 该救助标准系根据人均可支配指标、社会救助基本标准并结合社会福利依赖度等因素综合得出。参见姚建平:《我国社会救助标准体系建设研究——以最低生活保障制度为中心的分析》,载《社会科学辑刊》2021年第2期。

出，经过磋商达成和解协议。不同于行政处罚，行政和解协议的达成一方面降低了行政机关对相对人违法行为的调查、举证难度，另一方面更灵活地使用和解金赔偿受害投资者。此外，随着矫正正义和分配正义理论的兴起，行政监管、执法机构在理论预设中的职能不再局限于打击违法，救济受害者成为其重要职能，行政执法的公共补偿制度由此建立。在证券领域，美国 SEC 将追缴的违法所得、行政（民事）罚款以及行政执法和解金全部注入公平基金分配给受害投资者。证券行政公共补偿制度能够促进受害投资者得到救济，是证券民事诉讼的有益补充。

自证券市场建立以来，金融风险的治乱循环一直是资本主义国家挥之不去的梦魇。福利经济学的公共利益理论认为，政府有能力、有义务治理证券市场失灵，维护证券市场稳定。行政处罚和刑事制裁都是国家维护证券市场秩序的重要手段，在"统一法秩序"的逻辑下应相互配合与衔接：证券刑事责任以保障证券行政责任的功能为己任，在关涉基本人权的处罚措施上进行绝对司法保留。在证券行政责任和证券刑事责任的追究孰先孰后的问题上，刑法学界通说基于刑事司法资源的有限性和刑罚的严厉性主张"刑事先于行政"的处理方案，但对于证券违法行为的惩戒来说，刑事司法"高能耗、低产出"的缺点尤为突出，行政处罚的严厉程度并不必然亚于刑事处罚。"三位一体"的证券法律责任体系应遵循"行政优先、刑事托底"的协调模式，这既是国家权力分权制衡的要求，也为行政执法和刑事司法两种不同的法律运行机制所决定。行政责任的基础上叠加刑事责任，虽因两种法律责任的性质不同并不违背基本法理，但从实际效果来看难免有"一事二罚"的疑虑。对此，应建立"有限一事不二罚"原则协调证券行政责任与证券刑事责任，对同质的行政、刑事处罚措施进行折抵，对不同质的行政、刑事处罚措施进行衔接、双罚。

一般而言，刑事责任的预防功能体现在威慑社会主体不从事犯罪行为，而事实上，刑事责任还可以激励犯罪人积极修复因其犯罪行为遭到损害的法益，此即刑事责任的激励机能。犯罪侵害结果的发生一定程度上意味着国家未尽到保护之职，刑事处罚的施以更是降低了证券市场犯罪人当前与将来赔偿受害人的能力，基于国家责任主义，公权发动的证券刑事责任应保障证券民事责任实现。随着被害人学的兴起，关注社会关系恢复和被害人权利救济的恢复性司法成为一种新的刑事冲突解决模式。恢复性司法将客观上被害人权利的恢复程度以及主观上被害人的谅解作为对犯罪人刑事责任裁量的重要参考因素,以适度的刑事责任减让激励犯罪人积极赔偿受害投资者,能够显著改善传统惩罚性刑事司法降低证券犯罪人赔偿受害投资者能力和意愿的弊病。刑事被害人的国家救助制度也是国家责任主义的重要体现。虽然多数国家都将救助对象限定为人身犯罪受害者,但鉴于财产权在生存权、发展权中的基础地位,不应从立法上将财产犯罪受害者绝对排除在国家救助的范围之外。建立该制度救助证券犯罪受害投资者,应从证券犯罪罚金、证券服务专项费用、社会捐赠等方面广泛筹措资金,并参照当地最低生活保障水平建立分类救助标准。

第四章　证券法律责任制度功能协调的程序法实现

徒实体法不足以自行,"法即程序"的命题虽然失之偏颇而遭到了学者的批判,[①]但不可否认的是,实体法规范只有经过执法过程或司法程序才能成为确定性的法律裁判,进而成为对法律主体的具有"调整性"的权利义务关系。否则,实体法规范就永远只能是一种主张,其对权利义务的规定将永远止于纸面的宣示而沦为一种假象。[②] 因此,如果不对证券民事诉讼与证券行政执法、证券刑事诉讼中的诉讼(执法)主体、管辖权冲突、案件移送、证据转化等问题进行整体性安排,证券法律责任制度的功能协调将仍然无法实现。证券民事赔偿责任优先几乎是所有证券市场法治国家共同遵循的一项基本原则,这要求在程序法中尽可能扫除投资者在证券民事诉讼中的障碍:扩大提起证券民事诉讼适格原告的主体范围、通过建立证券集团诉讼制度以及证券行

---

① 参见杨建顺、刘连泰:《试论程序法与实体法的辩证关系——评"法即程序"之谬》,载《行政法学研究》1998年第1期。

② 参见万毅:《程序法与实体法关系考辨——兼论程序优先理论》,载《政法论坛》2003年第6期。

政执法机构与原告投资者的公私协作提高投资者的诉讼能力、在证券犯罪的民事求偿与刑事追诉中将投资者利益置于核心地位。证券行政责任与证券刑事责任是否有效衔接直接取决于证券行政执法与刑事司法之间案件移送机制是否顺畅、证据转化标准是否具有可操作性。针对实践中饱受诟病的"有案不移、以罚代刑"现象,需区分"有案不移"和"有案难移"的不同原因对症下药。

第一节 证券民事诉讼与行政执法的协调

在自由资本主义时期,西方国家普遍信奉"干预最少的政府就是最好的政府",彼时的行政法无论在制度设计抑或实际运行,控制行政权力都是其唯一使命,行政权力的行使不得逾越行政法授权雷池半步。受此影响,即便"罗斯福新政"宣告人类社会管制时代的到来,行政权力在初期仍然受到极大约束。美国 SEC 作为这一时期设立的行政机构,在早期对证券市场越轨行为的"执法"必须假借法院之手完成。也就是说,SEC 的"行政执法"是通过向法院提起诉讼由法院裁判来实现的。证券民事诉讼与行政执法在这一时期处于混沌不分的状态。随着证券行政监管机构权力的扩张,公共执法与私人诉讼"双线并行"的治理模式成为世界各国治理证券市场的普遍方式,证券民事诉讼与行政执法的协调始有必要。如前所述,鉴于投资者利益相对于市场秩序的优阶法益地位以及证券民事责任填补受害投资者损失的同时"溢出"市场秩序控制机能,证券行政执法与民事诉讼的协调关键在于对证券民事诉讼的发动设计适宜的激励机制抑或动力机制。① 在此基础上,以证券行政监管机关的专业知识及其在履职过程中获得的证据支持诉讼,以实现证券民事诉讼与行政执法的公私协作。同时,还需加强证券行政执法机构与民事审判机关的协调联动。

① 参见汤欣:《私人诉讼与证券执法》,载《清华法学》2007 年第 3 期。

一、证券民事诉讼主体与行政执法主体的协调

美国作为现代证券市场法律制度的主要发祥地,其对证券法的执法、司法方式深刻影响着世界其他国家的证券市场执法、司法制度。作为普通法系的代表性国家之一,美国在其不长的建国历史里,超过一半的时间都主要依靠普通法和私人诉讼实现法律的社会控制功能。随着历史的发展,才出现了法律的公共实施制度。在法律公共实施的早期,尽管制定法频繁出台,同时设立了大量行政规制机构,但行政权仍严格受到司法权的制约。这一时期设立的SEC虽然作为直属于美国联邦政府的行政规制机构,但其对证券市场的规制仍主要通过联邦法院"输出":SEC作为诉讼主体通过提起诉讼"履职"。在此背景下,民事诉讼主体与行政规制主体发生混同,民事罚款与民事赔偿发生混淆。

(一)证券民事诉讼主体与行政监管主体的混同

证券监管部门的行政执法和法院的民事司法都是证券法的实施机制,只不过二者在实体法规范的实施方式、实施效率和实施目的等方面存在差异。① 一般来说,行政执法以实现国家政策和国家职能为目的,证券监管部门对证券法的执行便是国家管制证券市场的经济政策、维护证券市场秩序的行政职能的实现机制,统筹、决策和执行是行政执法的特征,以"治事"为中心;与之不同的是,司法机制以恢复法律权益和维护法律秩序为目的,将抽象的法规范以裁判合法非法、确定权利义务关系的方式适用于具体案件,中立、判断和救济是司法机制的特征,以"法的适用"为中心。就二者的关系来说,司法在直接维护法治的同时,还对行政起着重要的法律制约作用。从这个意义上来说,法院有权对一切问题作终极的司法审查。② 司法作为一种被动的法律实施机制,须由一定主体主动发起。诉权,即诉诸司法的权利(right of access to courts)成为启动司法程序的"钥匙"。

诉权论旨在回答"为什么可以提起诉讼"的问题。③ 传统上,基于防控

---

① 参见史尚宽:《宪法论丛》,台北,荣泰印书馆1973年版,第305页。

② 参见[美]R.德沃金:《法律帝国》,李常青译,中国大百科全书出版社1996年版,第362页。

③ 参见李木贵:《民事诉讼法》(上),台北,元照出版有限公司2010年版,第1~25页。

诉权滥用的考量,“无利益则无诉权”是近现代诉讼法遵循的基本原则。也就是说,只有当特定法律主体(公民、法人或其他组织)与其他法律主体发生权利纠纷或者自身的利益受到侵犯时,该主体始有权将纠纷诉诸法院请求法院保护其合法权益。与诉争案件没有直接利害关系的法律主体无权作为当事人参与案件审理。19 世纪的英国同样遵循这一传统,除非国民自己的权益受到损害或者存在个人冤情,否则无法跨进法院的大门。要求法院“主持公道”的国民必须明确陈述自身的哪些合法权益受到了侵害或者哪些财产遭到了损害,如果他只是成千上万受害者其中的一个,他便没有足够资格向法院起诉。① 据此,“诉的利益”是诉权的基本要件,是当事人提起诉讼和法院受理案件的基本前提。② 在这样的理论背景下,证券民事诉讼等同于证券侵权损害赔偿诉讼,专指遭受财产损失的投资者或者其他利害关系人就不法行为人在证券市场的侵权行为或者违法行为向法院提起诉讼,希冀获得赔偿填补损害或者消除妨害的诉讼。

然而,随着工业时代的到来,人类生产、生活工业化、社会化的程度日益加深,生存环境和经济秩序遭到破坏的社会公害问题日益显现,社会公共利益作为一种“诉的利益”逐渐得到立法的确认和司法的关注。“无救济则无权利”,权利和救济相依随,没有救济途径的权利势必遭到暴虐的吞噬。将公共权利、社会公益诉诸法院请求司法救济成为法治发展的题中之义。③ 伴随实体权利广度和深度的不断发展,围绕公共利益纠纷产生的公益诉讼逐渐发展起来。证券市场特殊的交易机制往往使市场参与人的违法行为对不特定投资者造成规模性的利益侵害,甚至引起整个资本市场的动荡,诱发金融危机。鉴于此,证券市场秩序作为与每一个市场参与者息息相关的公共利益,在现代诉讼法理论的视域下也成为一种“诉的利益”,在证券领域建立公益诉讼制度实有必要。基于这样的社会发展趋势和理论背景,证券民事诉讼逐渐成为公益诉讼一种,即有关社会组织或者投资者个人依据法律规定,针对特定主体违反证券法律而给社会公众利益、证券市场秩序造成

① 参见[英]丹宁:《法律的训诫》,杨百揆、刘庸安、丁健译,法律出版社 1999 年版,第 125 页。

② 参见江伟主编:《民事诉讼法学》,复旦大学出版社 2002 年版,第 56 页。

③ 参见颜运秋:《公益诉讼理念与实践研究》,法律出版社 2019 年版,第 55 页。

事实损害或者潜在威胁的行为,向法院提起诉讼追究其法律责任的诉讼活动。

正因为私人利益和公共利益都可以成为启动司法救济程序的“诉的利益”,证券民事诉讼与证券行政执法的主体才在一段时间里出现了“混同”,这主要发生在美国的证券法制发展历程中。今天的 SEC 承担着全方位监管整个美国证券市场的职责并拥有众多执法权限,但在 SEC 成立后的最初半个世纪里,其拥有的权力相当有限,对证券违法行为的调查和救济主要通过在联邦法院的民事诉讼予以实现。20 世纪 60 年代以前,对于那些尚未构成犯罪的证券违法行为,SEC 的执法权力限于向法院申请民事禁止令(injunction)和针对被监管对象的行政调查程序(administrative proceedings)。虽然从 70 年代开始,为了有效监管市场、快速处置违法行为,SEC 拥有了任命清算人(receivers)、委派特别董事会委员、免除上市公司有违法行为之董事和高管的职务、没收非法所得等职权,但这些职权大多都需要通过向法院提起(公益)民事诉讼由法院裁判才能实现。

直至 20 世纪 90 年代以后,SEC 才在立法层面被正式赋予行政处罚权。《1990 年证券执法救济和小额股票改革法案》授权 SEC 直接对被监管对象处以罚款、向违法行为人甚至潜在违法行为人签发“停止 - 制止令”等。《2002 年萨班斯 - 奥克斯利法案》进一步拓宽了 SEC 的执法权,该法案授予 SEC 没收违法所得、实施市场禁入等职权。而在此之前,SEC 通过法院的民事诉讼行使职权,与其说是惩处违法行为的执法权,毋宁说只是维护证券市场整体利益的一种诉权。①

（二）行政监管机构在证券民事诉讼中的重新定位

应当看到,美国 SEC 在证券市场中的角色定位由证券民事诉讼的原告转向证券行政执法的专门机关,是立基于美国自罗斯福新政以来行政国家迅速强化的历史背景。在罗斯福新政之前,有着普通法传统的美国几乎不承认行政部门的任何立法、执法权力。这与德国、法国等有着罗马法传统的大陆法系国家存在很大不同,因为大陆法系国家一般将行政机关视为公共

---

① See James R. F. ,*Ancillary Remedies in SEC Civil Enforcement Suits*,Harvard Law Review, Vol. 89:8,p. 1779(1976).

利益的保卫者,自成体系的行政法授予其履行国家职责的立法权和执法权。① 这一时期的美国被学者们称为“法院和政党国家”,即美国的法院系统以司法能动主义对国家的大小事务进行实质管理,行政部门的发展则远远落后于大陆法系国家。②

罗斯福在大萧条中入主白宫之后,力主由联邦政府对整个社会的经济系统进行干预,包括对生产、价格等进行监管,以公共工程创造就业岗位促进经济复苏。在这样的“新政”之下,联邦行政机构迅速增加,雇员人数也急剧上升。据统计,到 1934 年年底,美国联邦政府已经组建了联邦通讯委员会、联邦存款保险公司、联邦商品信贷公司和 SEC 等六十多个新机构,1937 年直接向总统报告的行政机构或者部门已经多达一百多个。这些新设行政部门的雇员从 1931 年的 61 万人迅速增加到 1941 年的 180 万人。一个行政国家迅速成形,国家权力的重心亦从议员、法官的手里转移至行政管理机构和行政管理人员。③ 尽管如此,行政部门的权力行使在相当长的一段时间里仍然遵循“自由主义”的传统,行政部门与个人之间的争议与普通案件一样交由普通法院根据普通法进行审理和判决,行政部门只不过是诉讼的一方当事人,与另一方当事人相比并没有任何特权可言。④

如前所述,《1990 年证券执法救济和小额股票改革法案》的出台是美国 SEC 执法权限扩张以及执法方式转变的一个“分水岭”。在此之前,SEC 实施禁令、追缴违法者的违法所得以及实施罚款都必须通过向法院提起证券民事诉讼由法院作出相应裁决。这是因为在美国传统的国家机关权力架构中,发布禁止令、实施罚款以及追缴违法所得等强制性权力仅由法院独享,SEC 无权通过行政程序和行政手段对市场参与者作出任何实质性的处置。

在此之后,SEC 的监管、执法权限经过《2002 年萨班斯 - 奥克斯利法

---

① 参见韩铁:《新政以来美国行政法的发展与司法审查的新领域》,载《史学月刊》2008 年第 6 期。

② See Stephen S. ,*Building a New American State*: *The Expansion of National Administrative Capacities*: 1877 - 1920,Cambridge,Cambridge University Press,1982,p. 19 - 35.

③ See David H. R. , *Building a Legislative-Centered Public Administration*, Tuscaloosa, University of Alabama Press,2000,p. 5 - 7.

④ See A. V. Dicey,*Introduction to the Study of the Law of the Constitution*,Carmel,Liberty Fund,1982,p. 73 - 104.

案》和《2010年多德－弗兰克华尔街改革与消费者保护法案》两部重要法案两度扩张，如今已经成为拥有众多执法权限，能够针对美国证券市场非犯罪违法行为独立实施行政执法和惩戒措施的超级监管者。从实证的角度来看，尽管美国证券法的行政、司法二元实施机制仍在运行，但SEC出于效率和便捷的考量，越来越多地通过行政执法程序履行其全方位监管美国证券市场的职责。从法理的角度来看，行政监管机构拥有证券民事诉讼原告诉权的理论基础正在逐渐发生变化。申言之，SEC已经拥有非常广泛的规则制定权和执行权，充分的行政权力使其能够及时、高效地预防、监控和惩戒证券市场的违法、违规行为。

那么，行政监管机构在证券民事诉讼中的角色应当如何定位呢？从"诉的利益"出发，SEC经由司法途径"履职"的证券民事诉讼属于民事公益诉讼。在证券行政监管机关"职权相符"的情况下，证券民事公益诉讼制度应予限缩。一方面，美国自20世纪80年代逐渐兴起的共同诉讼、集体诉讼和代表人诉讼①作为证券侵权损害赔偿诉讼的"加强版"，在帮助更多受害投资者通过诉讼程序获得民事损害赔偿的同时，也极大地"溢出"了证券民事责任对证券市场秩序的控制机能，这在很大程度上与证券民事公益诉讼的功能发生了重叠。

另一方面，不同于证券侵权损害赔偿诉讼的事后救济功能，证券民事公益诉讼承载的是事前预防功能，而这部分功能已经为证券行政监管机关的日常监管和行政执法所取代。在证券民事公益诉讼逐渐淡出的背景下，证券行政监管主体与证券民事诉讼主体的"混同"历史应当终结。行政监管机构退出证券民事诉讼的主舞台之后，应当基于国家行政机关保护公共利益与个人财产不受侵害的基本法理，②发挥其在发现、调查证券市场违法行为中的专业优势，担负起证券民事诉讼专业支持者的角色，以其在证券市场领域的专业知识和在行政执法过程中取得的证据支持受害投资者发起的证券民事诉讼。

---

① 参见［美］陈志武：《证券集体诉讼在美国的应用》，载郭锋主编：《证券法律评论》（总第2卷），法律出版社2002年版，第269～294页。

② 参见陈刚：《支持起诉原则的法理及实践意义再认识》，载《法学研究》2015年第5期。

二、证券民事诉讼程序与行政执法程序的协调

从理论上来说,证券民事诉讼与证券行政执法应当相互制衡、相互补充,[①]这既是行政权应受司法权制约的题中之义,也能补强投资者诉讼的专业能力。但是,自从私人诉讼与公共执法"双轨制"的证券法律实施机制建立以来,美国 SEC 的行政执法与投资者的证券民事诉讼颇有"井水不犯河水"的意味。一方面,为便于证券投资者通过民事诉讼追究违法者的民事责任救济权利,同时发挥证券民事诉讼的市场秩序司法控制功能,美国在立法上对证券集团诉讼的发动大开方便之门,却带来滥诉和"威慑错位"的副作用;另一方面,SEC 的行政权力不断扩张,执法能力不断增强,却面临内部信息匮乏的严重制约。对此,加强证券行政执法与证券民事诉讼的公私协作无疑是最好的解决方案。

(一)"看上去很美"的美式证券集团诉讼

随着 SEC 逐渐退出证券民事诉讼的舞台,民事诉讼和行政执法并行的证券法实施体制[②]成为美国近几十年证券市场法制的主旋律。证券民事诉讼"回归"侵权损害赔偿诉讼的本义与 SEC 主导的公共执法"泾渭分明",并伴随集团诉讼的兴起成为美国证券市场法治不可或缺的重要"执法"力量。作为证券集团诉讼的先行者,美国的证券集团诉讼制度在国际上产生了广泛影响,越来越多的国家或者地区希望建立证券集团诉讼制度来增强受害投资者通过民事诉讼获得损害赔偿的能力。[③]

证券侵权赔偿诉权的获得和集团诉讼制度的确立是美国证券集团诉讼制度建立的根基。就诉权而言,美国《1934 年证券交易法》第 10 条第(b)

---

① See Harry K. Jr. & Maurice R. , *The Contemporary Function of the Class Suit*, University of Chicago Law Review, Vol. 8:4, p. 684(1941).

② 根据法经济学者对法律实施机制的分类,法律的实施方式可以分为公共执法(public enforcement)和私人执法(private enforcement)两种。前者是通过政府职能部门对违法行为进行调查,对违法者处以行政处罚或者刑事制裁的法律实施方式;后者则指的是私人(包括公民、企业、社会组织等)主动调查违法行为,对违法者提起民事诉讼追索赔偿金或者请求案件收益的法律实施方式。

③ 我国在 2019 年修订后的《证券法》中确立了代表人诉讼制度,并在司法实践中对"五洋建设虚假陈述案"和"康美药业证券虚假陈述责任纠纷案"采取了集团诉讼模式。

款对 SEC 进行了广泛授权,SEC 可以制定或作出为维护公共利益、保护投资者所需的规则、条例或者命令作为防止欺诈或者操纵的合理手段。SEC 据此制定了著名的 10b－5 规则,该规则成为美国证券投资者追究证券欺诈行为法律责任的主要法律依据。美国联邦法院在 1946 年的“卡顿诉国民石膏公司”(Kardon v. National Gypsum Co.)一案中首次从 10b－5 规则中引申出受害投资者向违法者求偿的民事诉权;就集团诉讼而言,1938 年制定的《联邦民事诉讼程序规则》(Federal Rules of Civil Procedure)第 23 条首次规定了集团诉讼制度,1966 年修法扩大集团诉讼的适用范围标志着美国现代集团诉讼制度的形成。① 美国联邦最高法院在 1964 年的“凯斯公司诉波拉克”(J. I. Case Co. v. Borak)一案中明确指出证券集团诉讼是对证券行政执法的必要补充。随着“欺诈市场理论”在司法裁判中的运用,法院往往“推定”证券市场欺诈行为与投资者损害之间存在因果关系,证券欺诈集团诉讼的案件数量大幅增加。②

证券集团诉讼将若干小的权利请求最大限度地聚合成一个足以使诉讼成本合理化的大的权利请求,改善受害投资者原先分散、势单力孤的诉讼地位,创造节约成本和诉讼激励的机制,在证券民事权利救济中实现规模效应。③ 美国的证券集团诉讼在实际运作中采取“除非明示退出,否则推定加入”(Opt-out)机制,代理律师在诉讼过程中起着主导作用。在原告“成团”方面,原告代理律师公告提起证券集团诉讼之后,涉案的受害投资者如未明确表示退出诉讼,法院则将其视为“原告集团”的成员,判决结果将直接对所有成员生效。由于受害投资者数量和利益极其分散,原告集团的代理律师扮演着“黏合剂”的角色。美国的证券集团诉讼几乎全部采取风险代理模式:如果原告败诉,代理律师不得收取任何费用;如果原告胜诉,代理律师从赔偿金中按照一定比例获得代理酬金。这种模式被学者称为“创业式

---

① See Richard A. N., *The Preexistence Principle and the Structure of the Class Action*, Columbia Law Review, Vol. 103:2, p. 149－242(2003).

② See Paul G. M., *Precaution Costs and the Law of Fraud in Impersonal Markets*, Virginia Law Review, Vol. 78:3, p. 623, 663(1992).

③ 参见李清池:《比较法视角下的证券民事诉讼改革——兼论构建公私协作的证券执法模式》,载吴志攀、白建军主编:《弱冠临风:北京大学金融法研究中心二十周年纪念文集》,上海三联书店 2013 年版,第 202 页。

诉讼”(entrepreneurial litigation),因为原告律师从某种角度来说实际扮演着“奖金猎手”(bounty hunter)的角色。①

由律师在高额代理酬金的激励下组织受害投资者“成团”的美式证券集团诉讼虽然有助于化解零散受害投资者提起证券民事诉讼所面临的集体行动困境,但证券集团诉讼在美国的实际运行中也暴露出滥诉和威慑错位的问题。由于证券集团诉讼的“原告团”是代理律师“促成”,多数受害投资者只是抱着“搭便车”的心态被动地将诉权授予代理律师“处置”。在原告律师主导的证券集团诉讼中,代理律师的利益成为发动诉讼、权利处分以及赔偿金额确定的“指挥棒”。这一方面使证券集团诉讼未能起到充分赔偿受害投资者的作用,另一方面造成原告律师利用受害投资者的诉权随意发起毫无价值的诉讼(frivolous suits),徒增社会成本。②

除此之外,作为公共执法有益补充的证券集团诉讼还存在对上市公司威慑过度而对公司高管威慑不足的“威慑错位”问题。立法者之所以为集团诉讼制度在证券民事索赔领域的适用大开绿灯,很大程度上是希望证券集团诉讼发挥“私人检察官”(private attorney general)③的作用,借此节约公共执法的成本。而令人失望的是,集团诉讼对证券市场欺诈行为的威慑作用十分有限。从民事赔偿责任的实际负担来看,美国证券集团诉讼的赔偿金通常由上市公司承担,公司高管即便被判承担一定的赔偿责任,赔偿金大多也由责任保险支付。在证券集团诉讼开始后,“原告团”的代理律师与被告公司高管都倾向于和解,对于前者来说和解可以降低诉讼成本,对后者来说和解可以将赔偿金额限制在上市公司赔偿和责任保险金的覆盖范围之内,就这样原告律师与被告公司为了彼此利益最大化往往达成共谋和解

---

① See Jonathan R. M. & Geoffrey P. M. ,*The Plaintiffs' Attorney's Role in Class Action and Derivative Litigation*: *Economic Analysis and Recommendations for Reform*, University of Chicago Law Review, Vol. 58, p. 7 – 8(1991).

② See John C. C. Jr. ,*Reforming the Securities Class Action*: *An Essay on Deterrence and Its Implementation*, Columbia Law Review, Vol. 106:7, p. 1534 – 1586(2006).

③ “私人检察官”指的是提起诉讼主要是为了维护公共利益而不只是为了赔偿个人损失的原告。对“私人检察官”的详细论述,参见 William B. R. , *On What A "Private Attorney General" Is—And Why It Matters*, Vanderbilt Law Review, Vol. 57:6, p. 2129(2004)。

(collusive settlement)。[①] 最终,真正实施欺诈行为应当承担法律责任的上市公司高管在证券集团诉讼中"毫发无损",被诉上市公司却濒临破产。

(二)证券民事诉讼与行政执法的公私协作

长期以来,私人诉讼不受行政机构干预几乎是权力制衡法治思想中的"金科玉律"。在此背景下,"单打独斗"式的证券民事诉讼只能朝着"抱团取暖"式的证券集团诉讼发展。而美式证券集团诉讼的实践表明,完全没有证券行政监管机构介入和协助的证券集团诉讼或许能够解决诉讼发动阶段的集体行动困境,在诉讼过程中对代理律师权利行使、处分的监督同样面临集体行动困境,[②]进而出现滥诉与赔偿不足并存的怪现象。那么,这是不是意味着不应建立证券集团诉讼制度呢?答案是否定的。尽管美国的证券集团诉讼在实际运作中出现了种种问题,但不容否定的是,证券集团诉讼制度对美国证券市场中小投资者的权益保护仍然起到了积极作用,因其存在一些瑕疵就彻底否定该制度无疑是因噎废食。正确的应对之策在于不能完全放任代理律师在逐利激励下发起证券集团诉讼,而应为其戴上"紧箍"。

对此,有学者认为应当在证券集团诉讼的程序上设置一个前置的"分流阀",由 SEC 对私人提起的所有证券欺诈集团诉讼进行"预审查"(prescreen),决定哪些案件可以进入司法审判程序。[③] "预审查"方案的核心要义在于借助证券行政监管部门对证券市场运行情况的信息优势过滤掉那些纯粹是代理律师为了"猎取"高额赔偿金发起的恶意诉讼,借此在一定程度上解决证券集团诉讼滥诉的问题。与此同时,证券市场监管部门能够根据集团诉讼"原告团"提交的审查材料更加全面地掌握证券市场违法信息,根据不同案件的信息、条件采取更优的执法策略,通过公共执法解决证券集团诉讼的"威慑错位"问题,让不同性质的证券法律责任"救济的归救济、惩戒的归惩戒"。可以说,证券集团诉讼的"预审查"方案不仅可以克服

① See Janet C. A., *Do the Merits Matter? A Study of Settlements in Securities Class Actions*, Stanford Law Review, Vol. 43:3, p. 534 – 548 (1991).

② See Christopher R. L., *The Significance of Silence: Collective Action Problems and Class Action Settlements*, Florida Law Review, Vol. 59, p. 71 – 77 (2007).

③ See Amanda M. R., *Reforming Securities Litigation Reform: Restructuring the Relationship Between Public and Private Enforcement of Rule 10B – 5*, Columbia Law Review, Vol. 108:6, p. 1301 – 1364 (2008).

集团诉讼制度的种种弊病,还可以激发、监督公共执法在证券违法案件中“起效”,防范证券行政监管机构的履职懈怠。① 证券集团诉讼与证券行政执法的公私协作路径可以表达为:经济赔偿激励“创业律师”主动造访证券侵权案件中受害投资者而促使组成“原告团”发起证券欺诈集团诉讼,证券行政监管部门通过“预审查”程序发挥对证券集团诉讼的过滤、监管职能以防范证券集团诉讼的滥诉,同时激活证券行政监管部门的公共执法职能,通过其积极履职实现证券市场秩序的公共执法维护。

虽然美国在环保法、反垄断法领域已经存在行政监管部门与私人诉讼的公私协作先例,但在证券集团诉讼中建立“预审查”的公私协作制度仍面临重重困难。因为这一方案对美国现行证券民事诉讼制度的调整力度空前,允许行政监管部门对私人诉讼进行事前审查打破了美国的权力制衡格局,②从根本上冲击了美国的权力配置认知。可以预见,基于认知和利益的分歧,以“预审查”方案改造美国的证券集团诉讼制度必将面临巨大的改革阻力。但“它山之石可以攻玉”,美国证券集团诉讼制度的实践和改革方案的理论探讨有助于证券民事诉讼程序和行政执法程序的协调方案研究。

根据证券民事责任和证券行政责任不同的功能定位,证券民事诉讼与证券行政执法仍应坚持主体、程序分立的基本原则,并应以集团诉讼加强证券民事诉讼的实施力度。但这并不意味着证券民事诉讼程序与行政执法程序应当彻底分离,相反,应从以下两个方面构建、完善公私协作的证券民事诉讼程序:(1)由证券行政监管部门对证券集团诉讼的“可诉性”进行“预审查”,借此抑制证券集团诉讼的滥诉。在“预审查”阶段,对于有价值、理由充分的起诉,证券行政监管部门向法院发出建议受理的“预审查”建议,由法院对该集团诉讼进一步审理;对于理由不充足、明显无价值的起诉,则请求法院拒绝受理该案件,但起诉者享有申诉的权利。(2)对于通过“预审查”进入司法审判阶段的诉讼案件,证券行政监管部门需为证券集团诉讼

---

① See Elizabeth C. B. , *Securities Class Actions as Pragmatic Ex Post Regulation*, Georgia Law Review, Vol. 43:1, p. 63 - 132(2008).

② 在美国的国家权力配置模式下,行政权实际上处于最下位,接受司法权和立法权的监督。以行政权限制公民诉权的行使,从某种程度上来说是传统权力监督、制衡模式的逆监督与逆制衡。

提供证据、信息支持。实证研究表明,即便在律师取证能力强大的美国,囿于证券领域的专业性和信息不对称,证券行政监管部门的执法行动通常也是证券诉讼取得成功的基础。① 在证券集团诉讼行政"预审查"模式下,证券监管部门不仅需要对案件的"可诉性"进行把关,还应向"原告团"提供其在行政监管、执法程序中获取的信息材料和证据材料,借此减轻受害投资者在证券集团诉讼中的举证困难,节省证券集团诉讼的成本。

三、证券民事审判机关与行政执法机构的协调

作为实施证券法的主要职能部门,证券行政监管部门对证券市场主体的从业许可、信息披露要求常常是证券民事审判中认定当事人行为是否合法的基本依据。与此同时,基于行政行为司法审查的基本原理,证券民事审判机关对行政执法机构处理过的证券违法案件乃至适用的行政法规都享有最终裁决权。在金融创新不断加强、市场行情瞬息万变的证券市场,我们看到证券监管机构行政权力在日益扩张和法院司法能动性亦逐渐增强。证券民事审判机关与行政执法机构因其不同的专业知识储备、不同的履职价值诉求会造成一定程度的掣肘、制衡,但同时也能更加周全地维护证券市场秩序、保护市场主体的合法权益。要扬长避短、兴利除弊,需加强证券民事审判机关与行政执法机构的协调联动。

(一)证券民事审判机关与行政执法机构协调联动的主要障碍

尽管世界各国的证券监管、执法机构设置不尽相同,法院与证券监管机构之间的关系也颇不一致,但是法院审理的证券民事诉讼和证券监管机构的行政执法相配合的二元机制是世界各国证券法实施的普遍做法。一般认为,行政权和司法权在本质上分别是管理权和判断权,两者在职能定位上有所区分,在权力配置上相互牵制。② 一方面,证券市场不法行为的隐蔽性、复杂性和迭代性决定了证券行政监管部门在查处证券违法行为、化解金融风险中的中心地位,其对高风险金融交易的排查、侵权行为与投资者损害因

---

① See James D. C., Randall S. T. & Dana K., *SEC Enforcement Heuristics: An Empirical Inquiry*, Duke Law Journal, Vol. 53:2, p. 737-738(2003).

② 参见孙笑侠:《司法权的本质是判断权——司法权与行政权的十大区别》,载《法学》1998年第8期。

果关系的判定以及新型证券欺诈行为的识别是诸多证券市场侵权案件得以推进的重要动力。① 另一方面,在以专业分工和权力制衡为特点的现代社会,司法以其在法律方面的专业性和地位也构建起了“法律帝国”。法院的司法活动在对个案进行定分止争的同时,也昭示着对证券市场秩序的司法控制以及对金融风险的司法治理。因此,加强司法机关和行政部门在证券市场治理中的相互配合至关重要。然而,囿于司法权与行政权的结构性矛盾和信息不对称等问题,证券民事审判机关与行政执法机构的协调联动面临重重障碍。

首先,证券民事司法与证券行政监管在权力分配上存在结构性矛盾。鉴于行政监管在证券市场秩序控制中更强的专业性、及时性和针对性,增强证券行政监管机构的准立法权和执法权是世界各国证券市场规制中的普遍趋势。可以说,行政监管是证券市场规制中的绝对主力。就司法机关在证券市场治理中的职能定位而言,法院通过个案司法裁判的“溢出效应”,对其他潜在争讼案件主体的交互行为进行“反馈式”的指引,实际承担着公共政策制定者、执行者和指引者的角色。② 就司法权和行政权的分工、制衡关系而言,法院的司法裁判对证券监管机构行使的准立法权、执法活动享有最终裁决权。司法权的上述两项职能投射至证券市场治理,从某种程度来说就是既扮演“运动员”与证券行政监管机构“争夺”执法权,又扮演“裁判员”对证券行政监管机构的“立法”、执法活动作最终裁判。这种权力分配构造使得证券行政监管机构既因其职能的可替代性而怠于履职,又因其权力掣肘而畏于积极履职。

其次,证券民事司法与证券行政监管的目标诉求和实现机制存在冲突。德国社会法学者冈瑟·特纳(Gunther Teubner)的系统性理论(system theory)指出,无论是社会组织、政治组织抑或其他组织,其行为往往是指向该组织的目标诉求、按照一定程序、机制来进行的,具体表现为一整套独特的思维逻辑、话语体系和行为模式。这种组织具有高度的自主性(autonomous)和

① 参见董邦俊:《论我国环境行政执法与刑事司法之衔接》,载《中国地质大学学报(社会科学版)》2013 年第 6 期。

② 参见黄韬:《公共政策法院:中国金融法制变迁的司法维度》,法律出版社 2013 年版,第 60 页。

自援性(self-referentia),进而呈现出半封闭(semi-closed)状态。这些特性使得一个社会组织在与其他组织发生交互时,既无法将自身看待问题、处理问题的理念和方法传递给对方,也难以完全认同其他组织处理问题的程序和模式。因此,当不同的社会组织需要就同一问题进行协调联动时,如果没有恰当的沟通渠道和议事机制处理两个组织因目标诉求、实现机制产生的冲突,极易造成行为混乱和不作为。① 司法部门和行政机关对证券市场的治理存在正义和效率不同的价值诉求,行政程序的简易性和司法程序的相对繁琐使它们的协调联动出现明显抵牾,这也成为证券民事审判机关与行政执法机构实现协调联动必须克服的障碍之一。

最后,证券民事审判机关与行政执法机构之间存在严重的信息不对称。信息不对称(asymmetric information)理论从现实的制度安排和经济实践中指出,在市场经济条件下,市场交易双方对交易有关信息的了解情况是存在差异的。信息的分布不均衡、不对称将导致不同主体对同一事件作出完全不同的认知和回应。② 造成信息不对称的原因很多,既有参与主体认知能力水平和经济效率等原因,也有沟通不畅的因素。对于国家职能部门来说,信息不对称也是造成其无法对情势作出准确判断,有效履职的主要因素之一。③ 在证券市场治理领域,民事审判机关与行政执法机构之间就存在严重的信息不对称。一方面,行政监管机构对于证券市场运行情况和违法行为监察监测等信息处于优势地位,这大大增加了证券执法信息的跨部门沟通成本。正是基于这个原因,行政监管机构往往倾向于在系统内"以罚代刑"。另一方面,司法机关在民商法制度体系和证据收集采信等方面拥有专业优势,而这对于保障私法自治、保护当事人合法权益至关重要。

(二)证券民事审判机关与行政执法机构协调联动的实现路径

通过以上论述可以看到,证券民事审判机关与行政执法机构的协调联

---

① See Clemens M., *The System Theory of Niklas Luhmann and the Constitutionalization of the World Society*, Goettingen Journal of International Law, Vol. 4:2, p. 625 - 647(2012).

② 参见邓继光、周扬波主编:《微观经济学》,立信会计出版社2018年版,第174页。

③ See Thomas A. L., *How to Regulate: A Guide for Policymakers*, Cambridge, Cambridge University Press, 2017, p. 185 - 199.

动存在多方面障碍。有的问题根植于国家权力分权制衡的结构性矛盾，对此需要从不同性质之国家机关各司其职、分工配合的角度加以改进；有的问题源于不同证券市场治理主体迥异的价值诉求和实施机制，对此就需要从多元价值目标的位阶排序和运行机制的相互衔接两个方面加以解决；有的问题仅仅是信息不对称造成，对此则可以通过重大案件信息互通机制、建设信息共享平台、召开多部门联席会议等方式加以克服。需要特别指出的是，实践中出现的问题往往并不只是归咎于一个原因，常常是"一果多因"，并且背后的原因还可能是相互关联、动态变化的，这就要求我们具备"透过现象看本质"的能力。① 因此，意欲实现司法机关和行政监管部门在证券市场治理中的协调联动，需要站在更高、更广的视角考察司法机关和行政部门在协调治理证券市场时存在的障碍，注意司法权、行政权不同的权力运行逻辑，挖掘问题背后的深层次原因，在此基础上有针对性地提出应对策略。

针对司法权和行政权分权制衡造成的证券民事审判机关与行政执法机构协调联动障碍，要确立司法权尊重行政权的协同治理原则。虽然从权力属性和分权制衡的角度来看，作为判断权的司法权对作为管理权的行政权拥有最终裁决权，但是，行政监管对于证券市场秩序的维护和金融风险的治理拥有无可比拟的功能优势。相反，尽管证券民事司法基于民商事法律规范的巨大包容性及在法教义学上的弹性，能够对发生在证券市场的各类风险行为、侵权行为进行规制和裁判，但其专业度和针对性较之行政监管难免存在局限和偏误。因此，在证券行政监管部门制定的行为标准、监管规范及其执法活动没有明显侵害市场主体合法权益的情况下，证券民事司法应当对行政监管部门的"立法"、执法活动予以尊重。事实上，即便在崇尚司法至上的美国，在"行政美国"演变的大潮下，也于 1984 年在"谢弗林美国公司诉自然资源保护委员会公司"(Chevron U. S. A. Inc. v. Natural Resources Defense Council, Inc.)一案中确立了司法权尊重行政权的"谢弗林原则"

---

① 参见张燕雪丹、周珂：《环境司法与环境行政执法协调联动的基本模式及主要障碍》，载《南京工业大学学报(社会科学版)》2019 年第 3 期。

(Chevron Doctrine)。① 该原则自确立以来已成为美国联邦最高法院在判决中引用、适用最多的原则之一,被学者称为现代行政国家法院和政府机关平衡的蓝图。②

对于证券民事司法与行政执法不同目标诉求和实现机制造成的法院、行政监管部门协调联动障碍,应在效率和正义两大价值之间进行位阶排序,在此基础上完善证券行政执法和民事司法的协调联动机制。如前所述,证券民事责任和证券行政责任的主要功能分别定位在填补受害者损失与维护证券市场秩序,因而正义和效率分别成为证券民事诉讼和证券行政执法最重要的价值诉求。从理论上说,正义和效率两大法律价值并不冲突,可以兼而得之。但从司法、执法的实际情况来看,对正义的追求需要在最大限度上保障诉争主体的正当程序权利,这不可避免地以牺牲效率价值为代价。相反,以效率为主要价值追求的证券行政执法往往会通过行政执法和解来提高治理证券市场的"投入—产出比",这必然在一定程度上牺牲正义价值。在证券民事司法和行政执法对正义和效率"鱼与熊掌不可兼得"的情况下,应当确立"效率优先兼顾正义"的原则,由行政执法发挥专业优势先行规制,民事司法对之进行漏洞弥补和司法监督。

如果是信息不对称造成的证券民事审判机关与行政执法机构的协调联动障碍,则需在法院和证券行政监管部门之间建立双向的信息沟通机制。随着多元价值的兴起以及去中心化的社会实践,现代社会已经分化成若干"自循环"的子系统。一个完整的社会是通过共同的社会规范和价值体系实现整合的,而商谈、沟通是促使不同社会主体共享同一背景知识、形成同一话语体系的主要方式。③ 法院与证券监管部门的信息沟通应当是双向的:一方面,法院需要从证券监管部门获取更多基于证券市场秩序维护和金

---

① "谢弗林原则"规定,如果国会的立法没有对法院审理的争议问题作出明确规定而行政部门有相应的规范性文件,法院不能径直对模糊的成文法进行解释,而应尊重行政机关规范性文件对上位法的合理解释。See Note, *Justifying the Chevron Doctrine: Insights from the Rule of Lenity*, Harvard Law Review, Vol. 123:8, p. 2043 – 2064(2010).

② See Nicholas R. B. & Kristin E. H., *Chevron's Inevitability*, The George Washington Law Review, Vol. 85:5, p. 1402 – 1404(2017).

③ 参见季卫东:《风险社会的民主理论》,载季卫东、程金华主编:《风险法学的探索——聚焦问责的互动关系》,上海三联书店 2018 年版,第 214 页。

融风险防控而实施的证券发行、交易要求，在此基础上完善对证券市场参与主体法律义务的要求，进而提升司法参与证券市场治理的有效性；另一方面，法院可以将其对证券市场秩序维护和风险防控的司法认知以及基于民商法形成的证券民事纠纷裁判规则主动向证券行政监管部门输出，具体形式可以是司法建议书、典型案例判决和证券司法信息汇总等，借此协助证券行政监管部门更好地完善相关具体的证券市场规则。①

第二节　证券行政执法与刑事诉讼的协调

行政执法和刑事司法是国家权力在立法活动之外最重要的体现，也是行政权和司法权实际运行的外在表现形式。作为两种相互独立的国家权力运行方式，行政执法和刑事司法能否遵循一定的规则有效协调、配合，不仅关系行政权力与司法权力行使的正当性，也关乎政府行政目的和法律规制效果的实现。行政违法和刑事犯罪在大陆法系国家的实体法中往往具有本质差异，行政执法程序和刑事诉讼程序的协调既有利于防控一般违法行为，也有利于惩治、防控刑事犯罪。从实际情况来看，凡是行政执法和刑事司法分工明确、衔接顺畅的领域，无论一般违法的治理还是刑事犯罪的防控均成效显著；相反，如果行政执法和刑事诉讼之间没有建立科学、完善的衔接机制，势必会造成行政执法部门与刑事司法部门或者“争夺”管辖权，或者相互推诿，前一种情况会造成国家资源的浪费，侵害当事人的合法权益，后一种情况则会影响行政违法行为的治理，甚至轻纵刑事犯罪。鉴于此，本节对证券领域行政执法和刑事诉讼协调的理论基础、系统框架等基本问题进行阐述，在此基础上对证券行政执法与刑事诉讼协调中的案件移送和证据转化两大子系统进行展开论述，以期在证券领域建构更为科学、严谨、规范的行政执法、刑事诉讼衔接机制。

---

① 参见鲁篱：《论金融司法与金融监管协同治理机制》，载《中国法学》2021年第2期。

一、证券行政执法与刑事诉讼协调的基本问题

自国家产生起,国家公权力就包含制定规范的立法权以及执行规范的行政权、司法权。行政权与司法权的彻底划分源于启蒙运动时期国家职能的分化。孟德斯鸠指出,不受约束和限制的权力都有滥用的风险,这是亘古不变的经验。只有以权力制约权力才能防止权力被滥用。司法权独立于立法权和行政权,国民自由才能得到保障。否则,“多权合一”的主体便拥有肆意限制国民自由、压迫人民的力量。① 可见,行政权与司法权分立的目的便在于通过权力制衡以保护国民的合法权利。行政执法与刑事司法作为行政权与司法权的具体实现方式,要解决此间的协调、衔接问题,必须回归到制度设置的最初目的——保护行政相对人的合法权利,在此基础上维护统一的法秩序,②并应在系统论的框架下检视相关制度。

(一)证券行政执法与刑事诉讼衔接的理论基础

毫无疑问,行政执法与刑事司法的顺畅衔接是实现行政法治和刑事法治的基本前提。但从实际情况来看,游走于部门法之间的法律实践往往会因为受制于部门利益和有限理性而偏离法治目标。完善行政执法与刑事司法的衔接制度能够促进行政执法部门和刑事司法机关的有效协作,提升办案效率,提高国家机关的公信力,维护市场法治秩序。③ 实践由制度规范,而制度又建立在一定的理论基础之上。对于证券市场的法律规制来说,行政执法与刑事诉讼的衔接制度便是这样一种制度“中介”,它一方面指导追究证券违法行为公法责任的法律实践,另一方面又以一定的法学理论为基础和依归。因此,对证券行政执法与刑事诉讼衔接之理论基础的阐发,有利于建立严密的证券违法犯罪治理网络和证券市场公共治理体系,对于实现证券公法责任、证券市场的功能发挥以及金融风险化解具有十分重要的价值和意义。

---

① 参见[法]孟德斯鸠:《论法的精神》(上),许明龙译,商务印书馆2017年版,第184~186页。

② 参见练育强:《行政执法与刑事司法衔接制度重构之理论基础》,载《学术月刊》2015年第11期。

③ 参见姜瀛:《行政执法与刑事司法衔接的多维推进——基于事前、事中与事后的进路展开》,载《华北水利水电大学学报(社会科学版)》2016年第3期。

首先,行政违法与刑事犯罪的二元分立是证券行政执法与刑事诉讼程序衔接的实体法基础。在证券法律责任体系中,证券行政责任和证券刑事责任虽然同属于公法责任,但它们分别对应着不法行为类型中的一般违法行为和刑事犯罪行为。虽然对证券违法行为和证券犯罪行为的界分存在“质的区分说”和“量的区分说”两种理论学说,但对同质证券不法行为从行政处罚提升至刑事制裁毫无疑问是“质”的改变,而这种改变是证券不法行为的法益侵害性达到一定程度而发生的质变。[①] 行政部门在查处行政不法行为时可能发现该行为已经涉嫌刑事犯罪,此时案件的性质和管辖主体都发生了变化,建立科学、合理的衔接机制引导、促进行政案件向刑事案件转化,对于及时惩治犯罪来说十分必要。可以说,如果没有证券行政违法和刑事犯罪的二元分离立法模式,就不存在案件移送、行刑衔接的实体法基础。相反,在推行“大刑法、小行政法”立法模式的国家,凡是违反证券法规范的行为都属于犯罪,就不存在证券行政执法和刑事诉讼转换衔接的法律基础。[②] 因此,证券市场立法的行政违法、刑事犯罪二元分立决定了要确保证券市场的违法行为无论在行政法范围还是在刑法范围都得到充分、完整的法律评价,必须在两个独立的法律系统建立科学的衔接、协调制度。

其次,国家职能机关的分工协作是证券行政执法与刑事诉讼程序衔接的权力体制基础。对证券市场的专门监管和执法一般由行政部门完成,其中涉嫌犯罪的案件须由司法机关按照刑事犯罪定罪量刑的证据标准经由刑事诉讼程序完成侦查、起诉和审判等程序。在这样的权力配置模式下,如果行政部门在执法过程中发现了涉嫌犯罪的案件,必须移送司法机关侦查、审判,不能单方面只以行政违法处置。这是因为行政权和司法权是属性不同的国家权力,具有不同的价值追求,这决定了两者处置不法行为应当适用不同的程序。如果不能建立有效的衔接机制,对于严重破坏证券市场秩序的犯罪行为以行政处罚代替刑事制裁,既是滥用行政权力,同时也轻纵了证券市场的刑事犯罪。此外,建立衔接机制使证券监管部门和金融法院等治理

---

① 参见赵希:《证券期货违法行为的行刑衔接困境再思考——“量的区分说”的倡导与完善》,载《财经法学》2019 年第 5 期。

② 参见张泽涛:《行政违法行为被犯罪化处理的程序控制》,载《中国法学》2018 年第 5 期。

证券市场的权力部门相互协作,有利于构建完整、严密的证券市场法治网络。正如有学者指出的那样,要规范证券市场秩序、构建良好稳定的证券法制体系,必须加强证券市场行政执法和刑事司法的衔接,充分利用行政、司法两种治理手段,使其既相互独立又相互衔接,形成优势互补的良好格局。①

最后,证券市场法律规制的专业化是证券行政执法与刑事诉讼程序衔接的行业基础。如前所述,在金融衍生品的开发、交易日新月异的现代证券市场,新型证券交易表现出极强的专业性,交易关系十分复杂。尤其是基于数理建模开发的金融衍生品发行和交易,对于绝大多数司法人员来说都面临几乎难以逾越的专业壁垒。相较于司法部门对专业化证券市场的"无所适从",证券行政监管机构则配备了更多的专业人员,其在知识体系、实践经验和执法机制设计等方面都与金融创新息息相关,对证券发行、交易的认知和判断具有更强的专业保障。在这样的现实背景下,司法机关在侦办证券刑事案件的过程中,无论对于电子化的交易证据收集,抑或刑法罪名构成要件要素与案件事实的对接等都需要证券行政监管部门的专业配合。可以说,证券市场的高度专业性也是我们必须加强证券行政执法与刑事诉讼程序衔接的重要原因之一。

(二)证券行政执法与刑事诉讼衔接的系统框架

证券行政执法和刑事诉讼的衔接主要解决的是案件移送、受理、裁判以及行政证据和刑事证据的转化等问题,因而程序是证券行政执法与刑事诉讼衔接制度的基本内核。作为一种具有可操作性的制度,衔接证券行政执法和刑事司法的制度绝不是一项孤立存在的制度,它联结着证券监管部门的行政执法和法院的刑事司法,借此共同实现公法规制证券市场违法犯罪行为的总目标。鉴于此,对证券行政执法和刑事诉讼衔接机制的研究必须置于证券市场法律体系的总体框架中进行。

"系统论"指出,彼此关联、影响的元素按照一定逻辑组成集合,进而组成子系统,形成整个系统。各组成元素以其鲜明的特征和明确的功能定位

---

① 参见刘福谦:《行政执法与刑事司法衔接工作的几个问题》,载《国家检察官学院学报》2012 年第 1 期。

相互联系、相互影响而使整个系统呈现出整体性。在系统内部,各组成元素之间相互联系、影响的方式和强度直接决定了子系统的强度,进而决定了系统整体性的强度。① 单个元素的效能、元素之间的协调性、子系统与子系统之间的协调性决定了系统整体功能的发挥。如果各元素、各子系统能够长短互补、功能互嵌,其运作起来的效能就会超过各个元素效能的简单加和。相反,如果各子系统安排无序、相互掣肘,则整个系统的效能会低于各个元素效能的总和,甚至导致系统整合危机引发系统崩溃。②

证券行政执法与刑事诉讼衔接制度作为证券法律体系的一个子系统,既与其他子系统广泛关联,其内部也有许多相互独立又相互联系的元素。这些元素的功能是否有效发挥、系统结构是否安排得当直接决定了证券行政执法与刑事诉讼衔接制度的整体效能。

如果将证券市场的运行保障作为一个大系统的话,证券市场的法律制度体系就是这一社会公共系统下的一个子系统。证券行政法律规范系统与证券刑事法律规范系统作为证券市场法律制度系统的重要组成部分,通过证券行政执法与刑事诉讼衔接法律体系彼此连接,协同发挥作用。在这样的逻辑框架下,证券行政执法与刑事诉讼的衔接系统成为与之并列、发挥桥梁作用的一个子系统。证券行政违法调查系统和证券刑事犯罪侦查系统与之关联密切,因而能否准确界定、区分证券市场的行政违法和刑事犯罪对于建立科学、稳定的证券行政执法与刑事诉讼衔接系统至关重要。

行政权和司法权两种权力运行的差异决定了证券行政执法和证券刑事司法的差异,由此衍生出两大公权力在运行标准、程序和结果等方面的差异。如果未能准确认知行政权和司法权的诸多差异,忽视行政权的主动性、扩张性以及司法权的被动性和收缩性,势必会给证券行政执法与刑事诉讼衔接制度的规范化带来负面影响,使其难以高效运行。鉴于行政权与司法权迥异的权力属性,证券行政执法与刑事诉讼衔接制度就是一个引导行政

---

① 参见张尚谦:《"系统论"范式下的司法政策功能定位及其运用》,载《法学杂志》2011 年第 2 期。

② 参见陈卫东:《刑事诉讼法学的系统论趋向》,载《法商研究》2005 年第 1 期。

权向司法权靠拢,为司法权的全面实现提供基础事实的机制。[①] 据此,证券行政执法与刑事诉讼衔接制度的直接表现形式就是证券行政执法部门在行使行政权力、履行行政监管职责的过程中将涉嫌刑事犯罪的案件移交给司法机关处置。

由于证券行政执法与刑事诉讼的衔接制度旨在解决行政监管部门在执法过程中发现涉嫌刑事犯罪案件后“有案不移”“有案难移”“以罚代刑”等问题,[②]因而什么样的证券违法案件应当移送、如何移送、移送哪些材料、移送给谁等基本问题必须予以明确。也就是说,证券行政执法与刑事诉讼的衔接制度需要回应证券违法案件从行政执法程序进入刑事司法程序的标准、程序等基础问题,为行政执法部门和刑事司法机关的通力配合提供法定依据。否则,只是抽象规定证券行政监管部门具有将涉刑证券违法案件移送司法机关的义务而缺乏履行义务的基本规则,只会让证券行政执法与刑事诉讼的衔接因为程序不明、规范不清而缺乏可操作性。

除此之外,无论对于行政执法还是刑事司法来说,案件事实的认定以及法律适用的结论都依赖证据的收集和认定。然而,由于行政执法程序和刑事司法程序在证据类型、采集程序、认定标准等方面都存在很大差异,如何在证券行政执法与刑事诉讼衔接制度中建立科学、合理的证据转化规则,直接关系到证券违法案件由行政执法程序向刑事司法程序移送的效率和质量。证券违法案件的移送标准决定了案件是否应当移交刑事司法机关的实体标准,而证据在行政执法程序与刑事司法程序中的转化直接关系到证券刑事责任能否实现。因此,案件移送程序和行刑证据转化是证券行政执法与刑事诉讼衔接机制这个大系统中包含的两大子系统。

二、证券行政执法向刑事诉讼案件移送的协调

一般来说,大多数的证券犯罪案件都是证券行政监管机构在其日常监管活动中发现的。发现并处置证券行政违法行为、恢复正常的证券市场秩

---

① 参见张伟珂:《食品安全行刑衔接机制的理论与实践》,法律出版社2017年版,第14页。

② 参见练育强:《证券行政处罚与刑事制裁衔接问题研究》,北京大学出版社2017年版,第263~264页。

序是证券监管部门履行行政管理职能的主要作用之一,因而证券行政监管机关往往是证券犯罪的最早发现者。虽然刑事侦查机关对经济犯罪案件享有立案权和侦查权,但它对社会经济生活的介入领域远不及行政机关那样广泛,加之证券市场高耸的专业壁垒,可以说刑事侦查机关在实质上并不具有证券犯罪案件的"发现权",证券刑事案件的立案、侦查在相当大程度上依赖于证券行政执法机关的移送。[①] 鉴于此,证券行政执法机构与刑事司法机关之间案件移送机制的有效衔接是实现证券行政执法与证券刑事司法协调的基本前提和重要环节。

(一)证券行政执法案件向刑事诉讼移送的标准

证券行政执法案件向刑事诉讼移送的标准是证券违法案件涉嫌犯罪必须达到的最低标准。由于金融创新更新迭代迅速,对于证券违法案件移送刑事诉讼,法律往往难以规定十分清晰、固定的标准。美国的证券法律就没有对 SEC 向司法机关移送涉嫌刑事犯罪案件的标准作出具体规定,而是交由 SEC 自行裁量。在实践中,SEC 基于证券犯罪对法益侵害的严重性确立了案件移送应当考察的四个方面的要素。

第一,行为的欺骗性。在美国的证券法理论中,无论内幕交易、市场操纵抑或虚假陈述,这些行为违法的本质属性均在于欺骗性。因此,如果某个发生在证券市场的行为具备欺诈的特征而没有任何商业正当性,往往都会被 SEC 移送给司法部门进一步调查。

第二,证据是否充分。由于刑事诉讼对证据的要求比行政执法、民事诉讼都要严格,因而证据是否确实、充分,尤其是对犯罪嫌疑人主观恶性的证明也是 SEC 执法人员在决定移送案件时要加以考虑的因素。

第三,违法行为人是否为累犯。如果违法行为人此前已经因为证券违法行为受到过行政处罚,SEC 官员会认为"停止—制止令"或者行政禁令已经不能发挥应有的特殊预防效果,在这样的情况下应移送司法机关通过刑事制裁来惩戒犯罪。

第四,妨碍调查。如果被调查人在行政调查程序(包括电话询问)中撤

---

① 参见王传红、维英:《行政执法机关移送涉嫌犯罪案件机制研究》,载《中国刑事法杂志》2012 年第 3 期。

谎,则可能会因为妨碍执法被 SEC 移送给司法机关追究刑事责任。此外,有组织的犯罪、对投资者有严重危害、涉及 SEC 工作人员或者其他政府部门腐败等因素都是美国证券行政执法部门考虑将案件移送司法机关处理的因素。①

从理论上来说,证券违法案件由行政执法程序向刑事司法程序移送的标准与证券犯罪案件的刑事立案标准是两个泾渭分明的概念。前者指的是行政机关在办理证券行政违法案件的过程中发现不法行为人涉嫌犯罪时将案件移交给刑事司法机关的规范尺度;后者则是指司法机关在受理涉嫌刑事犯罪案件后应当予以正式立案的规范尺度。可以说,这里的案件移送标准和立案标准分别处于证券刑事案件受理环节的两端:达到移送标准则启动了证券刑事案件的受理程序,由司法机关对案件是否涉嫌刑事犯罪进行初查;达到立案标准则标志着证券刑事案件受理的终结,即案件正式进入刑事司法程序。

一般来说,案件的移送标准要适当。因为过高的移送标准势必导致行政执法机关发现的刑事犯罪案件无法及时移送,而过低的标准又会导致案件在刑事立案程序中积压。同时,案件的移送标准要明确。如果证券行政执法与刑事诉讼的案件移送标准不明确,像美国的做法那样完全交由证券行政监管、执法部门裁量,案件移送就会存在相当大的不确定性和随意性。基于对证券行政执法与刑事诉讼案件移送标准的适当性、明确性要求及其与立案标准的关系,在确立案件移送标准时宜参酌同类案件的刑事立案标准,以确保移送至司法机关的证券违法案件能够满足刑事立案的现实要求,促使证券行政执法程序和刑事诉讼程序顺利衔接。

(二)证券行政执法案件向刑事诉讼移送的程序

涉嫌证券犯罪需要移送的案件包括行政执法部门已经受理并对其进行查证的证券违法案件和行政执法部门尚未正式受理的证券违法案件。前者需要移送的是整个案件材料,后者需要移送的则是涉嫌证券犯罪的线索。由于涉嫌证券犯罪的案件与涉嫌证券犯罪的线索是两个完全不同的概念,

---

① See Marc I. S. & Ralph C. F., *Securities Practice: Federal and State Enforcement*, St. Paul, West Group Publishing, 1985, p. 37 – 54.

两者的差异决定了其移送条件、移送要求和移送程序都不尽相同。一般而言,移送行政执法部门查办案件中"出行入罪"的案件须历经重重审查程序,而且还有较为明确、严苛的证据证明条件,而涉嫌证券犯罪线索的移送则宽松得多。与之相对应,对前者的移送需经由正式的移送程序,对后者的移送则可以通过非正式移送程序进行。

从美国证券行政执法案件向司法机关移送追究当事人刑事责任的实践情况来看,正式移送程序必须经过 SEC 内部多个部门的广泛审议,而非正式移送程序则相对灵活。在正式移送程序中,首先由 SEC 的一线调查人员出具一份书面报告,载明 SEC 在对证券违法行为的调查过程中获取的信息、证据,已获信息中对该案有利和不利之处的分析,并在此基础上作出对某具体主体以何种罪名提起刑事指控的建议。当然,调查人员在出具书面报告之前可以就案件移送司法机关的必要性与司法部、总检察长办公室等部门进行初步讨论与磋商。然后,SEC 执行部或者 SEC 的地方长官与总法律顾问办公室(office of the general counsel)联合审议调查人员出具书面报告并提出是否支持案件移送的意见。最后,由 SEC 委员会最终决定是否将涉嫌刑事犯罪的证券违法案件及其相关证据移送司法部门。①

与正式移送程序相比,非正式移送程序没有固定的审议环节。既可能是 SEC 的调查人员在案件调查过程中告知司法部案件的性质及相关的证据情况,然后主动通过非正式程序移送案件线索,也可能是司法机关从公共媒体或者受害者举报等其他途径获知 SEC 正在调查的证券违法案件涉嫌刑事犯罪,主动要求其移送案件调查材料。值得一提的是,在司法机关主动要求移送的情况下,SEC 正在查办的案件仍需经由 SEC 执行部主任和首席法律顾问审议后提交 SEC 委员会最终决定是否移送,不过这更多是一种形式流程,实践中并未出现过 SEC 委员会不同意移送的案例。

由于非正式移送程序经过较少的 SEC 内部程序审查,因而在实践中也招致了一定的质疑。在美国诉菲尔兹(U. S. v. Fields)一案中,当事人就对 SEC 的非正式移送程序提出了质疑,认为《1933 年证券法》和《1934 年证券

① See Marc I. S. & Ralph C. F., *Securities Practice: Federal and State Enforcement*, St. Paul, West Group Publishing, 1985, p. 37 - 54.

交易法》都仅授权 SEC 向司法机关移送案件，[①]而非正式移送程序由 SEC 调查人员完成移送，因此违法。法院审理认为，非正式移送程序使得司法机关能够通过非正式交流尽早获取证券犯罪案件信息、熟悉复杂案情，有利于充分准备案件指控、避免案件侦办超过诉讼时效，而这种加快证券刑事诉讼程序的做法对被告人也是有利的，因而证券违法案件由行政执法向刑事诉讼的非正式移送程序得到了法院的认可。[②]

（三）证券行政执法案件向刑事诉讼移送后的状态

证券行政执法部门将案件移送司法机关追究犯罪嫌疑人刑事责任之后，并不意味着工作就此结束。相反，行政执法部门一方面可以为司法机关查证犯罪、刑事责任的追诉提供专业方面的支持。如美国 SEC 就积极协助司法部调查证券犯罪案件，提供专业意见和建议，在某些案件中甚至派出工作人员以“特别助理检察官”（special assistant U. S. attorney）的身份协助调查、指控证券刑事犯罪。另一方面，由于证券刑事责任和证券行政责任并非相互替代的两种法律责任，对于同一案件是否处以行政处罚仍需由行政执法部门的执法活动完成。

这里就涉及证券违法行为涉嫌犯罪移送司法机关进入刑事诉讼程序后行政执法程序的状态问题。从理论上来说，存在“不中止”“部分中止”“完全中止”三种模式。[③]“不中止”指的是证券行政执法机关将涉嫌刑事犯罪的案件或线索移送司法机关追究刑事责任后，不中止行政执法活动，继续调查案件并作出行政处罚决定。“部分中止”指的是证券行政执法部门将案件中涉及的违法主体和违法行为区分是否涉嫌犯罪“区别对待”，涉嫌犯罪的部分移送司法机关后就中止行政执法程序，待刑事责任裁判生效后再视情况重启行政执法程序，对于不构成犯罪的部分则继续执法调查并作出行

---

① 美国《1933 年证券法》第 20（b）条规定：“……证券交易委员会可将能够获得的有关该行为或做法的证据移交给司法部部长，司法部部长可根据本法酌情决定提起必要的刑事诉讼……”《1934 年证券交易法》第 21（d）条规定：“……证券交易委员会可以将可获得的与可能构成违反本法、本法项下规则、条例任何规定的行为或者做法有关的证据传送给司法部部长，又司法部部长酌情决定提起本法项下的必要刑事诉讼。”

② See U. S. v. Fields，592 F. 2d 638（2d Cir. 1978）.

③ 参见练育强：《完善行政执法与刑事司法衔接机制之反思》，法律出版社 2017 年版，第 60 ~ 63 页。

政处罚决定。“完全中止”则是指行政执法部门将一个证券违法案件作为一个整体,无论有多少主体、多少违法行为,只要其中部分涉嫌犯罪,将案件移送司法机关追究刑事责任后就完全中止行政执法活动,待刑事诉讼程序结束后再根据刑事诉讼程序的结果施以行政处罚。

美国在司法实践中采取的“并行程序”(parallel proceedings)就是在SEC将案件或线索移送司法部追究违法者刑事责任后,仍继续其行政执法、处罚程序的“不中止”模式。“并行程序”可能带来两方面的问题:一是被告同时面临两个公法处置程序,可能受到不公正对待;二是如果被告在两个程序中都被控违法、犯罪成立,可能会因为同一行为受到多重处罚而违反“一事不二罚”原则。

对此,美国法院在“证券交易委员会诉德雷斯工业公司”(SEC v. Dresser Industries,Inc.)一案①中进行了回应。由于SEC在证券违法案件的调查和证据收集方面具有专业优势,而司法机关因为更严格的刑事证据收集程序而拥有更大权限,如收买“线人”、窃听电话、录音等,并行程序有利于行政执法部门和刑事司法机关共享其收集到的信息,能最大限度查明案件事实。同时,在并行程序下被告往往因为承受更大的压力,更倾向于通过行政执法和解与刑事辩诉交易等程序迅速达致案件的“案结事了”,有利于节省宝贵的时间成本和司法、执法资源。此外,并行程序还有助于行政处罚与刑事制裁形成合力,以快速、有效地打击、制止证券领域的各类违法犯罪行为。

事实上,“一事不二罚”的疑虑是实体法问题,而非程序法问题。在“不中止”的并行程序下,只需加强行政执法部门和刑事司法机关的沟通协作,后作出公法处罚的部门在处罚措施的具体裁量时参酌已经作出的公法处罚措施,对同质处罚进行折抵即可。

三、证券行政执法与刑事诉讼证据转化的协调

用以作出行政处罚的行政证据与据以定罪量刑的刑事证据虽然都属于证明案件事实的材料,都具备客观性、合法性与关联性的“证据三性”,但这

---

① See 628 F. 2d. 1368,202 U. S. Ap. D. C. 345(1980).

并不意味着行政证据可以在刑事诉讼程序中作为刑事证据直接援用。由于刑事诉讼严格的正当法律程序要求和刑事证据的非法证据排除规则,行政证据与刑事证据不仅收集主体不同,其收集程序、方法和标准等也存在较大差异。鉴于此,只有按照刑事证据标准经过一定程序转化的行政证据才能在刑事诉讼程序中产生相应的证明能力,否则行政证据只能作为同案在刑事诉讼中的证据线索或者证据资料提供参考作用,不发挥刑事证据的证明效力,更不能作为定罪量刑的依据。因此,建立证券行政证据与刑事证据的转化机制实为必要。

(一)证券行政执法中实物证据的刑事司法转化

"实物证据"(real evidence)又称"物证"(physical evidence),系英国著名法学家边沁(J. Bentham)最早在《司法证据原理》一书中提出的证据法术语,一般是指以实物形态存在并作为表现形式的证据。实物证据以物体的外部特征、物理化学性质及位置方向等属性来证明案情,如衣服、纤维、武器、指纹、牙印、血样、录音和录像等。① 英美法系国家虽然注重证据必须经由正当程序取得,但在判例中对证据的种类和分类一般不作区分,通常将不同种类、分类的证据混杂在一起。英国证据法学者保罗·罗伯茨(Paul Roberts)与阿德里安·祖克曼(Adrian Zuckerman)根据英国的刑事司法实践,归纳出英国刑事证据中的实物证据大致包括物体、身体特征、证人举止、勘查记录以及自动化记录(监控录像、视听资料、电子数据等)等五大类。②

美国法上的实物证据则指的是在法庭上当庭展示的有体物,包括实体证据和示意证据两类。前者包括枪支、毛发、电子数据等以实在物体形式存在的证据,后者则不是案件中的真实原物,而是提供给案件事实认定者(主要指陪审团)的一种辅助性视觉材料,如犯罪现场的模型、模拟物、图示或者解剖模型等。③ 大陆法系国家和地区因循成文法的立法传统,在诉讼法典中通常都会明确规定证据的种类,在理论研究中也对证据进行分门别类

---

① 参见樊崇义主编:《证据法学》(第 3 版),法律出版社 2003 年版,第 222 页。

② See Paul R. & Adrian Z., *Criminal Evidence*, Oxford University Press, 2010, p. 133 – 140.

③ 参见[美]乔恩·R. 华尔兹:《刑事证据大全》(第 2 版),何家弘等译,中国人民公安大学出版社 2004 年版,第 17 页。

的研究。行政证据中的物证、书证、视听资料、现场笔录与勘验笔录,刑事证据中的物证、书证、电子数据、检查、勘验、辨认和侦查实验形成的笔录、视听资料等都属于实物证据。

实物证据的收集需要开列清单或者开具收据,在遵循合法性原则的前提下通过搜查、检查、勘验、查封、扣押、冻结或者要求持有人提供等方式,充分运用现代科学技术手段进行收集。同时,收集实物证据应当遵循及时性原则,以防止自然环境变化或者人为因素造成证据的损毁、灭失。在证据保全方面,实物证据需以不损毁、不变形、不丢失为原则进行保存。对于不能长时间保存的实物证据,则应通过拍照、绘图、模型制作等方式对其证明效力进行固定,并注明拍摄、绘制、制作的时间、地点等信息。在证据的运用阶段,实物证据应当进行展示或者播放,同时说明该证据的基本情况及其与案件的关联性。在证据的认定阶段,则应关注实物证据的收集是否符合法定程序、标准,有无伪造、变造,是否发生变形、损毁,与待证案件事实的关联性和证明程度、证明力等。

可见,实物证据具有以下三个方面的特点:一是客观性。实物证据对案件事实的反映通常固定于一定的实物形态之中,独立于人的意识和主观意愿,因此不易受到人的主观因素影响,也不随人的主观意志改变,具有较强的客观性。二是间接性。实物证据作为"哑巴证据",无法自行证明其与案件事实的关系,而需通过一定的逻辑演绎甚至生物、化学、物理反应去揭示待证事实。同时,除视听资料之外,实物证据通常只能证明全部案件事实的某个片段或者某个情节,对案件的主要事实不能作出直接证明。三是被动性。实物证据通常处于待提取、待发现的状态,因而其证明价值的挖掘往往依赖专业人员运用一定的技术手段加以收集、固定。调查人员的专业程度与调查手段的先进程度对实物证据的发现与收集具有重要影响。此外,外部环境变化或者人为毁弃都极易导致实物证据的变质或者灭失,因而实物证据的收集应当尽可能迅速、及时。

基于实物证据的以上特征,其不会因为收集主体、程序和方法的不同而改变性质。相反,实物证据的易灭失性以及司法机关专业性的相对欠缺致使司法机关在实物证据的收集上较之证券执法机关存在明显劣势。因此,证券行政执法中的实物证据无须,也不可能由刑事司法机关重新收集,只需由刑事司法机关通过直接调取的方式将其转化为刑事证据即可。具体做法上可以首先对证券行政执法中的实物证据进行形式上的合法性审查:证券行政执法机关在实物证据的查扣环节是否符合法定的行政执法程序、执法人员资质以及手续是否齐备、证据保全措施是否合法恰当等。如果通过形式审查,则向证券行政执法部门办理调转手续直接调取。如果在形式审查环节发现实物证据的收集存在瑕疵,则可以要求行政执法部门依法补正或者作出合理说明,然后再调转作为刑事证据。如果不能补正或者不能作出合理解释,对该行政实物证据就应当适用非法证据排除规则予以排除,不能转化为刑事证据。

(二)证券行政执法中言词证据的刑事司法转化

"言词证据"(oral evidence)又称"人证",指的是以人的陈述为表现形式的证据。英美法上的言词证据一般是指以口头或者书面语言所表达内容来证明案件事实的证据,包括证人证言(testimonial evidence)和书面证据(documentatry evidence)两大类。其中,证人证言是指证人在法庭的证人席上经过宣誓、郑重保证后提供的口头证言,或者在审判前经过宣誓提供的书面证言,分为普通证人证言(witness evidence)和专家证言(expert evidence)两种。由于证人规则在美国证据法中占据重要地位,因而证人证言在美国的执法、司法实践中是各种证据中最常见、最重要的一类证据。[①] 证券行政执法程序中取得的证人证言、当事人陈述,刑事侦查程序中获得的犯罪嫌疑人或者被告人供述和辩解、被害人陈述以及证人证言等都属于言词证据。

言词证据具有以下三个方面的特点:一是全面性。由于言词证据是当事人或证人就其直接感受的案件事实进行的陈述,一般能够全面、详细、具体地反映案件的整个过程,包括案件发生的起因、经过和结果等具体细节,通常能够直接证明待查案件的主要事实。正是基于这个原因,言词证据的真实性一旦得到确认,往往意味着主要案件事实得以查明。二是持久性。言词证据源于当事人、证人根据记忆的陈述,因而能够保持较长的时间,这有利于行政执法部门和刑事司法机关等不同主体的证据收集活动。当然,

---

① See Trevor L. ,*Listening to History*: *The Authenticity of Oral Evidence*, Maryland, Rowman & Littlefield Publishers, 1988, p. 21 – 30.

人的记忆会随着时间的推移而逐渐淡忘甚至发生一些偏差,因而言词证据亦应及时收集以保证记忆的准确性。三是主观性。言词证据以人的陈述为表现形式,而陈述人的感知、记忆、经验、表达能力等因个人素质的不同而参差不齐,并且个人与案件的利害关系和外界因素都会影响言词证据的准确性和真实性。正如有学者指出的那样,言词证据所建构的言说事实是认知与理解的共同产物,是一种想象的重构,它与案件的客观事实存在差异有其合理性与必然性。①

言词证据主要通过询问和讯问的方式进行收集。由于言词证据极易受到主客观因素影响,因而询问和讯问的时间、地点、方式等应特别重视,最大可能保证言说人如实陈述。行政执法程序中对言说人权利的保护远不及刑事诉讼程序中对其权利保护充分,由此大大影响了证券行政执法中言词证据在刑事诉讼程序中的采信度。以犯罪嫌疑人供述为例,刑事诉讼法一般对讯问犯罪嫌疑人、被告人的时间、地点、方式和程序性限制措施都进行了详细规定。为了防止刑讯逼供等违法收集言词证据的情况的发生,立法往往确立羁押与讯问场所分离制度,明确犯罪嫌疑人被讯问时必要的休息、饮食权利。对于确系以刑讯逼供等违法方式取得的言词证据,世界主要国家都建立了"非法证据排除规则"(exclusionary rule)。如果允许证券行政执法程序中取得的言词证据直接转化为刑事证据在同案的刑事诉讼阶段使用,办案机关完全可以通过延迟移送、延长初查等方式让证券行政部门在行政执法程序中以相对"简便""高效"的行政调查手段将全部案件事实"查清"后再将案件移送刑事司法机关,这势必导致刑事诉讼中的诸多程序性保障措施被规避、被架空。② 因此,证券行政执法中的言词证据不能像实物证据那样通过直接调取完成"行刑转化"。

基于言词证据的上述特点,其与案件客观真实的相符程度既取决于言说人的陈述是否准确、全面,又受制于取证者接受信息的准确性和全面性。事实上,即便同一言说人针对同一案件事实的陈述,也可能因为取证人和取

① 参见曾康:《言词证据的分析与判断——以言词证据的结构分析为路径》,载《西南政法大学学报》2009 年第 5 期。

② 参见谢登科:《论行政执法证据在刑事诉讼中的使用——基于典型案例的实证分析》,载《华东政法大学学报》2016 年第 4 期。

证时空的不同而存在差异，甚至大相径庭。因此，证券行政执法中的言词证据不能直接转化为刑事证据在同案的刑事诉讼程序中运用，而只能作为证据线索指引刑事司法机关按照刑事证据的收集程序、标准重新收集。值得深究的是，在证券刑事诉讼的过程中，原先在行政执法程序中获取的言词证据，因证人或者当事人失踪、死亡或者外逃等原因无法重新获取，这类言词证据应如何转化呢？笔者认为，此类言词证据的“行刑转化”应参酌其他证据。也就是说，在审查程序合法、实质真实的基础上，如果此类言词证据与其他证据相互印证，就案件事实与主要情节形成统一的证据链条，就可以对之进行“行刑转化”。当然，如果是证人或者行政相对人在证券行政执法程序中以书面形式亲笔作出的言词证据，因其不受取证人、取证时空等外部条件的影响，则可按照实物证据的转化方式将其转化为刑事证据。

第三节　证券刑事诉讼与民事诉讼的协调

刑事诉讼主要是国家公诉机关代表国家利益和社会公共利益向犯罪人提起的诉讼，民事诉讼是私法主体为维护私人权益、解决私人纠纷向违约人、侵权人提起的诉讼，两者的救济对象存在重大差别。但是，有一种观点认为，犯罪行为往往以侵害私人的人身利益或者财产利益为直接目标，对社会公共利益的侵害反而是附属的、“溢出的”。从这个角度来说，刑事犯罪与民事侵权的区别主要体现在“罪量”的差别，刑事犯罪是“升级版”“加强版”的民事侵权。虽然刑事诉讼法赋予了被害人诉讼当事人的身份，但刑事诉讼仍然主要以犯罪为中心。① 鉴于犯罪行为同时侵害公法利益与私法利益的特性，刑事诉讼在追诉犯罪、保障公共利益的同时，应对刑事受害人予以必要的关注和救济，②刑事诉讼与民事诉讼的协调始有必要。当前，许多国家都建立了刑事附带民事诉讼制度，但该制度在实践中并没有很好地

---

① 参见左卫民、谢佑平：《同步与差距：从国际标准的角度看我国刑事诉讼制度》，载《政法学刊》1997 年第 1 期。

② 参见刘根菊：《关于公诉案件被害人权利保障问题》，载《法学研究》1997 年第 2 期。

协调刑事诉讼与民事诉讼。究其原因,是因为公诉人与被害人控诉犯罪的出发点和目标诉求不尽相同:公诉人追诉犯罪旨在惩罚、预防犯罪,而被害人控诉犯罪旨在救济权利。就证券民事诉讼与刑事诉讼而言,有必要在理顺投资者利益与证券市场秩序之位阶的前提下,在程序先后、诉讼制度、财产执行等方面加以协调。

一、证券刑事诉讼与民事诉讼程序先后的协调

法国经济学家弗雷德里克·巴斯夏(Frédéric Bastiat)曾言:"财产权先于法律,因为法律的唯一目的一直就是保护财产权。"①这一"论断"虽然失之偏颇,却道出了财产权在法律体系中的重要地位。显然,有效保护投资者的财产权益是建构证券市场法制体系的重要目标之一。鉴于财产利益在现代法律体系中的重要地位,民法与刑法围绕财产利益的保护始终处于"缠斗"状态,这不仅体现在两个部门法的实体法规定中,还波及民事诉讼与刑事诉讼的管辖先后上,即"民刑交叉"案件在审理程序上的先后顺序问题。证券民事诉讼与刑事诉讼程序先后的协调,最终的目的是在实体法层面更好地协调证券民事责任与证券刑事责任,确保"三位一体"的证券法律责任体系良好运行。

(一)民刑交叉案件程序先后的处理方案

在司法实践中,常出现同一案件事实同时侵害民事利益、破坏刑事法律关系的情况。这种既涉及民事法律关系又涉及刑事法律关系,且相互之间存在牵连、交叉、影响的案件被称为民刑交叉案件。② 民刑交叉案件涉及实体法和程序法两个领域,实体法领域涉及民法和刑法两个部门法,需要关注案件争议在民、刑两大实体法协调的情况下妥善解决;程序法领域则涉及民事诉讼法和刑事诉讼法两个部门法,需要协调的是民事诉讼和刑事诉讼的

① [法]弗雷德里克·巴斯夏:《财产、法律与政府》,姚中秋译,商务印书馆2017年版,第144页。

② 参见刘艳红、施建辉:《不动产贷款诈骗犯罪刑民交叉问题探讨》,载《华东政法大学学报》2015年第4期。

审理先后顺序问题。[①] 程序法作为独立的部门法虽然有其特定的价值诉求,但不容否认的是,保障实体法的准确、有效实施是程序法工具价值的重要体现,没有实体法效果的程序设计在多数情况下是无意义的。[②] 在民刑交叉案件中,民事诉讼程序和刑事诉讼程序的先后不仅关系到民事责任和刑事责任实现的顺序,还会左右裁判的实体结果。因此,同一证券违法案件民事诉讼和刑事诉讼的先后顺序直接关系到证券民事责任和证券刑事责任的功能协调。

在学理上,民刑交叉案件的审理模式存在"先刑后民"与"先民后刑"两种学说。"先刑后民"说源于"刑事优先原则",即在民刑交叉案件中优先通过刑事诉讼程序追究犯罪人的刑事责任,而后追究其民事责任。该学说立基于刑事诉讼在证明标准上的优势和实践情况的归集。民事诉讼采"高度盖然性"的证明标准,而刑事诉讼要对被告人定罪量刑,在证明标准上必须"排除合理怀疑",乃至达到"结论具有唯一性"的近乎必然真实的程度。[③]"先刑后民"模式可以将刑事诉讼中认定的证据和据以认定的事实直接在民事诉讼中加以运用,从而节约司法资源、提升审判效率。此外,有学者对德国、法国、意大利等大陆法系国家的立法、司法实践情况进行实证考察后发现,大陆法系国家在处理民刑交叉案件时普遍遵循"先刑后民"原则。可以说,"先刑后民"为民刑交叉案件的妥善解决提供了范本,该原则是实践经验的高度凝练,具备很强的实践性。[④]

但是,"先刑后民"模式的缺陷也是显而易见的。以"先刑后民"模式处理民刑交叉案件很容易造成刑事责任"一家独大"的局面,这不仅损害了前置民事法律规范的权威性,也不利于多元法律责任规制效果的实现。[⑤] 在

---

① 参见陈兴良:《刑民交叉案件的刑法适用》,载《法律科学(西北政法大学学报)》2019 年第 2 期。

② 参见万毅:《程序法与实体法关系考辨——兼论程序优先理论》,载《政法论坛》2003 年第 6 期。

③ 参见周洪波:《中国刑事印证理论批判》,载《法学研究》2015 年第 6 期。

④ 参见万毅:《"先刑后民"原则的实践困境及其理论破解》,载《上海交通大学学报(哲学社会科学版)》2007 年第 2 期。

⑤ 参见杨兴培:《刑民交叉案件中"先刑观念"的反思与批评》,载《法治研究》2014 年第 9 期。

批判“先刑后民”学说的过程中,有学者提出了“先民后刑”的审理程序,即对于民刑交叉案件,先经由民事诉讼对相关主体应当承担的民事责任进行裁判,再进入刑事诉讼程序追诉有关主体的刑事责任。[①] 这一主张建立在民法与刑法的实体法关系上:民法属于一次规范、刑法属于二次规范,这意味着刑法具有补充性,只有民事的制裁不充分时,才能够动用刑法。[②] 既然民事诉讼与刑事诉讼先后顺序的确定是为了更好地解决民刑交叉案件中的实体法问题,使同案的民事责任裁判和刑事责任裁量“前后关照”、相互协调,那么,在民事诉讼和刑事诉讼程序先后解决方案的选择上,就不难得出“先民后刑”的结论了。

(二)证券民刑交叉案件的基本类型定位

在当前的理论研究中,对民刑交叉案件“先刑后民”抑或“先民后刑”处理模式的理论言说陷入“公说公有理,婆说婆有理”的困境,而在实践中,民刑交叉案件并不拘泥于唯一的处理模式。有学者对800份(组)与财产犯罪有关的民刑交叉案件进行统计,其中有629份(组)案件采用了“先刑后民”的审理模式,161份(组)案件采用“先民后刑”的审理模式,另有10份(组)案件的民事诉讼程序与刑事诉讼程序分别进行。[③] 可见,司法实践中以“先刑后民”模式处理民刑交叉案件最为普遍,“先民后刑”的处理模式相对较少。正是基于这个原因,主张“先刑后民”模式的学者才言称该模式是“实践经验的高度凝练”。但是,161份(组)采用“先民后刑”处理模式的案件对于800份(组)的样本总量来说绝不是可以忽略不计的样本偏差,对这些样本的实证分析有利于挖掘司法部门处理民刑交叉案件的实践逻辑,进而找到解决证券民刑交叉案件程序先后问题的方案。

虽然“先刑后民”模式与“先民后刑”模式都是通过程序先后顺序的安排来解决民刑交叉案件的实体法问题,但民刑交叉案件的不同类型直接决定了“先刑后民”抑或“先民后刑”管辖程序选择的不同。按照民刑交叉案件中民事部分与刑事部分关系的不同,可以将其分为“先决关系型”和“冲

---

① 参见陈纯柱、樊锐:《“先民后刑”模式的正当性与量刑研究》,载《中国政法大学学报》2012年第2期。

② 参见[日]平野龙一:《刑法的基础》,黎宏译,中国政法大学出版社2016年版,第85页。

③ 参见夏伟:《刑民交叉的理论构造》,法律出版社2020年版,第29页。

突关系型”两种基本类型。先决关系型的民刑交叉案件指的是同一案件的民事审判以刑事审判结果为前提条件或者刑事审判以民事审判的结果为前提条件，前置程序对争议事实的认定或者法律关系的判定对在后程序的裁判结果有实质影响的案件类型。冲突关系型的民刑交叉案件则是指民事法律规范和刑事法律规范对同一法律概念的规定矛盾或者民事裁判与刑事裁判对同一法律事实的违法性判断有不同见解，进而引发民刑交叉问题的案件类型。“先决关系”的程序、实体传递路径是：程序利益→管辖先后→实体问题；“冲突关系”的程序、实体传递路径则是：实体利益→管辖先后→实体问题。因此，证券民刑交叉案件在基本类型上的定位是确定其民事诉讼、刑事诉讼管辖程序先后的关键。

一般而言，证券民事纠纷与证券刑事犯罪可能只有“一步之遥”，涉嫌证券犯罪的行为人往往都会给投资者人造成一定程度的民事利益损失，理所应当承担相应的民事赔偿责任。对于证券犯罪案件来说，同样由法院管辖、审理的证券民事纠纷和证券刑事案件，在证据收集、案件事实查明与法律适用定性等方面并无明显的优势、劣势之别。相反，由于专门的行政监管、执法的存在，证券行政监管部门精细的监管规则、常态化的监管布控以及专业的违法事实判定往往会成为司法机关审理证券违法案件的重要依据。也就是说，证券行政执法与司法审判之间存在程序利益，存在一定的“先决关系”，而证券民事诉讼与证券刑事诉讼之间主要涉及的是证券犯罪国家惩罚与投资者损害填补之实体利益的纠葛，属于“冲突关系”。因此，从民刑交叉案件基本类型来看，证券民刑交叉案件属于“冲突关系型”的民刑交叉案件。

（三）证券民刑交叉案件的审理程序选择

实证研究发现，民刑交叉案件在实体法上的“先决关系”“冲突关系”与程序处理模式上的“先刑后民”“先民后刑”呈现出精准的一一对应关系。[①] 根据实践经验的总结，证券民刑交叉案件作为“冲突关系型”案件，应当适用“先民后刑”的审理模式解决民事诉讼与刑事诉讼的管辖冲突，这是实践理性对证券民刑交叉案件程序先后问题解决方案的逻辑推演。事实上，以

① 参见夏伟：《刑民交叉的理论构造》，法律出版社2020年版，第30~34页。

“先民后刑”方案解决证券民刑交叉案件的程序先后问题还有深刻的理论根基。

一方面,“先民后刑”模式有利于破解民事权利救济无限延宕的困境。一般认为,刑事诉讼更高的证明标准和更严的诉讼期限是以“先刑后民”模式处理民刑交叉案件的重要原因之一,[①]司法实践中有接近八成的民刑交叉案件以“先刑后民”的模式处理,受害者的民事权利一般在刑事判决中以“被告人应当承担的民事责任,由权利人依据相关法律规定另案主张”予以宣示。而从实践情况来看,以“先刑后民”模式处理民刑交叉案件往往会导致民事诉讼程序不当延迟,民事权利的救济时常成为刑事部分处理完毕后“胜利下的阴影”。如果以“先刑后民”模式处理证券民刑交叉案件,则在事实上形成了刑事诉讼前置的证券民事诉讼程序。从程序法的角度来看,这种程序安排与行政执法前置的效果如出一辙:公权机关处置程序的前置固然有利于查明不法行为人违法、犯罪事实和固定证据,但这以不当限制受害投资者诉讼权利为代价,而且并非所有证券民事诉讼都需要通过刑事诉讼查明案情、固定证据;从实体法的角度来看,“刑事诉讼处理完毕”不仅回到证券民事责任和刑事责任互不关联的“两张皮”老路,刑事责任的先予实现还会导致公权机关的“与民争利”。

另一方面,“先民后刑”模式有利于“三位一体”证券法律责任体系的整体功能协调。在实体法上,“三位一体”的证券法律责任体系呈现出“倒品字”形的逻辑结构:证券民事责任主要定位于填补受害者损害,同时溢出性地对证券市场秩序实现“私人执法”控制;证券行政责任主要定位于维护证券市场秩序,同时经由良好的证券市场秩序间接实现对投资者利益的保护;证券刑事责任则定位于对投资者个人法益和证券市场秩序法益的整体保护,是证券民事责任功能和证券行政责任功能的补充。这里姑且抛开证券行政责任不谈,证券民事责任与证券刑事责任在实体法上的逻辑结构决定了投资者利益和刑罚财政收益在实体利益发生冲突时的先后排序,亦即投资者受损民事利益的填补优先于犯罪财产罚没带来的刑罚财政收益。这样的实体利益位阶投射到证券民事诉讼和证券刑事诉讼程序先后的解决方案

① 参见石春玲:《先刑事后民事原则之评价与修正》,载《现代法学》2008年第2期。

便是“先民后刑”。当然,实践中普遍以“先刑后民”模式解决民刑交叉案件有其合理性,该模式充分利用了刑事诉讼程序在证明标准和诉讼期限上的优势,而这可以通过对证券民刑交叉案件适用刑事附带民事诉讼制度的“改良”予以实现,下文将对此展开论述。

二、证券刑事附带民事集体诉讼制度的改造

毋庸讳言,从节约司法资源和提升审判效率的角度来看,以“先刑后民”模式处理民刑交叉案件比“先民后刑”模式拥有明显优势。但是,“先刑后民”模式带来的“惩罚有余,救济不足”的实体法缺陷也是显而易见的。正是基于这个原因,许多国家纷纷建立刑事附带民事诉讼制度,期望通过这一具有“刑民复合性”的制度协调刑事诉讼对犯罪人惩罚性刑事责任的追诉以及民事诉讼实现民事责任对刑事被害人的救济。例如,德国早期的刑事诉讼法并没有规定刑事附带民事诉讼制度,直至1950年修法时才正式建立这一制度。[①] 那么,刑事附带民事诉讼制度属于“先刑后民”模式还是“先民后刑”模式?该制度在实际运作中存在什么利弊?证券民刑交叉案件可以如何利用这一制度?

(一)刑事附带民事诉讼中的“民”“刑”先后辩证

侵权行为的民事责任和犯罪行为的刑事责任时常发生竞合,即犯罪人的一个法益侵害行为在民事法律规范的评价下应当承担民事责任,在刑事法律规范的评价下应当承担刑事责任,因而应当同时追究犯罪人的民事责任和刑事责任。对犯罪人一个违法行为这根“藤”上同时结出的两个“果”,有可能,也有必要在一个诉讼过程中加以解决,这便是刑事附带民事诉讼制度的实体法根基。

刑事附带民事诉讼是司法机关在追究被告人刑事责任的刑事诉讼过程中,同时附带解决因被告人的犯罪行为所造成的物质损害赔偿问题而进行的专门诉讼活动。[②] 有别于独立的民事诉讼,附带民事诉讼是附属于刑事

---

① 参见奚玮、叶良芳:《刑事附带民事诉讼制度反思与重构》,载《政治与法律》2003年第3期。

② 参见阮国平、丁翠英、杨华主编:《刑事诉讼法教程》(第4版),中国人民公安大学出版社、群众出版社2019年版,第221页。

诉讼的公诉或者自诉,在刑事诉讼的过程中提起和审判。其在管辖、送达、诉讼期间、审判组织、审理方式等程序性规定上均以刑事诉讼法的规定为准,而在民事责任的认定、损失赔偿的范围等实体性内容方面适用民事法律的规定。从程序法的角度来看,刑事附带民事诉讼是刑事诉讼与民事诉讼二者的有机结合;从实体法的角度来看,刑事附带民事诉讼是公法上之刑罚权与私法上之请求权的结合,具有公法和私法的双重属性。① 由于刑事附带民事诉讼通常优先解决的是被告人的刑事责任问题,民事赔偿责任一般要在刑事部分定性的基础上才能确定,这种明显的"附带性""附属性"很容易使人认为刑事附带民事诉讼适用的是"先刑后民"模式。

而事实上,这种认知失之于片面。首先,附带民事诉讼在功能设计上有其独立性。立法者设立刑事附带民事诉讼制度的初衷固然是出于对同案民事纠纷的"一揽子"解决,但公民对司法机关公正履职的监督亦是该制度的重要功能诉求之一。例如,德国刑事附带民事诉讼的原告在完成程序衔接之后便可以独立于检察官行使其权利,在实现个人损害追偿、权益恢复的同时监督检察机关,以避免司法机关在个案中出现疏忽大意、不严谨的刑事责任追诉。②

其次,在进入正式的审判阶段以前,附带民事诉讼有一定优先处理权限。由于刑事诉讼程序"排除合理怀疑"的证明标准更有利于查明案件事实,期限规定更有利于保障被告人合法权益,在审判阶段通常优先处理刑事部分,然后再处理民事部分。但是,在案件的侦查、审查起诉阶段可在侦查机关和检察机关的主持下通过调解等方式对附带民事诉讼部分先行处理,因而民事诉讼的"附带性"是就审判阶段而言的。

最后,民事赔偿责任的承担常常作为量刑情节先于刑事处罚的裁量。刑事部分的处理分为"定罪""量刑"两个方面,许多规定刑事附带民事诉讼制度的国家都将犯罪人民事赔偿义务的履行情况作为对被告人从轻、减轻甚至免除刑事处罚的重要依据。这实际遵循的是"刑事定性—民事责任—刑事责任"的处理路径,附带民事诉讼的处理虽然在刑事定性之后,却先于

---

① 参见刘金友、奚玮:《附带民事诉讼原理与实务》,法律出版社2005年版,第1页。

② Vgl. Uwe H. ,*Strafprozessrecht*, Aufl. 2. ,2006, S. 345.

对被告人刑事责任的具体裁量。可见,刑事附带民事诉讼具有较强的复合性,不能笼统地说其处理民刑交叉案件的模式属于"先刑后民"抑或"先民后刑"模式。

(二)刑事附带民事诉讼制度的优势与不足

一般认为,作为"公诉"的刑事诉讼以实现国家刑罚权为目的,作为"私诉"的民事诉讼以实现民事利益损害赔偿为目的,二者的性质、目的均存在差异,不应使一种诉附属于另一种诉,但由于二者是由同一犯罪(侵权)行为引起,为了审理上的简捷,防止发生司法裁判的抵触,因而诞生了使"私诉"附属于"公诉"的刑事附带民事诉讼制度。①

刑事附带民事诉讼制度在以下两方面存在明显优势:一方面,有利于全面查明案情,准确地对被告人定罪量刑,及时填补犯罪行为对被害人民事利益造成的损害,实现诉讼公正。在刑事诉讼的过程中合并审理刑事案件和附带民事案件,可以全面查明被告人的犯罪行为是否造成损害以及损害程度,这对于刑法上的结果犯是认定犯罪成立的决定性因素,对于行为犯的准确量刑也至关重要。同时,刑事部分的准确定性也便于及时、准确处理同案的民事诉讼部分。另一方面,有利于诉讼参与人参加诉讼,节省人力、物力和时间,实现诉讼效益。

刑事附带民事诉讼将被告人一个犯罪行为引起的、彼此密切关联的刑事、民事两种案件简化在一个诉讼程序中进行,无论对于司法机关、刑事被告人、民事原告等案件当事人,抑或证人、鉴定人、诉讼代理人等其他诉讼参与人来说,都可以避免刑事、民事分离审理所必然产生的案件事实调查、举证质证等方面的重复,从而有力省俭诉讼成本、大幅提高诉讼效益。

尽管刑事附带民事诉讼制度在诉讼公正和诉讼效益方面存在优势,但过往对其"先刑后民"抑或"先民后刑"模式的认知偏差导致其在立法、司法实践中出现诸多问题。

一方面,对刑事附带民事诉讼"先刑后民"的认知偏差导致对附带民事

---

① 参见黄东熊、吴景芳:《刑事诉讼法论》(修订5版),台北,三民书局股份有限公司2002年版,第709页。

诉讼受案范围和赔偿标准的不当限制。附带民事诉讼是为了提升刑事犯罪案件中被害人损害赔偿效率而作出的制度设计,但将附带民事诉讼的受案范围、赔偿标准与普通民事案件等同则会导致同案刑事诉讼程序的迟滞,基于这样的考虑保留刑事附带民事诉讼制度的国家都不同程度对刑事诉讼中附带的民事诉讼作出了限制。例如,德国的刑事诉讼法就将附带民事诉讼的受案范围限制在财产损失,并且对赔偿的数额作出了限制。① 这种对民事诉权的"阉割"导致被害人的其他诉求只得另行提起民事诉讼,这与刑事附带民事诉讼追求同案民刑一体化解决、提高审判效率的价值追求背道而驰。

另一方面,司法实践机械遵循"先刑后民"程序,背离民事问题与刑事问题复合性解决的立法初衷。在刑事附带民事诉讼案件的具体审理过程中,为了防止刑事部分过分迟滞,法院往往对刑事部分先行判决,再由同一审判组织继续审理附带的民事部分。这往往导致一个刑事附带民事诉讼案件出现刑事部分已经进入二审程序而民事部分仍停留在一审的"跨审级"现象,给人一种硬把两个诉讼强行组合在一起的感觉,也不利于案件的妥善解决。

(三)证券刑事附带民事集团诉讼制度创新

刑事附带民事诉讼制度的建立看似在同一违法事实的民事责任追偿和刑事责任追诉之间建立了联系,但刑事部分与民事部分的"各行其是"使该制度期望实现民刑交叉案件一体化解决的立法初衷仍旧止于美好的愿景。从国外的立法和司法实践来看,要打破刑事附带民事诉讼中民事部分和刑事部分的壁垒,需要在民法范畴的"赔偿"和刑法范畴的"惩戒"之间建立联系。例如,美国虽然没有建立刑事附带民事诉讼制度,而是以独立的民事诉讼解决刑事案件被害人的赔偿问题,②但是,在民事赔偿与刑事惩戒联动方面,美国将刑事损害赔偿令作为刑事惩戒手段的一种加以运用。③ 此外,德国也在认知民事赔偿填补损害和惩戒犯罪双重机能的基础上,探讨将赔偿

---

① Vgl. Micheal H. ,*Strafverfahren*,2014,S. 256.

② 参见陈瑞华:《刑事诉讼中的问题与主义》,中国人民大学出版社2013年版,第216页。

③ 参见[美]埃米利·希尔弗曼:《美国的刑事赔偿制度》(上),刘孝敏译,载高铭暄、赵秉志主编:《刑法论丛》第10卷,法律出版社2006年版,第235页。

作为传统刑罚、保安处分之外惩治犯罪“第三条道路”的可行性。①

要真正实现刑事附带民事诉讼制度对民刑交叉案件的复合性处理机能,须在理顺实体性民事责任和刑事责任优先顺位的前提下,建立次位法律责任对优位法律责任的激励机制,在此基础上对诉讼程序进行整体安排。就证券领域适用刑事附带民事诉讼制度而言,鉴于证券民事责任填补受害投资者损失对于实现证券市场公平、重振投资者信心、维护市场秩序的基础性作用以及证券刑事责任在“三位一体”证券法律责任体系中的底线性、后盾性定位,证券民事责任在位阶上优先于证券刑事责任,因而应当以证券刑事责任保障证券民事责任实现。

在程序安排上,一方面,鉴于证券市场侵权行为损害结果的“公众性”,要实现刑事附带民事诉讼制度集约化完成民事责任追偿和刑事责任追诉的立法初衷,证券刑事附带民事诉讼的提起主体应当与证券集团诉讼一致,即对于涉嫌刑事犯罪的虚假陈述、内幕交易、市场操纵等证券违法行为,众多受害投资者存在相同诉讼请求时,可以向法院登记的方式提起、加入附带民事赔偿诉讼。

另一方面,“以刑促民”的激励机制可以融入刑事审判程序启动、刑事处罚裁量以及刑事处罚执行的全流程。② 在决定是否进入刑事审判程序的审查起诉阶段,应尽可能促成犯罪人与证券投资者和解,将受害人谅解作为检察机关附条件不起诉的重要条件,将民事损害赔偿的履行情况作为考验期间的重要指标;在审判阶段,对案件事实的查证应充分发挥刑事证据在证明力上的优势,首先以刑事诉讼的程序进行举证、质证,在此基础上对犯罪人违法行为在刑法上进行准确定性。然后进入量刑前置环节——以附带民事诉讼程序判处犯罪人应当承担的民事责任,在诉讼的过程中激励犯罪人积极筹措资金赔偿受害投资者。最后进入刑事责任的量刑,将犯罪人积极履行民事赔偿义务的表现和民事责任的实际履行情况作

---

① 参见[德]克劳斯·罗可辛:《德国刑法学总论》(第1卷),王世洲译,法律出版社2005年版,第55页。

② 参见张海梅:《刑事附带民事诉讼中应建立赔偿激励机制》,载《理论月刊》2018年第11期。

为量刑从宽的情节。[①] 也就是说，整个证券刑事附带民事诉讼的审判程序循着"刑事定罪—附带民事诉讼—刑事量刑"的流程推进。[②] 在刑罚的执行阶段，则将对受害投资者的赔偿规定为减刑、假释的条件和假释期间应当履行的义务。

三、证券刑事诉讼与民事诉讼财产执行的协调

如果说证券民刑交叉案件先后程序的选择和刑事附带民事集团诉讼制度的建立解决了证券刑事诉讼与民事诉讼案件审理的协调问题，那么，对财产执行竞合问题的协调便是保障证券民刑交叉案件中被害人民事利益的"最后一里路"。在民刑交叉案件中，被告人常常面临民事责任中赔偿受害者损失与刑事责任中财产罚没的双重"处罚"，此时作为"公法债权人"的国家与拥有私法请求权的被害人针对被告人特定财产向法院申请强制执行的执行请求权产生竞合。[③] 那么，证券民刑交叉案件的财产执行应当遵循怎样的原则？犯罪所得追缴、责令退赔制度与刑事附带民事诉讼案件的执行存在怎样的关系？应当如何协调？未充分受偿的被害投资者能否对已经收缴入库的犯罪人财产申请退库？

（一）证券民刑交叉案件财产执行的基本原则

由于执行程序与审判程序存在本质不同，在证券刑事附带民事集团诉讼的执行阶段是否仍然遵循"先民后刑"原则并非不证自明。事实上，对于民刑交叉案件的执行请求权竞合，理论界存在时间优先、先刑后民、民刑并行、先民后刑四种观点。

持时间优先原则的学者认为，民刑交叉案件的财产执行依据的是已经生效的同位阶法律文书，只要没有执行中止或者终结事由的出现，应当按申请执行时间的先后顺序予以执行。也就是说，移交执行刑事财产处罚在先，

---

① 参见陈纯柱、樊锐：《"先民后刑"模式的正当性与量刑研究》，载《中国政法大学学报》2012 年第 2 期。

② 参见刘少军：《论"先民后刑"刑事附带民事诉讼程序的构建——兼论〈刑事诉讼法修正案〉对附带民事诉讼制度的改革》，载《政治与法律》2012 年第 11 期。

③ 参见吕潮泽：《强制执行竞合之处理》，载杨与龄主编：《强制执行法争议问题研究》，台北，五南图书出版有限公司 1999 年版，第 243 页。

则先执行刑事财产罚没;附带民事诉讼原告的民事强制执行申请在先,则先进行民事赔偿部分的执行。时间优先原则使"公法债权"与"私法债权"处于一个平等竞争的状态,从形式上看有利于执行公平。但这种公平只在理论假设上成立,在实践中难以实现,因为司法实践中"先刑后民"的审理模式极易延伸至执行阶段,私权利的执行一开始就处于劣势。[①]

先刑后民的执行原则主张刑事财产处罚和民事执行竞合时,刑事财产处罚优先。该原则立基于贝卡里亚提出的刑罚必然执行和刑罚及时执行理论。刑罚必然执行要求只要罪刑确定,就必然得到国家的执行;刑罚及时执行则要求缩短犯罪与刑罚之间的时间间隔,因为犯罪与刑罚之间时间间隔越短,在人们心目中对犯罪与刑罚因果关系的建立就越紧密、越持久。[②] 但是,民事责任的承担亦能"溢出"惩罚机能,某种程度的刑罚易科并不违背刑罚必然执行的理念。除此之外,刑罚及时执行也不代表立即执行,在民刑交叉案件法律责任的实现阶段不能一味追求执行效率,而应权衡利弊,平衡执行中的利益冲突。

执行程序的民刑并行是指针对被告人的同一财产不足以完全覆盖民事责任的损害填补和刑事责任的财产罚没时,民事赔偿与刑事财产处罚按比例清偿,即公债权与私债权处于平等地位,无论提起的时间先后,一律按比例清偿。[③] 这种模式看似兼顾了公法债权与私法债权,实则属于"和稀泥",两头皆失。如前所述,证券民事责任的功能主要定位于填补受害投资者损失,证券刑事责任的功能主要定位于惩罚已然犯罪、预防未然犯罪。对于犯罪人来说,无论支付民事赔偿金还是刑事罚金,都是无差别的财产减损痛苦,因而对犯罪人的惩戒效果差别不大。而对于受偿方来说,公法债权与私法债权的位阶则是可以排序的。一般而言,财产刑是国家对犯罪人的处罚,强调其惩罚性;民事责任是私权利的救济,强调补偿性。显然,保障投资者

---

① 参见成都市双流区人民检察院课题组编著:《刑民交叉案件程序问题研究》,四川大学出版社 2019 年版,第 126 页。

② 参见[意]切萨雷·贝卡里亚:《论犯罪与刑罚》,黄风译,商务印书馆 2018 年版,第 58 页。

③ 参见成都市双流区人民检察院课题组编著:《刑民交叉案件程序问题研究》,四川大学出版社 2019 年版,第 128 页。

在证券投资活动中因为证券犯罪受损民事利益的充分受偿，有利于维护投资者对市场的信心和证券市场行稳致远，因为投资者是证券市场发展的源头活水。[①] 除此之外，受害投资者可能因为证券犯罪导致的损失而陷入生活困境，而国家财力较之受害投资者处于优势地位。在这样的情况下仍强调公法债权与私法债权的平等性，可能间接地对受害投资者造成侵害。

鉴于此，执行阶段处理刑事财产处罚与民事赔偿竞合的基本原则便呼之欲出了，即仍然遵循审判程序的"先民后刑"模式，优先保障受害投资者充分受偿。

（二）刑事责令退赔与证券民事执行程序的协调

一般而言，犯罪所得财物应当区分是否为被害人合法财产而予以追缴或者责令退赔。刑事责令退赔指的是在刑事案件的侦查、诉讼过程中，查明涉案财物属于被害人的合法财产则及时返还，对于犯罪分子已经使用、挥霍或者毁坏的被害人合法财物，责令其按照财物的价值退赔。[②] 可见，不同于作为刑罚措施的财产罚没，刑事责令退赔并不以惩罚、预防犯罪为目的，而是为了对刑事被害人因犯罪行为遭到侵害的财产权利进行救济，在本质上仍是一种实现民事救济的方式。刑事责令退赔不需要被害人提出请求，而是由法院根据查明的案件事实直接依职权作出处置决定，这种做法虽然有违反私权救济"不告不理"原则之嫌，但该制度在救济被害人民事权益的效果上与民事执行一致。[③] 尤其对于证券犯罪这类几乎以财产损失为全部损害的刑事案件，刑事责令退赔几乎可以达到与民事执行完全等同的救济效果。因此，有必要对刑事责令退赔和民事执行程序在证券犯罪案件中的适用进行协调。

在司法实践中，由于对"先刑后民"原则的坚持，刑事责令退赔与民事执行程序发生竞合时几乎无一例外都以刑事责令退赔取代民事执行程序：

---

① 参见刘博涵：《重塑金融刑法：法理基础与实现路径》，载《新疆大学学报（哲学·人文社会科学版）》2022 年第 2 期。

② 参见陈国庆主编、最高人民检察院公诉厅编：《中华人民共和国刑法最新释义》，中国人民公安大学出版社 2016 年版，第 59 页。

③ 参见邢会丽：《论刑民交叉案件中刑事退赔程序与民事执行程序的竞合》，载《法律适用》2019 年第 21 期。

如果民刑交叉案件的民事部分另案诉讼且已经进入执行程序而刑事部分尚未作出责令退赔判项的，则中止民事执行程序；如果民刑交叉案件中的刑事部分已经作出责令退赔的判项，被害人甚至无法另行提起民事诉讼，更不要说进入民事执行程序了。也就是说，在司法者看来，民刑交叉案件中的刑事责令退赔已经就同案的民事部分作出了实质上的处理（填补受害者损失，使其民事利益恢复至犯罪行为发生之前的状态），对于同案的民事诉讼、民事执行都没有再"浪费"司法资源的必要。而事实上，尽管从结果看刑事责令退赔与民事执行程序都旨在恢复被害人因犯罪行为遭到侵害的民事利益，但它们执行的依据经由不同的诉讼程序得出，刑事责令退赔并不能完全取代民刑交叉案件的民事诉讼与民事执行程序。

协调刑事责令退赔和民事执行程序在证券犯罪案件中的适用，一个大前提是受害投资者不可对同一损失进行双重救济。但是，更为重要的是，在刑事责令退赔与民事执行程序都可以实现民事救济的情况下，应当赋予受害投资者选择救济途径的权利。一般来说，刑事责令退赔无须受害者主动提出，减少了受害投资者的讼累，但受害投资者亦失去了主张诉请的权利。实践中，因为犯罪人的挥霍、消耗和损毁，其财产极少能够完全覆盖民事责任和刑事责任，因而通过刑事责令退赔实现民事权利救济的受害者较少得到充分受偿。相较而言，无论是通过刑事附带民事诉讼还是另行提起民事诉讼，虽然需要受害投资者积极参加诉讼活动主张权利，但其诉请可以更加多元，而且在"以刑促民"激励机制的作用下，犯罪人倾向于通过更多渠道筹措资金争取被害人谅解来减轻刑罚，受害投资者的损失更容易得到充分受偿。

（三）证券犯罪罚没款的暂缓入库与申请退库

在刑事案件的侦查、审理过程中，为了保证将来发生法律效力的判决得到全面执行，侦查机关、公诉机关或者法院有权对被告人的财产或争讼的标的物采取扣押、查封、冻结等强制措施。由于民刑交叉案件刑事部分和民事部分的责任主体、责任财产高度一致，在传统"先刑后民"的案件办理路径下，犯罪人可用以承担民事赔偿责任的财产往往在刑事责任的追诉中被先予保全和执行，进而导致受害投资者在民事部分即便获得胜诉判决也面临无法执行的窘境。对此，在民事责任优先和"以刑促民"的实体理路下，应探索建立证券犯罪罚没款的暂缓入库和申请退库制度对证券民事责任和刑事责任的最终实现进行协调。

证券犯罪罚没款项暂缓入库，指的是为了保障证券民事责任优先原则实现，对刑事判决中本应即时缴入国库的罚金、没收违法所得等财产处置判项，在经过特定审批程序后暂缓入缴国库而保存于特定账户，待受害投资者充分受偿后或者经过一定时效期间后，剩余款项再行缴入国库的制度。[①]毫无疑问，证券犯罪罚没款暂缓入库制度的建立能够有效保障证券犯罪受害投资者受损的民事利益及时、充分地获得赔偿。对此，需着力解决以下两个方面的问题。一方面，暂缓入库款项的保管问题。在刑事诉讼的过程中，被告人财产如果被司法机关采取保全措施，一般仍存放于被告人账户，只不过未经司法机关许可不得划转、处分。证券刑民交叉案件的刑事部分生效之后，从法律定性上来说被告人已经丧失对判决所涉财产的所有权，因而无论从法理还是实际操作上讲，都不宜再将其存放于被告人账户。笔者认为，可以由法院建立财政专户，用于保管暂缓入库的犯罪人财产。另一方面，暂缓入库的合理期限问题。为了防止证券民刑交叉案件民事部分对刑事部分执行的过分延滞，宜以同案民事诉讼时效和完整民事诉讼司法程序所需时间为暂缓入库的期限。

证券犯罪罚没款项的申请退库，则是指证券民刑交叉案件刑事部分对财产处置的判项已经执行完毕，但犯罪人的剩余财产不足以充分赔偿受害投资者损失时，经适格受害投资者提出申请，将已经收缴入库的罚金、违法所得退付给受害投资者的制度。从逻辑上看，证券犯罪罚没款项的申请退库是暂缓入库制度的补救与补充，都是为了保障证券犯罪中遭受损害的投资者的民事利益能够得到充分受偿。在实际操作层面，考虑到证券犯罪的受害投资者往往人数众多且地域分布较广，加之证券案件的高度专业性，为了避免大量投资者单独、多次申请退库，可指定证券投资者保护机构等社会公益性组织代为受理，最后集中、一次性向国库管理部门申请退库。[②] 同

① 参见陈洁：《证券民事赔偿责任优先原则的实现机制》，载《证券市场导报》2017 年第 6 期。

② 参见黄辉等：《证券民事赔偿责任优先的法理逻辑与实现路径》，载《投资者》2019 年第 2 期。

时,申请财政退库应提供法院的执行情况说明以证明犯罪人确已没有其他财产承担相应的民事赔偿责任。为提高国库资金的确定性和使用效率,申请退库的时间也应限定在一定的期限之内,一般可以相应民事案件的执行期限作为申请退库的期限。

本章小结

基于公共利益被纳入“诉的利益”以及限制行政权力的历史惯性,美国在对证券市场进行国家干预的早期,公共利益主要是由 SEC 作为适格原告向联邦法院提起诉讼来实现的,彼时证券民事诉讼与行政监管的主体一定程度发生混同。随着 SEC 行政权力的扩张,拥有准立法权和准司法权的 SEC 逐渐摆脱对司法机关的“依赖”,公共执法与私人诉讼并行的“双轨制”得以确立,行政监管机构在证券民事诉讼中的角色定位为专业支持者。以集团诉讼的方式“组合”受害投资者零散的民事诉讼确有助于破解投资者发动证券民事诉讼的集体行动困境,也有利于实现诉讼的“规模效应”,但依靠律师在风险酬金的激励下推动的证券集团诉讼却因为滥诉和“威慑错位”的问题背离了民事责任救济投资者的初衷。因此,须建立证券集团诉讼的行政监管机关预审查制度,一方面防止滥诉,另一方面对“过审”案件强制行政监管机关提供专业支持。加强证券民事审判机关与行政执法机构的协调联动亦是协调证券民事诉讼与行政执法的重要环节。司法机关与行政机关的协调联动因为分权制衡的结构安排、不同的目标诉求以及信息不对称等原因存在一定障碍,对此应以司法尊重行政和效率优先兼顾正义为基本原则,建立行政机关与司法机关的双向信息沟通机制。

证券行政执法与刑事诉讼的衔接作为一种法律制度,以行政违法与刑事犯罪的二元分立为实体法基础,以国家行政、司法职能机关的分工协作为权力体制基础,以证券市场法律规制的专业化为行业基础。在系统论的视域下,行政法系统和刑法系统无疑是证券市场法律规制的两大公法系统,而行政执法与刑事诉讼的衔接制度在这两大实体法系统之间架起沟通桥梁,自成证券市场法律制度中的一个子系统。案件移送和证据转化是证券行政执法与刑事诉讼协调需着力解决的两个主要问题。在移送标准上,可参考同类案件司法机关的刑事立案标准按照适当性、明确性要求制定具有可操作性的标准;在移送程序上,应区分案件移送和线索移送而建立适当的内控机制;在案件移送后的程序上,不宜完全中止行政调查、执法程序,只需由后作出处罚决定的机关对同质处罚进行折抵即可。行政证据与刑事证据在收集程序、收集方法和收集标准等方面存在较大差异,只有经过一定转化程序符合刑事证据标准的行政证据才能在刑事程序中产生证明效力。实物证据不会因为收集主体、程序和方法的不同而改变性质,因而"行刑转化"只需符合合法取证规则即可;言词证据具有持久性、主观性等特点,因而"行刑转化"应按照刑事证据的标准重新收集。

民刑交叉在证券犯罪中十分普遍,其审理程序主要有"先刑后民"与"先民后刑"两种模式,它们都有其理论、实践支撑。实证研究表明,案件的不同类型决定了其应采取"先刑后民"抑或"先民后刑"的处理模式。证券民刑交叉案件属于"冲突关系型"民刑交叉案件,采"先民后刑"模式有利于破解民事权利救济无限延宕的困境,有利于"三位一体"证券法律责任体系的整体功能协调。旨在实现民刑交叉案件中刑事部分与民事部分"一揽子"解决的刑事附带民事诉讼制度并不必然采取"先刑后民"的审理模式,而应将民事责任追偿贯穿于刑事责任追诉的始终。刑事附带民事诉讼在诉讼公正和诉讼效益方面存在优势,但对民事诉讼"附属性"的片面认知造成对民事部分受案范围和赔偿标准的不当限制,以及刑、民融合度不足的问题。在证券犯罪案件中适用该制度,应发挥刑事定性的优势,以刑罚裁量保障民事赔偿责任实现。在证券民刑交叉案件的执行阶段,仍应遵循"先民后刑"原则保障受害投资者充分受偿。完整实现的刑事责令退赔与民事诉讼、执行途径同样有恢复受害投资者权益的效果,但应赋予投资者程序选择权。还应建立证券犯罪罚没款的暂缓入库、申请退库制度,扭转公法与民争利局面,保障受害投资者充分受偿。

第五章　我国证券法律责任制度的功能协调问题与完善建议

我国的证券市场建设始于1990年上海证券交易所和深圳证券交易所的先后成立。在《证券法》颁布之前，我国证券市场法制主要以地方性行政法规和交易所业务规则为主。随着资本市场由地方性向全国性转变，政出多门的地方性法规频频出现脱节和矛盾的现象，中国的证券市场法制建设亟须一部系统性、高位阶的证券法律。在此背景下，吸收了世界各地资本市场建设成功经验的《证券法》于1999年正式颁布，成为中国证券市场法制建设的一座里程碑。由于深受大陆法系国家立法模式的影响，我国《证券法》的制定建立在概念主义和形式主义的基础之上，体系完备却难以有效应对瞬息万变的资本市场创新活动。相反，普通法系国家没有成文法的“桎梏”，其证券法律制度以实用、有效为最高追求，在法律规则“进化”的过程中不会遭遇既有思维理念和制度框架的障碍。随着改革开放的不断深化，早期政策化、行政化的《证券法》在后续的修改中不断注入英美法系国家证券法制的内容和元素，并着力进行了一定程度的本土化改造，最终形成兼容德日与英美两种典型证券法制特点的法律体系。① 作为资本市场建设后发国家，我国的这一立法模式能够不断适应资本市场的快速发展与制度创新，却也给源于不同国家的法律制度协调带来挑战。

第一节 我国证券法律责任制度的现实困境与协调方案

《证券法》作为规范我国证券市场活动的专门法律，综合规定了民事、行政、刑事的证券法律责任。其中，民事责任主要以“给投资者造成损失的，应当依法承担赔偿责任”的明示形式加以规定。例如，第 53 ~ 56 条的最后一款分别规定，内幕交易行为，利用未公开信息进行交易，操纵证券市场行为，编造、传播虚假信息或者误导性信息，扰乱证券市场“给投资者造成损失的，应当依法承担赔偿责任”；行政责任主要规定在第十三章“法律责任”中，该章集中规定了擅自公开发行证券、虚假陈述、内幕交易、操纵证券市场等行为应当承担的行政责任，包括行政处罚措施和处罚幅度；刑事责任则在该法的第 219 条以附属刑法的形式将罪刑规范的适用指向刑法典。从形式上看，我国已经以《证券法》与《民法典》形成明示诉权与默示诉权相结合的证券民事责任体系、以《证券法》“本法责任”为主的证券行政责任体系、《证券法》附属刑法条款与《刑法》罪刑规范相结合的证券刑事责任体系，法律规范条文已经相对完备。但是，证券法律责任制度的实施效果并不容乐观。在立法结构上三大法律责任配比失衡、法律责任内容设计不合理等，导致证券法律责任制度的文本表达与执法、司法实践之间出现了背离。

一、证券法律责任的实体法配置存在功能性障碍

我国现行《证券法》在 2005 年修订以前，因为涉及民事责任的条款寥寥而招致学术界对其“浓重行政主导、民事权益受限”的诟病。② 经过 2005

① 参见吴晓求、方明浩：《中国资本市场 30 年：探索与变革》，载《财贸经济》2021 年第 4 期。

② 参见周友苏、蓝冰：《证券行政责任重述与完善》，载《清华法学》2010 年第 3 期。

年和 2019 年两次彻底修法,《证券法》中明示投资者民事权益的条款已经大幅增加。但在实践中,《证券法》涉及民事责任的条款在相当大的程度上仍然只起到宣示的作用,证券民事责任优先原则迟迟没有得到兑现,这需要从法理层面厘清证券公法责任与私法责任的位阶。此外,我国虽然在 1997 年《刑法》修订时就先于《证券法》将虚假陈述、内幕交易、市场操纵等证券欺诈行为纳入犯罪圈进行刑法规制,但是,证券市场高度信息不对称的特点决定了证券市场以“行政监管 + 行政执法”为主,实践中证券行政责任与刑事责任逐渐同质化,以罚代刑现象严重。

(一)证券公法责任与私法责任的位阶设置不明

一般来说,公法责任是以违法者为中心,基于道义基础实现对违法者的惩罚,私法责任是以受害者为中心,基于功利基础实现对受害者的救济。[①]通常认为,救济功能、惩罚功能和预防功能是法律责任的三大功能。[②]如果从“作用对象”的角度观察,就能发现公法责任、私法责任与法律责任三大功能的对应关系:由于私法责任和救济功能均是以受害者为“作用对象”的,因而私法责任与救济功能在逻辑上是一组对应关系;公法责任和惩罚、预防功能都以违法者(加害者)为“作用对象”,因而公法责任与惩罚、预防功能存在逻辑上的对应关系。

需要追问的是,公法责任是如何同时实现惩罚和预防功能的呢？事实上,惩罚和预防是公法责任作用于违法者时产生效果的“一体两面”。公法责任对违法者(加害人)施以利益剥夺的痛苦,既是对其既往违法(加害)行为的惩罚,同时也是对违法者和其他潜在违法者将来可能违法(加害)行为的预防。公法责任与私法责任的二元划分为证券法律责任的区分提供了一个逻辑前提。我国的证券法律责任制度由民事法律责任、行政法律责任和刑事法律责任三大部分组成,其中,证券民事责任归属于证券私法责任,证券行政责任和证券刑事责任则共同是证券公法责任的重要组成部分。在功能设定上,证券私法责任通过填补投资者损害实现救济功能,证券公法责任

---

① 参见孙笑侠:《公、私法责任分析——论功利性补偿与道义性惩罚》,载《法学研究》1994 年第 6 期。

② 参见张骐:《论当代中国法律责任的目的、功能与归责的基本原则》,载《中外法学》1999 年第 6 期。

通过惩戒违法行为人遏制证券市场的不当行为。

从证券法律责任制度的实施效果来看,证券私法责任能够实现对投资者个别化合法利益的保护,而证券公法责任能够实现对证券市场秩序、资本市场稳定这种公共利益的保护。在更宏观的层面,作为整体的证券法律责任制度还对我国证券市场的整体发展、市场经济的健康发展乃至社会经济秩序的稳定承载更多的职能和使命。① 可见,我国证券法律责任制度的功能目标具有多元性。在大多数情况下,以上目标总是相容的。证券私法责任的功能定位虽然以填补受害投资者损害为主,但也"溢出"市场秩序控制功能。同理,证券公法责任的主要功能虽然定位于实现证券市场秩序的法律控制,但同时也发挥着间接保护证券投资者的作用。

但是,证券公法责任和证券私法责任在投资者保护与市场秩序维护上的功能定位毕竟存在主次之别,在特定情况下,证券公法责任和证券私法责任的价值诉求和功能目标会发生相斥效应,如保护投资者信心与保护上市公司利益的平衡,②填补受害投资者损失与防止民事赔偿成为投资风险"保险"的平衡,③这就需要对证券公法责任和证券私法责任的价值诉求进行优先次序的位阶排序,以备在其功能目标产生冲突时,对之进行取舍、协调和平衡。正如有学者指出的那样,证券法律责任制度的建构和完善,必须确立证券公法责任和证券私法责任的位阶,对相互冲突的价值诉求和功能目标进行协调和平衡,只有这样才能真正有效实现证券法律责任制度的理想目标。④

对证券公法责任与证券私法责任位阶的厘清实际关涉对证券法律立法宗旨的准确把握。在证券法中复合性地设置公法责任和私法责任,并将不同的价值取向和目标设定寓于其中是世界各国证券立法的普遍做法,区别是多元的价值取向是各自平行的关系抑或先后有序的位阶关系。更进一步讲,如果是先后有序的位阶关系,何种价值诉求处于优先级。如前所述,证券私法

---

① 参见曹理:《市场公平进路下的内幕交易立法改革——以行为构成体系为中心》,载徐明主编:《证券法苑》第3卷,法律出版社2010年版,第210~224页。

② 参见顾肖荣、杜文俊:《也谈证券犯罪的民事赔偿——以美国的内幕交易为例》,载《政治与法律》2002年第3期。

③ 参见张明远:《美国的证券民事诉讼制度——Rule 10b-5研究》,载郭峰主编:《证券法律评论》2002年10月(总第2期),法律出版社2002年版,第439页。

④ 参见赵旭东:《内幕交易民事责任的司法政策与导向》,载《法律适用》2013年第6期。

责任的主要功能在于填补受害者损害实现对投资者的周全保护，证券公法责任的主要功能在于惩戒证券违法行为人实现证券市场秩序的维护。是将投资者利益保护放在优先位阶还是将市场秩序维护置于优先位阶呢？

日本多数学者认为，如果一国的证券市场立法均是以市场秩序维护作为最终价值诉求，投资者的利益将不能得到彻底保护。相反，如果一国的证券市场立法均旨在保护投资者的利益，证券发行、交易的公正有序反而是可遇且可求的。[①] 因为如果证券法律枉顾证券市场的公开、公平、公正，而只是着眼于市场秩序的维持，可能仅仅是在维持一种弱肉强食的秩序，而这种秩序显然不具有可持续性。而以投资者利益为中心，使证券发行、交易均在公开、公平、公正的原则下进行，必然能够实现金融资源的高效调度，证券市场的健康有序是水到渠成的结果。鉴于此，我国证券法律责任制度应当将证券私法责任置于优先位阶。

（二）多元证券公法责任的功能目标逐渐同质化

我国的证券立法借鉴了西方国家的相关立法，而无论大陆法系国家抑或英美法系国家的具体证券市场制度都是在其特有的文化背景、法律体系和市场机制下发挥作用，制度移植如果缺乏相应的法治环境支持和法律体系配合，往往会发生“橘生淮南则为橘，橘生淮北则为枳”的尴尬局面。例如，美国的证券法之所以围绕着 SEC 的设立及权力扩张展开，是因为美国的“诉讼文化”以及集团诉讼制度对受害投资者诉讼权利的保障。

在公法责任内部，由于普通法系国家没有制定成文法的传统，美国对证券市场法律规制的专门立法从法律体系逻辑性构造的角度来说是“混乱”的，行政监管、行政处罚和刑事制裁手段熔于一炉。我国对美国证券立法的借鉴表现在先于《证券法》出台之前就在 1997 年《刑法》的制定过程中将内幕交易、市场操纵等市场滥用行为纳入犯罪范畴以刑事法律进行规制，1998 年出台的《证券法》尽管对证券市场主体在证券发行、交易阶段的权利义务进行详细的规定，但就法律责任专章而言，只规定了证券法律责任的行政罚则。[②]

---

① 堀口亘:『ハンドブック証券取引法』,勁草書房,2002,2～3 頁参照。

② 参见中国社会科学院课题组:《证券法律责任制度完善研究》,载黄红元、徐明主编:《证券法苑》第 10 卷,法律出版社 2014 年版,第 496 页。

从理论层面来说,证券行政责任处罚的违法行为和证券刑事责任制裁的犯罪行为存在“质的差异”。这种理念源于德国学者郭特希密特(J. Goldschmidt)对“行政刑法”性质的辩证。他指出,法与行政是相对立的,两者应当有不同的目的和手段:法的目的在于保护人的意思支配范围,法律和司法活动是其实现手段;行政的目的则在于增进公共福祉,行政法规和行政活动是其实现手段。违反法的行为是刑事犯罪,包含着直接对法益的侵害和对法律的违反,同时具有实质和形式要素,是形式与实质的统一;违反行政活动的行为是行政不法,一般只具有形式上的要素,即违反行政意思而应当加以处罚的行为。可见,在郭特希密特看来,行政不法与刑事犯罪存在本质的区别,是“质的差异”。[①] 循着郭特希密特的思路,行政不法与刑事犯罪应当相互独立并由专门的法典加以规定,用以规范行政违法行为,保障行政活动的“畅行无阻”。郭特希密特的理论主张经过沃尔夫(E. Wolf)和施密特(Eb. Schmidt)两位法学家的充实、完善,终于在“二战”后的德国立法上得以实现,《经济刑法典》和《违反秩序法》的相继出台标志着刑事犯罪与行政违法从立法形式上的“决裂”和分立。[②]

我国的《治安管理处罚法》和《刑法》分立,证券行政责任和刑事责任被分别规定在《证券法》和《刑法》的立法模式显然是沿袭了德国的立法模式。但是,我国刑法规范既定性又定量的立法模式,使证券行政责任和刑事责任“质的差异”逐渐模糊化,在实践中其功能目标逐渐同质化。

欧陆国家的公法理论和立法之所以注重研究行政不法和刑事犯罪“质的差别”,原因在于它们的刑法里对犯罪的定义一般仅建立在“犯罪即罪恶”“犯罪是反社会行为”这样的简单定性上,没有定量因素,数额大小和情节轻重一般都不是犯罪的构成要件。[③] 与之不同的是,我国法律只将那些危害巨大的行为纳入犯罪的范畴以刑法加以规制,而情节轻微、危害不大的

---

① James G., *Das Verwaltungsstrafrecht. Eine Untersuchung der Grenzgebiete Zwischen Strafrecht und Verwaltungsrecht auf Rechtsgeschichtlicher und Rechtsvergleichender Grundlage*, Berlin, Carl Heymanns Verlag, 1902, S. 529ff.

② 福田平:『行政刑法』,有斐閣,1978,42~43 頁参照。

③ 参见储槐植:《刑事一体化与关系刑法论》,北京大学出版社 1997 年版,第 271 页。

行为都交由其他法律(主要是行政法规)进行规制。[①] 这首先表现在我国《刑法》第 13 条对犯罪定义的规定上,“情节显著轻微危害不大的,不认为是犯罪”便将符合刑法分则罪状描述但情节轻微、危害后果不严重的违法行为排除在犯罪的范围之外。此外,还体现在分则的构成要件表述上。以内幕交易罪为例,《证券法》第 191 条规定,证券交易内幕信息的知情人或者非法获取内幕信息的人违反《证券法》第 53 条的规定[②]从事内幕交易的,责令依法处理非法持有的证券、没收违法所得、处以一定倍数的行政罚款。《刑法》第 180 条[③]则基本是将《证券法》第 191 条和第 53 条加以整合,再添附上“情节严重”这一构成要件。

正是由于我国特有的“数量刑法”立法背景,证券行政不法和刑事犯罪之间“质的差异”无意识地滑向了“量的区别”,随着我国证券市场资金量的积累、犯罪涉及金额的水涨船高,证券公法责任内部产生了“以罚代刑”的现象。

二、证券法律责任的程序法机制存在结构性缺失

鉴于程序法保障实体法实施的基础性作用,如果缺乏科学、有效的实施机制,再精心设计的实体性法律都将只是空中楼阁而无法实现。我国《证券法》主要规定的是实体性证券法律规范,证券民事责任的实施机制委诸《民事诉讼法》,实现证券行政责任的行政执法程序则主要在《行政处罚法》的行政处罚决定、执行程序章节以及中国证监会内部行政规章中进行规范,证券刑事责任的实现程序与普通刑事案件的侦查、公诉、审判程序差别不大,即公安机关的经济犯罪侦查部门负责侦查、人民检察院提起公诉、人民

---

① 参见刘艳红、张文:《新刑法的处罚范围评析》,载《中外法学》1999 年第 2 期。

② 《证券法》第 53 条第 1 款规定:“证券交易内幕信息的知情人和非法获取内幕信息的人,在内幕信息公开前,不得买卖该公司的证券,或者泄露该信息,或者建议他人买卖该证券。”

③ 《刑法》第 180 条第 1 款规定:“证券、期货交易内幕信息的知情人员或者非法获取证券、期货交易内幕信息的人员,在涉及证券的发行,证券、期货交易或者其他对证券、期货交易价格有重大影响的信息尚未公开前,买入或者卖出该证券,或者从事与该内幕信息有关的期货交易,或者泄露该信息,或者明示、暗示他人从事上述交易活动,情节严重的,处五年以下有期徒刑或者拘役,并处或者单处违法所得一倍以上五倍以下罚金;情节特别严重的,处五年以上十年以下有期徒刑,并处违法所得一倍以上五倍以下罚金。”

法院进行审理。基于实体性部门法分立而建立的司法、执法程序与《证券法》的领域专门立法模式天然存在龃龉,证券法律责任制度同法律实施机制不协调。

（一）证券法律责任制度的程序机制与实体规范不协调

作为领域法的证券法不仅是民事法律规范、行政法律规范和刑事法律规范复合的法律,同时也是实体法与程序法的结合体。具体到证券法律责任制度,实体性的证券法律责任需要通过特定的执法、司法程序予以实现。对于程序法的功能,美国现实(实在)主义法学家卡尔·卢埃林(Karl N. Llewellyn)曾经有一个生动的比喻:“在一个行政机构和司法机关都没有建立的简单社会,当人们有了争端,大家必须做的事就是去正直而德高望重的俄贝迪亚大叔那儿,请他在耕犁旁耽搁 10 分钟,把纠纷原原本本地告诉他,然后听他裁决。但当争端多得要占去 10 个甚至 1000 个俄贝迪亚大叔全部时间的时候,一种工作秩序就成为必要了。”①这类工作秩序构成了程序,尽管它有意或无意地被忽视,但一项在约定或法律上完全有效和被认可的权利如果失去了这样的“工作秩序”,那么它就可以完全被束之高阁或者被轻易毁掉。从这个角度来说,程序机制决定了实体权利。

就证券法律责任制度而言,程序机制如果与实体规范“琴瑟和鸣”则能够增强证券法律责任在实践中的适应性,降低实体性证券法律责任的实施成本。相反,如果证券法律责任的实施程序与实体规范“琴瑟不和”,则势必造成程序机制对实体规范的掣肘,影响整个证券法律责任制度的功能发挥。就我国当前的立法、执法和司法实践而言,证券法律责任制度的程序机制与实体规范失调主要表现在以下两个方面。

一方面,《证券法》“法律责任”专章并非每一条实体规定都有相应的实施机制予以实现。通过对中国证监会 2001 年以来作出行政处罚决定的法律依据和法律文本进行对照可以发现,虚假陈述、市场操纵和内幕交易等处罚条款被频繁引用,而保荐人因保荐书中虚假记载、误导性陈述、重大遗漏应当承担的法律责任(2005 年《证券法》第 192 条、2019 年《证券法》第 182

---

① See Karl N. L., *The Bramble Bush: On Our Law and Its Study*, Cleveland, Quid Pro., LLC, 2016, p. 16.

条)、证券发行人擅自改变募集资金用途应承担的法律责任(2005 年《证券法》第 194 条、2019 年《证券法》第 185 条)、擅自设立证券公司或者非法经营证券业务应承担的法律责任(2005 年《证券法》第 197 条、2019 年《证券法》第 202 条)、市场禁入人员参与证券交易应当承担的法律责任(2005 年《证券法》第 199 条、2019 年《证券法》第 187 条)、在限制转让期限内转让证券应当承担的法律责任(2005 年《证券法》第 204 条、2019 年《证券法》第 186 条)、利用上市公司收购损害被收购公司及其股东的合法权益应当承担的法律责任(2005 年《证券法》第 214 条、2019 年《证券法》第 196 条)等条款的适用频率并不高,有的条文甚至自从立法之后就没有适用过,从而沦为"沉睡"条款。有学者指出,造成这一现象的原因包括该条文所处罚的证券违法行为出现的概率较低,法律责任条款的规定起到了一般预防的作用,证券行政执法机关运用法律执法的能力较低等,①但不可否认的是,缺乏相应的程序规范实施机制也是这些实体性证券法律责任条款被"束之高阁"的重要原因之一。

另一方面,保障实体性证券法律责任规范的特殊程序机制付之阙如。由于证券市场的法律规制具有复合性,需要实体性法律责任规范和程序性实施机制相互协调。从立法技术的角度来说,以问题的"一揽子"解决为目标,不严格区分相关法律制度的实体法抑或程序法属性而全部规定在《证券法》中或许是较为"实用"的做法。就我国当前的《证券法》条文来看,几乎所有条文都属于实体法条文,执法程序授权中国证监会的部门规章进行细化,诉讼程序适用《民事诉讼法》《刑事诉讼法》的普适性规定。但是,实体性证券法律责任实现过程中必须面对、回答的特殊程序机制问题却委诸执法、司法实践探索,还有待立法完善。例如,从美国等证券市场发达国家的法制情况来看,对证券民事赔偿责任的请求权基础、责任人范围、证券违法行为与投资损害之间的因果关系、投资损害的计算方法以及证券行政执法机构处以行政处罚如何救济等程序性问题都需要在法律层面加以完善。上述专属于证券民事诉讼和行政执法救济的问题显然无法纳入《民事诉讼法》和《行

---

① 参见中国社会科学院课题组:《证券法律责任制度完善研究》,载黄红元、徐明主编:《证券法苑》第 10 卷,法律出版社 2014 年版,第 500 页。

政诉讼法》这样的普通法加以规定,而只能容身于《证券法》的专门领域法律中。我国当前的《证券法》立法尚未意识到在《证券法》顶层设计、安排相关程序机制的重要性,需要对实体性证券法律责任实现所必需的特殊程序进行科学设计与合理安排,以保障证券法律责任制度的整体功能实现。

(二)证券行政执法与民事、刑事诉讼的衔接机制不顺畅

从理论上来说,证券民事责任、证券行政责任与证券刑事责任是三种彼此独立的法律责任,实现这三种证券法律责任的民事诉讼、行政执法和刑事诉讼三种程序也可以独立运行,以其自有的司法、执法程序和证据标准对证券侵权、违法、犯罪案件独立进行处理。但是,证券市场的违法行为在法律评价上具有复合性,即一个证券违法行为往往同时侵害投资者的民事利益、违反证券市场法规,同时还符合刑法对证券犯罪构成要件的规定,这就导致不同的司法、执法程序对一个证券违法(犯罪)行为在侵权、违法、犯罪认定上事实同一、证据高度重叠,证券行政执法和民事、刑事司法势必需要进行协调与衔接。

此外,在本书对证券法律责任制度"三位一体"的逻辑构造框架下,作为整体的证券法律责任制度要实现整体功能的有机融合,也需要不同证券法律责任的实现机制——证券行政执法、民事诉讼与刑事司法彼此协调、衔接。回顾我国1997年《刑法》将内幕交易、市场操纵等严重破坏证券市场秩序的行为率先纳入规制范围、1998年出台的《证券法》系统规定证券市场规则及违反相应规则应当承担的行政责任以及2003年司法解释确立证券民事诉讼公法处置前置程序二十余年的执法、司法实践,证券行政执法与民事、刑事诉讼的衔接机制在以下两方面存在问题。

一方面,证券行政执法对证券民事诉讼的制约效应显著大于促进效应。在我国的证券市场法治实践中,为了应对证券侵权案件"规模效应"可能带来的证券民事赔偿诉讼"井喷",最高人民法院以司法解释的形式①为证券

① 最高人民法院《关于审理证券市场因虚假陈述引发的民事赔偿案件的若干规定》(法释〔2003〕2号)第6条规定:"投资人以自己受到虚假陈述侵害为由,依据有关机关的行政处罚决定或者人民法院的刑事裁判文书,对虚假陈述行为人提起的民事赔偿诉讼,符合民事诉讼法第一百零八条规定的,人民法院应当受理。"该司法解释已经被最高人民法院在2022年1月21日出台的《最高人民法院关于审理证券市场虚假陈述侵权民事赔偿案件的若干规定》(法释〔2022〕2号)修改废止。

民事诉讼设置了公法处置的前置程序，即证券投资者以证券市场虚假陈述违法者的违法行为导致其民事权益遭受侵害为由提起民事赔偿诉讼的，必须有前置的行政处罚决定或者有罪的刑事裁判文书。“公法处罚前置”司法解释的出台，既有宏观经济的考量，不加以限制的证券民事诉讼不利于我国转轨时期证券市场的稳定和发展，也有裁判压力的考量，不设任何前置程序可能导致证券民事诉讼数量过大而法院无法处理，还有诉讼技术考虑，“公法处置前置”可以解决受害投资者在证券民事诉讼中举证困难的问题，证券监管机构的专业性在司法阶段也得以间接发挥。①

客观来讲，“公法处置前置”促进了证券民事诉讼与证券行政执法、证券刑事诉讼的协同性和联动性，②但是，在该制度施行的十余年期间，其对证券民事诉讼和证券民事责任实现的制约效应显著大于其促进效应。因为“公法处置前置”大大约束了受害投资者通过民事诉讼程序求偿的诉权，在程序法上就限制了证券民事诉讼的提起。与此同时，即便少数案件能够进入民事司法程序，尽管公法处置程序的举证和定性有利于投资者获得胜诉判决，但是对少数投资者获得民事赔偿的“促进”作用实际是以“阉割”司法程序对行政程序的监督作用为代价。正是因为证券民事诉讼“公法前置处置”的种种弊端，这一制度在历行十余年后被废除。③

另一方面，证券行政执法侵入刑事司法领域，对于涉罪证券违法案件在实体处置上易出现“以罚代刑”现象。我国证券行政执法和刑事诉讼衔接的问题主要表现在证券行政执法机关与公安部门的经济犯罪侦查机关没有

---

① 参见李国光主编、最高人民法院民事审判第二庭编著：《最高人民法院关于审理证券市场虚假陈述案件司法解释的理解与适用》，人民法院出版社2003年版，第130页。

② 参见陈洁：《证券民事赔偿诉讼取消前置程序的司法应对——以虚假陈述民事赔偿为视角》，载《证券市场导报》2021年第5期。

③ 最高人民法院2015年12月24日发布的《关于当前商事审判工作中的若干具体问题》明确表示：“根据立案登记司法解释规定，因虚假陈述、内幕交易和市场操纵行为引发的民事赔偿案件，立案受理时不再以监管部门的行政处罚和生效的刑事判决认定为前置条件。”最高人民法院2020年发布的《全国法院审理债券纠纷案件座谈会纪要》（法〔2020〕185号）第9条规定：“债券持有人、债券投资者以自己受到欺诈发行、虚假陈述侵害为由，对欺诈发行、虚假陈述行为人提起的民事赔偿诉讼，符合民事诉讼法第一百一十九条规定的，人民法院应当予以受理。欺诈发行、虚假陈述行为人以债券持有人、债券投资者主张的欺诈发行、虚假陈述行为未经有关机关行政处罚或者生效刑事裁判文书认定为由请求不予受理或者驳回起诉的，人民法院不予支持。”

实现有效衔接,包括证券行政执法机关不移送涉嫌犯罪的证券违法案件、经济犯罪侦查机关不接受移送的证券涉罪案件、证券行政执法机关与经济犯罪侦查机关协商不移送。[①] 造成这样的现象与我国对刑事责任"依附性散在型"的立法模式有关。

我国的立法以部门法分立为主体,间或夹杂领域立法。为了保持部门法立法的系统性和主体地位,在领域专项立法中对于明显有部门法属性的条款,往往都通过引致条款指向部门法规定,这在刑法与其他领域专项立法的协调关系中体现得尤为明显。《证券法》作为典型的领域专项立法,对于证券犯罪应当承担的刑事责任通过"违反本法规定,构成犯罪的,依法追究刑事责任"(《证券法》第219条)指向刑事罚则。但是,《证券法》对具体证券违法行为与刑事犯罪中罪名、法定刑的对应关系并没有进行明确规定,而是完全依赖执法、司法机关的裁量,这从立法技术上使证券行政执法和刑事诉讼难以很好地衔接,在一定程度上造成了证券行政执法过程中"以罚代刑"。

三、我国证券法律责任制度的"三位一体"协调方案

回顾两大法系近代以来的法律发展史,很容易发现自20世纪以来,为了应对工业化给人类社会带来的经济、环境和健康等方面的"规模风险",法律作为一种强制手段越来越多地被用来控制或者制约社会风险,"法律规制"[②]频频见诸国内外的立法文件和学术著作。若以法经济学的功能主义为视角,民事的、行政的、刑事的法律责任都是实现社会风险法律控制的工具,其作用原理虽有差异,但可以统一的价值目标和实施路径对之进行整体规划和协调。[③] "三位一体"的协调方案能够将各部门法上的证券法律责任纳入统一的分析框架,使原本性质不同而各自为政、左支右绌的法律责任

---

① 参见刘远、汪雷、赵玮:《行政执法与刑事执法衔接机制立法完善研究》,载《政法论丛》2006年第5期。

② "规制"一词源于英文"regulation",其含义包括依法控制或制约,在英语中有政府部门根据法定权限所制定的从属性法律规范和依法进行管制、监管和控制两层含义。See Bryan A. G., *Black's Law Dictionary*, 8th ed., Eagan, Thomson West, p. 1311.

③ 参见宋亚辉:《风险控制的部门法思路及其超越》,载《中国社会科学》2017年第10期。

成为一个有机整体。因此,对我国证券法律责任制度整体性的目标锚定和完善路径选择至关重要。

(一)我国证券市场法律规制的双重目标锚定

作为政府规制的重要组成部分,证券市场的法律规制也是政府为了着力解决证券市场失灵问题而采取的干预活动。中国证券市场自1990年建立以来,在国民经济的发展中扮演了十分重要的角色,取得了令人瞩目的成绩,但不可否认的是,我国的证券市场远未达至尤金·法玛理论模型中的强式有效市场,甚至还没有达到弱式有效。① 借鉴国际经验并结合中国的实际情况建立我国的证券市场法律规制体系无论在学术界还是实务界早已达成广泛共识,重点是"如何"规制。

中国的证券市场经历了一个从分散规制逐渐走向集中规制的发展过程,目前已经建立起以《证券法》为核心,以相关配套性行政法规和部门规章为主体的,较为完整的证券市场法律规制体系,具有集中、统一和严格监管的特征。实践证明,我国这种"低自由、严监管"的证券市场规制模式有利于遏制本土局部风险向整个金融系统和实体经济部门的蔓延,也有利于抵御外部金融风险向国内金融系统的输入,但是,过于严格的法律规制模式也限制了我国证券市场的高质量发展和国际化进程。在我国证券市场迅速扩容和逐渐国际化的现实背景下,证券市场法律规制的现代化势在必行。证券法律责任制度作为保障规制手段有效实施的后盾,需要在规制目标的指引下立足功能主义对多元证券法律责任进行协调。基于这样的思维逻辑,应首先对我国证券市场的法律规制目标进行准确定位。

股份公司制度的建立和证券市场的发展将公司财产权和管理权分离推向了极致,这有利于专业的经理人集合资金扩大公司生产和经营,推动公司发展和经济增长,但同时带来了股东与经理人之间的代理问题,即作为代理人的控股股东、管理层利用其内部人的地位对中小股东、投资者等外部人②进行"掠夺"(expropriation)。这种"掠夺"在股权集中于控股大股东的情况

---

① 参见张亦春、周颖刚、许文彬:《中国股市效率损失研究》,人民出版社2004年版,第15~39页。

② 这里的外部投资者指所有不控制公司的投资者,包括分散的中小股东、非控股的大股东、中小债权人和普通投资者等。

下表现为管理层和控股股东对中小股东与投资者的双重侵害,在股份有限公司这种股权极为分散的情况下则主要表现为管理层的机会主义。① 在很大程度上,投资者保护就是外部投资者借以防止权利被内部人剥夺的一整套机制。

法金融学奠基著作《法与金融》(*Law and Finance*)②对美国、英国、德国、法国等49个国家的实证研究发现,普通法系和大陆法系的差异决定了其对市场的干预程度不同,也决定了投资者保护水平的高低,而一国或者地区法律对投资者保护越好,其资本市场就越发达。此外,国际证监会组织(International Organization of Securities Commissions,IOSCO)在1998年内罗毕会议上通过的《证券监管的目标与原则》(Objectives and Principles of Securities Regulation)也将"保护投资者利益"列为证券监管的三大目标之一。事实上,在私法层面保护投资者是民商事交易诚实信用、等价有偿以及维护私权的题中之义,在公法层面保护投资者的根本目标则在于维护投资者信心,促进资本积累、证券市场发展和经济增长。鉴于此,投资者保护应当是我国证券市场法律规制的基本目标之一。

虽然保护投资者也是证券公法的重要诉求,但一般来说,证券公法规范并不以投资者利益作为其直接保护目标,而是旨在维护一种相对抽象的利益——证券市场秩序。那么,为什么证券市场秩序能够作为一种利益而得到证券公法规范的保护呢?秩序是可以识别、可以预见的重复事件或者行为,它的存在使人们相信,人们完全可以信任、依赖可以被合理地预见到的未来行为模式。③ 证券市场秩序是市场主体在进行市场交易的过程中形成的正常有序格局和市场运行状态,它表现为市场参与主体的行为方式和行为过程。④ 对于秩序的形成,美国经济学家布坎南指出,秩序是一个结果更

---

① 参见胡汝银、司徒大年:《投资者保护:理论与实践综述》,载《投资者保护——国际经验与中国实践》,复旦大学出版社2002年版,第10页。

② See Rafael L. P., Florencio L., Andrei S. & Robert W. V., *Law and Finance*, Journal of Political Economy, Vol. 106:6, p. 1113 - 1155(1998).

③ 参见[澳]柯武刚、[德]史漫飞、[美]贝彼得:《制度经济学:财产、竞争和政策》(第2版),柏克、韩朝华译,商务印书馆2018年版,第195页。

④ 参见伍文辉:《资本市场秩序的宪法选择》,载《法制与社会发展》2012年第5期。

是一个过程,没有一个互动、博弈的过程就不可能有秩序。①

在现代社会,证券市场秩序一方面外化为市场参与者的行为方式与行为过程,另一方面外化为证券市场的各种规则,这些规则部分是不同市场主体基于各自的利益诉求通过博弈形成,部分则是国家基于市场风险防控的目的强行施加给市场主体要求其遵守的,如强制信息披露、证券发行条件和证券转让限制等。对于国家而言,维持证券市场稳定使其发挥应有功能,促进国民经济发展是其主要利益诉求,因而证券公法规范的立法、执法都以证券市场秩序作为其直接保护的法益。对于证券市场主体而言,个体利益与证券市场秩序利益则是"唇亡齿寒"的关系,私人利益总是寓于市场秩序利益之中。因此,维护证券市场秩序也是我国证券市场法律规制的基本目标之一。

(二)建立"市场调节为主、国家干预为辅"的证券法律责任制度

在局部风险逐渐社会化的背景下,传统公法和私法都在法律制度上都进行了不同程度的调适和变革,已突破其诞生时的制度定位与角色分工。这从普通法系国家和成文法系国家分别倚重私法责任救济和公法责任规制的立法、司法传统自20世纪初以来呈现出的交替演进可窥见一斑:作为普通法系代表国家的美国,基于对国家干预或大政府的不信任以及市场机制的充分信赖,即便是公共秩序等公法利益也主要依赖通过私人的民事诉讼予以实现。② 但是,面对风险社会对公共秩序的急迫需求,公法规制在美国越来越高涨甚至成为主流。正如法经济学者卡拉布雷西指出的那样,无论我们是否愿意相信,美国都已经变成了成文法主宰的国家,这种情况在进步时代(progressive era)③初露端倪,在罗斯福总统新政后加速发展。④

与之相反,传统上,大陆法系国家普遍倚重公法责任在公共秩序维持中

---

① 参见[美]詹姆斯·M.布坎南:《自由、市场和国家》,吴良健、桑伍、曾获译,北京经济学院出版社1988年版,第18~22页。

② 参见[美]史蒂文·苏本、玛格瑞特(绮剑)·伍:《美国民事诉讼的真谛:从历史、文化、实务的视角》,蔡彦敏、徐卉译,法律出版社2002年版,第44页。

③ 进步时代一般是指1890~1920年,这是美国历史上一个大幅进行社会政治改革现代化的时代。

④ 参见[美]盖多·卡拉布雷西:《制定法时代的普通法》,周林刚、翟志勇、张世泰译,北京大学出版社2006年版,第10页。

的主导作用。但是行政国家传统仍然无法彻底取代私法责任救济“溢出”的公共秩序司法控制机能，私人发动的民事权利救济一方面实现了私法的公平正义，另一方面有意或无意地附带承担了公共管制机能，减轻了国家管制负担、提高了公共秩序管制的效率。① 有学者将这种变化总结为“近代民法到现代民法”的转变。② 证券法律责任制度同时融合公法责任和私法责任，在“公法私法化”和“私法公法化”的背景下，按照一定原则建立“三位一体”证券法律责任制度实为必要。

从起效路径来看，证券私法责任由私主体为追求个人利益最大化，经过“成本—收益”分析后决定是否发动，其对证券市场秩序的维持相当于一种“市场调节”机制。“制定法”和“国家干预”虽然使美国经济逐渐摆脱20世纪30年代大萧条的泥潭，但也引发了60年代末开始的“滞胀”问题。对此，新自由主义法学派代表人物哈耶克指出，社会秩序并非一种人工设计的秩序，而是一种内生的、进化的秩序。也就是说，社会秩序不能由某个权威中心集中控制，只能由千百万人的自由行动形成。尽管市场存在这样或那样的问题，但政府存在比市场更为严重的缺陷，过度的政府干预往往带来更多、更大的问题，如公营经济的低效率、庞大的财政赤字、畸高的通货膨胀率与失业率等。③

哈耶克对政府干预的“攻讦”有助于我们对私法责任和公法责任在证券市场中的优先序位进行反思。尽管公法责任保障的强制信息披露、证券公开发行的资格管控和证券转让条件限制等国家干预措施对于证券市场的健康发展功不可没，但我们仍然不能忘记证券交易和证券市场首先由企业的融资需要与公众的投资需求“一拍即合”地自发形成，证券市场的基础规则仍然源于“民间智慧”，这既包括一般民商事交易规则在证券市场的应用，也包括市场主体利用自己知识形成的证券市场特有的交易规则。鉴于证券市场规则和秩序的“内生性”，我国的证券法律责任制度应以“市场调节”的私法责任为主。

---

① 参见苏永钦：《民事立法与公私法的接轨》，北京大学出版社2005年版，第9～10页。

② 参见［日］北川善太郎：《关于最近之未来的法律模型》，李薇译，载梁慧星主编：《民商法论丛》第6卷，法律出版社1997年版，第286页。

③ 参见张文显：《二十世纪西方法哲学思潮研究》，法律出版社2006年版，第206页。

与证券私法责任相对应，证券公法责任由公主体为实现公共福祉，基于社会整体的“成本—收益”分析后于事前确定市场主体参与证券市场活动的行为模式，并将是否合规以及违规的法律责任交由行政监管、执法机关和公安、检察等司法部门予以实施，这对证券市场秩序的维持是一种“国家干预”机制。国家主动干预证券市场秩序的正当性既有实证支撑也有理论支持。

在实证方面，世界范围内对内幕交易、市场操纵等市场滥用行为的系统性立法规制始于美国罗斯福新政时期颁布的《1933 年证券法》和《1934 年证券交易法》，这两部法律确立的与强制信息披露相关的制度为许多国家所借鉴，在提高信息对称性和证券市场透明度等方面至今仍在发挥作用。

在理论方面，公共利益理论系统论证了国家以公法责任保障的公法规范干预证券市场的正当性。该理论认为，政府没有自己独立的利益诉求，而是代表公共利益的，它能够在各种社会利益冲突中保持中立，因此，弥补市场机制缺陷、实现资源优化配置的职责只能由政府来承担。① 虽然公共利益理论对政府仁慈、全知、守信的假设过于理想化并极易招致其他理论的攻讦，部门利益理论和规制俘获理论即为适例，②但不容否认的是，国家在证券市场实施的强制信息披露、行政许可和行为禁令以及保障这些管制措施的公法责任确能在事前更加主动地防控金融风险，维持证券市场秩序。

鉴于“国家干预”在现代证券市场法制中的补充作用，我国的证券法律责任制度应以“国家干预”的公法责任为辅。

第二节　我国证券法律责任制度功能协调的实体法完善

对比我国与美国的证券法律可以发现，得益于证券市场建立较晚以及法律移植的“后发优势”，我国《证券法》中含有许多与美国证券法律相似的

---

① See Richard A. P., *Theories of Economic Regulation*, The Bell Journal of Economics and Management Science, Vol. 5:2, p. 335(1974).

② See Matthew D. Z., *Policing Environmental Regulatory Enforcement: Cooperation, Capture, and Citizen Suits*, Stanford Environmental Law Journal, Vol. 21:1, p. 108 - 111(2002).

法律规范。但是,这些相似的法律规范在中美两国证券市场上展现出的实施状态与适用效果却存在巨大差异。“橘生淮南则为橘,橘生淮北则为枳”的原因在于土壤、环境、气候不同,同理,相同的证券法律制度在中美两国实施效果的差异在于两国迥异的立法理念,以及对各具体证券法律制度在功能预设、结构安排和实施机制上的不同选择。① 一般认为,“证券法是一个渗透着公法因素的私法领域”②,我国《证券法》经过多次修改已经在规范搭建层面注入了私法要素,并且确立了证券民事赔偿优先原则,但在《证券法》的实施过程中对民事法律规范、民事赔偿责任等适用并不充分;与民事法律规范不同的是,行政法律规范在我国《证券法》中不仅数量上占绝对多数,在精细化、系统化上也有很大优势,但在“市场调节为主、国家干预为辅”的证券法律责任体系中,应对其绝对的优势地位进行适度限制;刑事法律规范在我国《证券法》中除体现在一条“附而不属”的附属刑法条款中几乎完全委诸刑法典,对此则应在功能诉求和立法形式上全面进行完善。

一、证券民事责任优先原则的配套制度完善

证券民事责任优先原则是我国《证券法》从 1999 年实施到后来二十余年数次修正、修订都明确规定的一项原则,但无论是汪建中、徐翔的证券市场操纵案,周文伟、顾立安的内幕交易案,抑或方正科技虚假陈述案,对证券违法犯罪行为的行政罚款、刑事罚金屡创新高,受害投资者的民事赔偿却迟迟无法兑现。重要原因是现行《证券法》及相关法律中关于民事责任优先的规定过于简略,不足以支撑该原则的有效实施。③ 在“三位一体”的证券法律责任体系中,证券民事责任作为“市场化”调节证券市场活动的法律责任,位于最基础、最基本的位置,在实体法层面应从受害投资者发起民事诉讼的归责原则以及共同侵权民事赔偿责任的分配两个方面完善证券民事责任优先原则的配套措施。

---

① 参见陈甦、陈洁:《证券法的功效分析与重构思路》,载《环球法律评论》2012 年第 5 期。

② 陈洁编著:《证券法》,社会科学出版社 2006 年版,第 28 页。

③ 参见陈洁:《证券民事赔偿责任优先原则的实现机制》,载《证券市场导报》2017 年第 6 期。

(一)证券民事责任求偿的无过错责任归责

归责原则是实现证券民事责任的重要内容,不同归责原则的选择会通过约束或者激励受规制者的活动直接或者间接地影响社会资源的有效配置。卡拉布雷西最早从法经济学的角度提出了确立归责原则的总目标:侵权责任的施以应当能够使预防成本、事故的损失成本以及行政管理成本的总和降到最低。① 就证券市场的法律规制而言,恰当的归责原则一方面能够引导上市公司和证券中介机构按能将事故成本最小化的方式参与证券市场活动,另一方面能够保障证券侵权案件发生后投资者受损的民事利益充分受偿。

一般而言,侵权法上的归责原则有过错责任原则和无过错责任原则两类。② 其中,过错责任原则是侵权法的基础性归责原则,即行为人的侵权行为造成民事权益损害并不必然承担民事赔偿责任,必须看行为人是否有过错,有过错则有责任,无过错则无责任。无过错责任又被称为客观责任原则或危险责任原则,指的是只要行为人的行为给他人造成了民事利益的损害,不考虑行为人是否存在过错,都应当承担相应的民事赔偿责任。值得一提的还有过错推定原则,有学者将其与过错原则、无过错责任原则并列为侵权法的归责原则,③而事实上,过错推定原则是依附于过错责任的一种归责原则,其与过错责任原则、无过错责任原则并不是一个层面的原则。因为过错推定是在法律有特别规定的场合,从损害事实的本身推定加害人有过错,并据此确定加害人的民事赔偿责任,该原则在司法上的意义在于举证责任的分配。

---

① See Guido C. ,*The Costs of Accidents*: *A Legal and Economic Analysis*, New Haven, Yale University Press, 1970, p. 37.

② 侵权法的归责体系有一元制、二元制、三元制和四元制四种学说,一元制学说主张仅有过错责任一种归责原则,无过错原则应当纳入过错责任原则之中。二元制学说主张过错责任原则和无过错责任原则并立为两大独立的归责原则。三元制学说认为,侵权责任归责原则应包括三项,至于包括哪三项不同学者存在不同见解,如王利民教授认为包括过错责任、过错推定责任和公平责任,刘淑珍教授认为包括过错责任、无过责任和公平责任,徐祖林教授认为包括过错责任、危险责任和公平责任。四元制则是王利民教授在原先观点上的改进,认为侵权法的归责原则应包括过错责任原则、过错推定责任原则、严格责任原则和公平责任原则四类。参见徐静:《管制规范对侵权责任构成的影响》,江苏人民出版社 2019 年版,第 17 ~ 18 页。

③ 参见张辉:《侵权责任法原理与适用方法探究》,吉林人民出版社 2017 年版,第 64 页。

从责任分配的角度来看，过错责任原则实际上是根据事故当事人不同的过错份额或者程度对事故责任进行划分，因而过错责任原则可以激励社会交往的各方采取积极的预防措施规避侵权事故的发生。无过错责任原则由于只是片面对造成侵权事故的"加害方"施以责任而不考虑其过错程度，因而只会激励"加害方"对侵权事故进行预防。从规制效果来看，过错责任原则与无过错责任原则暗含一种包含关系：过错责任原则能够实现对加害方和受害方的"双向激励"，无过错责任原则则只能实现对加害方的"单向激励"，因而无过错责任原则在某种程度上包含于过错责任原则，这也是有学者持一元制归责体系的原因所在。[①] 只要激励当事人预防事故的投入达到最佳的事故预防程度，无论采用过错责任原则还是无过错责任原则都可以实现预防侵权事故的目的，只不过该两种归责原则的成本不同：过错责任原则需要管理成本，无过错原则则没有管理成本的支出。

在现实生活中，侵权事故的发生不外乎两种情况，一种是过错完全取决于加害人一方，另一种是加害人与受害人对事故的发生都存在一定过错。从法经济学的规制效益最大化目标出发，精准地对前者采无过错责任原则归责，对后者采过错责任原则归责无疑能够以最小的成本达到同等的规制效果。鉴于此，最优归责原则的选择与侵权事故的类型直接相关：如果预防是双向的，即对当事双方都采取预防措施才能减少侵权事故的可能性和严重性，那么，过错责任原则是最合适的归责原则；而如果预防是单方面的，即只有施害方采取行动以减少侵权事故的发生概率及严重性，那么无过错责任原则就是最优的归责原则。[②]

从以上分析可以看到，在侵权事故的发生仅取决于行为人自身，行为相对人对侵权事故的发生不产生任何影响的情况下，在归责原则上采取无过错责任原则更具有效益。在证券市场中，因虚假陈述、内幕交易或者市场操纵等违法行为造成的侵权事故发生完全取决于上市公司或者证券中介机构

---

① 参见王卫国：《过错责任原则：第三次勃兴》，中国法制出版社2000年版，第185～190页；张佩霖：《也论侵权损害的归责原则——驳"无过失责任原则"》，载《政法论坛》1990年第2期。

② 参见[美]罗伯特·考特、托马斯·尤伦：《法和经济学》，史晋川、董雪兵等译，格致出版社、上海三联书店、上海人民出版社2012年版，第596页。

一方,投资者对侵权事故的发生可以说是完全“无能为力”的。依据上述结论,证券民事责任的求偿采取无过错责任原则归责为宜。

就我国当前的立法实证而言,尽管立法规范没有明确指出虚假陈述、内幕交易、市场操纵等侵权行为的民事责任求偿的归责原则,但以法教义学对相关法条进行文义、体系解释,仍然可以得出我国对证券民事赔偿责任的求偿采无过错责任归责的结论。例如,我国《证券法》第85条规定了信息披露义务人、发行人的董事、监事、高级管理人员、控股股东、实际控制人和保荐人、承销证券公司就不当信息披露应当承担的民事赔偿责任。[①] 信息披露义务人承担侵权民事责任的构成要件只需存在未按规定披露、虚假记载、误导性陈述或者重大遗漏的行为要件,以及“致使投资者在证券交易中遭受损失”的结果要件,并未对“过错”作任何规定。相反,发行人的董事、监事、高级管理人员、控股股东、实际控制人和保荐人、承销证券公司可以通过“证明自己没有过错”免责。可见,信息披露义务人不当信息披露以无过错责任原则归责,发行人的董事、监事、高级管理人员、控股股东、实际控制人和保荐人、承销证券公司承担民事赔偿责任则以过错责任原则归责,只是在举证方面采过错推定。

(二)证券市场共同侵权的连带责任承担

由于证券市场主体众多,证券发行、交易涉及诸多环节,因而大多数情况下,证券欺诈行为都表现为共同侵权。例如,在证券发行上市的过程中,如果没有承销商起草的招股说明书、会计师事务所出具的财务审计报告以及律师事务所作出的法律意见书等必需文件,发行人的公司股份是无法在公开市场上市的。因此,上市公司如果在股票发行上市的过程中存在虚假陈述,就不会仅仅是上市公司单一主体的责任,证券公司、会计师事务所和律师事务所等上市辅助机构均难脱干系。证券交易过程中的内幕交易和市场操纵也是如此。在内幕交易中,泄露内幕信息或者根据内幕信息建议他

---

① 我国《证券法》第85条规定:“信息披露义务人未按照规定披露信息,或者公告的证券发行文件、定期报告、临时报告及其他信息披露资料存在虚假记载、误导性陈述或者重大遗漏,致使投资者在证券交易中遭受损失的,信息披露义务人应当承担赔偿责任;发行人的控股股东、实际控制人、董事、监事、高级管理人员和其他直接责任人员以及保荐人、承销的证券公司及其直接责任人员,应当与发行人承担连带赔偿责任,但是能够证明自己没有过错的除外。”

人进行证券交易的行为也容易构成共同侵权。在市场操纵中,往往是多个行为主体联合起来利用资金优势、信息优势或者资源优势对目标证券的市场价格进行肆意打压或者恶意抬升。因此,共同侵权的普遍存在可以说是证券市场侵权行为的一个显著特征。

在行为的具体表现样态上,教唆型和帮助型的共同侵权是证券市场侵权行为的主要样态。同样以内幕交易为例,行为人在获悉内幕信息之后,故意泄露内幕信息使他人利用内幕信息进行证券交易获利属于典型的帮助型共同侵权,而根据内幕信息建议他人进行证券交易获利的行为则属于教唆型的共同侵权。在虚假陈述中,证券公司、会计师事务所与律师事务所等证券服务机构没有严格履行自己的专业职责,致使不符合上市条件的公司得以发行证券并上市交易,这种职务上的严重失察、玩忽职守或者不作为都可以归入帮助型的共同侵权行为。总之,共同侵权在证券市场的侵权行为中普遍存在,在具体形态上常常表现为教唆型、帮助型的共同侵权。

证券市场侵权行为具体样态的剖析对于证券民事责任的追究与分配具有重要意义。一方面,尽管不同主体在一个侵权行为中具有不同的作用和分工,如有的主体直接实施了造成权益侵害结果的行为,有的主体只是教唆、帮助他人从事具体的行为,但是,就侵权后果的出现而言,“雪崩之下没有一片雪花是无辜的”,①多个市场主体的行为已经构成一个共同的、不可分割的整体。另一方面,由于不同主体在证券侵权中扮演的角色不同、主观过错存在差异、所起的作用大小不一,在“侵权集团”内部又确有分配侵权民事责任的必要,因而证券市场共同侵权对内又表现为每个责任主体仅就其负有责任的部分分摊责任。事实上,证券市场共同侵权行为中存在两重责任关系:(1)“侵权集团”与受害投资者之间的民事赔偿关系;(2)共同侵权主体之间的责任分配关系。其中,第一重责任关系旨在解决对受害投资者的赔偿问题,第二重责任关系旨在解决共同侵权主体之间的责任分配和追偿问题。②

在一般的民法理论中,共同侵权人的责任分配方式主要有连带责任和

① 参见邱耕田:《从互害型发展走向互利型发展》,载《浙江社会科学》2020年第5期。

② 参见陈洁:《证券民事赔偿制度的法律经济分析》,中国法制出版社2004年版,第130页。

按份责任两种。连带责任是每一个责任主体都对受害者的全部损害负有完全赔偿责任,被侵权人可以向所有侵权人主张全部损害赔偿,也可以向部分侵权人主张全部损害赔偿,部分侵权人承担了全部损害赔偿责任之后,对其他侵权主体产生追偿权的一种责任分配方式。与之相对应,按份责任是数个侵权人按照一定的比例份额相互独立地承担侵权赔偿责任,被侵权人对于每一个侵权者只能就其应承担责任的份额主张赔偿而不能对任何单一侵权主体主张全部赔偿责任,任何一个侵权主体只对自己的份额承担赔偿责任,既无须对他人的份额承担赔偿责任,也不存在任何的追偿关系。① 显然,连带责任侧重于共同侵权的第一重责任关系,"侵权集团"内部采取无分担规则;按份责任则侧重于共同侵权的第二重责任关系,"侵权集团"内部采取分担规则。法经济学认为,共同侵权行为人之间的责任分配采取无分担规则是最有效率的,虽然分担规则能够为共同侵权人提供适当的激励,但适用分担规则的管理成本比无分担规则要高很多。②

我国证券市场上共同侵权行为最常见的表现形式就是上市公司及其董事、监事、高级管理人员等故意提供虚假信息,证券公司、会计师事务所、律师事务所等证券服务机构明知上市公司造假,但放任其侵权行为甚至直接参与侵权行为。要求共同侵权主体承担连带责任一方面节省了受害者在共同侵权行为人之间分配责任的管理费用,有利于其受损民事权益的追偿;另一方面,连带责任也增加了"侵权集团"中每一主体放任其他主体侵权或者参与侵权的成本,为每一个主体采取预防措施创造了最大激励。因此,在证券市场共同侵权案件中,所有有过错的侵权主体都应当承担连带责任,受害投资者有权向部分或者全部侵权人提出赔偿全部损失的要求,任一侵权主体都有义务向受害投资者赔偿全部损失。这种责任分配不因共同侵权主体内部的约定而改变,受害投资者也无权免除部分共同侵权主体的责任而让其余责任主体承担全部责任或者剩余责任。

---

① 参见王利明主编:《民法学》,复旦大学出版社 2015 年版,第 659 ~663 页。

② 参见[美]理查德·A. 波斯纳:《法律的经济分析》,蒋兆康译,中国大百科全书出版社 1997 年版,第 242 ~243 页。

二、证券行政责任保障证券市场规则的有效运行

我国证券市场是伴随市场经济体制改革而建立的,具有浓厚的人为建构色彩。相应地,我国《证券法》中关于证券发行、交易规则的制定以及监管体制的设计都是借鉴证券市场法制先发国家经验而建立起来的。正是基于这个原因,我国《证券法》"建构性"有余而"内生性"不足:缺乏对证券市场活动及其内在机制的深入了解,对市场主体参与证券市场活动的经济动因、利益诉求、交易方式以及风险分配等缺乏科学洞察,导致《证券法》中的民事法律规范不完备。同时,行政性的证券法规过度扩张,对"内生性"证券市场规则强力覆盖,抑制了市场机制在证券市场的有效运行。对此,应贯彻"轻行政责任"规制进路,为证券市场规则的"内生"释放足够的制度空间。

(一)证券市场规则供给由"建构"向"内生"转型

早期的证券交易与普通商品交易无异,都是通过买卖双方"一对一"地对证券数量、价格进行谈判最终形成交易。随着证券的发行和买卖使其成为一种金融性商品,"一对一"交易模式在交易对象搜寻、信息不对称以及违约风险等方面的问题越来越凸显,严重阻碍了证券的自由流通,增加了市场参与者的交易成本。在这样的背景下,为了聚集买卖双方的意愿,最大限度提高证券交易成功率,实现资本在不同时间、不同地区和不同行业之间的大范围转移进而实现资本资源的有效配置,以证券交易所为有形载体的统一证券市场应运而生,并为降低证券交易成本进行了一系列的制度创新,①由此形成"内生型"的证券市场规则。

然而,一次又一次的金融危机表明,"内生"的证券市场规则不足以有效遏制市场主体私利性、贪婪性引发的道德风险和违约风险,必须借助更有效的外部力量进行约束和调整,政府和(或)自律组织监管的强力介入逐渐形成"建构型"的证券市场规则。以强制信息披露为例,大多数经济学家认为依靠市场机制"内生"的证券市场规则就可以实现对发行人全面信息披

---

① See Matthew J. C., Bjorn N. J. & Kenneth A. K., *On the Formation and Structure of International Exchanges*, New York University Working Paper, Vol. 6:1, p. 1-22(1999).

露的激励,再"建构"强制性的信息披露立法、执法无助于投资者。[①] 但是,法学家却强烈支持"建构"强制性的信息披露,因为自我披露效果有限,容易忽视市场主体因私利性导致的不对称披露。[②] 从当前证券市场规则的实际运行情况来看,单纯"内生"或者"建构"的证券市场规则都无法独立保障证券市场的良好运行,"内生性"市场规则与"建构性"市场规则的混合与联合作用是世界各国证券市场普遍做法。

从证券市场形成与市场规则供给的发展路径来看,欧美国家的证券市场伴随社会经济发展的需要而生,市场规则的"内生性"明显,"建构性"的市场规则几乎都是在市场发展需求以及金融危机的教训推动之下逐渐完善。与之不同的是,我国的证券市场是作为经济体制改革配套措施的"试验田"而建立的,[③]市场规则供给起源于政府部门对证券市场的"主观理解"而非对市场需要的回应。由于缺乏证券市场规则"内生"的社会经济条件,我国早期的证券市场规则几乎完全是人为"建构"起来的。如何设计证券发行、交易规则,早期的证券市场推动者"没有任何历史经验借鉴"。[④] 由于计划经济体制下控制、分配资源的监管理念深植于监管者内心,我国早期对证券市场侧重于以"准入许可"的审批制进行监管,而不重视对证券交易活动的日常监管,没有在充斥着小道消息和内幕交易的股市狂潮中意识到法定、强制信息披露的重要性,以至于我国在很长一段时间内没有对上市公司的信息披露作任何要求。[⑤]

带有强烈行政化色彩的证券市场规则虽然可以使证券市场的发展方向

---

① See Richard A. M. & Peggy B. M., *Public Finance in Theory and Practice*, New York, McGraw Hill, 1989, p. 264.

② See John C. C. Jr., *Market Failure and the Economic Case for a Mandatory Disclosure System*, Virginia Law Review, Vol. 70:4, p. 722－723(1984).

③ 改革开放总设计师邓小平在1992年"南方谈话"时谈道,"允许看,但要坚决地试。看对了,搞一两年对了,放开;错了,纠正,关了就是了"。参见邓小平:《在武昌、深圳、珠海、上海等地的谈话要点(一九九二年一月十八日——二月二十一日)》,载《邓小平文选》(第3卷),人民出版社1993年版,第373页。

④ 参见周扬:《生于1990:上海证交所的实验》,载《21世纪经济报道》2008年12月3日,第5版。

⑤ 首部规范股票发行与交易条件的《股票发行与交易管理暂行条例》(中华人民共和国国务院令第112号)、《禁止证券欺诈行为暂行办法》(证委发〔1993〕43号,已失效)是在证券交易所开业两年之后才颁布。

和风险控制在政府可预期的范围内,但也造成市场规则偏离市场交易的本质,不能准确反映市场主体交易与博弈的进程,难以激发“内生”市场规则对证券市场的规制作用。同时,以行政责任强力保障的证券市场规则极易将市场主体的自发的创新行为定性为“非法”“违规”,进而扼杀市场主体的金融创新能力。

如果说由计划经济向市场经济改革、转型的经济体制背景决定了我国的证券市场发展无法由市场参与者带动形成,市场规则供给无法“内生”的话,那么,随着我国证券市场规模的扩大、投资主体的增多、参与市场博弈的主体逐渐多元与广泛,“内生”证券市场规则已经具备本地土壤。在这样的背景下,证券市场规则供给应当从主要由人为“建构”不断向以市场“内生”为主转型。

具体来说,一方面,应建立“内生”规则为主、“建构”规则为辅的证券市场规则供给模式。政府对证券市场的监管与规制只应是一个反映市场规则并服务于市场规律的外部介入,体现的是国家对市场自我监管的后援支持,是对市场机制的延伸、保护与补充。另一方面,政府“建构”的市场规则要克服形式主义,注重人为设计规则的“成本—收益”分析和规则的有效性。正如法律从来都不是在不花费任何代价的情况下解决纠纷并提供正义,①“建构”市场规则并保障其执行也是需要成本的,因而在人为设计证券市场规则之前必须注意市场规则设计、制定与实施过程中的监管成本与监管效益问题。② 同时,应当通过影响市场主体的成本,进而约束市场主体的行为选择以提高“建构性”规则的有效性。

(二)我国证券市场的“轻行政责任”规制进路

“没有金刚怒目,哪来菩萨低眉。”证券行政责任作为市场主体违反证券市场规则的直接法律后果,正是保障证券市场规则有效实施的“金刚”。值得深究的是,既然证券市场规则的供给有“建构型”和“内生型”之分,是否不同“来源”的证券市场规则都无一例外地以证券行政责任加以保障呢?

---

① 参见冯玉军:《法律与经济推理——寻求中国问题的解决》,经济科学出版社2008年版,第119页。

② 参见郑彧:《证券市场有效监管的制度选择——以转轨时期我国证券监管制度为基础的研究》,法律出版社2012年版,第172页。

答案是否定的。事实上,“法无禁止即自由”“法无授权即禁止”的法谚不仅是对私法行为与公法行为活动范围的界分,同时也为相应行为的法律后果与救济方式划定了界限。

申言之,在民商事领域,“法无禁止即自由”要求公权力机关不得以任何名义干涉市场主体的行为,市场主体也不必为此承担法律责任。① 在这个层面市场主体的交易安全与权利实现主要通过“契约自治”和“内生型”的市场规则予以维持,侵权、违约责任以及自律组织的行业处分是保障协议约定以及“内生型”市场规则有效实施的“金刚”。“法无授权即禁止”的正面含义是针对公权力机关而言的,但是,该法谚的另一层含义则是公权力机关一旦得到法律的授权,并且按照法定程序在其职权范围内“建构”了相应的行为规范或者交往规则,在该“建构型”规则被撤销或者宣告无效之前,市场主体都应当遵循这样的规则参与相关的社会活动,该“建构型”的规则首先以行政责任予以保障,情节、后果严重的还会承担刑事责任。

无论是自然演进的证券市场,抑或人为推进的证券市场,就市场规则而言,当前都是“内生型”市场规则与“建构型”市场规则共同作用,其保障机制也是证券私法责任与证券公法责任共同起效,区别仅在于“内生型”市场规则与“建构型”市场规则的比重以及规则的具体内容不同而已。美国证券市场的形成和发展首先得益于投资者对证券产品的需求以及多方市场主体的博弈,因而美国的证券市场规则供给以“内生型”市场规则为基础。

在“建构型”市场规则层面,虽然美国“建构”证券市场规则的每一个进步都是在一些大案要案或者金融危机的“推动”下完成的,但从本源上来讲,正是这些大案要案或者金融危机才将市场机制的缺陷充分暴露出来,市场规则的“建构”正是针对这些缺陷和不足进行的,是管制者基于对市场机制及其规律的认知而作出的回应。从美国证券市场“建构”市场规则的机制来看,美国的证券市场规则供给是在市场驱动下完成的。在“建构型”市场规则的具体内容方面,始于美国《1933 年证券法》和《1934 年证券交易法》的证券市场规则“建构”并无关于证券公司设立、证券上市审批以及证券产品设计审批的任何规定,这些事项全部交由市场组织者、参与者和交易

① 参见刘风景:《“法无禁止即自由”的中国意义》,载《山东社会科学》2014 年第 8 期。

者自行决定,全部规则"建构"都紧紧围绕"信息披露"四个字进行。这两部法律的整体立法思路是通过控制信息披露的质量来保障市场的公平、有序,最终保障"内生型"市场规则的有效性。①

如前所述,我国"重上市审批、轻交易监管"的证券市场规则"建构"模式在证券市场建立的三十余年时间里已经暴露出弊端。在我国证券市场规则供给由"建构"向"内生"转型的过程中,应当贯彻"轻行政责任"的规制进路。具体而言,由市场、自律组织(含证券交易所)和行政机关在三个层次建立起证券市场规则供给机制,并且以"内生"的市场规则以及自律组织(证券交易所)的行业自治和"软法"治理②为主,证券监管机关只保留少部分直接监管事项,同时对证券交易所的"履职"情况进行监管。

对此,可以借鉴我国香港特区的证券市场规则供给经验。基于对市场经济的不干预政策和证券市场自律监管理念,我国香港特区的证券市场采取市场自我调节、交易所日常监管、证监会监管交易所的市场监管体制。2003 年生效的《证券及期货条例》《证券及期货(在证券市场上市)规则》构建了我国香港特区证监会与交易所对证券市场的"双重监管"制,即交易所在证监会的监管下,自行监管其本身从事的证券业务。证监会只负责对交易所的监管职责,市场自我调节和交易所的日常监督构成香港证券市场规则的主要来源。在监管手段上,警戒、谴责、资格限制等自律性监管手段为主,行政处罚、刑事制裁等刚性法律责任较少。由于市场"内生"与人为"建构"形成了先后有序的证券市场规则供给"阶梯",保障其实施的证券法律责任亦随之调整,即实施证券民事责任为主、证券行政责任为辅的"轻行政责任"规制进路。

三、证券刑事责任对投资者利益和市场秩序的后盾性保护

在"法无明文规定不为罪、法无明文规定不处罚"的罪刑法定原则以及

---

① 参见郑彧:《证券市场有效监管的制度选择——以转轨时期我国证券监管制度为基础的研究》,法律出版社 2012 年版,第 100 页。

② 区别于更多体现单方意愿的行政命令,"软法"是由一定人的共同体通过其成员民主、协商制定或认可的行为规则,作为由多元化的主体制定的行为规则,"软法"以多种形式呈现出来,具有一定约束力并由一定外在强制力保障。参见姜明安:《软法的兴起与软法之治》,载《中国法学》2006 年第 2 期。

"排除合理怀疑"的刑事证据规则下,能够被认定为犯罪并以刑罚加以制裁的证券不法行为无疑是极为少数的。因此,无论从规制手段的普遍性还是从实施机制可操作性、便捷性的角度来看,证券刑事责任都不具有明显优势。但从世界范围的立法例来看,几乎所有证券市场法治国家都将刑事责任作为证券法律责任制度中不可或缺的一部分,究其原因,乃在于证券欺诈对财产法益的侵害比普通的盗窃、诈骗犯罪多成百数千倍。基于对刑事责任在"三位一体"证券法律责任制度中的功能定位以及刑事司法的"高能耗"考量,我国可以恢复性刑事司法和"首罚不刑"制度实现证券刑事责任的功能协调。

(一)恢复性刑事司法制度在证券犯罪领域的应用

在很长一段时间里,大多数国家的刑事司法制度都是在"惩罚性司法"的名义下演进的,即认为恰当的惩罚才是阻遏犯罪最有效的手段,这源于原始社会的"同态复仇"思想以及人类社会对正义的普遍追求。[①] 由于犯罪往往都是"强者"针对"弱者"权益的侵害,由国家代替受害人对犯罪人进行惩罚是绝大多数国家的自然选择。在惩罚性刑事司法的逻辑下,国家必须保持对合法使用暴力的垄断,通过侦查机关、审判机关和监狱系统等国家机器对犯罪人进行惩罚。惩罚性刑事司法是国家机关对犯罪人刑事责任的追诉,并且就责任的承担形式而言,最严重的情况下甚至可达生命的剥夺。

鉴于刑事司法过程中控诉方与被告人双方能力、地位的严重不对等以及刑事责任的严厉性,被告人权利保障成为刑法和刑事诉讼法在近现代发展过程中的绝对主线和最强音。例如,作为刑法三大原则的罪刑法定原则、罪刑相适应原则以及适用刑法人人平等原则无不围绕保障被告人的合法权益展开,而刑事诉讼法对刑事强制措施的苛刻规定以及刑事证据规则、诉讼时效等制度性设置都是为了保障国民在强大的国家机器面前不动辄受到刑事责任追诉的"叨扰"。在这样的理念下,刑事诉讼法片面加重控方的举证责任,"鼓励"被告人在诉讼过程中保持沉默。惩罚性刑事司法通常把犯罪定义为反对国家,但惩罚不等于负责,刑事犯罪中真正的受害者被有意或无意地遗忘了。

---

① 参见宁汉林、魏克家:《刑罚的由来及其理论基础》,载《政法论坛》2000 年第 6 期。

美国犯罪学家霍华德·泽尔(Howard Zehr)指出,刑事受害者至少有以下四个方面的需求:(1)信息。受害者需要获知犯罪人实施犯罪行为的深层原因,即犯罪动机。(2)控诉。受害者需要控诉犯罪人的犯罪行为如何影响了他们的生活。(3)报复。受害者常常感到犯罪行为使他们对他们的财产、身体、情感或者梦想失去了控制或者利益,需要对犯罪人进行报复,这是一种深植于"复仇"的欲望。(4)赔偿。犯罪人的赔偿对受害者很重要,部分是因为受害人因为犯罪人的犯罪行为遭受了实实在在的损失,部分是因为努力赔偿象征着犯罪人正在努力纠正损害,这对受害者来说无论是物质损害填补还是精神损害抚慰都具有十分重要的意义。①

刑事受害者的前三个方面需求或许在惩罚性刑事司法制度中还能得到满足,"赔偿"的需求要么在民事程序中单独提出,要么在恢复性刑事司法制度中才能实现。而恢复性刑事司法制度显然能够更好地满足刑事受害人对"赔偿"的需求,因为恢复性刑事司法将被害人的获偿、谅解情况与犯罪人刑罚的裁量直接关联起来,能够极大地激励犯罪人积极赔偿受害人损失。与民事诉讼抑或刑事附带民事诉讼的执行标的只能限于犯罪人个人财产不同,恢复性刑事司法能够激励犯罪人在其个体不具备赔偿能力的情况下,想方设法从其周围的社会关系网络中汲取社会资源,赔付给受害者以填补其所蒙受的损失,②这种带有"透支"性质的损害填补方式是其他制度所不具备的。

对于证券犯罪这类贪利型犯罪来说,在我国建立恢复性刑事司法制度激励犯罪人对受害投资者受损的民事利益进行积极赔偿具有十分重要的意义。

首先,证券犯罪作为法定犯,其道德谴责性较低,对其施以有"污名化"成分的刑事处罚必要性并没有自然犯那么强烈。之所以将情节、后果严重的证券侵权、违法行为规定为犯罪,只是希望借助更加严厉的刑事制裁对犯罪人进行处罚而已。如果能"挽回"证券犯罪造成的损失和损害,一方面符

---

① See Howard Z., *Transcending: Reflections of Crime Victims*, Wellington, Good Books, 2001, p. 137–155.

② 参见肖敏:《赔钱减刑的价值危机及其消解》,载《华中科技大学学报(社会科学版)》2013 年第 2 期。

合现代刑法法益修复的发展理念，另一方面也有利于节约执法成本。

其次，恢复性刑事司法制度在证券犯罪领域的应用能够扩大赔偿受害投资者资金的来源，能够最大限度保护证券投资者利益。由于证券交易本质上是一种“零和博弈”，①一方的盈利意味着另一方的损失，证券欺诈者的收益意味着受害投资者的损失，因而从理论上来说，欺诈者的非法所得足以覆盖受害者的损失。但是，一个证券欺诈案件涉及主体众多，投资者的资金在向欺诈者转移过程中必定发生损耗，加上欺诈者的挥霍，在实践中欺诈者的违法所得常常无法使投资者受损的民事利益充分受偿。恢复性刑事司法制度可以激励违法者从其他处筹措资金，最大可能保障受害投资者充分受偿。

最后，在“三位一体”的证券法律制度中需要以证券刑事责任促进证券民事责任实现。前已述及，证券投资者的资金投入是一国证券市场得以发展的源头活水。无论是出于维护证券市场的可持续发展，还是出于对证券交易公开、公平、公正原则的孜孜追求，投资者利益都应放在一国证券法律制度的首要位置。在我国以恢复性刑事司法制度促进受害投资者民事责任实现，也是“三位一体”证券法律责任制度协调模式的重要功能诉求之一。

(二)“首罚不刑”模式对二元证券公法责任的协调

我国2009年出台的《刑法修正案(七)》对逃税罪的构成要件和追诉方式作出重大修改，行为人以欺骗、隐瞒等手段虚假申报纳税或者不申报纳税已经具备完整逃税罪构成要件的，在税务机关依法催缴所逃税款之后，行为人及时补缴欠逃税款、缴纳滞纳金并且接受行政处罚的，不追究行为人的刑事责任。如果行为人在5年以内因为逃避缴纳义务已经被税务机关给予两次以上行政处罚或者因逃税受过刑事处罚的，则直接追究行为人的刑事责任。

对此，有学者将其总结为逃税罪的“首罚不刑”立法模式，②即行为人偷

---

① 博弈论研究的是参与者的策略选择以及与之相对应的均衡问题，是现代经济学的基础理论之一。零和博弈指的是一方的获胜就意味着另一方的失败，博弈各方最终的收益和损失相加等于零。参见[美]冯·诺伊曼、摩根斯顿：《博弈论与经济行为》(上册)，王文玉、王宇译，生活·读书·新知三联书店2004年版，第51页。

② 参见丁安然：《“首罚不刑”原则之提倡——以〈刑法〉第201条规定为切入点》，载《南昌大学学报(人文社会科学版)》2021年第2期。

逃税款的行为首先已经符合我国《刑法》逃税罪的构成要件，具有刑事“该罚性”，但在行政执法阶段，行为人积极修复其业已侵害的法益：补缴欠逃税款修复侵害的国家税款收入法益、接受行政处罚、缴纳滞纳金修复侵害的税收征管秩序法益，《刑法》在立法层面给予行为人一次“改过自新”的机会——不予追究刑事责任。“首罚”指的是逃避纳税义务而首次接受的公法处罚，包括行政处罚和刑事处罚；“不刑”要求针对初犯的逃税犯罪，不得首先以刑事处罚加以规制。

需要强调的是，为了防止该制度对逃税罪一般预防功能的消解，导致不同财富地位的行为人适用刑法的“不公”过分偏离刑法责任主义，立法对该制度的适用规定了限制性条件：5年以内因逃避纳税义务已经两次受到行政处罚或者曾受过刑事处罚的不适用“不予追究刑事责任”，即“不刑”仅限于“首罚”。

尽管“首罚不刑”制度在我国的创制遭到了学界不少的批评和质疑，如有学者认为该制度会产生“有钱人花钱免罪”的不公现象，[①]激励纳税人形成“反正不判刑，先逃税，抓住了再补缴就是了”的不正当想法，[②]在刑法适用上由于“富人免刑，穷人受刑”而悖于刑法公平。[③] 但是，在法定犯时代，[④]行政处罚与刑事制裁的广泛竞合和相互缠绕困扰学术界和司法实践久矣，对此亟须从立法层面给出解决方案。

申言之，在风险社会随着行政犯罪圈的不断扩大，越来越多的行政违法行为纳入刑法的规制范围，行政不法与刑事犯罪的界限越发模糊，这导致行政执法机关和刑事司法机关执法、司法的范围常常发生重叠与竞合，在实践中经常出现“以罚代刑”抑或“以刑代罚”的现象。虽然从理论上来说，行政处罚与刑事制裁无论在实现机制还是违法者承担法律责任的性质上都有本质不同，但从处罚的“外观”来看，行政处罚与刑事制裁都是国家对社会秩

---

① 参见郭昌盛：《逃税罪的解构与重构——基于税收制度的整体考量和技术性规范》，载《政治与法律》2018年第8期。

② 参见郭勇平：《〈刑法修正案（七）〉对〈税收征管法〉第六十三条的影响》，载《税务研究》2009年第12期。

③ 参见杨高峰：《逃税罪立法实施中的疑难问题研究》，载《学术探索》2009年第4期。

④ 参见孙万怀：《法定犯拓展与刑法理论取代》，载《政治与法律》2008年第12期。

序不服从者的处罚与制裁。“首罚不刑”制度摒弃了理论上对行政不法与刑事犯罪的界定与纷争,从法律制度的实际效用出发,一方面以非罪化条件激励行为人积极修复已经受到违法(犯罪)行为侵害的法益,另一方面给“不知法者不免责”的行为人“首犯”的机会,恪守了刑法谦抑主义。可以说,“首罚不刑”制度对行、刑互涉案件行政首判、刑事兜底的行政、刑事管辖权分配,容错机制的建立以及刑法谦抑品格的坚守无疑体现着立法的中国智慧。①

证券犯罪是典型的行政犯,我国甚至先于《证券法》的出台将虚假陈述、内幕交易、市场操纵等证券欺诈行为规定为刑事犯罪,但在司法实践中,证券违法行为涉嫌刑事犯罪在行政执法和刑事制裁之间一直面临“有案不移”“以罚代刑”的困境。笔者认为,将“首罚不刑”制度扩大适用于证券犯罪领域一方面能够为司法实践中普遍存在、具备实践理性的“以罚代刑”现象提供立法支撑,另一方面能够协调功能竞合的证券行政责任与证券刑事责任。

前已述及,行政犯具有行政不法和刑事违法的双重违法性,证券行政责任与证券刑事责任因为法律性质不同,从理论上来说可以对同一违法(犯罪)行为进行并罚。但是,在市场主体看来,证券行政责任和证券刑事责任都是对其利益的无差别剥夺,如果证监会处以罚款的行政处罚之后人民法院又判处罚金,多多少少都有“一事二罚”的意味。实践中,由于证券行政监管机关较之法院在证券市场违法行为监管、执法方面的专业优势,几乎所有的证券违法案件都是“行政首判”制,法院审理的证券犯罪案件完全依赖证监会的移送。对于我国证券犯罪案件中的“以罚代刑”现象,一味地“堵截”和批判不如挖掘其中的合理成分,在制度构建层面重新理顺证券行政执法和证券刑事司法的关系,协调证券行政责任和证券刑事责任两大证券公法责任。

总之,将“首罚不刑”制度应用于证券犯罪领域能够合理划分行政权和司法权的界限,发挥行政机关在证券市场违法行为查办中的专业优势与执

---

① See Jiang T. ,*A Juridical Logic Survey on the Dual Criminal Pattern in Chinese Criminal Law*,China Legal Science,Vol. 2;5,p. 27 - 51(2014).

法效益,实现刑事责任的底线、后盾保障。

第三节 我国证券法律责任制度功能协调的程序法完善

实体性法律规范制定只是实现证券市场法治的一个方面,以程序法保障的证券法律实施机制对于推进证券市场法律治理亦十分关键,也更为艰难。一般来说,投资者发起的民事诉讼、证券行政监管(执法)机构推进的行政执法、检察机关发起的刑事公诉对应证券法律责任体系中的三大法律责任,是证券法律的三大实施机制。民事诉讼作为证券民事责任的实施机制,系市场主体基于“成本—收益”分析后自主决定发起的救济程序,是证券市场交易双方民商事活动的自然延伸。由于来自市场外部的强制性色彩较少,民事诉讼实施证券法律最为缓和且与市场自治最为相容;行政执法以相对雄厚的财政资金和行政强制力保障证券行政责任有效实施,更加节省社会资源,且具有更强的执法能力、更灵活的应对能力以及更高的执法统一性,但会本能地压制市场创新,导致证券市场对金融资源配置的低效;①刑事公诉通过司法机关的侦查、公诉、审判程序实现证券刑事责任,其成熟的刑事司法程序和完备的证据采信制度可以有效规避行政执法不可避免的“恣意”,但证券专业能力的欠缺使其在相当大程度上依赖于证券监管机构。要在实体法层面实现证券法律责任制度的功能协调,需推行多元证券法律实施机制相互协同与有效衔接。

一、完善证券民事诉讼与行政执法的协同机制

我国证券法律的实施机制有着“重行政、轻司法”“重执法、轻诉讼”的传统,证券民事诉讼在我国的证券法律实施机制中还处于较为边缘的位置,证券民事诉讼的发起和审判受到重重的制度束缚和现实阻力。证券民事诉讼公法处理前置程序的建立不当限制了投资者应有的诉讼权利,举证能力的羸弱和高昂的诉讼费用也在微观层面制约受害投资者通过民事诉讼救济

---

① 参见缪因知:《中国证券市场法治化的道路》,载《交大法学》2013 年第 4 期。

权利。建立证券民事诉讼公法处理前置程序系出于对证券市场秩序司法控制的疑虑以及司法机关相较于证券行政监管机构专业人员匮乏的现实考量,但是能力不足不应由投资者买单,而应加强制度建设和能力培养。证券民事责任优先原则的实现需要对证券民事诉讼制度进行改造,并与其他证券法实施机制相互协同。

(一)证券民事诉讼制度的便利化改造

证券民事责任以民事诉讼为实现路径,因而民事诉讼的顺利进行是落实证券民事责任优先原则的基本前提。为了救济受害者权益、发挥私人诉讼的公共规制功能,美国学术界曾于20世纪80年代就如何改造私人诉讼程序展开了一场大讨论。有学者认为,起诉资格偏见(access bias)和诉讼程序偏见(process bias)是限制美国私人诉讼的两大制度因素,提出要放宽私人诉讼的起诉资格以让更多民事争议进入法院审判,并借助相对宽松的私人诉讼程序发挥民事责任的私人救济功能和公共规制功能。① 学者的“鼓与呼”得到了立法的回应,美国立法逐步放宽私人诉讼的起诉条件,并构建起了相对开放的证据开示制度。就我国证券民事诉讼制度当前的实施效果而言,诉讼提起的集体行动困境、较低的胜诉概率、损害赔偿的不足以及证券律师与受害投资者之间的代理成本等因素导致民事诉讼在我国证券市场侵权纠纷解决中并不活跃,②对此,需要从证券民事诉讼的起诉资格、举证责任分配以及诉讼费用负担三个方面对我国的证券民事诉讼制度进行便利化改造。

首先,证券民事诉讼起诉资格的扩大化。关于起诉资格的问题,我国的立法向来较为谨慎,尤其是在证券欺诈这类涉及大规模侵权和系统性金融风险的领域,受到专业审判人员储备不足等因素的限制,受害投资者的起诉资格受到较为严格的限制。从证券民事责任的投资者救济功能出发,对投资者的起诉资格进行限制必须建立其他损害赔偿机制作为替代,否则限制受害投资者的诉讼资格没有正当性基础。不过,我国最高司法机关已有取

① See Clayton P. G. & James E. K., *Risk, Courts, and Agencies*, University of Pennsylvania Law Review, Vol. 138:4, p. 1045(1990).

② 参见徐文鸣:《证券民事诉讼制度实施效果的实证研究——以虚假陈述案件为例》,载《证券市场导报》2017年第4期。

消证券民事诉讼公法处理前置程序的迹象,如最高人民法院在2015年的《关于当前商事审判工作中的若干具体问题》中专门提到虚假陈述、内幕交易和市场操纵等证券违法行为引发民事赔偿案件的立案受理问题,指出根据立案登记的司法解释规定,此类案件的立案受理不再以证券监管部门的行政处罚和生效的刑事判决作为前置条件,这无疑是对我国此前限缩证券民事诉讼做法的"拨乱反正"。此外,学术界还对在我国建立民事公诉制度的必要性与可行性进行了有益探索。[①] 毫无疑问,扩大诉讼资格有利于受害投资者通过民事诉讼实现证券民事诉讼的救济功能。

其次,强化投资者举证能力,合理利用举证责任倒置机制。证券民事责任功能的发挥除了需要顺利启动民事诉讼程序外,还需要有相对宽松、便利的诉讼程序对受害投资者进行倾斜性保护,以改善当前因投资者举证不能而胜诉率较低的问题。关于具体的民事诉讼程序改造,美国学者指出一方面需要在法律的解释和适用上倾向于保护受害投资者,另一方面需要在举证责任上适当减轻受害者的证明责任,如对物质性损害(materialized injury)结果证明义务的免除等。[②] 就中国的证券市场侵权案件来看,受害投资者进入民事诉讼程序之后,在诉讼过程中面临的难点有二:一是侵权者进行虚假陈述、内幕交易或者市场操纵违法事实的证明,二是投资损失与侵权者欺诈行为之间因果关系的证明。对此,笔者认为可以在我国建立证券集团诉讼的"预审查"制度,方便行政执法获得的证据在民事诉讼中的直接应用。同时,借助"欺诈市场理论"在我国建立市场欺诈与投资者损害之间的因果关系推定制度,由被告就其欺诈行为与原告的投资损害不存在因果关系进行举证证明,借此减轻受害投资者的举证负担。

最后,通过诉讼费用转移制度提高受害投资者发动证券民事诉讼的净收益。由于证券侵权诉讼的专业性极强,受害投资者通过民事诉讼求偿势必需要求助于律师的专业服务。当前,横亘于受害投资者与证券律师之间的代理成本(主要是律师费)也是受害投资者民事求偿的重要负担。对此,

---

① 参见李浩:《关于民事公诉的若干思考》,载《法学家》2006年第4期。

② See David R. ,*The Causal Connection in Mass Exposure Cases: A "Public Law" Vision of the Tort System*,Harvard Law Review,Vol. 97:4,p. 849(1984).

英国和美国分别采用了不同的模式，即由败诉方承担胜诉方全部诉讼费用的英国模式和当事人各自负担其诉讼成本的美国模式。① 显然，英国模式有利于激励适格主体发起私人诉讼，而美国模式有利于在具有诉讼文化的普通法系国家避免滥诉的发生。就我国证券民事诉讼的实际情况而言，证券律师希望代理费用最大化因而常采用"风险代理"模式，而这会大大折损投资者得到的赔偿净额。为了激励投资者发动证券民事诉讼求偿，必须对证券律师与投资者之间不一致的利益诉求进行纠正，我国宜在证券民事诉讼领域建立律师费用转移制度为投资者发起证券民事诉讼提供激励。

（二）建立金融法院与证券监管机构之间的沟通协调机制

对证券民事诉讼制度的便利化改造主要着力于为证券民事纠纷进入司法裁判程序打开前门，但受害投资者司法救济渠道受制的现实困境——我国法院审理金融纠纷案件专业能力储备不足的难题依然需要解决。与传统的民商事案件相比，证券市场纠纷在以下三个方面有其特殊性。

第一，案件裁判的"溢出效应"明显。证券民事案件的裁判虽然着眼于个案的纠纷解决，但所遵循的法理原则、应用的法律规则以及释放的司法态度会为证券市场参与者划定行为边界，甚至影响市场主体的交易模式和行政机关对证券市场的监管模式。

第二，案件处理结果涉及社会公共利益。证券市场的发展具有相当程度的公共性，②证券发行、交易不仅仅是契约履行和商业惯例的遵守，因其与系统性金融风险的高度关联还关乎一国证券市场的结构和稳定。

第三，证券投资者的弱势地位需要倾斜保护。从财力和专业能力来说，证券投资者较之上市公司和证券服务机构都处于弱势地位，金融创新往往以牺牲投资者利益为代价。在证券纠纷的裁判中，对投资者利益的考量和倾斜保护显然不同于传统民商事纠纷裁判所遵循的"强势平等"原则。

可见，审判能力专业化不足与证券市场纠纷之间存在很大张力。我国

---

① See Susan R. & Mark G., *The Divergence between Social and Private Incentives to Sue: A Comment on Shavell, Menell, and Kaplow*, The Journal of Legal Studies, Vol. 16:2, p. 483 – 491 (1987).

② 参见冯果：《资本市场为谁而存在——关于我国资本市场功能定位的反思》，载《公民与法（法学版）》2013 年第 6 期。

在废除证券民事诉讼公法处理前置程序渐成事实的背景下，组建专门的金融审判组织加强人民法院审理证券民事纠纷的专业能力十分紧迫。

事实上，早在1996年就有金融从业人员呼吁设立新的司法审判机构，以保护金融业的稳健运行。① 作为我国重点建设的国际金融中心，上海市从2008年就开始了金融审判组织专业化的“先行先试”：上海市浦东新区人民法院和黄浦区人民法院先后在2008年11月、12月新设“民事审判第六庭”和“民事审判第五庭”为专门的金融审判庭，专司涉及银行、证券、基金、信托等领域的民商事案件；2009年4月，国务院出台推进上海加快建设国际金融中心的意见，明确要求“探索建立上海金融专业法庭”，②同年6月上海市高级人民法院与各中级人民法院就相继宣布设立金融审判庭，由此在上海市的三级人民法院建构起专门的金融审判组织。

经过近十年的实践探索，中共中央全面深化改革委员会于2018年3月审议通过了《关于设立上海金融法院的方案》，全国人大常委会在4月审议通过了《关于设立上海金融法院的决定》，决定在上海设立专门的金融法院，集中管辖此前由上海市各中级人民法院管辖的金融民商事案件与涉金融行政案件，我国第一家金融法院就此成立。2020年12月底，中共中央全面深化改革委员会审议通过《关于设立北京金融法院的方案》，全国人大常委会在2021年1月审议通过《关于设立北京金融法院的决定》，决定设立北京金融法院专门管辖此前由北京市各中级人民法院管辖的第一审金融民商事案件、以金融监管机构为被告的第一审金融行政案件、住所地在北京的金融基础设施机构为被告、第三人或与其履职相关的第一审金融民商事、行政案件等金融案件，我国第二家专门的金融法院正式落地。

专门金融法院的设立对于补强我国司法机关较之证券行政监管机关在证券领域专业度不够的短板具有十分重要的意义。例如，在证券虚假陈述侵权案件中，受害投资者损失的认定十分棘手。上海金融法院在“许某鑫

---

① 参见罗俊扬：《建议设立金融法院》，载《金融经济》1996年第10期。

② 国务院《关于推进上海加快发展现代服务业和先进制造业建设国际金融中心和国际航运中心的意见》（国发〔2009〕19号）规定：“加强金融法制建设，加快制定既切合我国实际又符合国际惯例的金融税收和法律制度。完善金融执法体系，建立公平、公正、高效的金融纠纷审理、仲裁机制，探索建立上海金融专业法庭、仲裁机构。”

等诉上海普天邮通科技股份有限公司证券虚假陈述责任纠纷案"[①]中通过上海交通大学中国金融研究院建立的"多因子量化模型"精确核定该案原告因被告虚假陈述受到的损失,妥善解决了该案的"定损"问题。

尽管金融法院的设立以提高专业能力的方式增强了证券投资者通过司法机关实现证券民事责任从而填补证券欺诈损害的能力,但证券行政监管通过对证券市场的日常监管形成的"实践专业"以及主动、及时执法获取的证据仍具有十分大的优势。因此,在强化司法机关审判金融纠纷案件专业技能的同时,仍需在金融法院与证券监管机构之间建立必要的沟通协调机制。[②] 具体来说,对于那些已经受到证券行政执法机关调查、处罚的证券欺诈案件,在同一事由引发的证券民事诉讼中,行政执法机关对欺诈者违法事实、投资者损害结果以及欺诈行为与投资者损害之间因果关系的认定可以书面形式供金融法院在案件审理中参考,行政执法机关据以作出行政处罚的相关证据应向金融法院开示。

总之,鉴于证券民事责任和证券行政责任承担的功能不同,司法机关与行政部门对案件的处理应当保持独立,但就侵权、违法事实认定和证据采信等方面需建立必要的沟通协调机制。

二、完善证券行政执法与刑事诉讼的衔接机制

与美国等证券市场法治发达国家相比,中国证监会的行政权力受到的法律约束明显更少,并且拥有准立法权和准司法权。在准立法权方面,从理论上说,中国证监会出台的行政规章只能是《证券法》《公司法》等上位法律的细化或解释,但在实务中,中国证监会制定的规章往往为市场主体创设了许多权利义务,成为证券市场最有实际效力的法律渊源;在准司法权方面,为了应对证券违法资金转移快、调查取证难的特点,中国证监会的执法权限几经扩大,传统上专属于司法机关的冻结、查封涉案资金的权力都通过立法赋予中国证监会。鉴于此,证券犯罪的追诉非常依赖中国证监会查办案件

① 一审案号:(2018)沪74民初1399号;二审案号:(2020)沪民终294号。

② 参见陈洁:《证券民事赔偿诉讼取消前置程序的司法应对——以虚假陈述民事赔偿为视角》,载《证券市场导报》2021年第5期。

的移送。要实现证券行政执法与刑事诉讼的有效对接,需从证券公法责任的立法模式和衔接机制两方面进行完善。

(一)以"独立散在型"立法方式整合证券公法责任法律规范

证券行政责任和刑事责任在实施过程中频频出现"有案不移""以罚代刑"现象,固然有行政监管、执法较之刑事司法在专业度和效率上的巨大优势,但从立法技术上来说,我国当前对证券刑事责任采用的"依附散在型"立法方式也是证券行政执法与刑事诉讼衔接不畅的客观障碍。

申言之,刑法的渊源一般包括刑法典、单行刑法和附属刑法三种。① 其中,刑法典指立法机关以"刑法"名称颁布的、系统规定犯罪构成要件及其法律后果的法律,如我国在 1979 年颁布的首部刑法典——《刑法》,以及 1997 年经过全面修订颁布的《刑法》。②

单行刑法是国家以"决定"、"规定"、"补充规定"或者"条例"等名称颁布的,规定某一类行为构成犯罪及其法律后果或者刑法的某一事项的法律。例如全国人大常委会在 1998 年亚洲金融危机爆发后针对国内愈演愈烈的骗购外汇、非法买卖外汇和逃汇行为而颁布的《关于惩治骗购外汇、逃汇和非法买卖外汇犯罪的决定》便是典型的单行刑法。

附属刑法则是指附带规定于民法、行政法和经济法等非刑事法律中的罪刑规范。我国在民事法律、行政法律、经济法律中往往都会以"构成犯罪的,依照刑法追究刑事责任"的形式概括性地重申刑法典的相关内容,但在这些非刑事法律中并没有对罪刑规范作任何实质性的补充、修改或者解释,因而严格来说,我国并没有"附属刑法"这一刑法渊源。

那么,我国经济法律中大量存在的"构成犯罪的,依照刑法追究刑事责任"在学理上如何阐释呢?有学者指出,在经济法律、行政法律中分散地设置刑事规范的立法方式是一种散在型立法方式。散在型立法方式又可以进一步分为依附散在型立法与独立散在型立法两种。③ 依附散在型立法指的是分散在经济、行政法律规范中的刑事规范必须依附于刑法典才能实际发

---

① 参见张明楷:《刑法学》(上)(第 5 版),法律出版社 2016 年版,第 16~18 页。

② 1979 年颁布的《刑法》一般称旧刑法或旧刑法典,1997 年颁布的《刑法》一般称新刑法、现行刑法。若无特别说明,当前国内学术研究中的"《刑法》"专指 1997 年颁布的《刑法》。

③ 参见陈兴良:《论行政处罚与刑罚处罚的关系》,载《中国法学》1992 年第 4 期。

挥作用，“构成犯罪的，依照刑法追究刑事责任”便是这样的立法方式。独立散在型立法则是指在经济、行政法律中完整地规定犯罪罪名与法定刑，即上面说的“附属刑法”。

我国《证券法》一如其他行政、经济法律一样，为了保持刑法典的系统性和完整性，采用“依附散在型”立法方式规定证券刑事责任，在第219条规定“违反本法规定，构成犯罪的，依法追究刑事责任”。有学者认为从立法效能来看，这样的法律规定有害无益。因为如果刑法典有相关规定，即便在非刑事法律规范中没有这样的规定，违反该法律制度触犯刑法的也必须按照刑法的相关规定追究行为人的刑事责任。相反，如果刑法没有相关的规定，即便在非刑事法律规范中一再申明“构成犯罪的，依法追究刑事责任”也是枉然。而且，在非刑事法律的立法中频频使用“构成犯罪的，依法追究刑事责任”显示出立法者对刑罚手段的盲目崇拜，反映出立法态度的轻率与浮躁，甚至在整个社会氤氲出浓厚的戾气。[①]

事实上，“依附散在型”刑事立法在我国的“大行其道”是大陆法系“部门立法”模式与普通法系“领域立法”模式在我国共同作用的结果。大陆法系国家具有崇尚理性建构和体系整合的传统，无论在立法还是法学研究中都贯彻一种“还原”[②]思维，将法律划分出民法、行政法、刑法等不同的法律部门，将案件分为民事案件、行政案件抑或刑事案件。这有利于法学知识的系统化与精确化，使人们深入认知法律运行规律、建立法学范畴成为可能。但是，这样的“部门立法”模式导致本来相互联系的社会现象割离化和离散化，最终“只见树木，不见森林”。[③] 在国家积极立法介入社会事务的背景下，没有成文立法传统的普通法系国家也加入成文立法大军中。与大陆法系国家不同的是，普通法系国家没有“部门立法”的桎梏，而是“另起炉灶”地采用针对一个个问题具体、综合解决的“领域立法”模式，证券法、期货

---

① 参见陈甦：《析“构成犯罪的，依法追究刑事责任”》，载《人民法院报》2005年8月10日，第B01版。

② 还原论作为西方现代科学之源，认为万物均可通过人类主体思维的割离性分割成部分，进而了解其本质。参见吕忠梅：《环境法回归　路在何方？——关于环境法与传统部门法关系的再思考》，载《清华法学》2018年第5期。

③ See Klaus B., *Losing the Forest for the Trees: Environmental Reductionism in the Law*, Sustainability, Vol. 2:8, p. 2424(2010).

法、民用航空法等都是“领域立法”的产物。

我国作为立法后发国家，在“部门立法”的成文法基础上引进普通法系“领域立法”经验，才有了“依附散在型”的刑事立法模式。要扭转因证券行政责任与刑事责任立法规定割裂导致的“有案不移”“以罚代刑”现象，应采取“独立散在型”的立法方式整合证券公法责任法律规范，即在《证券法》中完整规定违反义务性规范条款应当承担的行政责任和刑事责任，借此改变“附属散在型”刑事立法附而不属的现象，①为证券行政执法与刑事诉讼的分工与衔接奠定基础。

（二）以证据转化为纽带完善证券公法责任的行、刑衔接机制

基于对行政处罚与刑事制裁在法律性质上差异迥然的理论认知和立法自觉，我国早在 1957 年就对行政拘留与刑事徒刑的折抵问题进行了规定。② 1996 年开始施行的《行政处罚法》明确规定涉嫌犯罪的行政违法案件须交由司法机关追究刑事责任，③1997 年新修订的《刑法》加入徇私舞弊不移交刑事案件罪，④规定了行政执法人员徇私舞弊不移交刑事案件应当承担的刑事责任。2001 年国务院专门出台《行政执法机关移送涉嫌犯罪案件的规定》⑤对行政执法机关移送涉嫌刑事犯罪案件应遵循的各项程序进行了规范，最高人民检察院以及有关部委随后单独或者联合在各自系统内出台了相关配套措施。⑥

---

① 参见李晓明：《论刑法与行政刑法的并立》，载《法学杂志》2017 年第 2 期。

② 参见最高人民法院于 1957 年 9 月 30 日作出的《关于行政拘留日期应否折抵刑期等问题的批复》（已失效）。

③ 1996 年《行政处罚法》第 22 条规定：“违法行为构成犯罪的，行政机关必须将案件移送司法机关，依法追究刑事责任。”2021 年最新修订的《行政处罚法》第 27 条第 1 款规定：“违法行为涉嫌犯罪的，行政机关应当及时将案件移送司法机关，依法追究刑事责任。对依法不需要追究刑事责任或者免予刑事处罚，但应当给予行政处罚的，司法机关应当及时将案件移送有关行政机关。”

④ 我国《刑法》第 402 条规定：“行政执法人员徇私舞弊，对依法应当移交司法机关追究刑事责任的不移交，情节严重的，处三年以下有期徒刑或者拘役；造成严重后果的，处三年以上七年以下有期徒刑。”

⑤ 该规范在 2020 年经国务院第 730 号令全面修订。

⑥ 参见最高人民检察院于 2001 年出台的《人民检察院办理行政执法机关移送涉嫌犯罪案件的规定》（高检发释字〔2001〕4 号，已失效），最高人民检察院、全国整顿和规范市场经济秩序领导小组办公室、公安部、监察部于 2006 年出台的《关于在行政执法中及时移送涉嫌犯罪案件的意见》（高检会〔2006〕2 号）等。

2011年2月,中央纪委、国务院法制办、最高人民法院、最高人民检察院、公安部等联合出台《关于加强行政执法与刑事司法衔接工作的意见》,提出建立多部门的联席会议机制、信息共享机制和案件会商机制对行刑交叉案件行政执法程序与刑事司法程序的衔接进行协调,明确了行刑交叉案件在行政执法程序与刑事司法程序之间的移送主体、移送材料、接受主体以及应接受主体不予立案的救济途径。除此之外,该意见还规定了人民检察院、国家监察机关、上级行政执法机关以及本级、上级人民政府对行政执法机关案件移送的监督义务,结合《行政处罚法》《刑法》对不移送、不按规范移送案件的违法主体应当承担的法律责任进行明确规定,至此标志着我国行刑交叉案件的行政执法、刑事司法衔接制度初步形成。[①]

如前所述,行刑交叉案件在行政执法与刑事司法两大程序间的移送包括线索移送与案件移送两种类型,但无论哪一种移送,由于案件事实具有同一性,证据在不同程序中的转化、衔接成为行刑衔接顺利进行的根本保证。[②] 我国《刑事诉讼法》第54条[③]规定了可以直接在刑事诉讼程序使用的证据类型,即物证、书证、视听资料和电子数据四种客观性较强的证据材料,最高人民法院则规定了这四种证据的认定程序:[④]经法庭查证属实、行政机关在查办案件和行政执法的过程中收集程序符合法律、行政法规的规定。但是,最高人民检察院对转化的证据类型进行了扩大,[⑤]行政机关在查办案件和行政执法过程中收集的鉴定意见、勘验笔录、检查笔录三种证据也被纳入了可以行刑转化的证据范围。无独有偶,公安部在《办理刑事案件

---

① 参见元明:《行政执法与刑事司法相衔接的理论与实践》,载《人民检察》2011年第12期。

② 参见张伟珂:《食品安全行刑衔接机制的理论与实践》,法律出版社2017年版,第168页。

③ 我国《刑事诉讼法》第54条第2款规定:"行政机关在行政执法和查办案件过程中收集的物证、书证、视听资料、电子数据等证据材料,在刑事诉讼中可以作为证据使用。"

④ 最高人民法院《关于适用〈中华人民共和国刑事诉讼法〉的解释》(法释〔2021〕1号)第75条第1款规定:"行政机关在行政执法和查办案件过程中收集的物证、书证、视听资料、电子数据等证据材料,经法庭查证属实,且收集程序符合有关法律、行政法规规定的,可以作为定案的根据。"

⑤ 最高人民检察院《人民检察院刑事诉讼规则》(高检发释字〔2019〕4号)第64条第2款规定:"行政机关在行政执法和查办案件过程中收集的鉴定意见、勘验、检查笔录,经人民检察院审查符合法定要求的,可以作为证据使用。"

程序规定》①中亦将行政机关在案件查办和行政执法过程中取得的鉴定意见、勘验笔录和检查笔录纳入可转化、认定的证据范畴。

可见，我国《刑事诉讼法》和办理刑事案件的主要机关对行刑交叉案件在不同程序之间可以转化、认定的证据存在标准不统一的现象：《刑事诉讼法》和最高人民法院将可予行刑转化的证据限定在物证、书证、视听资料和电子数据四种实物证据，但以“等证据材料”释放出扩展空间；最高人民检察院和公安部则明文将鉴定意见、勘验笔录和检查笔录三种证据纳入可直接转化、认定的证据范围，其中鉴定意见属于言词证据。

证券行政责任和证券刑事责任分别以行政执法与刑事诉讼为实现途径，案件证据在两个程序中的转化是证券公法责任的行、刑衔接的难点所在。② 一般来说，行政处罚和刑事制裁对证据的证明标准存在显著不同，即行政处罚以“优势证据”作为证据标准，而刑事制裁以“排除合理怀疑”作为证据标准。刑事诉讼不同阶段对证据的证明标准要求也呈现出明显的梯度：公安机关在侦查阶段对证据要求较低，检察机关在审查起诉阶段会显著提高证据的证明要求，法院在审判阶段对证据的认定须达到“排除合理怀疑”的终极要求。从这个角度来看，一个证券违法案件从行政执法进入刑事诉讼，最终到定罪判刑，对证据要求仿佛经历了一个层层过滤的“漏斗”，这就解释了公安部、最高人民检察院以“4 + 3”作为证据行刑转化的标准，而最高人民法院坚持《刑事诉讼法》所要求的 4 类证据的标准。

以“三位一体”模式协调多元的证券法律责任，发挥证券刑事责任的后盾、保障作用，应当发挥行政执法与刑事诉讼不同证据标准的“漏斗效应”，尽可能将应当受到公法处罚的证券违法案件限于行政处罚阶段，刑事责任只施以那些情节特别恶劣、影响特别巨大以及后果特别严重的证券违法案件。这一方面贯彻了“行政优先、刑事托底”的证券公法责任协调模式，另一方面遵循了有限的“一事不二罚”证券公法原则。

---

① 公安部《公安机关办理刑事案件程序规定》（中华人民共和国公安部令第 159 号）第 63 条规定：“公安机关接受或者依法调取的行政机关在行政执法和查办案件过程中收集的物证、书证、视听资料、电子数据、鉴定意见、勘验笔录、检查笔录等证据材料，经公安机关审查符合法定要求的，可以作为证据使用。”

② 参见杨寅：《论我国食品安全领域的行刑衔接制度》，载《法学评论》2021 年第 3 期。

三、在证券刑事案件中保障投资者民事利益实现

在我国当前的法律规范中，民事诉讼和追缴、退赔[①]是刑事被害人实现权利救济的两种方式，其中民事诉讼包括刑事附带民事诉讼和单独的民事诉讼。[②] 这实际是"刑事程序合并民事程序"的模式，即在刑事诉讼程序中合并考虑对被害人受损民事利益的填补问题和权利救济问题。这一模式有利于刑事案件多元诉求的"一揽子"解决，但是，无论以何种方式救济民事权益，都须在确定了犯罪嫌疑人的刑事责任之后再确定其民事责任，因而从本质上说都属于"先刑后民"模式。对此，有学者指出我国《刑事诉讼法》在追缴、退赔程序和刑事附带民事诉讼方面的规范性均严重不足，难以为刑事被害人的民事权利提供全面、高效、便利的保护，因而仍需关注刑事被害人的权利救济问题。[③]

（一）建立"构成要件定性、赔偿情况定责"的证券刑事案件审理模式

我国《刑事诉讼法》没有就民刑交叉案件的处理原则作出任何规定，《民事诉讼法》虽然对须以另案审理结果为依据的民事案件有中止审理的原则性规定，[④]但是，"另案"并不限于刑事诉讼案件。尽管如此，以"先刑后民"原则处理民刑交叉案件似乎在司法实践中取得了广泛共识，有学者统计发现实务中以"先刑后民"原则处理的民刑交叉案件占比高达 75.3% 。[⑤] 事实上，"先刑后民"确实作为一项具有规范约束作用的原则普遍存在于司法实践之中，而这源于一系列司法解释。

早在 1985 年，最高人民法院、最高人民检察院和公安部就联合发布通

---

① 最高人民法院《关于适用〈中华人民共和国刑事诉讼法〉的解释》（法释〔2021〕1 号）第 176 条规定："被告人非法占有、处置被害人财产的，应当依法予以追缴或者责令退赔。被害人提起附带民事诉讼的，人民法院不予受理。追缴、退赔的情况，可以作为量刑情节考虑。"

② 最高人民法院《关于适用〈中华人民共和国刑事诉讼法〉的解释》（法释〔2021〕1 号）第 200 条规定："被害人或者其法定代理人、近亲属在刑事诉讼过程中未提起附带民事诉讼，另行提起民事诉讼的，人民法院可以进行调解，或者根据本解释第一百九十二条第二款、第三款的规定作出判决。"

③ 参见谭志君：《刑事被害人权利救济的多元模式》，载《政法论坛》2010 年第 5 期。

④ 我国《民事诉讼法》第 153 条规定了民事诉讼应当中止诉讼的若干情况，第 5 项规定："本案必须以另一案的审理结果为依据，而另一案尚未审结的。"

⑤ 参见张卫平：《民刑交叉诉讼关系处理的规则与法理》，载《法学研究》2018 年第 3 期。

知,要求各级法院在审理经济纠纷时发现有经济犯罪的,应将案件材料移送有管辖权的司法机关追究刑事责任。[①] 1987 年三部门再次联合发布通知,对法院在审理经济纠纷中发现经济犯罪的移送方式进行了规定,即“全案移送”为原则,“只移送经济犯罪部分”为例外,借此基本确立了民刑交叉案件“先刑后民”为原则,“先民后刑”“民刑并行”为例外的处理模式。[②] 最高人民法院于 1998 年作出的“经济犯罪问题规定”更加明确地反映了司法机关对民刑交叉案件“先刑后民”处理模式的认识。[③] 最高人民法院、最高人民检察院和公安部三部门于 2014 年联合发布的“非法集资意见”则几乎否定了对非法集资刑事案件民事权益另案救济的可能性,要求有关机关一律驳回起诉或者中止执行,并将相关材料移送司法机关在同案的刑事诉讼程序中处理。[④]

由上可见,我国立法对民刑交叉案件的处理模式并无明文规定,即便是《民事诉讼法》规定了民事案件因另案尚未审结而需要中止审理的情况,也将其限制在民事案件的审理须以另一案的审理结果为依据的情况下,可以说是一种“有条件的先刑后民”或者“限制性的先刑后民”。但是,从一系列司法解释和司法实践来看,这种立法上“有条件的先刑后民”显然被绝对化了,进而成为司法实践中普遍遵循的一项“原则”。究其原因,主要在于人们对刑事诉讼程序的“过分”信赖。刑事诉讼程序较之民事诉讼程序最大的区别在于公权力机关的深度介入:在侦查阶段侦查机关可以根据工作需要,经过严格审批后采取电话监听、电子侦听、远程监控、秘密拍照、录像等

① 参见最高人民法院、最高人民检察院、公安部《关于及时查处在经济纠纷案件中发现的经济犯罪的通知》[法(研)发〔1985〕17 号,已失效]。

② 参见最高人民法院、最高人民检察院、公安部《关于在审理经济纠纷案件中发现经济犯罪必须及时移送的通知》[法(研)发〔1987〕7 号,已失效]。

③ 最高人民法院《关于在审理经济纠纷案件中涉及经济犯罪嫌疑若干问题的规定》(法释〔1998〕7 号)第 12 条规定:“人民法院已立案审理的经济纠纷案件,公安机关或检察机关认为有经济犯罪嫌疑,并说明理由附有关材料函告受理该案的人民法院的,有关人民法院应当认真审查。经过审查,认为确有经济犯罪嫌疑的,应当将案件移送公安机关或检察机关,并书面通知当事人,退还案件受理费;……”该司法解释在 2020 年修正,但这里涉及的条文未发生变化。

④ 参见最高人民法院、最高人民检察院、公安部《关于办理非法集资刑事案件适用法律若干问题的意见》(公通字〔2014〕16 号)第 7 条“关于涉及民事案件的处理问题”的规定。

技术侦查手段，[①]在诉讼阶段检察院出庭支持诉讼的专业能力显然要强于民事诉讼中的原告。

查明案件事实是民事诉讼与刑事诉讼共同的目标追求，但刑事诉讼中的证据收集和诉讼支持均是由公权力机关完成的，民事诉讼则需由原告及其代理律师完成上述工作，两相比较，人们显然更愿意相信刑事诉讼程序更能揭示案件事实，自然而然地形成了“先刑后民”的观念。[②] 以“先刑后民”模式处理民刑交叉案件的确存在案件事实揭示优越性，但其弊端亦是显而易见的——私权受损。在审理程序上，被害人民事求偿的程序选择权遭到剥夺，附带于刑事程序的求偿范围被限定在“物质损失”，刑事责任的“尘埃落定”使犯罪人失去了积极赔偿的激励，附带民事诉讼往往沦为“空判”。[③]

对于证券侵权民刑交叉案件来说，“先刑后民”模式显然无助于证券民事责任与证券刑事责任的协调，无助于问题的最终解决。那么，应当构建怎样的审理模式在程序上统筹刑事诉讼和民事诉讼，在实体上协调证券民事责任与证券刑事责任呢？如前所述，在“三位一体”的证券法律责任制度中，证券民事责任因其填补受害投资者损害和“溢出”市场控制机能处于优先序位，证券刑事责任基于对证券市场系统的整体保卫处于底线、后盾的位置，促进证券民事责任的实现是证券刑事责任的“职责”之一。映射到诉讼制度建构，证券刑事责任分为“定罪”“量刑”两个阶段，对这两个阶段进行拆分插入民事诉讼程序，将有利于为证券民事责任的实现提供一定激励作用。

申言之，实践中依赖“先刑后民”模式主要出于对刑事诉讼程序公权力机关主导的证据收集与诉讼支持的信赖。对于证券民刑交叉案件的处理来说，先由公安机关的经济犯罪侦查部门对行为人虚假陈述、内幕交易、市场操纵等证券犯罪行为进行侦查和证据收集（更前端普遍依赖证券行政监管机关的行政执法），在诉讼阶段由检察院支持诉讼，对行为人的犯罪事实和损害后果与刑法罪名构成要件进行“对接”、认定，随后进入民事赔偿阶段

---

① 参见张建伟主编：《刑事诉讼法》，高等教育出版社2014年版，第372页。

② 参见万毅：《“先刑后民”原则的实践困境及其理论破解》，载《上海交通大学学报（哲学社会科学版）》2007年第2期。

③ 参见陈瑞华：《刑事附带民事诉讼的三种模式》，载《法学研究》2009年第1期。

的处理，最后根据犯罪人的民事赔偿情况在法定刑的范围进行量刑。“构成要件定性、赔偿情况定责”的证券刑事案件审理模式能够激励犯罪人积极赔偿受害投资者损失，实现证券刑事责任对证券民事责任的促进、保障作用。

（二）以私法债权优先原则完善证券刑事案件涉罪财产分配制度

刑事案件的涉罪财产主要有供犯罪所用财物、违法所得和犯罪分子的其他财物三部分，相关财物的处置遵循如下原则：供犯罪所用财物一律没收、违法所得返还或者退赔被害人、犯罪分子的其他财物用于承担附加刑中的罚金刑或没收财产（如有）。从理论上说，犯罪人的犯罪所得源于被害人的财产（利益）转移（这一点在证券犯罪这类财产犯罪中体现得尤为明显），犯罪所得的返还与退赔就可以使被害人受损的民事权利恢复到犯罪行为发生之前的状态，因而刑事被害人诉请返还或者退赔的财物限于犯罪人的违法所得；相较而言，罚金刑与没收财产刑罚旨在通过对犯罪人施以财产剥夺的痛苦实现刑事责任的惩戒功能，因而罚金刑与没收财产刑罚针对的是犯罪人所有且不涉及犯罪行为的财物，其本身属于刑事案件的案外财产。

在执行层面也可以看到违法所得返还、退赔与罚金刑、没收财产的不同：违法所得返还、退赔和附带民事诉讼判项的执行旨在为被害人受损的民事权利提供救济，属于私法债权的执行，因而应当由被害人或其近亲属申请启动执行程序；罚金刑、没收财产刑罚的执行是国家刑罚权的体现，属于公法债权的执行，[①]因而应当以检察机关申请的方式启动执行程序。[②] 遗憾的是，这种界分只能停留在理论层面，姑且不谈人身犯罪中犯罪所得与受害者受损的民事利益难以用财产衡量，即便是证券犯罪这样的财产犯罪，由于犯罪人挥霍、市场行情波动、受害投资者损失扩大等外部因素的介入，犯罪所得与受害人损失之间经常存在巨大的差额。

由此，在证券民刑交叉案件中经常出现公法债权与私法债权执行竞合的情况，即犯罪所得退赔不足以填补受害投资者损失，将犯罪人所有的其他

---

① 参见肖建国：《论财产刑执行的理论基础——基于民法和民事诉讼法的分析》，载《法学家》2007 年第 2 期。

② 参见纪格非：《刑事涉案财物处置程序中的案外人权利保护》，载《法学杂志》2020 年第 8 期。

财产纳入无法完全覆盖公法债权和私法债权执行所需的情况。对此,我国《刑法》第36条规定了民事赔偿优先原则,即犯罪人的财产不足以全部支付罚金与承担民事赔偿责任,或者被判处没收财产的,应当优先承担对被害人的民事赔偿责任。《证券法》第220条亦规定,违反《证券法》规定应当缴纳罚款、罚金、违法所得,同时需要承担民事赔偿责任的,如果违法行为人的财产不足以完全支付,优先用于承担民事赔偿责任。此外,最高人民法院于2014年出台的《关于刑事裁判涉财产部分执行的若干规定》第13条规定了被执行人同时承担刑事责任和民事责任,其财产不足以支付的执行顺序,即按照人身损害赔偿中的医疗费用、退赔受害人损失、其他民事债务、罚金、没收财产的顺序予以执行。

可见,我国在立法层面就公法债权与私法债权的执行竞合确立了私法债权优先实现的原则。遗憾的是,这些规定往往都只起到宣示作用,限于民事诉讼执行效率的滞后性以及缺乏程序性保障规范和必要配套制度等原因,证券民事赔偿优先原则始终被束之高阁,无法落实。① 在司法实践中,受民刑交叉案件"先刑后民"处理惯例的影响,犯罪人有限的财产往往都在行政执法和刑事责任执行阶段执行入库,受害投资者的民事求偿实现更是难上加难。

对此,笔者认为应当从以下三个方面加以改善。

首先,由最高人民法院、中国证监会、财政部联合出台规范性文件对证券法律责任当前条块化的实施机制进行统筹、协调,在系统内外重申证券民事赔偿责任优先原则,并就该原则的实施机制在各自的职权范围内进行制度安排和程序保障。例如,人民法院可以针对证券犯罪案件的罚金、没收财产执行建立"执前审查"机制,审查是否存在民事赔偿以及民事赔偿是否已经赔付到位等。

其次,建立证券犯罪罚没款项暂缓入库与申请退库制度,为受害投资者提供针对已经纳入国库的证券犯罪罚没款项的救济途径。"执前审查"机制的建立为证券投资者受害民事利益优先受偿提供了前端保障,在此基础上还须"开后端",对那些因审查疏漏或者未及时申诉权利的受害投资者提

---

① 参见陈洁:《证券民事赔偿责任优先原则的实现机制》,载《证券市场导报》2017年第6期。

供救济机会,即申请证券罚没款退库。

最后,建立证券犯罪受害投资者救助制度。对于那些国家完全放弃公法债权仍然无法使受害投资者充分受偿的证券犯罪案件,可以通过证券市场风险保险制度为受害投资者提供补充性赔偿。① 如果投资者因证券犯罪遭受损失而陷入生活困境,还应在证券犯罪领域贯彻国家责任主义,以国家财政对受害投资者进行必要的生活救助。

本章小结

证券私法责任与证券公法责任在多数情况下目标相容,但在特定情况下会发生冲突,此时应以私法责任优先,因为投资者利益得到周全保护的证券市场一般公正而有序;反之则不然。我国证券公法继受德国行政不法与刑事犯罪分立的立法模式,但刑事犯罪立法沿袭"定性 + 定量"的本土化立法模式,造成证券行政不法与刑事犯罪仅剩"罪量"的区别,功能目标逐渐同质化。我国证券法律责任制度的程序法机制存在结构性缺失,一方面现有的证券执法、司法机制无法保障《证券法》所有实体性法律责任条款的实施,许多条款沦为"沉睡条款";另一方面,证券民事诉讼的"公法处罚前置"程序使得证券行政执法对证券民事诉讼的制约效应显著大于促进效应,证券行政执法机构专业性增强以及执法权力的扩张使其频频进入刑事司法领地,出现有案不移。要有效解决以上问题,应立足功能主义,将民事、行政、刑事的证券法律责任均视为规制证券市场活动的法律工具,以"三位一体"的"倒品字"结构协调多元证券法律责任的功能发挥。投资者保护和市场秩序维持是法律规制证券市场活动的两大目标。鉴于证券市场规则和秩序的"内生性"以及国家干预的有限性,应以"市场调节为主、国家干预为辅"为具体的规制进路。

要落实证券民事责任优先原则,在实体法层面需完善受害投资者求偿

---

① 参见田宏杰、严岩:《证券犯罪被害人救助制度研究——由"董正青案"引发的思考》,载《中国农业大学学报(社会科学版)》2009 年第 2 期。

的配套制度。在归责原则上，根据过错责任原则、无过错责任原则对市场主体“双向激励”“单向激励”的对应关系，结合证券市场侵权行为的“单向性”特点，宜采取无过错责任原则归责；鉴于证券中介机构“看门人”制度的设置，证券市场侵权行为的发生往往是共同侵权，应以连带责任保障受害投资者实现求偿。证券市场的规则供给有“内生”与“建构”之分，前者主要通过市场主体在交易活动中交往、博弈形成，并以证券民事责任保障实施；后者则通过国家干预、设计形成，并主要以证券行政责任保障施行。我国证券市场作为经济体制改革配套的“试验田”而建立，市场规则以“建构”为主。随着市场规模扩大，规则供给应向“内生”为主转型，法律责任配置则应遵循“轻行政责任”进路。证券刑事责任在“三位一体”的证券法律责任体系中定位为对投资者利益与市场秩序的后盾性、底线性保障与维护，在具体制度上应以恢复性刑事司法制度和“首罚不刑”的二元制证券公法责任制度予以实现。恢复性刑事司法制度能够激励犯罪人在犯罪后从更广的范围内筹措资金赔偿受害投资者，“首罚不刑”制度适用于证券领域则能更好协调证券公法责任。

在程序法层面保障证券民事责任优先原则实现，需对证券民事诉讼制度进行便利性改造，同时提高人民法院审理证券侵权案件的专业能力。具体而言，应从扩大证券民事诉讼起诉资格、强化投资者举证能力以及提高受害投资者诉讼净收益三个方面便利证券民事诉讼的发动，组建专业的金融法院，并在事实认定、证据采信等方面与证券行政执法机构建立必要的沟通协调机制。“有案不移”“以罚代刑”是我国证券行政责任与证券刑事责任的实现机制衔接不畅最直观的表现。对此，应改变证券行政责任与刑事责任分别规定于《证券法》和《刑法》的立法模式，在《证券法》中整合所有证券公法责任规范。同时，在行政调查、执法程序与刑事立案、公诉、定罪程序对证据强度要求的“层层过滤”下进行证据的“行刑转化”，实现“行政优先、刑事托底”。我国立法并未规定民刑交叉案件完全按照“先刑后民”抑或“先民后刑”处理，但在司法实践中因为对刑事诉讼程序的信赖普遍遵循“先刑后民”模式，导致民事利益保护不充分。对此，应分拆刑事案件的“定罪”部分与“量刑”部分，将犯罪人赔偿投资者损失情况纳入量刑考量因素。对于执行阶段的公法债权与私法债权竞合，应以“执前审查”等制度保障证券民事责任先予实现。

结束语

尽管从法学术语的内涵来讲,证券法律责任包含了民事的、行政的和刑事的法律责任,但从法律制定与理论发展的历史脉络来看,证券法律责任制度成为一个兼具立法实证与理论内涵的法学范畴,乃是证券行政责任诞生之后的事情,而这与国家规制证券市场的经济职能发展紧密相关。美国作为资本主义国家中奉行自由主义最为典型的国家之一,在"大萧条"以前基本维持着自由放任的经济政策。直至1929年10月由证券市场崩盘开始的美国20世纪最严重的经济危机把美国资本主义制度推到崩溃边缘,罗斯福开始了政府干预市场经济活动的一系列立法,包括《1933年证券法》与《1934年证券交易法》。这两部法律成立了专门的行政机构实现联邦政府对证券市场的监管,强制信息披露保障投资者知情权,明令禁止市场操纵、内幕交易等欺诈行为,并以罚款、监禁等处罚措施保障法律施行。可以说,诞生于罗斯福新政时期的这两部法律奠定了美国乃至世界的证券法律基础,规范证券发行、交易,禁止虚假陈述、市场操纵与内幕交易成为世界各国规制证券市场活动的通行规则,并以民事的、行政的抑或刑事的法律责任保障规则施行。

在后罗斯福新政时代，制定法在美国呈现出爆发态势，甚至超越判例法成为现代美国法最重要的法律渊源。与具有深远制定法传统的大陆法系国家不同，美国的制定法是在其判例法体系之外，按照一个领域一部法律的实用主义立法模式进行，将民事、行政、刑事的法律规则和法律责任熔于一炉。[①] 随着经济全球化带来经济法律全球化，“领域法”立法模式在有着“部门法”立法传统的大陆法系国家亦“大行其道”，银行法、证券法、保险法等领域性立法在德国、日本等大陆法系国家频频出现并与传统的部门法分立格局发生龃龉。与此同时，鉴于证券市场的高度信息不对称及高风险性，专司证券市场监管的行政机构普遍获得法律赋予的准立法权和准司法权，其对证券市场的干预、监管日益加深，行政责任成为证券市场违法、违规行为需要承担的最主要的法律责任，在很多证券违法案件中甚至成为唯一的证券法律责任。证券民事责任因为投资者诉讼能力的羸弱而鲜有实现，证券刑事责任则因为司法机关对行政执法机关的高度依赖而频频被架空。基于以上法律制定及实施机制的原因，对证券法律责任制度内部的民事、行政、刑事法律责任进行性质剖析和功能定位，在此基础上寻求证券法律责任制度的功能协调实为必要。

证券民事责任作为唯一的私法责任，其功能定位于填补受害投资者损失，通过受害投资者发动民事诉讼予以实现；证券行政责任与证券刑事责任作为公法责任，其功能定位于惩罚已然不法、预防未然不法，分别通过证券行政监管机构的行政执法程序和司法机关的刑事司法程序予以实现。证券行政责任的“一家独大”会压缩投资者民事权益的救济空间，使证券刑事责任沦为“象征性立法”，以证券民事责任主导证券法律责任制度则会因“被告消失难题”和集体行动困境造成法律规制证券市场的低效率，证券刑事责任主导证券法律责任制度则会造成实施证券法律责任制度的“高能耗”以及对市场机制的过分压制。因此，任何一种法律责任主导的证券法律责任制度都是不完善的协调路径。

通过进一步的比较分析可以发现，分属于不同部门法的证券法律责任

---

① 参见[美]盖多·卡拉布雷西：《制定法时代的普通法》，周林刚、翟志勇、张世泰译，北京大学出版社2006年版，第10页。

在功能定位和实施路径上存在优势互补,合作规制成为证券法律责任制度功能协调的路径选择。在逻辑构造上,合作规制的证券法律责任呈现为“三位一体”的倒“品”字结构:通过私人诉讼实现的民事责任以救济投资者为主要功能诉求,“溢出”市场秩序控制机能;通过行政执法实现的行政责任以维护证券市场秩序为主要功能诉求,投资者利益寓于市场秩序之中;通过刑事司法程序实现的刑事责任旨在实现对投资者个人法益和市场秩序超个人法益的整体保护。运作起来的“三位一体”证券法律责任制度表现为公法责任对私法责任的促进、保障,公法责任内部的有效衔接。立基于整体性、系统性设计的“三位一体”模式使证券法律责任制度的功能协调可期、可待、可及。

世界的眼光还需回归中国的问题。中国特色社会主义法律体系以部门法分立为格局,并以部门法是否健全作为法律体系是否完整的衡量标准。[①] 在证券法律责任的立法上,我国《证券法》以行政责任为“本法责任”,在“重行政惩罚、轻民事救济”的批评声浪中逐渐增加明示民事诉权条款,刑事责任方面则有附属刑法条款。在证券法律责任立法上,我国因缺乏对“部门法”立法模式异于“领域法”立法模式的主观认识,加之对刑法部门法“完整性”的片面坚持,造成证券法律责任在立法层面的分割。在证券法律责任的实施机制上,市场主体、行政监管机构、司法机关的“分别负责”造成了证券法律责任制度的冲突。对此,应以“三位一体”模式协调证券法律责任制度,将证券犯罪的罪刑条款纳入《证券法》一并规定,从外在形式上实现多元证券法律责任的合作规制。在此基础上,秉持便利私法责任实现、以公法责任促进私法责任、以刑事责任保障投资者个人法益与证券市场秩序超个人法益的理念,完善证券法律责任制度的实施机制。

---

① 参见朱景文:《中国特色社会主义法律体系:结构、特色和趋势》,载《中国社会科学》2011 年第 3 期。

主要参考文献

一、著作类

[1][美]盖多·卡拉布雷西:《制定法时代的普通法》,周林刚、翟志勇、张世泰译,北京大学出版社 2006 年版。

[2][美]盖多·卡拉布雷西:《事故的成本:法律与经济的分析》,毕竟悦、陈敏、宋小维译,北京大学出版社 2008 年版。

[3][德]格哈德·瓦格纳:《损害赔偿法的未来——商业化、惩罚性赔偿、集体性损害》,王程芳译,中国法制出版社 2012 年版。

[4][美]罗伯特·考特、托马斯·尤伦:《法和经济学》,史晋川、董雪冰译,格致出版社、上海三联书店、上海人民出版社 2010 年版。

[5]陈彬、李昌林等:《刑事被害人救济制度研究》,法律出版社 2009 年版。

[6]陈洁:《证券民事赔偿制度的法律经济分析》,中国法制出版社 2004 年版。

[7]陈晓明:《修复性司法的理论与实践》,法律出版社 2006 年版。

[8]洪家殷:《行政罚法论》(增订2版),台北,五南图书出版有限公司2006年版。

[9]侯水平主编:《证券法律责任》,法律出版社2005年版。

[10]黄华生:《刑事被害人国家补偿法立法研究》,中国政法大学出版社2014年版。

[11]练育强:《完善行政执法与刑事司法衔接机制之反思》,法律出版社2017年版。

[12]练育强:《证券行政处罚与刑事制裁衔接问题研究》,北京大学出版社2017年版。

[13]李志君:《证券市场自律研究》,人民出版社2013年版。

[14]楼晓:《证券业自律管理"公权化"研究》,知识产权出版社2014年版。

[15]马其家:《证券民事责任法律制度比较研究》,中国法制出版社2010年版。

[16]邵明波:《法律保护、投资者选择与金融发展》,中央编译出版社2017年版。

[17]苏永钦:《民事立法与公私法的接轨》,北京大学出版社2005年版。

[18]宋亚辉:《社会性规制的路径选择——行政规制、司法控制抑或合作规制》,法律出版社2017年版。

[19]翁晓健:《证券市场虚假陈述民事责任研究——美国证券法经验的反思与借鉴》,上海社会科学院出版社2011年版。

[20]夏伟:《刑民交叉的理论构造》,法律出版社2020年版。

[21]徐静:《管制规范对侵权责任构成的影响》,江苏人民出版社2019年版。

[22]殷守革:《行政和解法治论》,山西人民出版社2020年版。

[23]杨东:《金融消费者保护统合法论》,法律出版社2013年版。

[24]翟月玲:《行政责任法律规制研究》,中国社会科学出版社2014年版。

[25]郑彧:《证券市场有效监管的制度选择——以转轨时期我国证券

监管制度为基础的研究》,法律出版社 2012 年版。

[26]主力军:《欧盟与德国资本市场法研究》,上海社会科学院出版社 2018 年版。

[27]祝二军:《证券犯罪刑事立法原理》,中国方正出版社 2000 年版。

[28]朱伟一编著:《美国证券法判例和解析》,中国政法大学出版社 2013 年版。

[29] FABRIZIO G., *Delegation in the Regulatory State: Independent Regulatory Agencies in Western Europe*, Edward Elgar Publishing, 2008.

[30] ESTER H. & NICHOLAS R., *Market Manipulation and Insider Trading: Regulatory Challenges in the United States of America, the European Union and the United Kingdom*, Hart Publishing, 2019.

[31] THOMAS A. L., *How to Regulate: A Guide for Policymakers*, Cambridge University Press, 2017.

二、论文

[1]蔡宏伟:《"法律责任"概念之澄清》,载《法制与社会发展》2020 年第 6 期。

[2]陈洁:《证券民事赔偿责任优先原则的实现机制》,载《证券市场导报》2017 年第 6 期。

[3]郭雳:《证券执法中的公共补偿——美国公平基金制度的探析与借鉴》,载《清华法学》2018 年第 6 期。

[4]高基生:《德国证券市场行政执法机制研究》,载《证券市场导报》2005 年第 4 期。

[5]高振翔、陈洁:《美国证券执法和解制度镜鉴》,载《证券市场导报》2020 年第 11 期。

[6]黄辉等:《证券民事赔偿责任优先的法理逻辑与实现路径》,载《投资者》2019 年第 2 期。

[7]刘俊海:《论证券市场法律责任的立法和司法协调》,载《现代法学》2003 年第 1 期。

[8]练育强:《问题与对策:证券行政执法与刑事司法衔接实证分析》,

载《上海政法学院学报(法治论丛)》2018 年第 4 期。

[9]鲁篱:《论金融司法与金融监管协同治理机制》,载《中国法学》2021 年第 2 期。

[10]毛玲玲:《证券市场刑事责任的法律经济分析》,载《华东政法学院学报》2005 年第 4 期。

[11]缪因知:《操纵证券市场民事责任的适用疑难与制度缓进》,载《当代法学》2020 年第 4 期。

[12]彭冰:《建立补偿投资者的证券行政责任机制——针对内幕交易和操纵市场行为》,载《中外法学》2004 年第 5 期。

[13]宋亚辉:《风险控制的部门法思路及其超越》,载《中国社会科学》2017 年第 10 期。

[14]王利明:《我国证券法中民事责任制度的完善》,载《法学研究》2001 年第 4 期。

[15]周友苏、蓝冰:《证券行政责任重述与完善》,载《清华法学》2010 年第 3 期。

[16]张红:《破解行政执法和解的难题——基于证券行政执法和解的观察》,载《行政法学研究》2015 年第 2 期。

[17]中国社会科学院课题组:《证券法律责任制度完善研究》,载黄红元、徐明主编:《证券法苑》第 10 卷,法律出版社 2014 年版。

[18] Andrew A., *Punishment and Compensation: Victims, Offenders and The State*, Oxford Journal of Legal Studies, Vol. 6(1986).

[19] Andrew B., *Restitution of Mistaken Enrichments*, Boston University Law Review, Vol. 92(2012).

[20] Gary S. B. & George J. S., *Law Enforcement, Malfeasance, and Compensation of Enforcers*, The Journal of Legal Studies, Vol. 3(1974).

[21] Felicity B., *Empirical Research in Law*, Griffith Law Review, Vol. 52(2016).

[22] Peter C., *Understanding and Protecting Vulnerable Financial Consumers*, Journal of Consumer Policy, Vol. 38(2015).

[23] Bart F., Aaron B. G. & Alireza T., *Do Criminal Sanctions Deter*

Insider Trading?, Financial Review, Vol. 48(2011).

[24] Jiang T., *A Juridical Logic Survey on the Dual Criminal Pattern in Chinese Criminal Law*, China Legal Science, Vol. 2(2014).

[25] Jacint J., David L. & Xavier F., *The Global Diffusion of Regulatory Agencies: Channels of Transfer and Stages of Diffusion*, Comparative Political Studies, Vol. 44(2011).

[26] Kyle D. L., *Coordinating Sanctions in Tort*, Cardozo Law Review, Vol. 31(2010).

[27] Clemens M., *The System Theory of Niklas Luhmann and the Constitutionalization of the World Society*, Goettingen Journal of International Law, Vol. 4(2012).

[28] Amanda M. R., *Reforming Securities Litigation Reform: Restructuring the Relationship Between Public and Private Enforcement of Rule 10B-5*, Columbia Law Review, Vol. 108(2008).

[29] Urska V., *Public Compensation for Private Harm: Evidence from the SEC's Fair Fund Distributions*, Stanford Law Review, Vol. 67(2015).

后　记

2021 年 4 月，中国科学院大学黄国平博士学位论文中的“致谢”走红网络。感动之余，再次深深感受到这个世界的参差。黄国平博士在“致谢”中描述的艰难求学场景，我从前只在父母回忆小时候的故事里听到过。作为四川老乡，没想到距离家乡仅二百多公里的仪陇，还有同辈人在重复着父母小时候的生活，这何尝不是一个“四川折叠”呢？相较之下，我幼时的求学之路因为过于顺利实在是乏善可陈。生活中的大事小情都由父母包揽，我只需专注于上学这个“主业”即可。由于天资愚钝，即便在衣食无忧的条件下，我既没有足以敲开名校特招大门的一技之长，也没有成长为一名优秀的“小镇做题家”，因而只能从一所末流“211 大学”开始“艰难”的大学求学之旅。

2022 年是我本科毕业十周年。十年来从南京读研、工作再到厦门读博，生活虽不似黄国平博士那般饱经忧患，却也历尽艰辛、坎坷曲折。几乎从做律师的第一年起，读博的念头便时不时在我心底泛起，纠结反复。我无数次追问自己，到底要不要读博？又无数次质疑自己，到底有没有能力读博？就在这犹豫踟蹰的三年里，我曾先后联系复旦大学的汪明亮教授、东南大学的刘艳红教授申请读博,在得到肯定答复已然通过材料审核进入复试的情况下,由于种种原因最终放弃走进复试的考场。2017 年,在硕士导师姜涛教授的引介下,我申请了台湾政治大学的博士班。同样,在已经得到“正取”的情况下,由于各种原因,我再一次在转向的门槛前却步了。

时间在琐碎的工作中一分一秒地消逝,意志在一次又一次的无能为力中被慢慢消磨。我必须做出改变！这一次,我誓要克服心魔业障,重新规划自己的人生长路。我硕士时就读的刑法学专业是一个教义学理论无比深厚的专业,彻底的教义学研究几乎让刑法学变为了法学家们的思维游戏。此时,领域法研究范式和法经济学研究方法的接触,以及三年的律师实务经验让我做出一个被某些老师看来完全“荒唐”的决定:跨专业申请攻读经济法的博士学位!

跨专业申请读博是一个比跨专业考研更为艰难的过程。跨专业考研因为前置的专业课笔试,尚且可以通过初试成绩证明自己的专业基础并不比本科便就读于本专业的同学差,跨专业申请读博的材料审核则几乎让人“百口莫辩”。就在我联系硕士导师撰写申请读博的推荐信时,恰逢南京师范大学承办“第五届中国社会科学跨学科论坛”,我临时担任会务工作人员接待远道而来的专家学者。我在接待上海来的一位经济法学大咖时,向其表达了希望拜师读博的意向。他满怀狐疑地反问我:“你不是刑法学专业的吗?!”这位老师的疑惑、不解应该代表了大多数人的心声,这在后来的申博材料审核阶段一次又一次得到了印证。因为在攻读硕士学位时经过了较好的学术研究训练,我在硕士阶段较之其他研究生有更多的论文写作经历和成果发表,因而在此前的申博经历中材料审核从来都不是我担心无法通过的关卡。但是,就在我破釜沉舟申请读博的这一次,由于硕士阶段发表的论文无不充斥着“刑法”“犯罪”这样的字眼,申请攻读经济法学博士学位的结果便是一个又一个“没有通过初审”的冰冷回应。

做律师时,我曾读到《民主与法制》杂志总编刘桂明老师说过的一句话,“说你行、让你行、比你行的人,都是你一生的贵人”。这句话于我而言,再贴切不过了。我的博士导师刘志云教授便是那一位在关键时刻“说我行、让我行”的人,是我最需要感恩的人。因为我实在算不上一匹千里马,不敢妄称刘老师是当代伯乐。但毫无疑问的是,刘老师对我有知遇之恩。

由于跨了专业,读博之前我对经济法领域的老师并不熟识,加之厦门大学的博士生招生简章公告实行导师组的招生培养模式,我在复试之前与刘老师从未有过任何沟通和接触。反而是刘老师摒除学科、门第之见,在面试后的第三天主动发来邮件,询问我申请读博的想法和打算。经过几轮邮件沟通,我被刘老师的拳拳育人之心打动,对身处山海花园之中的厦门大学充满向往。经过一番波折,我终于在一个半月后获知被厦门大学法学院金融法研究中心录取,成功"上岸"。

回首在厦门大学求学的四年光阴,我还要感谢刘老师的培育之恩。对于金融法学的系统知识,我是在参与《共和国70年法学论争实录·经济法卷》的编撰中搭建起来的,并在此基础上发表了我在博士阶段的第一篇学术论文。对于金融法学的学术前沿,我是在刘老师筹办的"'远大'金融法论坛"系列讲座和一次又一次"厦大'远大'金融法读书会"中汲取学术营养、激发研究灵感的。2019年,我有幸受邀赴重庆参加学术会议,刘老师主动提出从科研经费中报销我参会的差旅费用,老师的关怀厚爱令我至今都无比感动。申请科研项目、从事学术研究是科研人员安身立命之本,也是研究生培养的重中之重。刘老师作为厦门大学法学院的传奇人物,连续破格晋升副教授、教授,在担任副教授期间即被破格聘为博士生导师。博士生涯有幸加入刘老师的科研团队,跟随刘老师申请科研项目、完成科研任务,是我十分宝贵的历练经历,也是我一生的财富。

刘老师对我的言传身教不仅体现在课堂、论坛和讲座上,还体现在一次又一次游学活动里。刘老师坚信应用学科必须适当参与实务,因而较之法学院其他的教研室,金融法研究中心的实践活动可谓精彩纷呈。每一个新学年开学后,刘老师都会组织大家到金融法研究中心的实践基地——福建远大联盟律师事务所参观学习,与行业大咖面对面交流法律实务中的心得感受。厦门大学法学院优秀院友蔡奕博士在深耕深交所多年之后,于2020年加盟新成立的厦门金圆统一证券有限公司并出任总裁。刘老师第一时间组织大家赴金圆公司"取经",我们得以与许多证券交易所前总监、基金公司前高管面对面交流,从诸位资本市场精英丰富的职业履历和传奇的人生经历中管窥中国资本市场的发展和风云变幻。金融法研究中心的游学活动十分丰富,不一而足。临近毕业,刘老师还主动关心我找工作的事,并通过自己在学术界的人脉关系积极推介。刘老师对我的知遇、教育和培养,四年里的耳提面命、谆谆教导,我将永远铭记心中。

此外,我还要特别感谢我的硕士导师姜涛教授。是他带领我步入学术研究的殿堂,是他教会我如何在"日拱一卒"的点滴积累中提高学术水平,是他以身体力行激励我如何坚定学术志气,葆有学术理想。读博期间,我数次通过邮件、微信向姜老师求教科研、学习中遇到的问题,姜老师总是及时答疑解惑。2020 年 11 月,姜老师受邀到厦门参加"网络金融犯罪疑难问题研讨会",我得以在厦门与姜老师像从前那样就学习、生活中的烦恼和困惑进行面对面的交流、沟通。2021 年夏天,姜老师还邀请我参与国家社科基金重大项目"数字经济的刑事安全风险防范体系建构研究"的申请、研究工作。在申报书的撰写和一次又一次修改、打磨过程中,我再一次感受到姜老师严谨的科研作风,再一次在国家顶级科研项目的申请、研究过程中历练科研能力。

攀登学术高峰何其不易,我的学术研究经历可谓"起了个大早,赶了个晚集"。在硕士时期为学术研究打下良好基础的我,因为种种原因,在硕士毕业时中断了学术研究之路。待我重新回归校园攻读博士学位时,面临的已是一个高度"内卷化"的学术研究环境。"学术界在以论文所发表刊物层次的高低评价学者研究水平的同时,学术刊物也在接受评价。"限于当前学术刊物的评价体制,核心期刊已经很少发表学生的论文,博士生独作的论文更是日渐稀少。在这样的背景下,要满足厦门大学发表三篇 C 刊论文才能申请博士学位的条件,难度、压力不言而喻。我唯有多写多投,才能提高"命中"核心期刊的概率。在此,我真诚感谢《体育科学》的外审专家和编辑老师,是他们的垂青和提携,拯救了当时跌入人生低谷、无比困顿的我。感谢英国牛津大学现代法律评论(*Modern Law Review*)编辑部及德夫 · 甘吉(Dev Gangjee)教授,是他们从框架、内容到语法全方位指点,我的一篇述评才有幸在 SSCI 二区刊物发表。感谢《刑法论丛》编辑部与苏明月老师、《新疆大学学报(哲学 · 人文社会科学版)》编辑部与王正良、黄伟华老师,是他们扶掖后学,我才有机会"文凭刊贵"受到更多关注。感谢《西部法学评论》《海峡法学》《社会科学论坛》等期刊及编辑老师,是他们不吝版面,我许多不够成熟的论文才得以变为铅字。

感谢中国法学会证券法学研究会授予我优秀论文奖的评审老师们,他们的赏识对于从刑法学专业跨入金融法学专业学习、研究的我来说是莫大的鼓励。感谢北京师范大学刑事法律科学研究院,承蒙抬爱我才有机会获得全额差旅费用资助赴北京参加"第二届全国刑事法博士生论坛",拜见学界前辈,结识更多学界同侪。感谢福建省经济法学研究会、厦门金融司法协同中心、厦门市法学会以及厦门市地方金融协会的专家、学者、法官、前辈们,他们在多个学术论坛授予我优秀论文奖,犹如一座座路碑标记着我不断成长的道路,激励我在学术研究的路上继续前进。

感谢厦门大学各位敬爱的老师们！2021 年我获得厦门大学研究生国(境)外访学资助项目资助,拟赴英国伦敦大学高等法律研究院交流、访学。此次访学计划虽因新冠疫情影响在多次延期后被迫取消,但在申请该项目的过程中受到英国科林·金(Colin King)教授和研究生院陈权老师的颇多关照,都让我感激不尽。感谢厦门大学国际关系学院的刘计峰副教授,他在我入学的第一个学期组织了"研究生学术能力提升专题系列讲座",邀请校内外多位青年教师将如何阅读文献、如何获取英文学术资源、如何构建学术网络的经验、教训倾囊相授,弥补了我此前在学术研究能力上的"短板"。感谢厦门大学法学院、台湾研究院和知识产权研究院的廖益新教授、刘连泰教授、彭莉教授、阳建勋教授、朱炎生教授、李兰英教授、季烨副教授、王兰副教授和王俊副教授,他们不仅在课堂上为我传业授道,还在日常生活中给予我关怀和指导。感谢辅导员宋磊华老师、周晓牧老师、杨璐老师,教学秘书黄小红老师、刘巧英老师和科研秘书上官仪老师在日常学习、生活中对我的关心和帮助。

感谢厦门大学各位可爱的同学们！感谢他们在清苦孤寂科研道路上的陪伴,感谢他们在黑暗焦虑中的鼓励,他们因为"比我行"同样是我人生中的贵人。感谢师姐史欣媛助理教授在我申请出国交流以及论文开题时提供的宝贵经验和专业指导。感谢同门师兄杨皖宁博士在我踽踽求学路上"分享阳光、分担风雨",他组织的"民间游学"常常让我在巨大的科研压力下放松身心、稍获喘息。感谢陈继东师兄作为厦门"土著"所尽的"地主之谊",让我在大快朵颐的同时收获人生智慧。感谢查达来师兄在我宿舍"双调单"没有选到朝南宿舍的时候,将其"面朝大海、春暖花开"的朝南宿舍让与我住。感谢好邻居厦门大学经济学院的王鹏程同学,他在我的学术研究中给予我许多经济学专业知识的支持,还有日常生活的陪伴。要感谢的还有温长庆同学、陈娟同学、格根其日同学、杨彦龙同学、潘璐同学、林慰曾同学、王一斐同学、林星阳同学、张可同学、李炳辰同学、占强同学、樊政荣同学、沈明敏同学……请恕我无法一一列举。

感恩母校厦门大学的教育和培养！2021年欣逢母校百年华诞，校庆期间“群贤毕至，少长咸集”，大家在建南礼堂里、在芙蓉湖畔、在上弦场上共寻嘉庚精神，共话校友情谊。今天我分享厦门大学的荣光，明天我需要为厦门大学的荣耀添砖加瓦。学校为博士生提供了优渥的学业津贴可以让我心无旁骛地从事学术研究，拥山临海的校园环境为我提供了优越的生活、学习条件。读博期间，学校不仅提供给我赴国外交流访学的机会，还推荐我获评博士研究生国家奖学金，授予我校级、院级奖学金和“三好学生”荣誉称号。念兹在兹，无日或忘！

最后，我还要感谢我的父母、亲人。由于学业繁重和疫情影响，我已经连续三年没有回家过年。在这期间，我的外婆、外公相继离世，一切感恩、遗憾和难过都只能化作无声流淌的泪水。我的父母是中国广大淳朴、勤劳工薪阶层的普通一员，他们塑造了我勤俭节约、坚韧不拔的品格。他们虽然没有给我提供锦衣玉食的生活，但也在自己的能力范围内为我提供了最好的生活、学习条件，尊重我在人生道路上做出的每一个决定。离家求学、工作的十余年时间里早已是聚少离多，每次见到父母都发现他们的白发又多了一些、身体的病痛又重了一些。作为独生子女，希望工作后能一直与父母为伴，结束多年的漂泊生活。感谢我的爱人，我想你一定会读到这份后记。感谢你理解我的苦衷、支持我的决定。没有你的理解和支持，想必我不可能“任性”地重启求学之路。

近日，偶然在“知乎”上刷到的一个热门问答，“如果重返研究生，你还会选择读博吗？”下面的回答道尽了读博的艰辛与清苦。就我来说，对于过去，“回首向来萧瑟处，也无风雨也无晴”，对于未来，“路漫漫其修远兮，吾将上下而求索”。

刘博涵

2022年1月于厦门大学凌云学生公寓